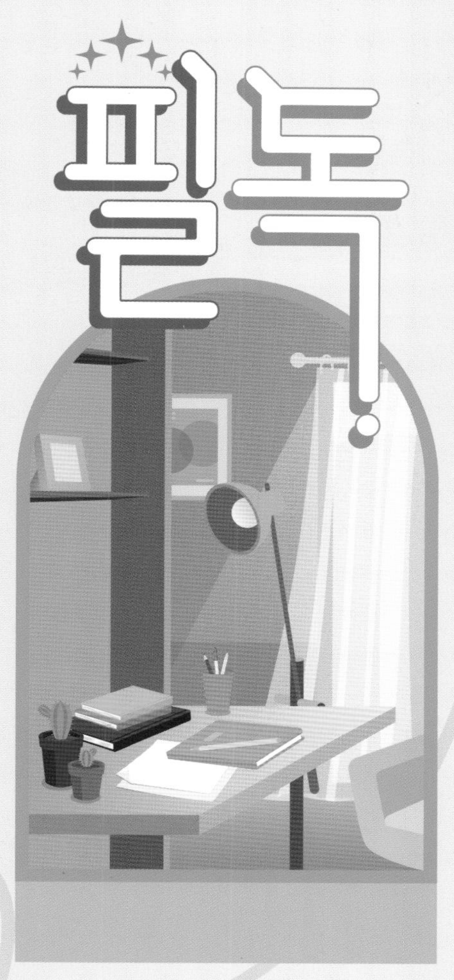

중학 국어 | 문학 3

기출문제로 문학 읽기

정답과 해설은 EBS 중학사이트(mid.ebs.co.kr)에서 다운로드 받으실 수 있습니다.

교재 내용 문의	교재 내용 문의는 EBS 중학사이트 (mid.ebs.co.kr)의 교재 Q&A 서비스를 활용하시기 바랍니다.
교재 정오표 공지	발행 이후 발견된 정오 사항을 EBS 중학사이트 정오표 코너에서 알려 드립니다. **교재학습자료 ▶ 교재 ▶ 교재 정오표**
교재 정정 신청	공지된 정오 내용 외에 발견된 정오 사항이 있다면 EBS 중학사이트를 통해 알려 주세요. **교재학습자료 ▶ 교재 ▶ 교재 선택 ▶ 교재 Q&A**

중학 국어로 수능 잡기 시리즈

과목 학년	중학 1학년	중학 2학년	중학 3학년
문학	문학 1	문학 2	문학 3
비문학 독해	비문학 독해 1	비문학 독해 2	비문학 독해 3
문법	문법		
문학 작품 읽기	교과서 시, 교과서 소설		

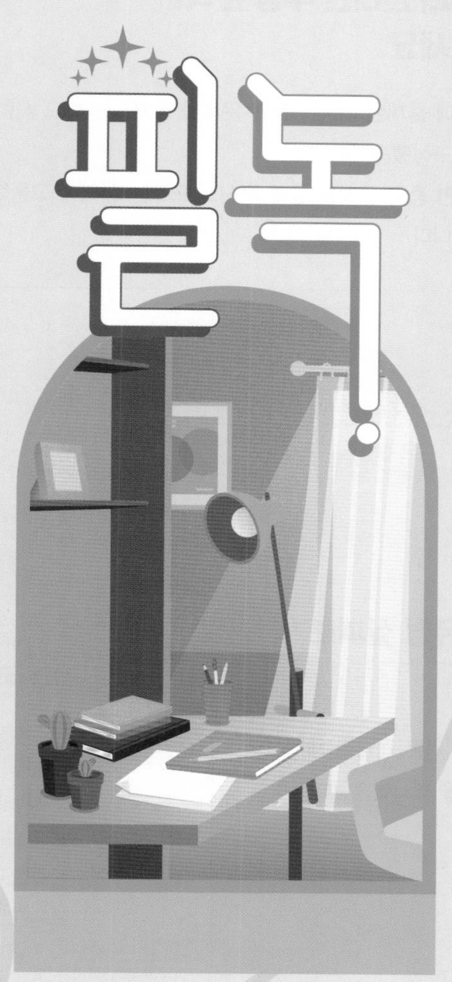

필독

중학 국어 | **문학 3**

기출문제로 문학 읽기

이 책의 구성과 특징

기출문제를 통해 미리 만나는 수능 문학!
차근차근 준비해 보세요.

- 전국연합학력평가와 수능에 출제된 기출 작품과 문제를 통해 고등학교 시험과 수능을 미리 살펴보고 대비할 수 있도록 구성했습니다.
- 차근차근 읽으며 풀다 보면 중학 문학은 물론 자신도 모르는 사이에 고등학교와 수능 문학에도 자신감을 갖게 될 것입니다.

01 개념 학습하기 / 기출 유형 살펴보기

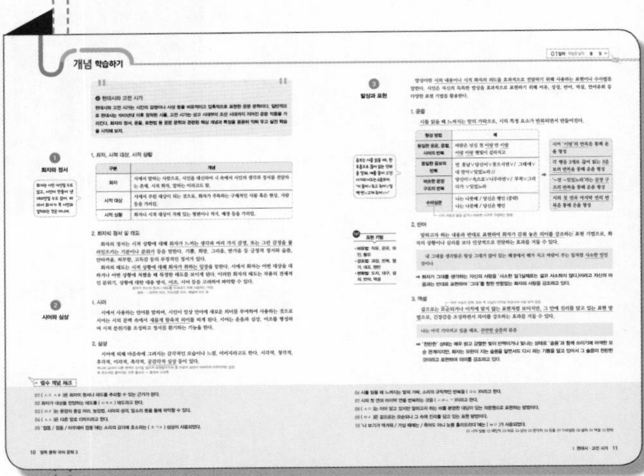

개념 잡고, 기출 유형 잡고!

기출문제를 풀기 전에 꼭 알아야 할 갈래별 기본 개념을 체계적으로 정리하고 알기 쉽게 기출문제 출제 유형을 제시했습니다.

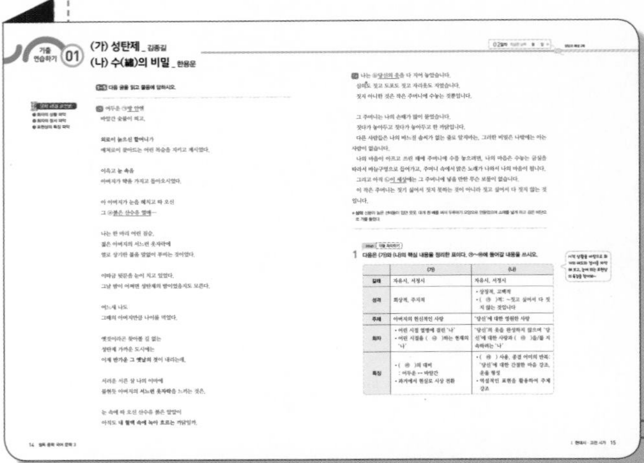

02 기출 연습하기

기출문제 연습으로 다지고 또 다지기!

전국연합학력평가와 수능 모의고사에 출제된 문학 지문과 대표 문항 외에 서술형 및 내용 파악 문항을 제시하여 단계적으로 문제를 해결할 수 있도록 하였습니다.

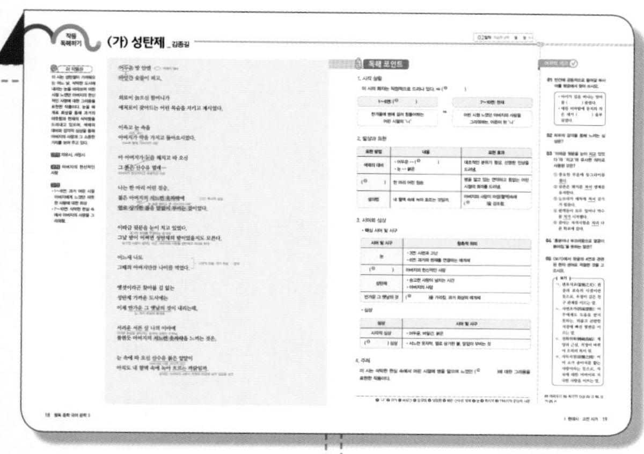

03 작품 독해하기

상세한 독해를 통한 작품 완전 정복!

〈기출 연습하기〉에 제시된 작품을 쉽게 파악할 수 있도록 상세한 독해 포인트를 제시했습니다. 독해 포인트를 활용한 상세한 해설은 작품의 감상 능력을 높여 줄 것입니다. 또한 한자 성어, 낱말 뜻 등 다양한 어휘 체크를 통해 어휘력을 높일 수 있도록 했습니다.

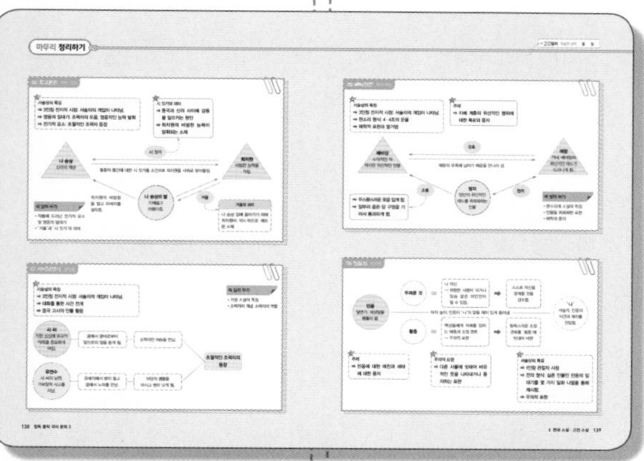

04 마무리 정리하기

한 번 더 정리하면 머릿속에는 두 배로 쏙쏙!

제시된 작품의 핵심 내용을 도표와 다양한 형식으로 정리해서 다시 한번 보여 줍니다. 학습한 내용을 확실하게 자신의 것으로 만들 수 있을 것입니다.

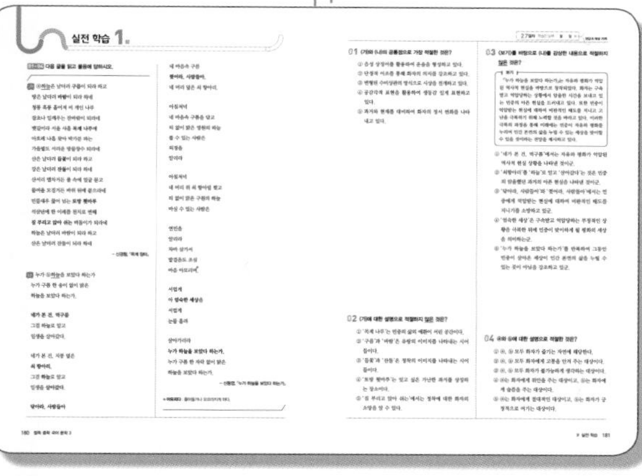

05 실전 학습

미리 연습해 보는 실전 모의 평가!

수능형 심화 문제로 실전 모의 평가를 미리 경험해 보고 대비할 수 있도록 하였습니다.

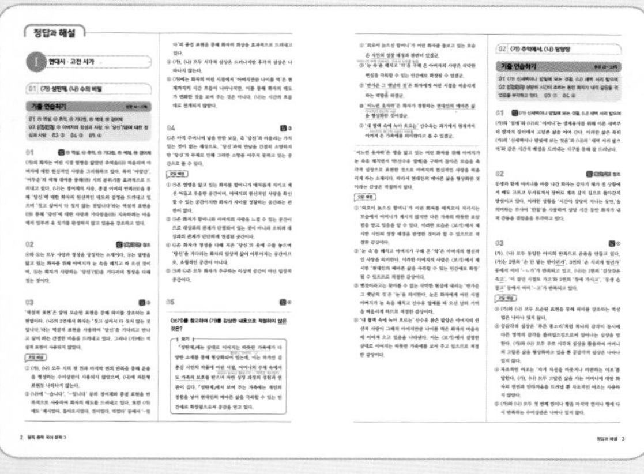

정답과 해설

정답과 오답의 이유를 내 손안에!

상세한 정답 해설과 오답 해설을 통해 확실하게 문제를 파악할 수 있도록 하였습니다.

이 책의 차례

I 현대시 · 고전 시가

II 현대 소설 · 고전 소설

학습 계획표

28일 완성

언제 할까	무엇을 할까		어떻게 했지
1일차 □ 월 □ 일	현대시 · 고전 시가	• Ⅰ강 개념 학습하기 • 기출 유형 살펴보기	• 개념 • 출제 유형
2일차 □ 월 □ 일		• 기출 연습하기 ① • 작품 독해하기 • 성탄제_김종길 / • 수(繡)의 비밀_한용운	• 화자 • 주제
3일차 □ 월 □ 일		• 기출 연습하기 ② • 작품 독해하기 • 추억에서_박재삼 / • 담양장_최두석	• 화자 • 주제
4일차 □ 월 □ 일		• 기출 연습하기 ③ • 작품 독해하기 • 장자를 빌려 – 원통에서_신경림 • 누군가 나에게 물었다_김종삼	• 화자 • 주제
5일차 □ 월 □ 일		• 기출 연습하기 ④ • 작품 독해하기 • 어부사시사_윤선도	• 화자 • 주제
6일차 □ 월 □ 일		• 작품 독해하기 • 초당춘수곡_남석하	• 화자 • 주제
7일차 □ 월 □ 일		• 기출 연습하기 ⑤ • 작품 독해하기 • 태산이 높다 하되~_양사언 • 사청사우_김시습	• 화자 • 주제
8일차 □ 월 □ 일		• 작품 독해하기 • 이옥설_이규보	• 경험 • 깨달음
9일차 □ 월 □ 일		• 마무리 정리하기	• 요약정리
10일차 □ 월 □ 일	현대 소설 · 고전 소설	• Ⅱ강 개념 학습하기 • 기출 유형 살펴보기	• 개념 • 출제 유형
11일차 □ 월 □ 일		• 기출 연습하기 ① • 작품 독해하기 • 복덕방_이태준	• 중심 사건 • 주제
12일차 □ 월 □ 일		• 기출 연습하기 ② • 작품 독해하기 • 눈사람 속의 검은 항아리_김소진	• 중심 사건 • 주제
13일차 □ 월 □ 일		• 기출 연습하기 ③ • 작품 독해하기 • 봄 · 봄_김유정	• 중심 사건 • 주제
14일차 □ 월 □ 일		• 기출 연습하기 ④ • 작품 독해하기 • 노새 두 마리_최일남	• 중심 사건 • 주제

언제 할까		무엇을 할까	어떻게 했지
15일차 ▢월 ▢일	현대 소설 · 고전 소설	● 기출 연습하기 ⑤ ● 작품 독해하기 • 토지_박경리	• 중심 사건 • 주제
16일차 ▢월 ▢일		● 기출 연습하기 ⑥ ● 작품 독해하기 • 최고운전_작자 미상	• 중심 사건 • 주제
17일차 ▢월 ▢일		● 기출 연습하기 ⑦ ● 작품 독해하기 • 사씨남정기_김만중	• 중심 사건 • 주제
18일차 ▢월 ▢일		● 기출 연습하기 ⑧ ● 작품 독해하기 • 배비장전_작자 미상	• 중심 사건 • 주제
19일차 ▢월 ▢일		● 기출 연습하기 ⑨ ● 작품 독해하기 • 민옹전_박지원	• 중심 사건 • 주제
20일차 ▢월 ▢일		● 마무리 정리하기	• 요약정리
21일차 ▢월 ▢일	극 문학 · 수필	● Ⅲ강 개념 학습하기 ● 기출 유형 살펴보기	• 개념 • 출제 유형
22일차 ▢월 ▢일		● 기출 연습하기 ① ● 작품 독해하기 • 대장금_김영현	• 중심 사건 • 주제
23일차 ▢월 ▢일		● 기출 연습하기 ② ● 작품 독해하기 • 불모지_차범석	• 중심 사건 • 주제
24일차 ▢월 ▢일		● 기출 연습하기 ③ ● 작품 독해하기 • 가난한 날의 행복_김소운	• 경험 • 깨달음
25일차 ▢월 ▢일		● 기출 연습하기 ④ ● 작품 독해하기 • 꽃 출석부 1_박완서	• 경험 • 깨달음
26일차 ▢월 ▢일		● 마무리 정리하기	• 요약정리
27일차 ▢월 ▢일	실전 학습	● 실전 학습 1회	• 맞힌 문제 • 틀린 문제
28일차 ▢월 ▢일		● 실전 학습 2회	• 맞힌 문제 • 틀린 문제

I 현대시·고전 시가

개념 학습하기

현대시와 고전 시가

현대시와 고전 시가는 시인의 감정이나 사상 등을 비유적이고 압축적으로 표현한 운문 문학이다. 일반적으로 현대시는 1910년대 이후 창작된 시를, 고전 시가는 상고 시대부터 조선 시대까지 지어진 운문 작품을 가리킨다. 화자의 정서, 운율, 표현법 등 운문 문학과 관련된 핵심 개념과 특징을 꼼꼼히 익혀 두고 실전 학습을 시작해 보자.

1 화자와 정서

화자는 시인 자신일 수도 있고, 시인이 만들어 낸 대리인일 수도 있어. 따라서 화자가 꼭 시인과 일치하는 것은 아니야.

1. 화자, 시적 대상, 시적 상황

구분	개념
화자	시에서 말하는 사람으로, 시인을 대신하여 시 속에서 시인의 생각과 정서를 전달하는 존재. 시적 화자, 말하는 이라고도 함.
시적 대상	시에서 주된 대상이 되는 것으로, 화자가 주목하는 구체적인 사물 혹은 현상, 사람 등을 가리킴.
시적 상황	화자나 시적 대상이 처해 있는 형편이나 처지, 배경 등을 가리킴.

2. 화자의 정서 및 태도

화자의 정서는 시적 상황에 대해 화자가 느끼는 생각과 여러 가지 감정, 또는 그런 감정을 불러일으키는 기분이나 분위기 등을 말한다. 기쁨, 희망, 그리움, 반가움 등 긍정적 정서와 슬픔, 안타까움, 허무함, 고독감 등의 부정적인 정서가 있다.

화자의 태도는 시적 상황에 대해 화자가 취하는 입장을 말한다. 시에서 화자는 어떤 대상을 대하거나 어떤 상황에 처했을 때 특정한 태도를 보이게 된다. 이러한 화자의 태도는 작품의 전체적인 분위기, 상황에 대한 대응 방식, 어조, 시어 등을 고려하여 파악할 수 있다.

어조: 화자가 자신의 정서나 태도를 드러내기 위해 사용하는 억양, 말투 → 의지적 어조, 부드러운 어조, 체념적 어조 등

2 시어와 심상

1. 시어

시에서 사용하는 언어를 말하며, 시인이 일상 언어에 새로운 의미를 부여하여 사용하는 것으로 시어는 시의 문맥 속에서 새롭게 함축적 의미를 띠게 된다. 시어는 운율과 심상, 어조를 형성하며 시적 분위기를 조성하고 정서를 환기하는 기능을 한다.

2. 심상

시어에 의해 마음속에 그려지는 감각적인 모습이나 느낌, 이미지라고도 한다. 시각적, 청각적, 후각적, 미각적, 촉각적, 공감각적 심상 등이 있다.

공감각적 심상: 하나의 감각이 다른 영역의 감각을 일으켜 표현함으로써 둘 이상의 심상이 어우러져 이루어지는 심상
예 분수처럼 흩어지는 푸른 종소리 → 청각의 시각화

필수 개념 체크

01 (ㅅㅈ ㅅㅎ)은 화자의 정서나 태도를 추리할 수 있는 근거가 된다.

02 화자가 대상을 찬양하는 태도를 (ㅇㅊㅈ) 태도라고 한다.

03 (ㅇㅈ)는 문장의 종결 어미, 높임법, 시어의 성격, 말소리 등을 통해 파악할 수 있다.

04 (ㅅㅅ)은 다른 말로 이미지라고 한다.

05 '접동 / 접동 / 아우래비 접동'에는 소리의 감각에 호소하는 (ㅊㄱㅈ) 심상이 사용되었다.

3 발상과 표현

발상이란 시의 내용이나 시적 화자의 의도를 효과적으로 전달하기 위해 사용하는 표현이나 수사법을 말한다. 시인은 자신의 독특한 발상을 효과적으로 표현하기 위해 비유, 상징, 반어, 역설, 언어유희 등 다양한 표현 기법을 활용한다.

1. 운율

시를 읽을 때 느껴지는 말의 가락으로, 시의 특정 요소가 반복되면서 만들어진다.

형성 방법	예	
동일한 음운, 음절, 시어의 반복	바람은 넘실 천 이랑 만 이랑 이랑 이랑 햇빛이 갈라지고	시어 '이랑'의 반복을 통해 운율 형성
동일한 음보의 반복	먼 훗날∨당신이∨찾으시면∨/ 그때에∨ 내 말이∨잊었노라 // 당신이∨속으로∨나무라면∨/ 무척∨그리 다가 ∨잊었노라	각 행을 3개로 끊어 읽는 3음보의 반복을 통해 운율 형성
비슷한 문장 구조의 반복		'~면 ~잊었노라'라는 문장 구조의 반복을 통해 운율 형성
수미상관	나는 나룻배 / 당신은 행인 (중략) 나는 나룻배 / 당신은 행인	시의 첫 연과 마지막 연의 반복을 통해 운율 형성

수미상관: 시의 처음과 끝을 같거나 비슷한 시구로 구성하는 방법

음보는 시를 읽을 때, 한 호흡으로 끊어 읽는 단위를 말해. 예를 들어 고전 시가의 시조는 4음보야. '이 몸이∨죽고 죽어∨일백 번∨고쳐 죽어∨~'

2. 반어

말하고자 하는 내용과 반대로 표현하여 화자가 감춰 놓은 의미를 강조하는 표현 기법으로, 화자의 상황이나 심리를 보다 인상적으로 전달하는 효과를 거둘 수 있다.

> 내 그대를 생각함은 항상 그대가 앉아 있는 배경에서 해가 지고 바람이 부는 일처럼 사소한 일일 것이나

➡ 화자가 그대를 생각하는 자신의 사랑을 '사소한 일'(실제로는 결코 사소하지 않다.)이라고 자신의 마음과는 반대로 표현하여 '그대'를 향한 변함없는 화자의 사랑을 강조하고 있다.

TIP 표현 기법
- **비유법**: 직유, 은유, 의인, 활유
- **강조법**: 과장, 반복, 열거, 대조, 영탄
- **변화법**: 도치, 대구, 설의, 반어, 역설

3. 역설

겉으로는 모순되거나 이치에 맞지 않는 표현처럼 보이지만, 그 안에 진리를 담고 있는 표현 방법으로, 긴장감을 조성하면서 의미를 강조하는 효과를 거둘 수 있다.

모순: 어떤 사실의 앞뒤, 또는 두 사실이 이치상 어긋나서 서로 맞지 않음.

> 나는 아직 기다리고 있을 테요. 찬란한 슬픔의 봄을

➡ '찬란한' 상태는 매우 밝고 강렬한 빛이 반짝이거나 빛나는 상태로 '슬픔'과 함께 쓰이기에 어색한 모순 관계이지만, 화자는 모란이 지는 슬픔을 알면서도 다시 피는 기쁨을 알고 있어서 그 슬픔이 찬란한 것이라고 표현하여 의미를 강조하고 있다.

06 시를 읽을 때 느껴지는 말의 가락, 소리의 규칙적인 반복을 (ㅇㅇ)이라고 한다.
07 시의 첫 연과 마지막 연을 반복하는 것을 (ㅅㅁㅅㄱ)이라고 한다.
08 (ㅅㅇ)는 이미 알고 있지만 말하고자 하는 바를 분명한 대답이 있는 의문형으로 표현하는 방법이다.
09 (ㅇㅅ)은 겉으로는 모순되나 그 속에 진리를 담고 있는 표현 방법이다.
10 '나 보기가 역겨워 / 가실 때에는 / 죽어도 아니 눈물 흘리오리다'에는 (ㅂㅇ)가 사용되었다.

01 시적 상황 **02** 예찬적 **03** 어조 **04** 심상 **05** 청각적 **06** 운율 **07** 수미상관 **08** 설의 **09** 역설 **10** 반어

기출 유형 살펴보기

유형을 알면, 문제 해결의 길이 보인다

현대시와 고전 시가에 대한 기초 학습을 마쳤다면 이제 수능이나 학력평가에서 출제되는 실전 문제의 출제 유형을 파악하고 이를 바탕으로 대비를 하는 것이 필요하다. 유형을 알아 두면 문제를 보다 수월하게 해결할 수 있기 때문이다. 현대시와 고전 시가가 수능에서 어떻게 출제되는지 살펴보자.

한 작품은 NO!
두세 작품은 OK!!

작품 간의 공통점 · 차이점 파악

현대시와 고전 시가의 경우 길이가 긴 편인 가사 작품을 제외하고는 대부분 하나의 작품이 단독 지문으로 출제되지 않고 두 편 혹은 세 편의 작품이 결합된 복합 지문으로 출제된다. 때로는 수필이나 고전 산문 같은 다른 갈래와 결합되어 출제되기도 하는데, 이러한 복합 지문은 주제, 소재, 화자의 정서 등의 유사성을 기준으로 선정된다. 이러한 유형의 경우 먼저 개별 작품에 대해 정확하게 파악하고 작품들 간의 공통점과 차이점을 찾는 연습을 하는 것이 좋다.

운문이 아닌 다른 갈래와 엮인 지문이 출제되어도 크게 당황할 필요는 없어. 서로 관계가 없는 작품들은 출제되지 않아. 형식의 차이점을 파악하고 작품 간의 주제나 소재 등의 공통점에 집중해 봐.

(1) 문제 유형

- (가)와 (나)의 공통점으로 가장 적절한 것은?
- (가), (나)에 대한 설명으로 가장 적절한 것은?
- (가), (나)의 표현상 공통점으로 가장 적절한 것은?
- (가)의 ㉠과 (나)의 ㉡을 이해한 내용으로 적절하지 않은 것은?

➡ 위와 같이 작품 간의 공통점이나 차이점, 소재의 공통점을 묻는 문제 유형이 출제되며, 주로 세트 문제의 1번 주자로 제시된다.

(2) 대표 문제 엿보기

(가)와 (나)의 공통점으로 가장 적절한 것은?

① 화자가 인식한 사물의 특징에서 삶의 교훈을 이끌어 내고 있다.
② 이상과 현실을 대비시켜 이상에 대한 화자의 소망을 나타내고 있다.
③ 과거와 현재를 교차시켜 현실의 삶에 대한 반성의 태도를 나타내고 있다.
④ 자연물에 인격을 부여하여 화자가 자연과 교감하는 모습을 보여 주고 있다.
⑤ 자연의 모습을 부각하여 자연과 조화를 이루지 못하는 인간의 고독감을 드러내고 있다.

➡ 공통점을 묻는 문제의 선택지는 위와 같이 주로 화자의 정서나 태도의 공통점, 표현상의 공통점, 시상 전개의 공통점 등과 관계된 내용으로 구성된다.

작품 감상은
〈보기〉를 바탕으로

〈보기〉의 정보를 작품 해석에 적용

작품의 독해 능력과 종합적인 감상 능력을 평가하기 위해 〈보기〉를 제시하고 이에 대한 정보를 바탕으로 감상이 적절한지를 묻는 문제 유형, 즉 '외적 준거에 의한 감상' 능력을 평가하는 문제가 반드시 출제되는 문제 유형이다. 이러한 문제의 경우, 작품에 대한 감상은 〈보기〉의 정보를 바탕으로 이루어져야 하기 때문에 〈보기〉의 정보를 정확하게 파악하는 것이 우선시되어야 한다.

(1) 문제 유형

- 〈보기〉를 참고하여 윗글을 이해할 때, 적절하지 않은 것은?
- 〈보기〉를 참고하여 (가)를 감상한 내용으로 적절하지 않은 것은?
- 〈보기〉를 참고하여 ㉠~㉤을 감상한 내용으로 적절하지 않은 것은?

➡ 위와 같이 〈보기〉에 감상 방향을 제시하고 이를 참고하여 작품의 내용이나 화자의 정서·태도, 시어 및 시구, 주제 등을 대응하여 감상한 것이 적절한지 묻는 문제가 출제된다.

(2) 대표 문제 엿보기

〈보기〉를 참고하여 ㉠~㉤을 감상한 내용으로 적절하지 않은 것은?

보기

두 시는 모두 봄을 소재로 한 작품이다. (가)는 숲을 배경으로 해, 하늘, 나무, 꽃, 흙 등이 어우러지는 조화로움을 보여 준다. (나)는 보리밭이 펼쳐진 시골을 배경으로 봄날의 정감을 표현하고 있다. 이 시에서는 들, 보리, 꾀꼬리, 산봉우리 등으로 화자의 시선이 옮겨 간다.

① ㉠: 햇빛이 나무와 꽃에 비쳐 빛나는 모습을 '왕관'으로 표현한 것이라 볼 수 있어.
② ㉡: '큰 향기로운 눈동자를 굴리며'의 주체는 흙을 바라보는 화자라 볼 수 있어.
③ ㉢: 자연의 향기가 코로 전해지는 것을 비유적으로 나타낸 것이라 볼 수 있어.
④ ㉣: 화자가 본 시골길과 들판의 모습을 감각적으로 표현한 것이라 볼 수 있어.
⑤ ㉤: 보리밭의 이랑 사이로 햇빛이 비춰 반짝이는 모습을 나타낸 것이라 볼 수 있어.

➡ 〈보기〉는 위에서 볼 수 있듯이 낯선 내용이 아닌 작품 감상에 대한 방향과 정보를 제시하고 있다. 선택지는 〈보기〉의 정보를 반영한 구체적인 시구나 내용에 대한 감상 등으로 구성된다.

TIP **화자의 시선**

근경(가까이 보이는 경치)에서 원경(멀리 보이는 경치)으로, 좌에서 우로, 위에서 아래로 혹은 그 반대의 방향으로 화자가 바라보는 방향의 이동에 따라 시상이 전개되는 경우 화자의 시선의 이동에 따른 시상 전개라고 함.

3 시어, 시구의 이해는 기본!

핵심 시어 및 시구의 기능 파악

작품에 대한 이해와 기초적인 감상 능력을 평가하기 위해 시어의 기능과 효과, 상징적 의미, 핵심 시구의 감상 내용을 묻는 문제 유형은 빠짐없이 출제된다.

(1) 문제 유형

- ⓐ와 ⓑ에 대한 설명으로 가장 적절한 것은?
- [A]~[C]에 대한 이해로 적절하지 않은 것은?

➡ 주로 특정 시어나 시구에 대한 이해를 묻는 문제 유형으로 출제된다. 이때 시어는 작품 전체를 아우르는 핵심 시구나 서로 다른 함축적 의미를 갖는 시어가 제시되는 경우가 많다.

(2) 대표 문제 엿보기

ⓐ와 ⓑ에 대한 설명으로 가장 적절한 것은?
① ⓐ는 화자의 지난 삶을 떠올리게 하는 대상이다.
② ⓐ는 기쁨을 느끼는 화자와 동일시되는 대상이다.
③ ⓑ는 화자에게 새로운 행동을 촉구하는 대상이다.
④ ⓑ는 화자가 밤의 시간에 관찰하여 파악한 대상이다.
⑤ ⓐ, ⓑ는 모두 화자가 관심을 갖고 주관적으로 인식하는 대상이다.

➡ 위와 같이 각각의 시어가 작품에서 갖는 의미와 기능, 효과 등을 서술한 내용으로 선택지가 구성된다.

(가) 성탄제 _ 김종길
(나) 수(繡)의 비밀 _ 한용운

1~5 다음 글을 읽고 물음에 답하시오.

문제 해결 포인트
❶ 화자의 상황 파악
❷ 화자의 정서 파악
❸ 표현상의 특징 파악

가 어두운 ㉠방 안엔
바알간 숯불이 피고,

외로이 늙으신 할머니가
애처로이 잦아드는 어린 목숨을 지키고 계시었다.

이윽고 눈 속을
아버지가 약을 가지고 돌아오시었다.

아 아버지가 눈을 헤치고 따 오신
그 ⓐ붉은 산수유 열매—

나는 한 마리 어린 짐승,
젊은 아버지의 서느런 옷자락에
열로 상기한 볼을 말없이 부비는 것이었다.

이따금 뒷문을 눈이 치고 있었다.
그날 밤이 어쩌면 성탄제의 밤이었을지도 모른다.

어느새 나도
그때의 아버지만큼 나이를 먹었다.

옛것이라곤 찾아볼 길 없는
성탄제 가까운 도시에는
이제 반가운 그 옛날의 것이 내리는데,

서러운 서른 살 나의 이마에
불현듯 아버지의 서느런 옷자락을 느끼는 것은,

눈 속에 따 오신 산수유 붉은 알알이
아직도 내 혈액 속에 녹아 흐르는 까닭일까.

나 나는 ⓑ당신의 옷을 다 지어 놓았습니다.
심의❖도 짓고 도포도 짓고 자리옷도 지었습니다.
짓지 아니한 것은 작은 주머니에 수놓는 것뿐입니다.

그 주머니는 나의 손때가 많이 묻었습니다.
짓다가 놓아두고 짓다가 놓아두고 한 까닭입니다.
다른 사람들은 나의 바느질 솜씨가 없는 줄로 알지마는, 그러한 비밀은 나밖에는 아는 사람이 없습니다.
나의 마음이 아프고 쓰린 때에 주머니에 수를 놓으려면, 나의 마음은 수놓는 금실을 따라서 바늘구멍으로 들어가고, 주머니 속에서 맑은 노래가 나와서 나의 마음이 됩니다.
그리고 아직 ⓒ이 세상에는 그 주머니에 넣을 만한 무슨 보물이 없습니다.
이 작은 주머니는 짓기 싫어서 짓지 못하는 것이 아니라 짓고 싶어서 다 짓지 않는 것입니다.

❖ **심의**: 신분이 높은 선비들이 입던 웃옷. 대개 흰 베를 써서 두루마기 모양으로 만들었으며 소매를 넓게 하고 검은 비단으로 가를 둘렀다.

1step 작품 파악하기

1 **다음은 (가)와 (나)의 핵심 내용을 정리한 표이다. ㉮~㉲에 들어갈 내용을 쓰시오.**

시적 상황을 바탕으로 화자의 태도와 정서를 파악해 보고, 눈에 띄는 표현상의 특징을 찾아봐~

	(가)	(나)
갈래	자유시, 서정시	자유시, 서정시
성격	회상적, 주지적	• 상징적, 고백적 • (㉮)적: ~짓고 싶어서 다 짓지 않는 것입니다
주제	아버지의 헌신적인 사랑	'당신'에 대한 영원한 사랑
화자	• 어린 시절 열병에 걸린 '나' • 어린 시절을 (㉯)하는 현재의 '나'	'당신'의 옷을 완성하지 않으며 '당신'에 대한 사랑과 (㉰)을/를 지속하려는 '나'
특징	• (㉱)의 대비 : 어두운 ↔ 바알간 • 과거에서 현실로 시상 전환	• (㉲) 사용, 종결 어미의 반복: '당신'에 대한 간절한 마음 강조, 운율 형성 • 역설적인 표현을 활용하여 주제 강조

2 ⓐ와 ⓑ의 함축적 의미를 서술하시오.

2step 작품 간의 공통점 · 차이점 파악하기 | 2021학년도 6월 고1 학력평가 |

3 (가)와 (나)에 대한 설명으로 가장 적절한 것은?

① (가)는 수미상관의 방식을 통해, (나)는 의문형 표현을 사용하여 화자의 의지를 드러내고 있다.
② (가)는 (나)와 달리 동일한 종결 표현을 사용하여 구조적 안정감을 주고 있다.
③ (나)는 (가)와 달리 역설적 표현을 통해 대상에 대한 화자의 정서를 부각하고 있다.
④ (가)와 (나)는 모두 후각적 이미지를 통해 시적 상황을 구체화하고 있다.
⑤ (가)와 (나)는 모두 시간의 흐름에 따라 시상을 전개하여 화자의 태도 변화를 드러내고 있다.

시적 공간

- **(가) '방 안'**: 할머니와 아버지의 사랑을 느낄 수 있는 공간이지만 동시에 화자가 병을 앓는 우울하고 어두운 공간
- **(나) '이 세상'**: 당신(임)과의 만남을 간절히 바라지만 당신의 부재로 인해 소망을 이루지 못하고 있는 공간

4 ㉠과 ㉡에 대한 설명으로 가장 적절한 것은? | 2021학년도 6월 고1 학력평가 |

① ㉠은 화자가 자아를 성찰하는 공간이다.
② ㉠은 화자와 대상과의 관계가 단절된 공간이다.
③ ㉡은 화자의 소망이 실현되지 못하고 있는 공간이다.
④ ㉡은 화자가 일상의 삶에서 벗어난 초월적인 공간이다.
⑤ ㉠과 ㉡은 모두 화자가 추구하는 이상적 공간이다.

3step 외적 준거로 작품 파악하기

| 2021학년도 6월 고1 학력평가 변형 |

5 **〈보기〉를 참고하여 (가)를 감상한 내용으로 적절하지 않은 것은?**

보기

「성탄제」에는 삼대로 이어지는 따뜻한 가족애가 다양한 소재를 통해 형상화되어 있는데, 이는 작가인 김종길 시인의 어린 시절, 어머니의 부재 속에서도 가족의 보호를 받으며 자란 성장 과정의 경험과 연관이 깊다. 「성탄제」에서 보여 주는 가족애는 개인의 경험을 넘어 현대인의 메마른 삶을 극복할 수 있는 인간애로 확장됨으로써 공감을 얻고 있다.

〈보기〉의 핵심 구절에 밑줄을 긋고, 선택지와 연결해서 적절한 답을 하나씩 지워 가면 어렵지 않게 답을 찾을 수 있을 거야.

① '외로이 늙으신 할머니'가 어린 화자를 돌보고 있는 모습은 시인의 성장 배경과 관련이 있겠군.

② '눈 속'을 헤치고 '약'을 구해 온 아버지의 사랑은 삭막한 현실을 극복할 수 있는 인간애로 확장될 수 있겠군.

③ '반가운 그 옛날의 것'은 화자에게 어린 시절을 떠올리게 하는 역할을 하겠군.

④ '서느런 옷자락'은 화자가 경험하는 현대인의 메마른 삶을 형상화한 것이겠군.

⑤ '내 혈액 속에 녹아 흐르는' 산수유는 과거에서 현재까지 이어져 온 가족애를 의미한다고 볼 수 있겠군.

(가) 성탄제 _ 김종길

이 작품은

이 시는 성탄절이 가까워오는 어느 날, 삭막한 도시에 내리는 눈을 바라보며 어린 시절 느꼈던 아버지의 헌신적인 사랑에 대한 그리움을 표현한 작품이다. 눈을 매개로 회상을 통해 과거의 따뜻함과 현재의 삭막함을 드러내고 있으며, 색채의 대비와 감각적 심상을 통해 아버지의 사랑과 그 소중한 가치를 보여 주고 있다.

갈래 자유시, 서정시

주제 아버지의 헌신적인 사랑

구성

- 1~6연: 과거 어린 시절 아버지에게 느꼈던 따뜻한 사랑에 대한 회상
- 7~10연: 삭막한 현실 속에서 아버지의 사랑을 그리워함.

어두운 방 안엔 (○: 색채의 대비)
바알간 숯불이 피고,

외로이 늙으신 할머니가
애처로이 잦아드는 어린 목숨을 지키고 계시었다.

이윽고 눈 속을 (시련, 고난)
아버지가 약을 가지고 돌아오시었다. (산수유 열매. 아버지의 사랑)

아 아버지가 눈을 헤치고 따 오신
그 붉은 산수유 열매— (아버지의 헌신적이고 희생적인 사랑)

나는 한 마리 어린 짐승,
젊은 아버지의 서느런 옷자락에 (▒: 촉각적 심상) (대조) (눈 속을 헤치고 온 아버지의 사랑)
열로 상기한 볼을 말없이 부비는 것이었다.

이따금 뒷문을 눈이 치고 있었다. (과거와 현재를 연결하는 매개체)
그날 밤이 어쩌면 성탄제의 밤이었을지도 모른다. (숭고한 사랑이 넘치는 시간. 아버지의 사랑을 성탄제의 의미로 확대)

어느새 나도
그때의 아버지만큼 나이를 먹었다. (시상의 전환: 과거 회상 → 현재)

옛것이라곤 찾아볼 길 없는
성탄제 가까운 도시에는
이제 반가운 그 옛날의 것이 내리는데, (눈, 과거 회상의 매개체)

서러운 서른 살 나의 이마에 (삭막한 현실을 살아가는 화자의 감정이 드러남.)
불현듯 아버지의 서느런 옷자락을 느끼는 것은,

눈 속에 따 오신 산수유 붉은 알알이 (아버지의 사랑. 시각적 심상)
아직도 내 혈액 속에 녹아 흐르는 까닭일까. (설의법. 아버지의 사랑이 영원히 마음에 남아 있음을 강조)

독해 포인트

1. 시적 상황

이 시의 화자는 직접적으로 드러나 있다. ➡ (❶)

1~6연: (❷)		7~10연: 현재
한겨울에 병에 걸려 힘들어하는 어린 시절의 '나'	➡	어린 시절 느꼈던 아버지의 사랑을 그리워하는, 어른이 된 '나'

2. 발상과 표현

표현 방법	내용	표현 효과
색채의 대비	• 어두운 ↔ (❸) • 눈 ↔ 붉은	대조적인 분위기 형성, 선명한 인상을 드러냄.
(❹)	한 마리 어린 짐승	병을 앓고 있는 연약하고 힘없는 어린 시절의 화자를 드러냄.
설의법	내 혈액 속에 녹아 흐르는 것일까.	아버지의 사랑이 마음(혈액)속에 (❺)을 강조함.

3. 시어와 심상

• 핵심 시어 및 시구

시어 및 시구	함축적 의미
눈	• 3연: 시련과 고난 • 6연: 과거와 현재를 연결하는 매개체
(❻)	아버지의 헌신적인 사랑
성탄제	• 숭고한 사랑이 넘치는 시간 • 아버지의 사랑
반가운 그 옛날의 것	(❼)을 가리킴. 과거 회상의 매개체

• 심상

심상	시어 및 시구
시각적 심상	• 어두운, 바알간, 붉은
(❽) 심상	• 서느런 옷자락, 열로 상기한 볼, 말없이 부비는 것

4. 주제

이 시는 삭막한 현실 속에서 어린 시절에 병을 앓으며 느꼈던 (❾)에 대한 그리움을 표현한 작품이다.

❶ '나' ❷ 과거 ❸ 바알간 ❹ 은유법 ❺ 영원함 ❻ 붉은 산수유 열매 ❼ 눈 ❽ 촉각적 ❾ 아버지의 헌신적 사랑

어휘력 체크

01 빈칸에 공통적으로 들어갈 부사어를 윗글에서 찾아 쓰시오.

> • 아이가 길을 떠나는 엄마를 ( ) 불렀다.
> • 세찬 비바람에 둥지의 작은 새가 ( ) 울부짖었다.

02 피부의 감각을 통해 느끼는 심상은?

03 '이따끔 뒷문을 눈이 치고 있었다'의 '치고'와 유사한 의미로 사용된 것은?

① 중요한 부분에 동그라미를 쳤다.
② 삼촌은 돼지를 쳐서 생계를 유지한다.
③ 눈보라가 세차게 쳐서 걷기가 힘들다.
④ 관객들이 모두 일어나 박수를 치기 시작했다.
⑤ 겸이는 자격시험을 치러 다른 학교에 갔다.

04 '흥분이나 부끄러움으로 얼굴이 붉어짐.'을 뜻하는 말은?

05 〈보기〉에서 윗글의 4연과 관련된 한자 성어로 적절한 것을 고르시오.

> **보기**
> ㄱ. 관포지교(管鮑之交): 관중과 포숙의 사귐이란 뜻으로, 우정이 깊은 친구 관계를 이르는 말.
> ㄴ. 사면초가(四面楚歌): 아무에게도 도움을 받지 못하는, 외롭고 곤란한 지경에 빠진 형편을 이르는 말.
> ㄷ. 전화위복(轉禍爲福): 재앙과 근심, 걱정이 바뀌어 오히려 복이 됨.
> ㄹ. 지독지정(舐犢之情): 어미 소가 송아지를 핥는 사랑이라는 뜻으로, 자식에 대한 어버이의 지극한 사랑을 이르는 말.

01 애처로이 **02** 촉각적 심상 **03** ③ **04** 상기 **05** ㄹ

작품 독해하기

(나) 수(繡)의 비밀 _한용운

이 작품은

이 시는 수를 놓는 행위를 통해 '당신'(임)에 대한 변함없는 사랑을 드러내고 있다. 화자는 '당신'의 옷을 완성하지 않고 작은 주머니의 수놓기를 남겨 놓음으로써 '당신'이 부재하는 현실을 견디며 '당신'에 대한 사랑과 기다림을 지속하고 있다. 경어체 사용과 종결 어미의 반복을 통해 '당신'에 대한 화자의 태도와 감정을 드러내고 있으며 운율을 형성하고 있다.

갈래 자유시, 서정시

주제 '당신'에 대한 영원한 사랑

구성
- 1연: '당신'의 옷을 짓고 주머니에 수놓기만을 미루어 놓음.
- 2연: 주머니를 짓다가 놓아둔 이유와 수놓기를 마치지 않는 이유

작가인 만해 한용운은 승려이면서 시인이고, 독립운동가였어. 이 때문에 한용운의 시에 등장하는 '임', '당신'은 절대자, 조국, 임(연인) 등 다양하게 해석될 수 있어.

나는 당신의 옷을 다 지어 놓았습니다.
(당신: 임, 절대자, 조국)

심의❖도 짓고 도포도 짓고 자리옷도 지었습니다.
(○: 옷 짓기의 구체화. '당신'에 대한 사랑의 결과물)

짓지 아니한 것은 작은 주머니에 수놓는 것뿐입니다.
(사랑을 완성하기 위한 마지막 과정)

그 주머니는 나의 손때가 많이 묻었습니다.

짓다가 놓아두고 짓다가 놓아두고 한 까닭입니다.
(옷을 완성하지 않음. → 옷의 완성은 사랑의 끝이자 '당신'의 부재를 확인하는 것이기 때문에)

다른 사람들은 나의 바느질 솜씨가 없는 줄로 알지마는, 그러한 비밀은 나밖에는 아는 사람이 없습니다.

나는 마음이 아프고 쓰린 때에 주머니에 수를 놓으려면, 나의 마음은 수놓는 금실을 따라서 바늘구멍으로 들어가고, 주머니 속에서 맑은 노래가 나와서 나의 마음이 됩니다.
(마음이 아프고 쓰린 때: '당신'의 부재로 인한 아픔 / 수를 놓으려면 ~ 들어가고: 수를 놓는 행위를 통해 아픔을 달래고 견뎌 내는 모습 / 맑은 노래가 나와서: 마음의 안정과 정화를 주는 것)

그리고 아직 이 세상에는 그 주머니에 넣을 만한 무슨 보물이 없습니다.
(수를 완성하지 않는 이유가 드러남. → 이 세상에는 '당신'과 어울리는 가치 있는 것이 없음.)

이 작은 주머니는 짓기 싫어서 짓지 못하는 것이 아니라 짓고 싶어서 다 짓지 않는 것입니다.
(역설법. 옷을 완성하면 '당신'의 부재를 받아들여야 하기 때문에 일부러 옷 짓기를 마무리하지 않고 '당신'에 대한 사랑과 기다림을 지속하려는 마음을 드러냄.)

(음영: 경어체 사용, 종결 어미의 반복)

❖ **심의**: 신분이 높은 선비들이 입던 웃옷. 대개 흰 베를 써서 두루마기 모양으로 만들었으며 소매를 넓게 하고 검은 비단으로 가를 둘렀다.

독해 포인트

1. 시적 상황

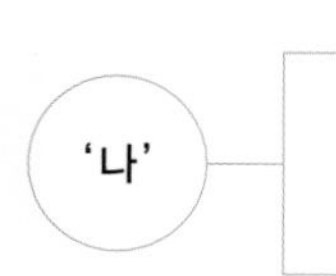

'나'

- 이 시에서 화자인 '나'는 고백적인 어조로 시적 대상인 '(❶)'을 향한 사랑과 정성을 드러내고 있다.
- '나'는 '당신'(임)과의 만남을 기약하고 '당신'에 대한 사랑과 기다림을 지속하기 위해 주머니에 수를 놓는 것, 즉 옷의 (❷)을 미루고 있다.

2. 발상과 표현

표현 방법	내용	표현 효과
경어체 사용, 종결 어미의 반복	(❸)	• '당신'을 존중하는 화자의 태도와 간절한 감정을 드러냄. • (❹)을 형성함.
(❺)	짓고 싶어서 다 짓지 않는 것입니다	'당신'과의 만남을 기약하고 '당신'에 대한 사랑과 기다림을 지속하려는 마음에서 일부러 옷 짓기를 완성하지 않고 있음을 드러냄.

3. 시어 및 시구

시어 및 시구	함축적 의미
(❻)	절대자 또는 조국(→ 시의 창작 시기가 일제 강점기이고 시인이 독립운동을 한 승려임을 고려), 임(사랑하는 대상)
옷	'당신'에 대한 사랑과 정성의 결과물
(❼)	• '당신'에 대한 그리움과 사랑을 표현하는 행위 • 마음의 안정과 정화를 위한 행위
(❽)	가치 있는 존재
이 세상	'당신'이 부재하는 공간

4. 주제

이 시는 (❾)이라는 주제를 옷 짓기를 통해 표현하고 있다.

❶ 당신 ❷ 완성 ❸ -ㅂ니다 ❹ 운율 ❺ 역설법 ❻ 당신 ❼ 수놓기 ❽ 보물 ❾ '당신'에 대한 영원한 사랑

어휘력 체크 ✓

01 다음 사전에서 설명하는 낱말을 쓰시오.

> 「명사」
> 「1」 오랫동안 쓰고 매만져서 길이 든 흔적.
> 「2」 손을 대어 건드리거나 만져서 생긴 때. ≒손끝.
> 「3」 손에 끼인 때.

02 상대에 대하여 공손의 뜻을 나타내는 문체를 가리키는 말은?

03 '당신의 옷을 다 지어 놓았습니다.'의 '지어'와 유사한 의미로 사용된 것은?

① 고양이의 이름을 나비로 지어 불렀다.
② 우리 가족은 텃밭에 배추 농사를 짓는다.
③ 친구와 짝을 지어 복식 경기에 출전했다.
④ 엄마는 내 친구들에게 맛있는 저녁밥을 지어 주셨다.
⑤ 그는 한숨을 짓고 무언가를 곰곰이 생각하고 있었다.

04 잠잘 때 입는 옷을 가리키는 것으로 잠옷과 의미가 같은 말을 윗글에서 찾아 쓰시오.

05 다음 빈칸에 윗글의 화자의 태도와 관련된 한자 성어를 쓰시오.

> (ㅇㅁㅂㅁ): 자나 깨나 잊지 못함. 寤寐不忘

01 손때 02 경어체 03 ④ 04 자리옷
05 오매불망

(가) 추억에서 _ 박재삼
(나) 담양장 _ 최두석

1~4 다음 글을 읽고 물음에 답하시오.

문제 해결 포인트
❶ 어머니의 삶의 모습 파악
❷ 어머니의 삶에 대한 화자의 정서 파악
❸ 표현상의 특징 파악

가 진주 장터 생어물전에는
바닷밑이 깔리는 해 다 진 어스름을,

울 엄매의 장사 끝에 남은 고기 몇 마리의
빛 발(發)하는 눈깔들이 속절없이
은전(銀錢)만큼 손 안 닿는 한(恨)이던가
울 엄매야 울 엄매,

별 밭은 또 그리 멀리
우리 오누이의 머리 맞댄 골방 안 되어
손 시리게 떨던가 손 시리게 떨던가,

진주 남강 맑다 해도
오명 가명 / 신새벽❖이나 밤빛에 보는 것을,
울 엄매의 마음은 어떠했을꼬,
달빛 받은 옹기전의 옹기❖들같이
말없이 글썽이고 반짝이던 것인가.

❖ **신새벽**: 날이 새기 시작하는 새벽.
❖ **옹기**: 질그릇과 오지그릇을 통틀어 이르는 말.

나 죽장의 김삿갓은 죽고
참빗으로 이 잡던 시절도 가고 / 대바구니 전성 시절에

새벽 서리 밟으며 어머니는 바구니 한 줄 이고 장에 가시고 고구마로 점심 때운 뒤 기다리는 오후, 너무 심심해 아홉 살 내가 두 살 터울 동생 손잡고 신작로를 따라 마중 갔었다. 이십 리가 짱짱한 길, 버스는 하루에 두어 번 다녔지만 꼬박꼬박 걸어오셨으므로 가다 보면 도중에 만나겠지 생각하며 낯선 아줌마에게 길도 물어 가면서 하염없이…… 그런데 이 고개만 넘으면 읍이라는 곳에서 해가 덜렁 졌다. 배는 고프고 으스스 무서워져 ⓐ한참 망설이다가 되짚어 돌아오는 길은 한없이 멀고 캄캄 어둠에 동생은 울고 기진맥진 한밤중에야 호롱 들고 찾아 나선 어머니를 만났다. — 어머니는 그날따라 버스로 오시고

아, 요즘도 장날이면 / 허리 굽은 어머니
플라스틱에 밀려 시세도 없는 대바구니 옆에 쭈그려 앉아
멀거니 팔리기를 기다리는 / 담양장.

1step 작품 파악하기

1 (가)와 (나)에서 시간적 배경을 통해 어머니의 고달픈 삶을 나타내는 시구를 각각 찾아 쓰시오.

2 다음 설명을 참고하여 ⓐ의 기능을 쓰시오.

- 시에서는 정서나 상황 등을 효과적으로 표현하기 위해 부사어를 사용하기도 한다.
- 이 시에서 화자는 날이 어두워지고 배가 고파져서 마음속으로 갈등하고 있다.
- '한참'은 '시간이 상당히 지나는 동안.'을 뜻하는 부사어이다.

(나)의 '꼬박꼬박', '하염없이', '덜렁', '멀거니' 등의 부사어가 시에서 어떤 기능을 하는지 함께 공부해 봐.

2step 작품 간의 공통점 파악하기 | 2020학년도 3월 고1 학력평가 변형 |

3 (가)와 (나)의 표현상 공통점으로 가장 적절한 것은?

① 동일한 어미를 반복하여 리듬감을 주고 있다.
② 역설법을 활용하여 화자의 심리를 부각하고 있다.
③ 공감각적 심상을 사용하여 표현 효과를 높이고 있다.
④ 자조적인 어조를 사용하여 시적 정서를 드러내고 있다.
⑤ 수미상관의 기법을 활용하여 주제 의식을 강조하고 있다.

어미

용언 및 서술격 조사가 활용하여 변하는 부분. '점잖다', '점잖으며', '점잖고'에서 '-다', '-으며', '-고' 따위이다.

3step 외적 준거로 작품 파악하기 | 2020학년도 3월 고1 학력평가 |

4 〈보기〉의 수업 상황에서 선생님이 제시한 과제를 수행한 것으로 적절하지 않은 것은?

보기

선생님: 「추억에서」와 「담양장」은 '시 엮어 읽기'의 방법으로 감상하기에 좋은 작품입니다. 시 엮어 읽기란 시적 맥락을 고려하여 다른 시를 서로 비교하며 감상함으로써 작품 감상의 폭을 넓히는 방법입니다. 여러분, 이 두 작품의 시적 상황, 정서, 소재, 배경 등을 고려하면서 시 엮어 읽기를 해 볼까요?

① (가)의 '고기'와 (나)의 '대바구니'는 어머니가 가족들의 생계유지를 위하여 장터에서 팔아야 하는 소재라는 점에서 유사합니다.
② (가)의 '울 엄매야 울 엄매'와 (나)의 '허리 굽은 어머니'에는 고단한 삶을 살아온 어머니에 대한 연민의 정이 담겨 있다는 점에서 유사합니다.
③ (가)의 '골방'에 비해 (나)의 '신작로'는 어머니를 기다리는 마음이 더 능동적인 행위로 나타나는 공간이라는 점에서 차이가 있습니다.
④ (가)의 '신새벽'과 (나)의 '한밤중'은 어머니의 부재로 인해 어린 화자가 느끼는 불안감이 해소되는 시간적 배경이라는 점에서 유사합니다.
⑤ (가)의 '말없이 글썽이고 반짝이던 것인가'에서는 어머니의 과거 삶을, (나)의 '아, 요즘도 장날이면'에서는 과거로부터 이어지는 어머니의 현재 삶을 떠올리고 있는 시적 상황이라는 점에서 차이가 있습니다.

시적 상황

- **(가)**: 어머니가 가족의 생계유지를 위해 장터에서 고달프게 생선을 팔고 계시며, '나'는 그런 어머니의 삶과 어머니가 느꼈을 한을 생각하며 연민을 느낌.
- **(나)**: 어머니는 장날이면 장터에 나가 대바구니를 팔며 생활을 하셨는데, 대바구니의 전성기가 지난 요즘에도 여전히 그 생활이 이어지고 있음.

작품 독해하기

(가) 추억에서 _박재삼

이 작품은

이 시는 가난하게 살았던 화자의 어린 시절, 진주 장터에서 생선을 팔아 힘겹게 생계를 이어 가던 어머니에 대한 '추억'을 담은 작품이다. 화자의 추억 속에서 어머니는 이른 새벽에 장사를 나가 밤늦게 돌아오는 고달픈 생활을 하지만 늘 가난하게 살아야 했다. 화자는 이러한 어머니의 삶을 '은전만큼 손 안 닿는 한'이라고 표현하며 어머니에 대한 연민과 한스러운 마음을 드러내고 있다. 또한 어머니가 느꼈을 한스러운 정서를 '달빛 받은 옹기들'과 같이 '반짝'이는 눈물의 이미지로 형상화하고 있다.

갈래 자유시, 서정시

주제 고달픈 삶을 살다 간 어머니에 대한 회상과 그리움

구성
- 1연: 저녁 무렵의 진주 장터
- 2연: 가난으로 인한 어머니의 서글픔
- 3연: 추운 골방에서 어머니를 기다리는 오누이
- 4연: 어머니의 한과 눈물

진주 장터 생어물전에는
생선을 파는 가게. 어머니가 생계를 위해 일하는 공간
바닷밑이 깔리는 해 다 진 어스름을,

◯: 사투리를 사용하여 향토적인 분위기를 형성
울 엄매의 장사 끝에 남은 고기 몇 마리의
빛 발(發)하는 눈깔들이 속절없이
점점 상해 가는 생선의 눈빛
은전(銀錢)만큼 손 안 닿는 한(恨)이던가 ▬: 의문형 종결 어미의 반복 → 운율 형성
울 엄매야 울 엄매,
어머니의 삶에 대한 연민

별 밭은 또 그리 멀리
어머니가 돌아오는 길에 바라보는 별. 소망적 세계를 상징
우리 오누이의 머리 맞댄 골방 안 되어
손 시리게 떨던가 손 시리게 떨던가,
반복법, 촉각적 심상

진주 남강 맑다 해도
오명 가명
신새벽이나 밤빛에 보는 것을,
울 엄매의 마음은 어떠했을꼬,
달빛 받은 옹기전의 옹기들같이
어머니의 마음, 한을 시각적으로 형상화함. 어머니의 눈물을 옹기에 비유(직유법)
말없이 글썽이고 반짝이던 것인가.

독해 포인트

1. 시적 상황과 화자의 정서

시적 상황		화자의 정서
• 가난한 어린 시절 어머니가 생계를 위해 신새벽에 장터에 나가 밤늦게 돌아오는 고달픈 생활을 함. • 골방에서 추위에 떨며 오누이가 어머니가 돌아오길 기다림.	➡	• 어머니: 가난하고 고달픈 생활에 (❶) 과 서글픔을 느낌. • 화자: 어머니의 삶에 대해 안타까움을 가짐. • 오누이: 가난한 어린 시절 추위와 (❷) 을 느낌.

2. 발상과 표현

표현 방법	내용	표현 효과
구체적 지명, 방언 사용	• 진주, 남강 • (❸), 오명 가명	(❹)인 분위기를 형성함.
시각적 심상	빛 발하는 눈깔	상해 가는 생선의 눈을 시각적으로 표현하여 경제적 어려움을 드러냄.
	(❺)	어머니가 가질 수 없는 (❻)를 은전으로 표현, 가난에서 비롯된 어머니의 한을 드러냄.
	달빛 받은 옹기전의 옹기들같이 말없이 글썽이고 반짝이던가	어머니의 (❼)을 반짝이는 옹기에 비유하여 어머니의 한을 형상화함.
(❽) 심상	손 시리게 떨던가	가난과 추위로 떨었던 어린 시절을 생생하게 드러냄.
시구의 반복	울 엄매, 오명, 가명, 손 시리게 떨던가	운율을 형성하고, 화자의 정서를 강조함.
의문형 종결 어미의 반복	-ㄴ가, -ㄹ꼬	감정을 절제하는 효과를 주고 운율을 형성함.

3. 시어 및 시구

시어 및 시구	함축적 의미
생어물전	어머니가 생계를 위해 일하는 공간
은전	가난한 어머니가 가질 수 없었던 부(富)
(❾)	소망적, 긍정적, 밝음의 세계
골방	어둡고 추운 가난한 삶. '별 밭'과 대조적 의미를 가짐.
글썽이고 반짝이던 것	어머니의 눈물, 가난으로 인한 어머니의 한을 의미함.

4. 주제

이 시는 고달픈 삶을 살다 간 어머니에 대한 (❿)을 노래하고 있다.

❶ 한(恨) ❷ 두려움(무서움) ❸ 울 엄매 ❹ 향토적 ❺ 은전만큼 손 안 닿는 한 ❻ 부(富) ❼ 눈물 ❽ 촉각적 ❾ 별 밭 ❿ 그리움

어휘력 체크

01 다음에서 설명하는 낱말을 윗글에서 각각 찾아 쓰시오.

(1) 조금 어둑한 상태. 또는 그런 때.
(2) 날이 새기 시작하는 새벽.

02 다음 빈칸에 공통적으로 들어갈 말을 쓰시오.

• 동생은 사랑방에 딸린 ( )에 틀어박혀 있기를 좋아한다.
• 방구석에 처박혀 꼼짝 아니하는 사람을 ( )지기라고 한다.
• ( )쥐는 구석진 작은 방이나 천장 등에 사는 쥐를 말한다.

03 '손 시리게 떨던가'의 '떨다'와 유사한 의미로 사용된 것은?

① 그는 조심하지 않고 입방정을 떨었다.
② 친구가 호들갑을 떨며 큰 소리로 나를 불렀다.
③ 청중 앞에서 그녀는 내내 목소리를 떨면서 연설을 하였다.
④ 우리 가족들은 한겨울에 보일러가 고장 나 떨면서 지냈다.
⑤ 인색하기로 소문난 그는 단돈 몇 푼을 기부하는 데도 벌벌 떨었다.

04 다음 빈칸에 윗글의 시적 상황과 관련된 한자 성어를 쓰시오.

(ㅅㅅㄱㅅ): 한 달에 아홉 끼를 먹을 정도로 매우 빈궁한 생활. 三旬九食

01 (1) 어스름 (2) 신새벽 **02** 골방 **03** ④ **04** 삼순구식

(나) 담양장 _최두석

이 작품은

이 시는 이야기(산문) 시의 형식을 활용하여 화자의 어린 시절 생계를 위해 고생하시던 어머니의 삶을 회상하고 있는 작품이다. 화자가 어린 시절 어머니는 이십 리(8km)나 걸리는 담양장까지 버스비를 아끼며 대바구니를 팔러 걸어가시고, 화자는 동생을 데리고 어머니를 마중 나갔다가 길이 엇갈려 당황했던 일을 회상하고 있다. 플라스틱에 밀려 대바구니의 시세가 없어진 현재에도 고달픈 삶에 허리가 굽어진 어머니는 장날이면 여전히 대바구니를 팔러 담양장에 가시는데, 이러한 어머니의 모습을 통해 화자는 과거에서 현재로 이어지는 어머니의 삶에 대한 연민을 드러내고 있다.

갈래 자유시, 서정시

주제 어머니에 대한 회상과 연민

구성
- 1연: 현재에서 떠올린 과거의 상황
- 2연: 어린 시절 담양장에 가신 어머니를 마중 나갔던 기억을 회상
- 3연: 현재 어머니의 모습과 어머니의 삶에 대한 연민

「죽장의 김삿갓은 죽고
참빗으로 이 잡던 시절도 가고」
대바구니 전성 시절에

(▒: '-고'를 반복하여 운율을 형성함.)
(「 」: 대나무 제품에 대한 수요가 거의 없는 현재의 상황을 드러냄.)

새벽 서리 밟으며 어머니는 바구니 한 줄 이고 장에 가시고 고구마로 점심 때운 뒤 기다리는 오후, 너무 심심해 아홉 살 내가 두 살 터울 동생 손잡고 신작로를 따라 마중 갔었다. 이십 리가 짱짱한 길, 버스는 하루에 두어 번 다녔지만 꼬박꼬박 걸어오셨으므로 가다 보면 도중에 만나겠지 생각하며 낯선 아줌마에게 길도 물어 가면서 하염없이…… 그런데 이 고개만 넘으면 읍이라는 곳에서 해가 덜렁 졌다. 배는 고프고 으스스 무서워져 한참 망설이다가 되짚어 돌아오는 길은 한없이 멀고 캄캄 어둠에 동생은 울고 기진맥진 한밤중에야 호롱 들고 찾아 나선 어머니를 만났다. — 어머니는 그날따라 버스로 오시고

(새벽 서리 밟으며 어머니는 바구니 한 줄 이고: 생계를 위해 새벽부터 고달픈 삶을 살아가는 어머니)
(내가: 화자)
(하염없이……: 어머니를 마중 가는 길이 멀고 막막했음을 부사어와 말줄임표를 통해 제시)
(덜렁: '덜렁'을 통해 화자가 느끼는 불안감을 표현함.)
(배는 고프고 으스스 무서워져: 화자가 망설이게 된 까닭)
(한참 망설이다가: 화자의 내적 갈등이 드러남.)
(한밤중: 시간적 배경)
(◯: 부사어를 사용하여 화자의 정서나 시적 상황을 효과적으로 강조)

아, 요즘도 장날이면
허리 굽은 어머니
플라스틱에 밀려 시세도 없는 대바구니 옆에 쭈그려 앉아
멀거니 팔리기를 기다리는
담양장.

(아,: 과거에서 현재로 연결)
(허리 굽은 어머니: 희생적이고 고달픈 삶을 살아온 어머니에 대한 연민)
(담양장.: 과거에서부터 현재까지 이어지는 어머니의 삶의 현장. 명사로 종결하여 여운을 남김.)

전남 담양장은 예로부터 대나무로 만든 물건을 파는 곳으로 유명했어. 그러나 대나무 제품은 1970년대 플라스틱 용기가 개발되면서 수요가 급격하게 줄었다고 해.

독해 포인트

1. 시적 상황과 화자의 정서

연	시적 상황	화자의 정서
1연	현재에서 과거의 대바구니 전성 시절을 떠올림.	
2연	가난했던 어린 시절 생계를 위해 담양장에 간 어머니를 동생과 마중 나갔으나 만나지 못함.	➡ 불안감, (❶)
3연	(❷)에도 여전히 담양장에서 대바구니를 팔고 있는 어머니	어머니에 대한 연민, 안쓰러움

2. 발상과 표현

표현 방법	내용	표현 효과
시간의 흐름에 따른 전개	• 1연: 과거 상황 • 2연: (❸) • 3연: 현재	시간의 순서에 따라 시의 흐름이 자연스럽게 연결됨.
(❹)의 활용	꼬박꼬박, 하염없이, 덜렁, 으스스, 한참, 멀거니	어머니의 고단한 상황과 어머니를 마중 나간 화자가 맞닥뜨린 상황과 갈등, 어머니에 대한 화자의 정서 등을 효과적으로 강조함.
운문과 산문 형식 활용	1연, 3연: 운문 형식 2연: 산문 형식	형식에 변화를 주어 어린 시절의 회상 내용을 (❺)으로 드러냄.
어미의 반복	어미 (❻)의 반복	운율을 형성함.

3. 시어 및 시구

시어 및 시구	함축적 의미
죽장, 참빗	대표적인 대나무 제품. 부분으로 전체를 나타낸 대유법
(❼)	어머니가 대바구니를 팔아 생계를 이어 가는 삶의 현장이자 과거에서부터 현재까지 이어지는 공간
허리 굽은 어머니	고달프고 희생적 삶을 살아온 어머니에 대한 화자의 연민이 드러남.
플라스틱에 밀려 시세도 없는 대바구니	대바구니가 잘 팔리지 않는 현재의 상황

4. 주제

이 시는 운문 형식과 산문 형식을 결합하여 대바구니를 매개로 고달픈 삶을 살아온 어머니에 대한 회상과 (❽)을 이야기하고 있는데, 과거의 어머니에 대한 회상에 그치지 않고, 현재까지 이어진 어머니의 삶을 통해 드러내고 있다.

❶ 두려움 ❷ 현재 ❸ 과거 회상 ❹ 부사어 ❺ 서사적 ❻ '-고' ❼ 담양장 ❽ 연민

어휘력 체크

01 밑줄 친 부사어의 활용이 적절하지 않은 것은?

① 비에 젖어 으스스 한기를 느꼈다.
② 내 친구는 일주일에 한 번씩 꼬박꼬박 저축을 한다.
③ 봄비가 그치고 나니, 뒷산에 분홍빛 진달래가 한참이다.
④ 어머니는 길을 떠나는 아들의 뒷모습을 하염없이 바라보고 있었다.
⑤ 가방에 늘 넣고 다니던 지갑이 보이지 않아 가슴이 덜렁 내려앉았다.

02 다음에서 설명하는 낱말이 들어간 문장을 완성해 보시오.

> 멀거니 「부사」
> 정신없이 물끄러미 보고 있는 모양.

03 '고구마로 점심 때운 뒤'의 '때우다'와 유사한 의미로 사용된 것은?

① 이가 썩어 썩은 부분을 도자기로 때웠다.
② 민선이는 도움을 받으면 그 고마움을 말로 때우고 만다.
③ 점심을 대충 빵과 우유로 때웠더니, 벌써 배가 고프다.
④ 약속 시간이 많이 남아, 휴대폰 게임을 하며 시간을 때웠다.
⑤ 아버지는 이번 사고를 액을 때운 것으로 생각하라고 말씀하셨다.

04 다음 빈칸에 시대의 변화를 드러내는 한자 성어를 쓰시오.

> (ㅅㅈㅂㅎ): 뽕나무밭이 변하여 푸른 바다가 된다는 뜻으로, 세상일의 변천이 심함을 비유적으로 이르는 말. 桑田碧海

01 ③ 02 예시 답안 나는 창밖 풍경을 보며 멀거니 앉아 있었다. 03 ③ 04 상전벽해

(가) 장자를 빌려-원통에서 _ 신경림
(나) 누군가 나에게 물었다 _ 김종삼

1~4 다음 글을 읽고 물음에 답하시오.

문제 해결 포인트
❶ 공간의 변화와 화자의 관점 파악
❷ 화자의 깨달음의 내용 파악
❸ 표현상 특징 파악

가 설악산 **대청봉**에 올라
발아래 구부리고 엎드린 작고 큰 **산들**이며
떨어져 나갈까 봐 잔뜩 겁을 집어먹고
언덕과 골짜기에 바짝 달라붙은 **마을들**이며
다만 무릎께까지라도 다가오고 싶어
안달이 나서 몸살을 하는 **바다**를 내려다보니
온통 세상이 다 보이는 것 같고 / 또 **세상살이 속속들이** 다 알 것도 같다
그러다 **속초**에 내려와 하룻밤을 묵으며
중앙시장 바닥에서 다 늙은 **함경도 아주머니**들과
노령노래 안주 해서 소주도 마시고 / 피난민 신세타령도 듣고
다음 날엔 **원통**으로 와서 뒷골목엘 들어가
지린내 땀내도 맡고 악다구니도 듣고
싸구려 하숙에서 **마늘 장수**와 실랑이도 하고
젊은 군인 부부 사랑싸움질 소리에 잠도 설치고 보니
세상은 아무래도 산 위에서 보는 것과 같지만은 않다
지금 우리는 혹시 세상을
너무 **멀리**서만 보고 있는 것은 아닐까 아니면
너무 **가까이**서만 보고 있는 것은 아닐까

나 누군가 나에게 물었다. 시가 뭐냐고
나는 시인이 못됨으로 잘 모른다고 대답하였다.
무교동과 종로와 명동과 남산과
서울역 앞을 걸었다.
저녁 녘 남대문 시장 안에서
빈대떡을 먹을 때 생각나고 있었다.
그런 사람들이 / 엄청난 고생 되어도
순하고 명랑하고 맘 좋고 인정이 / 있으므로 슬기롭게 사는 사람들이
그런 사람들이 / 이 세상에서 알파이고
고귀한 인류이고 / 영원한 광명이고
다름 아닌 시인이라고.

1step 작품 파악하기

1 다음은 (가)와 (나)의 특징을 정리한 표이다. 빈칸에 들어갈 말을 각각 쓰시오.

(가)	대청봉에서 내려다본 세상의 모습과, 속초와 원통에서 체험한 세상의 모습을 (　　　　)하여 삶의 성찰을 노래한 작품이다.
(나)	시의 본질에 대한 누군가의 (　　　　)을/를 계기로 얻은 깨달음을 노래한 작품이다.

2 (나)의 화자는 '시인'이 결국 어떤 사람이라고 생각했는지 쓰시오.

2step 작품 간의 공통점 파악하기

| 2018학년도 9월 고1 학력평가 |

3 (가)와 (나)의 공통점으로 가장 적절한 것은?

① 도치의 방식을 활용하여 주제를 부각하고 있다.
② 자연물을 이용하여 화자의 정서를 표현하고 있다.
③ 계절적 배경을 통해 시적 분위기를 조성하고 있다.
④ 유사한 시구를 반복하여 시적 의미를 강조하고 있다.
⑤ 설의적 표현을 통해 현실에 대한 화자의 인식을 드러내고 있다.

도치법은 문장이나 단어를 정상적인 순서와는 다르게 배열하여 변화를 주는 표현법이야.

3step 외적 준거로 작품 파악하기

| 2018학년도 9월 고1 학력평가 |

4 〈보기〉를 참고하여 (가)를 감상한 내용으로 적절하지 <u>않은</u> 것은?

보기

이 시는 장자의 '추수편'에 실린 '대지관어원근(大知觀於遠近)'을 빌려 '큰 지혜는 멀리서도 볼 줄 알고, 가까이서도 볼 줄 아는 것'이라는 생각을 드러낸 작품이다. 특히 공간의 이동에 따른 관점의 변화를 그리며, 삶을 바라보는 태도에 대한 성찰을 드러내고 있다.

① '설악산 대청봉'에서 화자가 본 '산들'과 '마을들'은 '멀리'에서 본 세상의 모습이라 할 수 있겠군.
② 화자는 '바다'를 내려다보며 '세상살이 속속들이' 알기 위해서는 '가까이'에서 보아야 함을 깨달았겠군.
③ '함경도 아주머니들', '마늘 장수' 등을 만난 것은 화자에게 '가까이'에서 세상을 보는 경험이 되었겠군.
④ '속초'와 '원통'에서 겪은 일들로 인해 삶을 바라보는 화자의 관점이 변화하였겠군.
⑤ 화자는 '멀리'와 '가까이'에서 본 세상의 모습을 비교하며 삶을 바라볼 때 두 관점이 모두 필요하다고 느꼈겠군.

공간의 이동에 따른 관점의 변화

- **설악산 대청봉**
  멀리서 본 세상. 세상이 단순하고 만만해 보임.
- **속초, 원통**
  화자가 체험하며 가까이에서 본 세상. 복잡하고 힘겨워 보임.

작품 독해하기

(가) 장자를 빌려-원통에서 _신경림

이 작품은

이 시는 화자가 설악산 대청봉에 올라 멀리서 바라본 세상의 모습과 속초, 원통에 내려와서 직접 부딪히며 바라본 세상의 모습을 대조하여 삶을 바라보는 자신의 태도를 반성하고 삶에 대한 깨달음을 노래한 작품이다. 화자는 대청봉에서 세상을 바라볼 때는 세상이 단순하다고 생각했지만, 속초, 원통에서 직접 체험한 세상은 복잡하고 힘겨웠다. 특히 청각과 후각 등 다양한 감각을 활용하여 복잡하고 힘겨운 세상의 삶의 모습을 표현하고 있다. 시인은 이러한 대조적인 경험을 통해 세상을 바라보는 관점이 어느 한쪽에 치우치면 삶의 진실을 제대로 볼 수 없다는 깨달음을 전하고 있다.

갈래 자유시, 서정시

주제 세상을 바라보는 관점에 대한 성찰

구성
- 1~8행: 설악산 대청봉에 올라 바라본 세상과 삶의 모습
- 9~17행: 속초와 원통에서 직접 체험한 세상과 삶의 모습
- 18~20행: 세상을 바라보는 관점에 대한 반성과 깨달음

제목인 '장자를 빌려'는 장자의 생각을 빌려 말하겠다는 것으로 『장자』의 「추수편」에 나오는 '큰 지혜는 멀리서도 볼 줄 알고 가까이서도 볼 줄 아는 것이다.'라는 구절을 바탕으로 한 거야.

설악산 대청봉에 올라

◯: 화자의 위치, 화자가 세상을 바라볼 수 있는 곳

높은 곳. 세상의 모습을 멀리서 볼 수 있는 곳

「발아래 구부리고 엎드린 작고 큰 산들이며

▒: 멀리서 본 세상의 모습

떨어져 나갈까 봐 잔뜩 겁을 집어먹고

「 」: 멀리서 바라본 산, 마을, 바다의 모습을 의인화하여 묘사. 화자의 주관적 관점

언덕과 골짜기에 바짝 달라붙은 마을들이며

다만 무릎께까지라도 다가오고 싶어

안달이 나서 몸살을 하는 바다를 내려다보니」

온통 세상이 다 보이는 것 같고

또 세상살이 속속들이 다 알 것도 같다

그러다 속초에 내려와 하룻밤을 묵으며

속초, 원통: 세상의 모습을 가까이서 볼 수 있는 곳

중앙시장 바닥에서 다 늙은 함경도 아주머니들과

▭: 인간적이고 세속적인 삶의 모습이 있는 곳

노령노래 안주 해서 소주도 마시고

청각

피난민 신세타령도 듣고

청각

다음 날엔 원통으로 와서 뒷골목엘 들어가

지린내 땀내도 맡고 악다구니도 듣고

후각 / 청각. 기를 써서 다투며 욕설을 함. 또는 그런 사람이나 행동

싸구려 하숙에서 마늘 장수와 실랑이도 하고

젊은 군인 부부 사랑싸움질 소리에 잠도 설치고 보니

청각

세상은 아무래도 산 위에서 보는 것과 같지만은 않다

지금 우리는 혹시 세상을

「너무 멀리서만 보고 있는 것은 아닐까 아니면

너무 가까이서만 보고 있는 것은 아닐까」

「 」: 세상과 삶의 관점에 대한 반성과 깨달음이 드러남. → 균형 잡힌 관점을 갖는 것이 필요함.
유사한 시구(너무 ~만 보고 있는 것은 아닐까)의 반복을 통해 시적 의미를 강조함.

독해 포인트

1. 시적 상황과 화자의 정서 및 태도

행	시적 상황		화자의 정서 및 태도
1~8행	설악산 대청봉에 올라 멀리서 산과 마을, 바다를(세상을) 내려다봄.	➡	세상을 (❶)하게 보고 자신감을 가짐.
9~17행	속초, 원통에 내려와 사람과 만나 직접 (❷)을 통해 가까이에서 세상을 바라봄.		세상이 복잡하고 힘겨운 것임을 깨달음.
18~20행	세상을 바라보는 관점에 대한 의문		세상을 바라보는 관점에 대한 (❸)과 깨달음

2. 발상과 표현

표현 방법	내용	표현 효과
공간의 이동에 따른 전개	설악산 대청봉 → 속초(중앙시장) → 원통(뒷골목, 싸구려 하숙)	멀리서 세상을 바라보는 곳에서 가까이서 바라보는 곳으로 이동하며 멀리서 본 세상과 가까이에서 본 세상을 (❹)적으로 드러내 주제를 부각함.
감각적 표현의 활용	• 청각: 노령노래, 신세타령, 악다구니, 사랑싸움질 소리 • (❺): 지린내 땀내	감각적 표현을 통해 복잡하고 힘겨운 삶의 모습을 효과적으로 드러냄.
의인화	2~5행: (❻)를 의인화	대청봉에서 바라본 자연의 모습을 화자의 (❼) 관점에서 의인화를 통해 새롭게 표현함.
유사한 시구의 반복	• 2~4행: ~고 ~이며 • 11~14행: ~도 ~고 • 19~20행: 너무 ~만 보고 있는 것은 아닐까	유사한 시구를 반복하여 운율을 형성하고, 시적 의미를 강조함.

3. 시어 및 시구

시어 및 시구	함축적 의미
설악산 대청봉	화자가 세상을 멀리서 바라보는 곳. 세상이 단순하게 보이게 하는 곳
(❽)	화자가 직접 체험을 통해 세상을 가까이서 바라보는 곳. 세상이 복잡하고 고달프게 보이게 하는 곳
지린내, 땀내, 악다구니, 실랑이, 사랑싸움질	세속적이고 인간적인 삶의 모습을 드러냄.

4. 주제

이 시의 화자는 너무 멀리서 세상을 바라보거나 너무 가까이에서 바라보고 있는 것에 대해 반성하고 (❾) 잡힌 관점을 갖는 것이 필요하다는 깨달음을 전하고 있다.

❶ 단순 ❷ 체험 ❸ 반성 ❹ 대조 ❺ 후각 ❻ 산, 마을, 바다 ❼ 주관적 ❽ 속초, 원통 ❾ 균형

어휘력 체크

01 '보다'의 의미가 나머지 넷과 다른 하나는?

① 잡지에서 처음 보는 단어를 발견했다.
② 수상한 사람을 보면 신고 먼저 해야 한다.
③ 손해를 보면서 물건을 팔 사람은 거의 없다.
④ 싱그러운 초록 나뭇잎을 보면 기분이 좋아진다.
⑤ 횡단보도를 건널 때면 신호등을 잘 보고 건너야 한다.

02 다음에서 설명하는 낱말이 들어간 문장을 완성해 보시오.

> 실랑이 「명사」
> 서로 자기주장을 고집하며 옥신각신하는 일.

03 다음 빈칸에 들어갈 말을 각각 쓰시오.

> 「명사」
> (1) 재난을 피하여 가는 백성.
> 예 홍수가 나 임시 수용소는 ( )으로 인산인해를 이루었다.
> (2) 난리를 피하여 가는 백성.
> 예 전쟁이 일어나자 ( )들이 국경으로 몰려들었다.

04 윗글의 화자가 경계하는 상황을 다음과 같이 관용 표현으로 나타낼 때, 빈칸에 들어갈 알맞은 말을 쓰시오.

> (ㄴㅁ)만 보고 (ㅅ)은 보지 못한다.

01 ③ 02 예시 답안 친구와 동아리 문제로 실랑이를 해서 몹시 피곤해졌다. 03 (1) 피난민, (2) 피란민 04 나무, 숲

작품 독해하기

(나) 누군가 나에게 물었다 _ 김종삼

이 작품은

이 시는 누군가 던진 시의 본질에 대한 질문에 대해 답을 찾아가는 과정에서 얻은 깨달음을 담고 있는 작품이다. 화자는 '시가 뭐냐'는 누군가의 질문에 대한 답을 찾기 위해 하루 종일 서울 거리를 걷고 걷다가 남대문 시장 안에서 빈대떡을 먹다가 문득 답을 떠올리게 된다. 시인이란 특별한 사람이 아닌 일상적인 시·공간에서 순하고 명랑하고 맘 좋고 인정 있는 성품을 바탕으로 힘겨운 삶에 슬기롭게 대처해 나가며 열심히 살아가는 우리 주변의 평범한 사람들이라는 깨달음을 얻는다.

갈래 자유시, 서정시

주제 시의 본질과 진정한 시인의 모습에 대한 성찰

구성

- 1~2행: 시가 뭐냐는 누군가의 물음과 화자의 대답
- 3~6행: 하루 종일 서울 거리를 걸으며 질문에 대한 답을 생각함.
- 7~15행: 화자가 생각하는 진정한 시인의 모습

누군가 나에게 물었다. 시가 뭐냐고

도치법을 사용하여 '시의 본질'에 대한 '누군가'의 질문을 강조함.

나는 시인이 못됨으로 잘 모른다고 대답하였다.

무교동과 종로와 명동과 남산과

△: 서민들의 삶이 있는 평범한 생활 터전. 구체적인 장소를 제시하며 공간 이동을 드러냄.

서울역 앞을 걸었다.

저녁 녘 남대문 시장 안에서

시간의 경과

빈대떡을 먹을 때 생각나고 있었다.

그런 사람들이

▒: 화자가 생각하는 바람직한 삶을 사는 사람들. 힘겨운 삶에도 순하고 명랑하고 맘 좋고 인정 있고 슬기롭게 사는 사람들

「엄청난 고생 되어도

순하고 명랑하고 맘 좋고 인정이

「 」: 그런 사람들에 대한 설명

있으므로 슬기롭게 사는 사람들」이

그런 사람들이

이 세상에서 알파이고

○: 열거법을 사용하여 '그런 사람들'의 의미를 강조함.

고귀한 인류이고

영원한 광명이고

다름 아닌 시인이라고.

'알파'는 그리스 문자의 첫 번째 자모로 기초나 처음, 핵심을 의미해. '그런 사람들이 이 세상에서 알파'라는 것은 그만큼 '그런 사람들'이 높은 가치를 가진 바람직한 삶을 사는 사람이라는 의미라고 볼 수 있어.

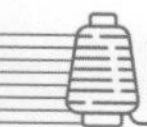

독해 포인트

1. 시적 상황과 화자의 정서 및 태도

행	시적 상황	화자의 정서 및 태도
1~2행	누군가 화자인 (❶)에게 시가 뭐냐고 물어 잘 모른다고 답변함.	자신에 대해 솔직하고 (❷) 한 태도를 보임.
3~6행	서울 거리를 걷다가 (❸)에서 답을 떠올림.	질문에 대한 답을 찾기 위해 고민하고 탐색함.
7~15행	진정한 시인의 모습에 대해 깨달은 바를 강조함.	열심히 살아가는 평범한 '그런 사람들'에 대해 예찬함.

2. 발상과 표현

표현 방법	내용	표현 효과
(❹) 형식	1~2행: 누군가 ~ 물었다. 시가 뭐냐고 / 나는 ~ 잘 모른다고 대답하였다.	(❹) 형식을 통해 시의 본질에 대한 화자의 탐색 과정과 자연스럽게 연결함.
공간의 이동과 시간의 흐름	무교동 → 종로 → 명동 → 남산 → 서울역 → 남대문 시장	• 공간의 이동을 통해 시간이 경과했음을 드러냄. • 구체적인 지명을 제시해 친근함을 줌.
(❺) 한 시구 반복	7, 11행: 그런 사람들이	'그런 사람들'의 의미를 강조함.
열거법	12~15행: 알파, 고귀한 인류, 영원한 광명, 시인	열거를 통해 '그런 사람들'의 가치와 (❻)을 강조함.

3. 시어 및 시구

시어 및 시구	함축적 의미
무교동, 종로, 명동, 남산, 서울역, 남대문 시장	서민들의 삶이 있는 평범한 생활 터전
(❼)	화자가 생각하는 바람직한 삶을 사는 사람들. 힘겨운 삶에도 착한 심성으로 슬기롭게 대처해 나가며 열심히 살아가는 우리 주변의 평범한 사람들
(❽)	평범한 사람들의 삶의 모습이 보여 주는 높은 가치

4. 주제

이 시는 시와 시의 본질에 대한 질문에서 출발해서, 화자가 생각하는 진정한 시인의 모습, 즉 순하고 명랑하고 맘 좋고 인정 있는 성품을 바탕으로 힘겨운 삶에 슬기롭게 대처해 나가는 우리 주변의 (❾)이 시인이라는 깨달음을 보여 준다.

❶ '나' ❷ 겸손 ❸ 남대문 시장 ❹ 문답 ❺ 동일 ❻ 주제 의식 ❼ 그런 사람들 ❽ 알파 ❾ 평범한 사람들

어휘력 체크

01 윗글의 '잘 모른다'의 '모르다'와 유사한 의미로 사용된 것은?

① 저 친구는 자기밖에 모른다.
② 은서는 길을 몰라 30분이나 헤맸다.
③ 길동이는 저도 모르게 두 손을 들었다.
④ 7시까지 안 오면 먼저 출발해도 난 모른다.
⑤ 바라던 대학에 붙어서 얼마나 기쁜지 모른다.

02 다음에서 설명하는 낱말이 들어간 문장을 완성해 보시오.

> 고귀하다 「형용사」
> 훌륭하고 귀중하다.

03 '영원한 광명'의 '영원'과 반대말로 적절한 것은?

① 무한
② 영겁
③ 영구
④ 찰나
⑤ 천고

04 윗글의 '그런 사람들'과 관련 있는 한자 성어가 아닌 것은?

① 갑남을녀(甲男乙女)
② 군계일학(群鷄一鶴)
③ 장삼이사(張三李四)
④ 초동급부(樵童汲婦)
⑤ 필부필부(匹夫匹婦)

01 ② 02 예시 답안 호국 영령들의 고귀한 희생정신을 기리다. 03 ④ 04 ②

(가) 어부사시사 _ 윤선도
(나) 초당춘수곡(草堂春睡曲) _ 남석하

1~5 다음 글을 읽고 물음에 답하시오.

문제 해결 포인트

❶ 자연에 대한 화자의 태도 파악
❷ 갈래의 특징 파악
❸ 시적 상황에 따른 화자의 정서 파악

가 석양(夕陽)이 비꼈으니 그만하고 돌아가자
돛 내려라 돛 내려라
버들이며 물가의 꽃은 굽이굽이 새롭구나
지국총 지국총 어사와
㉠삼공(三公)을 부러워하랴 만사(萬事)를 생각하랴

〈춘(春) 6〉

궂은비 멎어 가고 시냇물이 맑아 온다
배 떠라 배 떠라
낚싯대 둘러메니 깊은 흥(興)을 못 금(禁)하겠다
지국총 지국총 어사와
㉡연강(煙江) 첩장(疊嶂)은 뉘라서 그려 낸고

〈하(夏) 1〉

㉢물외(物外)에 조흔 일이 어부 생애 아니러냐
배 떠라 배 떠라
어옹(漁翁)을 웃지 마라 그림마다 그렸더라
지국총 지국총 어사와
사시(四時) 흥(興)이 한가지나 추강(秋江)이 으뜸이라

〈추(秋) 1〉

㉣물가의 외로운 솔 혼자 어이 씩씩한고
배 매어라 배 매어라
험한 구름 한(恨)치 마라 세상(世上)을 가리운다
지국총 지국총 어사와
㉤파랑성(波浪聲)을 싫어 마라 진훤(塵喧)을 막는도다

〈동(冬) 8〉

❖ **삼공**: 삼정승으로, 영의정, 좌의정, 우의정을 일컬음.
❖ **연강**: 안개 낀 강.
❖ **첩장**: 겹겹이 둘러싼 산봉우리.
❖ **물외**: 속세의 밖.
❖ **조흔**: 깨끗한, 청빈한.
❖ **어옹**: 늙은 어부.
❖ **웃지**: 비웃지.
❖ **추강**: 가을 강.
❖ **한치**: 원망하지., 한탄하지.
❖ **파랑성**: 물결 소리.
❖ **진훤**: 속세의 시끄러움.

나 초당 늦은 날에 깊이 든 잠 겨우 깨어
대창문을 바삐 열고 작은 뜰에 방황하니
시내 위의 버들잎은 봄바람을 먼저 얻어
위성 땅 아침 비에 원객(遠客)의 근심이라
수풀 아래 **뻐꾹새**는 계절을 먼저 알아
태평세월 들일에는 **농부**를 재촉한다
아아 내 일이야 잠을 깨어 생각하니
세상의 모든 일이 모두가 허랑(虛浪)하다
공명(功名)이 때가 늦어 백발은 귀밑이요
산업(産業)에 꾀가 없어 초가집 몇 칸이라
백화주 두세 잔에 산수에 **정**이 들어
홍도 벽도(紅桃碧桃) 난발(爛發)한데 지팡이 짚고 들어가니
산은 첩첩 기이하고 물은 청청 깨끗하다
안개 걷어 구름 되니 남산 서산 백운(白雲)이요
구름 걷혀 안개 되니 계산 안개 봉이 높다
앉아 보고 서서 보니 별천지가 여기로다
때 없는 두 귀밑을 돌시내에 다시 씻고
탁영대(濯纓臺) 잠깐 쉬고 세심대(洗心臺)로 올라가니
풍대(風臺)의 맑은 바람 심신이 시원하고
월사(月榭)의 **밝은 달**은 맑은 의미 일반이라

❖ **위성 땅 아침 비**: 왕유의 시 구절로 벗과 이별하던 장소에 아침 비가 내리는 풍경을 말함.
❖ **원객**: 멀리서 온 손님. 나그네.
❖ **허랑하다**: 허무하다.
❖ **공명**: 공을 세워서 자기의 이름을 널리 드러냄. 또는 그 이름.
❖ **산업**: 재산을 모으는 일.
❖ **홍도 벽도**: 복숭아꽃.
❖ **난발**: 꽃이 흐드러지게 한창 핌.
❖ **백운**: 흰 구름.
❖ **별천지**: 특별히 경치가 좋거나 분위기가 좋은 곳.
❖ **탁영대, 세심대, 풍대**: 사방을 바라볼 수 있는 누각.
❖ **월사**: 달구경을 하기 위한 누각.

1step 작품 파악하기

1 다음은 (가)와 (나)를 정리한 표이다. ㉮~㉰에 들어갈 말을 각각 쓰시오.

	(가)	(나)
갈래	(㉮)	가사
제재	어부의 생활과 자연의 아름다움	봄날 산수풍경의 아름다움
주제	어촌의 아름다움과 자연 속에서 한가롭게 살아가는 여유와 즐거움	봄날 자연에 대한 흥취
특징	• 후렴구와 여음구의 사용 • (㉯)의 흐름에 따른 전개 • 대구법, 반복법	• (㉰)의 이동에 따라 화자의 정서 변화 • 중국 지명과 고사 인용 • 대구법

조선 시대에 양반들이 지은 시조나 가사에는 자연을 예찬하며 세속적인 것을 멀리하고 가난한 생활을 하면서도 편안한 마음으로 도를 즐기는 안빈낙도(安貧樂道)의 삶을 노래한 것이 많아.

2 다음 〈조건〉을 바탕으로 (가), (나)에 공통적으로 드러난 화자의 태도를 쓰시오.

조건
- 화자가 자연을 대하는 태도와 자연 속의 삶에 대해 느끼는 감정을 중심으로 쓸 것.
- '예찬', '만족감'이라는 말을 활용하여 쓸 것.

2step 작품 간의 공통점 파악하기 | 2020학년도 9월 고1 학력평가 |

3 (가)와 (나)의 공통점으로 가장 적절한 것은?

① 의인화된 대상을 통해 세태를 비판하고 있다.
② 설의적 표현을 통해 시적 의미를 강조하고 있다.
③ 영탄적 어조를 통해 화자의 정서를 부각하고 있다.
④ 촉각적 심상을 통해 시적 분위기를 조성하고 있다.
⑤ 역설적 표현을 통해 이상향에 대한 의지를 드러내고 있다.

4 **(가)와 (나)에 대한 설명으로 적절하지 않은 것은?** | 2020학년도 9월 고1 학력평가 |

① (가)의 '버들'과 (나)의 '뻐꾹새'는 계절감을 드러내는 소재이다.
② (가)의 '흥'과 (나)의 '정'은 자연에서 화자가 느끼는 정서이다.
③ (가)의 '어옹'과 (나)의 '농부'는 화자의 처지에 공감하는 인물이다.
④ (가)의 '추강'과 (나)의 '밝은 달'은 화자가 긍정적으로 인식하는 대상이다.
⑤ (가)의 '낚싯대'와 (나)의 '백화주'는 풍류를 즐기는 화자의 모습을 드러내는 소재이다.

3step 외적 준거로 작품 파악하기 | 2020학년도 9월 고1 학력평가 |

5 **〈보기〉를 참고하여 ㉠~㉤을 감상한 내용으로 적절하지 않은 것은?**

| 보기 |

(가)에는 속세를 벗어나 자연의 아름다움을 즐기면서 유유자적한 삶을 살고자 하는 화자의 모습이 드러나 있다. 이 작품에서 자연은 화자가 지향하는 공간으로 인간 세상과 대립되는 공간을 의미한다. 화자는 인간 세상을 멀리하고 자연에 귀의하고자 하는 태도를 보이고 있다.

❖ **유유자적(悠悠自適)**: 속세를 떠나 아무 속박 없이 조용하고 편안하게 삶.
❖ **귀의**: 돌아가거나 돌아와 몸을 의지함.

① ㉠은 속세의 사람들이 추구하는 가치에서 벗어난 화자의 모습을 드러낸다고 볼 수 있군.
② ㉡은 화자가 자연의 아름다움에 감탄하며 이를 즐기고 있다고 볼 수 있군.
③ ㉢은 인간 세상과 대립되는 자연으로 화자가 지향하는 공간으로 볼 수 있군.
④ ㉣은 자연에 귀의하지 못한 사람으로 화자가 안타까워하는 대상으로 볼 수 있군.
⑤ ㉤은 인간 세상을 멀리하고자 하는 화자의 태도를 드러낸다고 볼 수 있군.

(가) 어부사시사 _윤선도

어부의 사계절을 노래

이 작품은

이 작품은 작가가 65세 때 전남 보길도에 살면서 지은 연시조(두 개 이상의 평시조가 하나의 제목으로 엮어져 있는 시조)의 일부로 어촌의 아름다운 풍경과 어부의 소박한 생활을 노래하고 있다. 이 작품의 제목인 '어부사시사'는 '어부의 사계절을 노래한다.'는 의미로, 이 시조는 봄, 여름, 가을, 겨울 각 10수씩 총 40수로 이루어졌다. 작가는 계절의 변화에 따라 보이는 자연의 아름다움을 다양한 비유와 색채 대비를 활용하여 감각적으로 표현하고 있다. 또한 여음구와 후렴구를 활용하여 흥을 돋우고, 리듬감을 형성하여 경쾌한 느낌을 전해 주고 있다.

갈래 평시조, 연시조

주제 사계절 어촌의 아름다움과 자연 속에서 한가롭게 살아가는 여유와 즐거움

구성
- 〈춘 6〉: 봄의 자연을 즐기는 흥취
- 〈하 1〉: 비 갠 후의 여름 어촌의 아름다운 경치와 흥
- 〈추 1〉: 청빈한 어부 생활에 대한 자부심과 가을 강의 경치 예찬
- 〈동 8〉: 속세와 단절하고 자연 속에서의 삶을 추구

석양(夕陽)이 비꼈으니 그만하고 돌아가자
석양이 비스듬히 비치는 저녁 시간 – 시간적 배경
돛 내려라 돛 내려라
여음. 돛을 내려라
버들이며 물가의 꽃은 굽이굽이 새롭구나

지국총 지국총 어사와
의성어 '지국총'은 노 저을 때 나는 '찌그렁' 소리를, '어사와'는 '어여차'를 나타냄.
삼공(三公)을 부러워하랴 만사(萬事)를 생각하랴 〈춘(春) 6〉
속세의 높은 벼슬도 부럽지 않고 갖가지 생각이 들지 않을 정도로 봄의 자연을 즐기는 것이 좋음.

의성어인 '지국총 지국총 어사와'는 일종의 후렴구야. 이를 통해 작품 전체에 통일성을 주고 연을 구분해 주기도 해. 또 경쾌한 리듬감을 형성해 변화를 주고 흥을 돋우는 역할도 하지.

궂은비 멎어 가고 시냇물이 맑아 온다
배 떠라 배 떠라
여음. 배를 띄워라
낚싯대 둘러메니 깊은 흥(興)을 못 금(禁)하겠다
지국총 지국총 어사와
연강(煙江) 첩장(疊嶂)은 뉘라서 그려 낸고 〈하(夏) 1〉
안개 자욱한 강과 첩첩 쌓인 산세의 풍경이 마치 그림과 같이 아름답다는 의미 → 예찬적 태도

물외(物外)에 조흔 일이 어부 생애 아니러냐
속세의 밖 / 청빈하고 검소한 어부 생활에 대한 만족감. 설의법. 안분지족.
배 떠라 배 떠라
어옹(漁翁)을 웃지 마라 그림마다 그렸더라
늙은 어부 – 자연에 사는 화자 자신
지국총 지국총 어사와
사시(四時) 흥(興)이 한가지나 추강(秋江)이 으뜸이라 〈추(秋) 1〉
가을 강의 경치 예찬

물가의 외로운 솔 혼자 어이 씩씩한고
화자의 감정 이입(소나무: 절개)
배 매어라 배 매어라
험한 구름 한(恨)치 마라 세상(世上)을 가리운다
지국총 지국총 어사와
파랑성(波浪聲)을 싫어 마라 진훤(塵喧)을 막는도다 〈동(冬) 8〉
대구법
◯: 속세를 가려 주는 긍정적 존재

현대어 풀이

석양이 비치니 그만하고 돌아가자.
버들이며 물가의 꽃은 굽이굽이 새롭구나.
정승도 부럽지 않으니 이런저런 일을 생각하겠는가.
〈봄 6〉

궂은비가 점차 멎어 가고 시냇물도 맑아 온다.
낚싯대를 둘러메니 (솟구치는) 흥취를 참을 길이 없구나.
안개 자욱한 강과 겹겹이 쌓인 산봉우리는 누가 그려 낸 그림인가.
〈여름 1〉

속세 밖의 깨끗하고 청빈한 어부 생애 아니더냐.
늙은 어부를 비웃지 마라, 그림마다 그렸더라.
사계절 흥이 모두 좋으나 가을 강이 으뜸이라.
〈가을 1〉

물가의 외로운 소나무 어이 이리 씩씩한가.
험한 구름을 원망하지 마라, 속세를 가려 주는구나.
물결 소리를 싫어하지 마라, 속세의 시끄러움을 막아 주는구나.
〈겨울 8〉

독해 포인트

1. 시적 상황과 화자의 정서 및 태도

연	시적 상황		화자의 정서 및 태도
〈춘 6〉	봄날 저녁 무렵 배를 타고 돌아오며 하루하루 달라지는 봄 풍경 감상		세속적 가치를 멀리하며 자연에 대한 (❶) 태도를 드러냄.
〈하 1〉	비 갠 후에 낚시를 하면서 풍류를 즐기고 여름 어촌의 아름다운 풍경을 바라봄.	➡	• '깊은 흥을 못 금하겠다'며 흥에 겨운 화자의 정서를 직접적으로 드러냄. • 여름 어촌의 풍경을 (❷)에 비유하며 예찬함.
〈추 1〉	속세 밖의 청빈하고 검소한 어부 생활과 가을 강의 아름다움을 즐김.		청빈한 어부 생활에 대한 만족감을 드러내며, 가을 강의 경치가 으뜸이라고 예찬함.
〈동 8〉	배를 타고 돌아오면서 물가에 서 있는 소나무를 보며 속세를 가려 주는 구름과 물결 소리를 생각함.		외롭게 서 있는 소나무에 화자의 감정을 (❸)하고 구름과 물결 소리를 통해 속세에 대한 경계심을 드러냄.

2. 발상과 표현

표현 방법	내용	표현 효과
여음 (초장과 중장 사이)	돛 내려라(각 6수) → 배 떠라(각 1수) → 배 매어라(각 8수)	각 계절마다 1~10수에 차례대로 여음을 사용하여 출항과 귀항까지의 과정을 보여 줌.
후렴구 (중장과 종장 사이)	(❹)	연을 구분하고 통일감을 주며, 의성어를 활용해 리듬감을 형성함.
대구법	〈동 8〉: 험한 구름 ~ 가리운다 ↔ 파랑성을 ~ 막는도다	대구의 방법을 통해 속세에 대한 화자의 (❺)을 강조함.

3. 시어 및 시구

시어 및 시구	함축적 의미
삼공을 부러워하랴 만사를 생각하랴	삼공은 삼정승으로 속세의 높은 벼슬을 의미한다. 화자는 이러한 벼슬이 부럽지 않으며 속세의 이런저런 생각을 하지 않을 정도로 자연 속에서의 삶에 (❻)을 표하며 세속적 가치를 멀리하고 있음.
어옹	'어옹'은 '늙은 어부'를 뜻한다. 이 시에서는 고기잡이로 생계를 이어 가는 실제 어부가 아닌 자연 속에서 풍류를 즐기며 살아가는 (❼)를 가리킴.
외로운 솔	(❽)는 사군자의 하나로 고전 시가에서 자주 쓰인다. '외로운 솔'은 속세에서 벗어나 지조를 지키려는 화자의 감정이 이입된 시어로 사용됨.
험한 구름, 파랑성	험한 구름과 파랑성(물결 소리)은 화자가 싫어하는 속세를 가려 주는 긍정적인 존재로, 속세에 대한 화자의 부정적 인식을 드러냄.

4. 주제

사계절 어촌의 아름다움과 그 속에서 한가롭게 살아가는 여유와 즐거움을 노래하고 있다.

❶ 예찬적 ❷ 그림 ❸ 이입 ❹ 지국총 지국총 어사와 ❺ 부정적 인식 ❻ 만족감 ❼ 화자 ❽ 소나무(솔)

어휘력 체크

01 윗글의 '세상을 가리운다'의 '가리다'와 유사한 의미로 사용된 것은?

① 음식을 가리지 말고 골고루 먹어야 한다.
② 햇빛이 너무 강하게 들어와 커튼으로 창문을 가렸다.
③ 그는 돈을 버는 일이라면 수단과 방법을 가리지 않았다.
④ 아기가 낯을 많이 가려 낯선 사람만 보면 울음을 터뜨렸다.
⑤ 친구와 나는 시비를 가리기 위해 싸움의 원인을 다시 되짚어 보았다.

02 윗글과 관련해서 다음에서 설명하는 낱말이 들어간 문장을 완성해 보시오.

> 풍류 「명사」
> 멋스럽고 풍치가 있는 일. 또는 그렇게 노는 일.

03 다음 중 의미하는 것이 다른 하나는?

① 강호(江湖)
② 산수(山水)
③ 자연(自然)
④ 진훤(塵喧)
⑤ 풍월(風月)

04 다음 빈칸에 '외로운 솔 혼자 어이 씩씩한고'와 관련 있는 한자 성어를 쓰시오.

> (ㄷㅇㅊㅊ): 남들이 모두 절개를 꺾는 상황 속에서도 홀로 절개를 굳세게 지키고 있음을 비유적으로 이르는 말. 獨也靑靑

01 ② 02 예시 답안 내 고향은 멋과 풍류의 고장이다. 03 ④ 04 독야청청

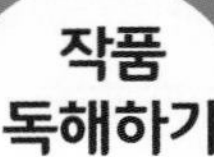

(나) 초당춘수곡(草堂春睡曲) _ 남석하

초가집에서 봄날 낮잠을 잠.

이 작품은

이 작품은 조선 후기에 발표된 가사로 나른한 봄날, 초가집에서 늦게까지 잠을 자다 일어나 봄날 자연의 아름다움을 예찬하고 봄의 흥취를 표현하고 있다. 전반부에서 출세를 하지 못한 자신의 처지를 한탄하는 내용을 드러내기도 하지만 전체적으로 자연을 즐기는 풍류와 흥취를 노래하고 있다. 특히 후반부에는 중국의 지명을 활용하여 봄날의 흥취를 즐기는 화자의 정서를 효과적으로 드러내고 있으며, 부귀영화는 일시적인 것이지만, 자연은 영원한 벗이라는 물아일체(物我一體)적 자연관을 드러내고 있다.

갈래 가사

주제 봄날 자연에 대한 흥취

구성
- 1~10행: 봄날의 애상적 정취
- 11~20행: 산수를 둘러보며 자연의 흥취를 즐김.

초당 늦은 날에 깊이 든 잠 겨우 깨어
대창문을 바삐 열고 작은 뜰에 방황하니 (서성거리니. 화자의 내적 갈등이 드러남.)
시내 위의 버들잎은 봄바람을 먼저 얻어 (봄바람: 계절적 배경을 드러내는 소재)
위성 땅 아침 비에 원객(遠客)의 근심이라
수풀 아래 뻐꾹새는 계절을 먼저 알아 (뻐꾹새: 계절적 배경을 드러내는 소재)
태평세월 들일에는 농부를 재촉한다 (농부: 평범한 시골 사람)
아아 내 일이야 잠을 깨어 생각하니 (아아 내 일이야: 영탄적 어조)
세상의 모든 일이 모두가 허랑(虛浪)하다 (세상일에 허무함을 느낌. 인생무상)
공명(功名)이 때가 늦어 백발은 귀밑이요 (공명: 입신양명, 출세)
산업(産業)에 꾀가 없어 초가집 몇 칸이라 (화자가 돈을 버는 데 재주가 없어 가난하게 살고 있음.)
백화주 두세 잔에 산수에 정이 들어 (백화주: 정서 및 분위기를 전환하는 소재)
홍도 벽도(紅桃碧桃) 난발(爛發)한데 지팡이 짚고 들어가니 (홍도 벽도: 복숭아꽃: 무릉도원)
「산은 첩첩 기이하고 물은 청청 깨끗하다」 (「 」: 대구법, 봄날의 자연 풍경)
「안개 걷어 구름 되니 남산 서산 백운(白雲)이요
구름 걷혀 안개 되니 계산 안개 봉이 높다」
앉아 보고 서서 보니 별천지가 여기로다
때 없는 두 귀밑을 돌시내에 다시 씻고 (소부와 허유의 고사)
「탁영대(濯纓臺) 잠깐 쉬고 세심대(洗心臺)로 올라가니」 (「 」: '탁영'은 갓끈을 씻는다는 뜻이고, '세심'은 마음을 씻는다는 뜻으로 속세를 초월한다는 의미를 가짐.)
풍대(風臺)의 맑은 바람 심신이 시원하고
월사(月榭)의 밝은 달은 맑은 의미 일반이라 (월사: 달구경을 하기 위한 누각 / 일반: 같다)

(◯: 누각)

현대어 풀이

초가집에서 깊이 든 잠에서 겨우 깨어나
대나무 창문을 바삐 열고 작은 뜰을 서성거리니
시냇물 위의 버들잎이 봄바람에 흔들리고
아침에 비가 내리니 나그네의 근심이 많구나.
수풀 아래 뻐꾸기는 봄이 왔음을 알려 주고
태평세월에 들일을 해야 하는 농부를 재촉하는구나.
아아, 내가 할 일이 무엇일지 잠을 깨어 생각해 보니
세상의 모든 일이 모두 허무하다.
공명(출세)은 때가 늦어 백발이 귀밑에 성성하고
돈을 버는 데도 재주 없어 초가 몇 칸이 전부니
백화주 두세 잔에 자연에 정이 들어
복숭아꽃 활짝 피었는데 지팡이 짚고 들어가니
산은 첩첩이 쌓여 기이하고 물은 맑고 깨끗하다.
안개 걷혀 구름 되니 남쪽 서쪽 산이 모두 흰 구름이요,
구름 걷혀 안개 되니 계산에 있는 높은 안개 봉이구나.
앉아 보고 서서 봐도 별천지가 여기구나.
(소부와 허유처럼) 두 귀밑을 시냇물에 깨끗이 씻고
탁영대에서 잠깐 쉬고 세심대에 올라가니
풍대의 맑은 바람에 몸과 마음이 시원하고
누각에서 보는 밝은 달은 자연이 주는 참된 의미구나.

> 가사는 시조와 함께 대표적인 조선 시대의 문학 갈래야. 시조처럼 4음보와 3·4조 또는 4·4조의 형식을 가져 시가 문학으로 분류돼. 시조와 달리 행의 길이에 제한이 없어. 긴 작품이 많아. 주로 사대부들이 많이 지었고, 대표적인 작가는 정철이야.

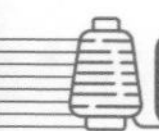

독해 포인트

1. 시적 상황과 화자의 정서 및 태도

행	시적 상황		화자의 정서 및 태도
1~10행	초당에서 잠을 깨어 봄이 왔음을 만끽하며 한편으로 자신의 처지를 돌아봄.	➡	봄의 정취를 느끼며 (❶)을 느낌.
11~20행	산수를 둘러보며 자연의 흥취를 즐김.		자연 속에서 봄날 자연의 아름다움을 즐기는 삶에 (❷)을 드러냄.

2. 발상과 표현

표현 방법	내용	표현 효과
공간의 이동	초당 → 작은 뜰 → 산수 → 탁영대 → 세심대 → 월사	• 공간의 이동에 따른 화자의 정서 (❸)를 드러냄. • 작은 뜰(내적 갈등) → 산수(자연 풍경 예찬) → 탁영대, 세심대, 월사(속세를 초월한 자연의 흥취)
계절적 배경	봄바람, (❹), 홍도 백도	계절적 배경과 관련한 시어를 통해 주제와 화자의 정서를 드러냄.
고사와 중국 지명 인용	위성 땅 아침 비, 두 귀밑을 돌시내에 씻고(소부, 허유 고사), 탁영대, 세심대	풍류를 즐기는 화자의 정서를 효과적으로 드러냄.
(❺)	• 12행: 산은 ~ 기이하고, 물은 ~ 깨끗하다 • 13~14행: 안개 걷어 구름 되니 / 구름 걷혀 안개 되니	봄날 산수의 아름다움을 효과적으로 표현함.

3. 시어 및 시구

시어 및 시구	함축적 의미
(❻)	'멀리 떠나는 나그네'라는 뜻으로 화자 자신을 가리킴. 뒤의 '근심'과 연결되어 화자의 쓸쓸한 정서를 드러냄.
세상의 모든 일이 모두가 허랑하다	생동감 있는 봄날 풍경과 대조적으로 자신의 처지에 대해 인생무상을 느끼는 화자의 정서가 담긴 표현임.
산업에 꾀가 없어 초가집 몇 칸이라	화자가 재물을 모으는 재주가 없어 (❼)하게 살고 있음을 드러냄.
백화주	화자의 정서 및 분위기를 (❽)하는 소재로 사용됨.

4. 주제

이 시는 봄날 초당에서 낮잠을 자다 깨어나 봄의 정취를 느끼면서 자신의 처지를 돌아보고 인생무상을 느끼고 있지만, 산수의 아름다움을 즐기면서 자연에 대한 (❾)와 이러한 삶에 대한 만족감을 드러내고 있다.

❶ 인생무상 ❷ 만족감 ❸ 변화 ❹ 뻐꾹새 ❺ 대구법 ❻ 원객 ❼ 가난(궁핍) ❽ 전환 ❾ 흥취

어휘력 체크

01 윗글의 '겨우 깨어'의 '깨다'와 유사한 의미로 사용된 것은?

① 공으로 유리창을 깼다.
② 영수가 침묵을 깨고 이야기를 시작했다.
③ 그 선수는 이번에 또 세계 기록을 깼다.
④ 하늘이 무너질 듯 요란한 소리에 그만 잠을 깼다.
⑤ 알에서 깬 오리는 제일 처음 보는 대상을 엄마로 생각한다.

02 다음에서 설명하는 낱말을 윗글에서 찾아 쓰시오.

> 「명사」
> 「1」 우리가 살고 있는 이 세상 밖의 다른 세상.
> 「2」 특별히 경치가 좋거나 분위기가 좋은 곳.

03 다음 중 밑줄 친 낱말의 한자 표기가 다른 하나는?

① 허무하다
② 허랑하다
③ 허락하다
④ 허망하다
⑤ 허비하다

04 다음 빈칸에 들어갈 적절한 한자 성어를 쓰시오.

> 윗글의 화자는 출세를 하지 못하고 가난한 자신의 처지에 대해 한탄하기도 하지만, 이내 봄날 자연의 흥취를 즐기며 가난한 생활 속에서도 이렇게 자연의 아름다움을 즐길 줄 아는 자신의 삶에 만족감을 드러내고 있다. 이러한 화자의 삶의 태도를 (ㅇㅂㅈㅈ)이라고 한다. 安分知足

01 ④ 02 별천지 03 ③ 04 안분지족

(가) 태산이 높다 하되~ _ 양사언
(나) 사청사우(乍晴乍雨)❖ _ 김시습 / (다) 이옥설 _ 이규보

1~4 다음 글을 읽고 물음에 답하시오.

문제 해결 포인트
❶ 작가의 창작 의도 파악
❷ 상징적인 의미 파악
❸ 갈래의 특징 파악

가 태산이 높다 하되 하늘 아래 뫼이로다.
오르고 또 오르면 못 오를 리 없건마는
사람이 제 아니 오르고 뫼만 높다 하더라.

(나)의 원문

乍晴還雨雨還晴
사청환우우환청
天道猶然況世情
천도유연황세정
譽我便是還毁我
예아변시환훼아
逃名却自爲求名
도명각자위구명
花門花謝春何管
화개화사춘하관
雲去雲來山不爭
운거운래산부쟁
寄語世人須記認
기어세인수기인
取歡無處得平生
취환무처득평생

나 언뜻 개었다가 다시 비가 오고 비 오다가 다시 개이니,
하늘의 도도 그러하거늘, 하물며 세상 인정이라.
나를 기리다가 문득 돌이켜 나를 헐뜯고,
공명을 피하더니 도리어 스스로 공명을 구함이라.
꽃이 피고 지는 것을, 봄이 어찌 다스릴고.
구름 가고 구름 오되, ⓐ산은 다투지 않음이라.
세상 사람들에게 말하노니, 반드시 기억해 알아 두라.
기쁨을 취하려 한들, 어디에서 평생 즐거움을 얻을 것인가를.

❖ **사청사우**: 날이 맑았다 비가 오다 함. 변덕스러운 날씨를 가리킴.

다 행랑채가 퇴락❖하여 지탱할 수 없게끔 된 것이 세 칸이었다. 나는 마지못하여 이를 모두 수리하였다. 그런데 그 두 칸은 앞서 장마에 비가 샌 지가 오래되었으나, 나는 그것을 알면서도 망설이다가 손을 대지 못했던 것이고, 나머지 한 칸은 비를 한 번 맞고 샜던 것이라 서둘러 기와를 갈았던 것이다. 이번에 수리하려고 본즉 비가 샌 지 오래된 것은 그 서까래, 추녀, 기둥, 들보가 모두 썩어서 못 쓰게 되었던 까닭으로 수리비가 엄청나게 들었고, 한 번밖에 비를 맞지 않았던 한 칸의 재목들은 완전하게 하여 다시 쓸 수 있었던 까닭으로 그 비용이 많지 않았다.

나는 이에 느낀 것이 있었다. 사람의 몸에 있어서도 마찬가지라는 사실을. 잘못을 알고서도 바로 고치지 않으면 곧 그 자신이 나쁘게 되는 것이 마치 나무가 썩어서 못 쓰게 되는 것과 같으며, 잘못을 알고 고치기를 꺼리지 않으면 해(害)를 받지 않고 다시 착한 사람이 될 수 있으니, 저 집의 재목처럼 말끔하게 다시 쓸 수 있는 것이다.

뿐만 아니라 나라의 정치도 이와 같다. 백성을 좀먹는 무리들을 내버려 두었다가는 백성들이 도탄❖에 빠지고 나라가 위태롭게 된다. 그런 연후에 급히 바로잡으려 하면 이미 썩어 버린 재목처럼 때는 늦은 것이다. 어찌 삼가지 않겠는가.

❖ **퇴락(頹落)**: 낡아서 무너지고 떨어짐.
❖ **도탄(塗炭)**: 몹시 곤궁하거나 고통스러운 지경을 이르는 말.

정답과 해설 7쪽

1step 작품 파악하기

1 다음은 (가)~(다)의 특징을 정리한 표이다. ㉠~㉢에 들어갈 말을 각각 쓰시오.

	(가)	(나)	(다)
갈래	시조	한시(7언 율시)	고전 수필(설)
주제	목표를 달성을 위한 도전과 노력의 중요성	변덕스러운 세태에 대한 (㉠)와/과 의연하게 사는 삶	잘못을 알고 고쳐 나가는 자세의 중요성
특징	• 교훈적 • 목표를 이루기 위해 도전하고 노력하는 모습을 (㉡)에 오르는 것에 비유함.	• 교훈적 • 변덕스러운 날씨에 이해관계에 따라 달라지는 세상인심을 비유함. • 대조적인 이미지를 제시하며 주제를 강조함.	• 교훈적 • 글쓴이가 (㉢)을/를 통해 얻은 깨달음을 인간과 나라로 확대함. • 제때 바로잡지 못한 잘못을 썩은 재목에 비유함.

7언 율시는 한시의 한 형식으로 7글자 8행으로 이루어진 정형시를 가리켜.

2 ⓐ의 함축적 의미를 〈조건〉에 맞게 쓰시오.

조건
• 화자가 지향하는 삶과 관련지어 쓸 것.

2step 작품 간의 공통점 파악하기 | 2020학년도 6월 고1 학력평가 |

3 (가)~(다)의 공통점으로 가장 적절한 것은?

① 자신의 가치관을 성찰하며 개선하고 있다.
② 현재 처한 상황을 극복하고자 노력하고 있다.
③ 바른 삶을 살아가는 자세에 대해 말하고 있다.
④ 이념과 현실 사이의 갈등 속에서 방황하고 있다.
⑤ 추구하는 이상 세계의 모습을 구체적으로 언급하고 있다.

3step 외적 준거로 작품 파악하기 | 2020학년도 6월 고1 학력평가 |

4 〈보기〉를 참고하여 (다)를 이해한 내용으로 가장 적절한 것은?

보기
설(說)은 일반적으로 두 단계의 구조로 나뉜다. 글쓴이의 개인적인 경험을 들려주는 ㉮전반부와 그로부터 얻은 결과를 독자에게 전하는 ㉯후반부로 구분된다. 글쓴이의 주관이 직접적으로 드러나고 경험담이 기반이 되기 때문에 수필과 비슷하다.

① ㉮는 문제에 대해 다양한 해결책을 제시하고 있다.
② ㉮와 ㉯는 서로 상반되는 견해를 제시하고 있다.
③ ㉮가 사건의 결과라면 ㉯는 그 원인에 해당한다.
④ ㉯는 ㉮의 사실적 상황을 바탕으로 유추한 것이다.
⑤ ㉮는 ㉯에서 얻은 깨달음을 자신의 생활에 적용한 것이다.

설(說)
• 이치에 따라 사물을 해석하고 자기 의견을 설명하는 고전 수필의 한 갈래임.
• 사실(예화)과 의견(주제)으로 구분되며, 교훈적, 설득적 성격을 가짐.

유추
두 개의 사물이 여러 면에서 비슷하다는 것을 근거로 다른 속성도 유사할 것이라고 추론하는 것을 말함.

(가) 태산이 높다 하되~ _ 양사언
(나) 사청사우(乍晴乍雨) _ 김시습

이 작품은

(가) 양사언, 「태산이 높다 하되~」
이 작품은 사람들이 삶의 목표를 세우고 그것을 이루기 위해 노력하는 모습을 태산에 오르는 것에 비유한 시조이다. 화자는 목표에 도전하고 그것을 이루기 위해 꾸준히 노력하지 않고 포기하거나 변명만 하는 어리석은 태도를 비판하며, 아무리 힘들고 어려운 일이라도 실천과 노력을 계속하면 목표를 이룰 수 있다는 교훈을 전달하고 있다.

갈래 평시조

주제 목표 달성을 위한 도전과 노력하는 자세의 중요성

구성
- 초장: 노력하면 실현 가능한 목표
- 중장: 목표를 이루기 위한 노력의 중요성
- 종장: 노력하지 않고 변명만 하는 태도 비판

(나) 김시습, 「사청사우」
이 작품은 세상인심을 변덕스러운 날씨에 빗대어 표현한 한시이다. 순리를 따르는 자연과 달리 처세를 달리하면 평생의 즐거움을 얻을 수 없다며 변덕스러운 세상인심을 경계하고 있다.

주제 변덕스러운 세태에 대한 비판과 의연하게 사는 삶

갈래 한시(7언 율시)

구성
- 1~2구: 날씨처럼 변덕스러운 세상인심
- 3~4구: 변덕스러운 세상인심
- 5~6구: 사람과 달리 변화에 의연한 자연
- 7~8구: 변덕스러운 세상 인심에 대한 경계

가 태산이 높다 하되 하늘 아래 뫼이로다.
추구하는 이상과 목표를 태산에 비유

오르고 또 오르면 못 오를 리 없건마는
끊임없이 노력하고 노력하면

사람이 제 아니 오르고 뫼만 높다 하더라.
노력하고 실천하지 않는 사람

> 태산은 크고 높은 산을 말할 때 대표적으로 등장하는 중국의 지명이야. 「태산이 높다 하되~」에서는 태산이 높아도 결국 하늘 아래 있는 산이듯이 아무리 어려운 목표라도 노력을 하다 보면 이룰 수 있다는 것을 강조하고 있어. 자 ~ 여러분도 파이팅!

◯: 쉽게 변하는 존재

나 언뜻 개었다가 다시 비가 오고 비 오다가 다시 개이니,

하늘의 도도 그러하거늘, 하물며 세상 인정이랴.
날씨처럼 변덕스러운 세상인정(염량세태): 세상에 대한 화자의 부정적 인식

나를 기리다가 문득 돌이켜 나를 헐뜯고, 구름 ↔ 산: 대조적 의미

공명을 피하더니 도리어 스스로 공명을 구함이라.

「꽃이 피고 지는 것을, 봄이 어찌 다스릴고.
쉽게 변하는 모습

구름 가고 구름 오되, 산은 다투지 않음이라.」 「 」: 대구법
수시로 변하는 존재 / 변함없이 의연한 존재

세상 사람들에게 말하노니, 반드시 기억해 알아 두라.

기쁨을 취하려 한들, 어디에서 평생 즐거움을 얻을 것인가를.
이해관계에 따라 처세를 달리해서는 평생의 즐거움을 얻을 수 없음. 7~8구: 도치법

독해 포인트

1. 시적 상황과 화자의 정서 및 태도

구분	시적 상황	화자의 정서 및 태도
(가)	아무리 높은 산이라도 오르려고 꾸준히 노력하면 못 오를 리 없는데, (❶)만 댐.	목표를 이루기 위해 꾸준히 노력하지 않고 변명만 하는 태도를 비판함.
(나)	세상인심이 변덕스러운 날씨처럼 이해관계에 따라 달라짐.	이해관계에 따라 (❷)가 달라지는 변덕스러운 세상인심을 부정적으로 인식하고 경계함.

2. 발상과 표현

표현 방법	내용	표현 효과
자연 현상에 비유	(가) 태산: 추구하는 이상과 (❸) (나) 비, 꽃, 구름: 쉽게 변하는 변덕스러운 존재 봄, 산: 변함없이 의연한 존재	화자가 말하고자 하는 바를 자연 현상(자연)에 빗대어 효과적으로 드러냄.
(❹) 어조	(가): 사람이 제 아니 오르고 뫼만 높다 하더라 (나): 세상 사람들에게 말하노니, 반드시 기억해 알아 두라.	화자의 가치관을 명확히 드러냄.
대조적인 소재	(가): 태산 ↔ 하늘 (나): 꽃 ↔ 비, (❺) ↔ 산	대조를 이루는 소재를 통해 주제를 부각함.
도치법	(나) 7~8구: 세상 사람들에게 ~ 얻을 것인가를.	변덕스러운 세상인심에 대한 경계를 강조함.

3. 시어 및 시구

시어 및 시구	함축적 의미
사람이 제 아니 오르고 뫼만 높다 하더라.	제대로 노력하고 실천하지 않고 핑계만 대는 사람들을 비판. 지속적으로 노력하는 자세가 필요함을 강조함.
(❻)	하늘의 날씨도 변덕스러운데 인간의 세상인심은 말할 필요도 없이 변덕스럽다는 의미로 세상인심에 대한 화자의 부정적 시각이 드러남. → 염량세태(炎涼世態)
세상 사람들에게 말하노니, ~ 얻을 것인가를.	세상 사람들을 (❼)로 설정하여 직설적인 어조로 화자의 생각을 전함.

4. 주제

- (가): 목표를 이루기 위해 노력하는 것을 태산을 오르는 것에 비유하여 끊임없이 노력하는 자세의 중요성을 강조하고 있다.
- (나): 자주 바뀌는 날씨처럼 이해관계에 따라 달라지는 변덕스러운 세상인심을 비판하고, 봄과 산처럼 (❽) 삶을 살 것을 설득하고 있다.

❶ 핑계 ❷ 처세 ❸ 목표 ❹ 직설적 ❺ 구름 ❻ 하늘의 도도 그러하거늘, 하물며 세상 인정이랴. ❼ 청자 ❽ 의연한

어휘력 체크

01 (가)의 주제와 관련한 속담으로 가장 적절한 것은?

① 시작이 반이다.
② 소 잃고 외양간 고친다.
③ 서당개 삼 년이면 풍월을 읊는다.
④ 열 번 찍어 아니 넘어가는 나무 없다.
⑤ 오르지 못할 나무는 쳐다보지도 말아라.

02 다음에서 설명하는 낱말을 (가)에서 찾아 쓰시오.

「명사」
'산'의 순우리말 = '메'

03 (나)의 '비 오다 다시 개이니'의 '개다'와 유사한 의미로 사용된 것은?

① 이부자리를 개고 방을 청소했다.
② 미끼로 쓸 떡밥은 잘 개어야 한다.
③ 잘 마른 빨래를 개서 서랍 안에 넣었다.
④ 아침부터 오던 눈이 개고 하늘에는 구름 한 점 없다.
⑤ 그녀는 개다 만 옷가지를 윗목으로 밀쳐놓고 나가 버렸다.

04 빈칸에 들어갈 적절한 한자 성어를 쓰시오.

(나)의 화자는 세상인심을 변덕스러운 날씨에 빗대어 표현하고 있다. 이해관계에 따라 세상인심이 변덕스럽게 변화함을 비판하고 있는데, 이와 같이 세력이 있을 때는 아첨하여 따르고 세력이 없어지면 푸대접하는 세상인심을 비유적으로 이르는 말을 (ㅇㄹㅅㅌ)라고 한다. 炎涼世態

01 ④ 02 뫼 03 ④ 04 염량세태

(다) 이옥설(理屋說) _이규보

 이 작품은

이 작품은 퇴락한 행랑채를 수리한 경험에서 얻은 깨달음을 사람의 몸(삶)과 정치에 적용한 교훈적 한문 수필이다. 글쓴이는 행랑채를 수리한 경험을 통해 잘못을 알고도 제때 고치지 않았을 때의 폐해가 얼마나 큰지 말하고 있다. 그리고 사람에게 적용하여 잘못을 알면 반성하고 바로 고쳐야 온전한 사람이 될 수 있다는 깨달음을 얻는다. 또한 이 깨달음을 정치에까지 확대 적용하여 백성을 좀먹는 무리들을 제때 정리하지 못하면 나라가 위태롭게 되니, 이를 바로 고쳐 정치를 바로 세울 것을 촉구하고 있다.

 갈래 고전 수필, 설(說)

 주제 잘못을 알고 고쳐 나가는 자세의 중요성

내용 구조도

일상의 경험 제시
퇴락한 행랑채를 수리하며 제때 고치지 않아 발생한 폐해를 제시

⬇

경험을 통한 깨달음의 적용
사람도 자신의 잘못을 알고 고쳐야 함.

⬇

깨달음의 확장
나라의 정치에서 백성을 좀먹는 무리에 대한 경계

행랑채(대문간 곁에 있는 집채)가 퇴락하여(낡아서 무너지고 떨어짐.) 지탱할 수 없게끔 된 것이 세 칸이었다. 나는 마지못하여 이를 모두 수리하였다. 그런데 그 두 칸은 앞서 장마에 비가 샌 지가 오래되었으나, 나는 그것을 알면서도 망설이다가 손을 대지 못했던 것이고(수리할 시기를 놓침.), 나머지 한 칸은 비를 한 번 맞고 샜던 것이라 서둘러 기와를 갈았던 것이다(수리 시기를 놓치지 않고 바로 고침.). 이번에 수리하려고 본즉 비가 샌 지 오래된 것은 그 서까래, 추녀, 기둥, 들보가 모두 썩어서 못 쓰게 되었던 까닭(비가 샌 지 오래된 것이 수리비가 많이 든 까닭)으로 수리비가 엄청나게 들었고, 한 번밖에 비를 맞지 않았던 한 칸의 재목들은 완전하게 하여 다시 쓸 수 있었던 까닭(비를 한 번밖에 맞지 않은 것이 수리비가 적게 든 까닭)으로 그 비용이 많지 않았다.

나는 이에 느낀 것이 있었다. 사람의 몸에 있어서도 마찬가지라는 사실을(깨달음을 사람의 몸으로 의미 확대 적용(유추 1)). 잘못을 알고서도 바로 고치지 않으면 곧 그 자신이 나쁘게 되는 것이 마치 나무가 썩어서 못 쓰게 되는 것과 같으며, 잘못을 알고 고치기를 꺼리지 않으면 해(害)를 받지 않고 다시 착한 사람이 될 수 있으니, 저 집의 재목처럼 말끔하게 다시 쓸 수 있는 것이다.

뿐만 아니라 나라의 정치도 이와 같다(행랑채를 수리한 일에서 얻은 깨달음을 나라의 정치에 의미 확대 적용(유추 2)). 백성을 좀먹는 무리들을 내버려 두었다가는 백성들이 도탄에 빠지고 나라가 위태롭게 된다. 그런 연후에 급히 바로잡으려 하면 이미 썩어 버린 재목처럼 때는 늦은 것이다. 어찌 삼가지 않겠는가(설의법 – 경계하고 당부하는 말).

설(說)과 같은 갈래의 글에서는 사실과 의견을 구분하고 글쓴이가 어떤 의견을 펼치는지 파악하는 것이 무엇보다 중요해.

독해 포인트

1. 글의 구성

(❶)	행랑채를 수리한 (❶) : 제때 고치지 않은 것은 모두 썩어 수리비가 많이 들고, 바로 고친 것은 수리비가 많이 들지 않음. → 제때 수리해야 함.

⬇

깨달음	행랑채 수리를 통해 얻은 깨달음을 사람에게 적용(유추 1)
	깨달음을 (❷)에 확장하여 적용(유추 2)

※ (❸): 서로 다른 종류의 것을 같은 종류의 것 또는 비슷한 것에 미루어 추측하는 일

2. 소재

행랑채 수리	글쓴이에게 경험과 깨달음을 얻게 함. → 글을 쓰게 된 계기
(❹)	제때 고치면 다시 쓸 수 있으나 시기를 놓치면 썩어서 다시 쓸 수 없음. → 사람과 정치에 비유함.
백성을 좀먹는 무리	백성들의 안정된 삶을 위협하는 탐관오리나 권력에 아첨하는 무리들

3. 서술 및 표현

망설이다가 손을 대지 못했던 것	잘못된 것을 알았으나 망설이다가 잘못을 고칠 시기를 놓쳤다는 의미임.
백성을 좀먹는 무리들을 ~ 나라가 위태롭게 된다.	백성들의 안정되고 태평한 삶을 위해서는 백성들을 좀먹는 무리들을 정리하는 (❺)한 정치 개혁이 필요하다는 글쓴이의 의도가 담겨 있음.
어찌 삼가지 않겠는가	(❻)을 통해 백성을 좀먹는 무리들의 잘못을 바로잡을 시기를 놓치는 것에 대해 경계해야 함을 강조함.

4. 주제

이 작품은 사실(예화-경험)과 의견(주제-깨달음)으로 구성된 한문 문학인 (❼)로, 행랑채를 수리한 경험에서 잘못을 제때 고치지 않으면 더 많은 폐해로 이어진다는 (❽)을 얻고, 이를 사람과 나라의 정치로 (❾)시켜 잘못을 바로 알고 고쳐 나가는 자세의 중요성을 강조하고 있다.

❶ 경험 ❷ 나라의 정치 ❸ 유추 ❹ 재목 ❺ 시의적절 ❻ 설의법 ❼ 설(說) ❽ 깨달음 ❾ 확장

어휘력 체크

01 윗글의 '비가 샌 지'의 '새다'와 유사한 의미로 사용된 것은

① 작은 방에서 빛이 새 나왔다.
② 동생은 학교에 안 가고 딴 곳으로 새 버렸다.
③ 물통에서 물이 새서 가방의 책이 모두 젖었다.
④ 이상하게도 자꾸 토론이 엉뚱한 곳으로 샌다.
⑤ 바로 옆방에서 시끄러운 노랫소리가 새어 나온다.

02 다음에서 설명하는 상황에 알맞은 속담을 쓰시오.

> 비가 샌 지 오래된 것은 그 서까래, 추녀, 기둥, 들보가 모두 썩어서 못 쓰게 되었던 까닭으로 수리비가 엄청나게 들었다.

03 다음에서 설명하는 낱말을 쓰고, 그 낱말이 들어가는 문장을 작성하시오.

> 「동사」
> 「1」 몸가짐이나 언행을 조심하다.
> 「2」 꺼리는 마음으로 양(量)이나 횟수가 지나치지 아니하도록 하다.

04 다음 빈칸에 들어갈 적절한 한자 성어를 쓰시오.

> 윗글에서 '잘못을 알고 고치기를 꺼리지 않으면 해(害)를 받지 않고 다시 착한 사람이 될 수 있으니'에서 (ㄱㄱㅊㅅ)을 떠올릴 수 있다. 이것은 '지난날의 잘못이나 허물을 고쳐 올바르고 착하게 됨.'이라는 의미를 가지고 있다. 改過遷善

01 ③ **02** 호미로 막을 것을 가래로 막는다. **03** 삼가다. 예시 답안 독감이 걸렸을 때는 외출을 삼가는 것이 좋다. **04** 개과천선

마무리 정리하기

기출 유형 살펴보기

한 작품은 NO! 두세 작품은 OK!!	➡	작품 간 화자의 정서나 태도의 공통점 · 차이점 파악하기 작품 간 소재의 공통점 · 차이점 파악하기 작품 간 표현상의 공통점 · 차이점 파악하기
작품 감상은 〈보기〉를 바탕으로	➡	〈보기〉의 정보를 반영하여 본문의 시구 파악하기 〈보기〉의 정보를 반영하여 화자의 태도, 정서 파악하기 〈보기〉의 정보를 반영하여 주제 파악하기
시어, 시구의 이해는 기본!	➡	시어나 시구의 기능과 효과 파악하기 시어나 시구의 함축적 의미 파악하기 핵심 시어나 시구 파악하기

미리 공부해야 할 개념

화자의 정서와 태도, 비유와 상징, 운율, 심상

더 알아 두기

고전 시가의 갈래별 특징
고전 시가에 자주 등장하는 소재와 주제

기출 연습하기 01

(가) 성탄제 _김종길

시적 상황, 화자의 정서 및 태도	• 어린 시절 '나'는 한겨울에 병에 걸려 힘들어함. • 어른이 되어 삭막한 현실 속에서 내리는 눈을 보고 어린 시절을 회상함.
	아버지의 헌신적 사랑에 대해 그리워함.
발상과 표현	색채의 대비(시각적 심상) : 어두운 ↔ 바알간, 눈 ↔ 붉은
	은유법 : 나는 한 마리 어린 짐승
	촉각적 심상 : 서느런 옷자락, 열로 상기한 볼, 말없이 부비는 것
주제	아버지의 헌신적인 사랑

• **핵심 시어**: 눈, 붉은 산수유 열매, 성탄제

작품의 특징

(가) 색채의 대비와 감각적 심상을 통해 아버지의 사랑과 그 소중한 가치를 드러냄.
(나) 경어체 사용, 종결 어미의 반복을 통해 '당신'에 대한 화자의 태도와 감정을 드러냄.

(나) 수의 비밀 _한용운

시적 상황, 화자의 정서 및 태도	화자인 '나'는 고백적인 어조로 시적 대상인 '당신'을 향한 사랑과 정성을 드러냄.
	'나'는 '당신'과의 만남을 기약하고 '당신'에 대한 사랑과 기다림을 지속하기 위해 옷의 완성을 미루고 있음.
발상과 표현	경어체의 사용, 종결 어미의 반복 : '-ㅂ니다'
	역설법 : 짓고 싶어서 다 짓지 않는 것입니다
주제	'당신'에 대한 영원한 사랑

• **핵심 시어**: 당신, 옷, 수놓기, 보물

기출 연습하기 02

(가) 추억에서 _박재삼

시적 상황, 화자의 정서 및 태도	가난했던 어린 시절 어머니가 생계를 위해 신새벽에 장터에 나가 밤늦게 돌아오는 고달픈 생활을 함.
	• 어머니는 가난하고 고달픈 생활에 한과 서글픔을 느낌. • 어머니의 삶에 대해 안타까움을 가짐.
발상과 표현	구체적 지명, 방언 사용 : 진주 남강, 울 엄매, 오명가명
	시각적·촉각적 심상 : 빛 발하는 눈깔, 손 시리게 떨던가 등
	어머니가 느꼈을 한스러운 정서를 눈물의 이미지로 형상화함.
주제	어머니에 대한 회상과 그리움

• **핵심 시어**: 은전, 눈물, 글썽이고 반짝이던 것

두 작품의 공통점

가난한 어린 시절 가족의 생계를 위해 고단한 삶을 살아온 어머니에 대한 화자의 연민을 드러냄.

(나) 담양장 _최두석

시적 상황, 화자의 정서 및 태도	가난했던 어린 시절, 생계를 위해 담양장에 간 어머니를 동생과 마중 나갔으나 만나지 못함.
	• 어머니를 만나지 못한 어린 화자는 불안감과 두려움을 느낌. • 현재에도 대바구니를 팔고 있는 어머니에 대해 연민과 안쓰러움을 느낌.
발상과 표현	시간의 흐름에 따른 전개 : 과거 상황 → 과거 회상 → 현재
	부사어의 활용 : 꼬박꼬박, 으스스 등
	운문과 산문 형식 : 1, 3연 – 운문 형식, 2연 – 산문 형식
주제	어머니에 대한 회상과 연민

• **핵심 시어**: 죽장, 담양장, 허리 굽은 어머니

기출 연습하기 03

(가) 장자를 빌려–원통에서 _신경림

시적 상황, 화자의 정서 및 태도	설악산 대청봉에 올라 멀리 세상을 바라보다 삶의 현장에 내려와 세상을 가까이 봄.
	산 위에서 세상을 단순하게 보고 자만심을 가졌으나 직접 세상을 체험해 보고 세상이 복잡하고 힘겨운 것임을 깨달음.
발상과 표현	공간의 이동에 따른 전개 : 설악산 대청봉 → 속초 → 원통
	청각적·후각적 심상 : 노령노래, 신세타령, 지린내 땀내 등
	유사한 시구의 반복 : 너무 ~만 보고 있는 것은 아닐까
주제	세상을 바라보는 관점에 대한 성찰

• **핵심 시어**: 설악산 대청봉, 속초, 세상, 땀내 등

두 작품의 공통점

■ 유사한 시구를 반복하여 시적 의미를 강조함.
■ 공간의 이동이 드러남.

(나) 누군가 나에게 물었다 _김종삼

시적 상황, 화자의 정서 및 태도	시가 뭐냐는 누군가의 물음에 대해 답을 찾기 위해 서울 거리를 걷다가 남대문 시장에서 답을 떠올림.
	• 솔직하고 겸손한 태도를 보임. • 열심히 살아가는 평범한 사람들에 대해 예찬함.
발상과 표현	공간의 이동과 시간의 흐름에 따른 전개 : 무교동 → 종로 → 명동 → 남산 → 서울역 → 남대문 시장
	유사한 시구의 반복: 그런 사람들이
	열거법: 알파, 고귀한 인류, 영원한 광명 등
주제	시의 본질과 진정한 시인의 모습에 대한 성찰

• **핵심 시어**: 남대문 시장, 그런 사람들, 알파

마무리 정리하기

기출 연습하기 04

(가) 어부사시사 _ 윤선도

시적 상황, 화자의 정서 및 태도	사계절 어촌의 아름다운 풍경을 예찬하고 자연의 흥을 느끼며 그 속에서 한가롭게 살아가는 삶에 대해 만족감을 드러냄.
	세속적 가치를 멀리하며 자연에 대한 예찬적 태도를 드러냄.
	물가에 외롭게 서 있는 소나무에 화자의 감정을 이입하고 구름과 물결 소리를 통해 속세에 대한 경계심을 드러냄.
발상과 표현	여음과 후렴구 사용 • 돛 내려라(각 6수) → 배 떠라(각 1수) → 배 매어라(각 8수) • 지국총 지국총 어사와
	영탄적 어조 : ~ 굽이굽이 새롭구나, ~ 진훤을 막는도다
	대구법 : 〈동 8〉 험한 구름 ~ 가리운다 / 파랑성을 ~ 막는도다
주제	사계절 어촌의 아름다움과 자연 속에서 한가롭게 살아가는 여유와 즐거움

• **핵심 시어**: 삼공, 어옹, 외로운 솔, 험한 구름, 파랑성

(나) 초당춘수곡 _ 남석하

시적 상황, 화자의 정서 및 태도	초당에서 잠을 깨어 봄이 왔음을 만끽하며 자신의 처지를 돌아보고, 봄날의 산수를 둘러보며 자연의 흥취를 즐김.
	봄의 정취를 느끼며 인생무상을 느낌. : 출세하지 못하고 가난하게 살고 있는 자신의 처지에 대한 한탄과 슬픔
	자연 속에서 봄날 자연의 아름다움을 즐기는 삶에 만족감을 드러냄.
발상과 표현	공간의 이동 : 초당 → 작은 뜰 → 산수 → 탁영대 → 세심대 → 월사
	고사와 중국 지명 인용 : 위성 땅 아침 비, 두 귀밑을 돌시내에 씻고(소부, 허유 고사), 탁영대, 세심대
	대구법와 영탄적 어조 • 산은 ~ 기이하고, 물은 ~ 깨끗하다 , 안개 걷어 구름 되니 / 구름 걷혀 안개 되니 • 아아 내 일이야, 별천지가 여기로다
주제	봄날 자연에 대한 흥취

• **핵심 시어**: 원객, 허랑하다, 백화주, 별천지

두 작품의 공통점

- 자연 속에서 사는 삶에 대한 만족감을 드러냄.
- 대구법과 영탄적 어조를 사용하여 화자의 정서를 부각함.
- 계절적 배경을 드러내는 시어를 통해 화자의 정서를 드러냄.

더 알아 두기

- **두 작품의 화자의 태도와 관련된 한자 성어**: 안빈낙도(안분지족)
- **시조와 가사의 음보율**: 4음보

기출 연습하기 05

(가) 태산이 높다 하되~ _ 양사언

시적 상황, 화자의 정서 및 태도	아무리 높은 산이라도 오르려고 꾸준히 노력하면 못 오를 리 없는데, 사람들이 오르지 않고 핑계만 댐.
	목표를 이루기 위해 꾸준히 실천과 노력을 하지 않고 변명만 하는 태도를 비판함.
	아무리 힘들고 어려운 일이라도 실천과 노력을 계속하면 목표를 이룰 수 있음을 강조함.
발상과 표현	인간이 추구하는 이상과 목표를 태산에 비유함.
	직설적 어조 : 사람이 제 아니 오르고 뫼만 높다 하더라
주제	목표 달성을 위한 도전과 노력하는 자세의 중요성

• **핵심 시어**: 태산, 하늘 아래 뫼

(나) 사청사우 _ 김시습

시적 상황, 화자의 정서 및 태도	세상인심이 변덕스러운 날씨처럼 이해관계에 따라 수시로 달라짐.
	사람과 달리 봄이나 산은 변함없이 의연함.
	이해관계에 따라 처세가 달라지는 변덕스러운 세상 인심을 부정적으로 인식하고 경계함.
발상과 표현	인간 세태를 자연에 비유 • 비, 꽃, 구름: 쉽게 변하는 변덕스러운 존재 • 봄, 산: 변함없이 의연한 존재
	직설적 어조 : 세상 사람들에게 말하노니, 반드시 기억해 알아 두라.
	도치법 : 7~8구 – 세상 사람들에게 ~ 얻을 것인가를.
주제	변덕스러운 세태에 대한 비판과 의연하게 사는 삶

• **핵심 시어**: 비, 공명, 꽃, 봄, 구름, 산

(다) 이옥설 _ 이규보

서술상의 특징
➡ 설(說): 경험+깨달음의 구조, 설의법, 유추의 방식을 활용함.

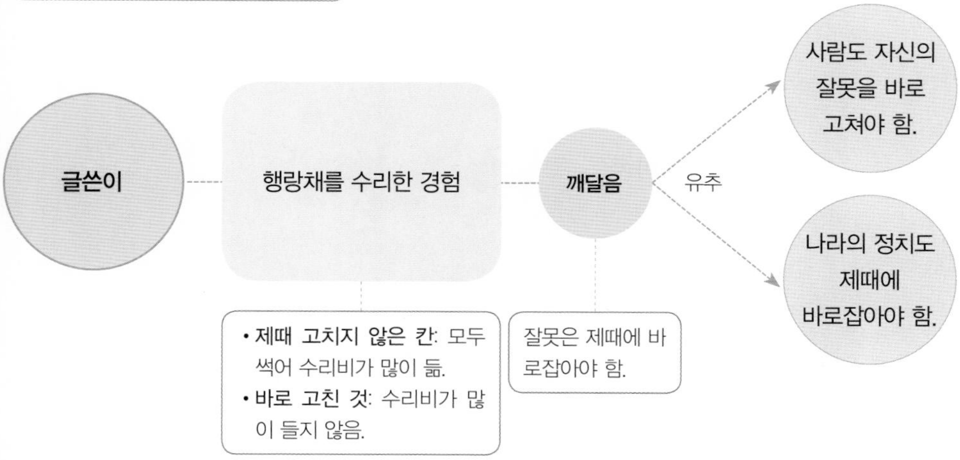

글쓴이 --- 행랑채를 수리한 경험 --- 깨달음 --- 유추 → 사람도 자신의 잘못을 바로 고쳐야 함. / 나라의 정치도 제때에 바로잡아야 함.

행랑채를 수리한 경험:
• **제때 고치지 않은 칸**: 모두 썩어 수리비가 많이 듦.
• **바로 고친 것**: 수리비가 많이 들지 않음.

깨달음: 잘못은 제때에 바로잡아야 함.

세 작품의 공통점
■ 올바른 삶을 살아가는 자세에 대해 말함.
■ 교훈적, 비판적

Ⅱ 현대 소설·고전 소설

01 **복덕방** _이태준

02 **눈사람 속의 검은 항아리** _김소진

03 **봄 · 봄** _김유정

04 **노새 두 마리** _최일남

05 **토지** _박경리

06 **최고운전** _작자 미상

07 **사씨남정기** _김만중

08 **배비장전** _작자 미상

09 **민옹전** _박지원

개념 학습하기

현대 소설과 고전 소설

현대 소설은 대체로 1917년 발표된 이광수의 「무정」 이후에 창작된 소설을, 고전 소설은 근대 이전에 창작된 국문 소설과 한문 소설을 일컫는다. 현대 소설과 고전 소설은 주제 제시 방식이나 서술상의 특징 등에서 차이를 보이기는 하지만 인간 사이에 벌어지는 갈등을 다루고 있고, 작가가 상상력을 통해 허구적으로 창조해 낸 갈래라는 점은 서로 다르지 않다.

1 인물과 배경

인물의 유형

- **역할에 따라:** 주동 인물, 반동 인물
- **중요도에 따라:** 주요 인물, 주변 인물
- **성격 변화에 따라:** 평면적 인물, 입체적 인물
- **대표성에 따라:** 전형적 인물, 개성적 인물

1. 인물의 개념과 제시 방법

(1) **개념:** 작품에 등장하여 행동의 주체가 되며 사고와 행동 등을 통해 주제를 실현하는 존재로, 작가는 인물을 통해 자신의 생각을 전한다.

(2) **인물의 제시 방법**

직접 제시 (말하기)	서술자가 인물의 성격이나 특성, 태도, 심리 상태 등을 직접적으로 서술하는 방식. 해설적, 분석적, 요약적 제시라고 한다. → 이야기 전개에 속도감을 줄 수 있지만, 독자의 상상력이 제한될 수 있다.
간접 제시 (보여 주기)	인물의 대화나 행동, 표정, 주변 상황 등을 통해 인물의 심리 상태나 성격 등을 간접적으로 파악할 수 있도록 제시하는 방식. 극적 제시, 장면적 제시라고 한다. → 인물의 성격을 구체적이고 생생하게 드러내 극적 긴장감을 줄 수 있지만, 사건 전개가 지루할 수 있다.

2. 배경의 개념과 기능

(1) **개념:** 인물의 행위와 사건이 일어나는 구체적인 시간과 공간, 또는 인물이 살고 있는 시대나 사회적 환경 등을 말한다.

(2) **기능**

- 작품의 전반적인 분위기를 조성한다.
- 인물과 사건에 사실성을 부여해 준다.
- 인물의 심리나 사건 전개에 대한 암시를 통해 앞으로 일어날 사건을 예측할 수 있게 한다.

2 사건과 갈등

1. 사건의 개념과 기능

(1) **개념:** 소설 속에서 인물이 겪는 다양한 일

(2) **기능:** 극적 흥미와 호기심을 야기하고, 주제에 대한 신뢰도를 높이며, 소설 속 이야기에 현실성을 부여한다.

필수 개념 체크

01 작품에 등장하여 사고와 행동 등을 통해 주제를 실현하는 존재를 (ㅇㅁ)이라고 한다.

02 (ㅈㄷ ㅇㅁ)은 사건과 갈등의 주체가 되는 인물로, 반동 인물과 대립적인 위치에 있다.

03 서술자가 인물의 성격이나 특성, 심리 상태 등을 직접적으로 서술하는 방식을 (ㅈㅈ ㅈㅅ)라 한다.

04 '비가 추적추적 내리는 겨울'이라는 시간적 배경은 을씨년스러운 작품의 (ㅂㅇㄱ)를 조성한다.

05 갈등은 내적 갈등과 (ㅇㅈ) 갈등으로 나뉜다.

내적 갈등은 한 인물의 마음속에서 일어나는 갈등이고, 외적 갈등은 인물과 그 인물을 둘러싼 외부 요인 사이에서 일어나는 갈등이야.

2. 갈등의 개념과 기능

(1) 개념: 인물의 내면이나 인물들 사이, 외부 환경 사이 등에서 일어나는 다양한 대립과 충돌을 의미한다. 내적 갈등과 외적 갈등으로 나뉜다. (외적 갈등: 개인과 개인, 개인과 사회, 개인과 자연, 개인과 운명 사이의 갈등)

(2) 기능: 사건을 전개하고, 사건에 필연성을 부여하며, 독자에게 재미와 긴장감을 불러일으킨다. 또한 인물의 성격을 뚜렷이 드러내며, 갈등의 고조, 해결 과정에서 주제를 자연스럽게 드러낸다. (고조: 감정이나 기세가 극도로 높은 상태)

시점과 서술 방식

서술자의 위치

- **작품 속(서술자=인물)**
  - 1인칭 주인공 시점, 1인칭 관찰자 시점
  - 독자들에게 좀 더 친근감과 생동감을 줌
- **작품 밖(서술자≠인물)**
  - 3인칭 전지적 시점, 3인칭 관찰자 시점
  - 사건을 관조적, 객관적으로 바라볼 수 있게 함.

1. 시점의 개념과 종류

(1) 개념: 소설에서 인물이나 사건을 바라보는 서술자의 시각 또는 관점. 주로 서술자의 위치나 태도에 따라 달라진다.

(2) 종류

1인칭 주인공 시점	• 서술자가 주인공인 '나'이므로 신뢰감과 친근함을 줌. • 주인공의 심리가 직접 드러남.
1인칭 관찰자 시점	• 작품 속 인물인 '나'가 주인공에 대해 이야기함. • '나'가 관찰자의 입장에서 전달하므로 인물의 심리가 정확히 드러나지 않음.
3인칭 전지적 시점	• 서술자가 작품 밖에서 작품 속 인물의 심리와 사건에 대해 서술함. • 독자가 소설 속 사건을 쉽게 파악할 수 있음.
3인칭 관찰자 시점	• 서술자가 작품 밖에서 인물과 사건을 관찰하여 객관적으로 전달함. • 서술자는 인물과 사건에 대한 평가나 해설을 독자의 상상에 맡김.

2. 서술 방식의 개념과 파악

(1) 개념: 소설 속에서 누군가가 겪은 이야기를 독자들에게 전해 주는 방식

(2) 파악: 서술 방식은 서술자의 위치, 서술자의 태도, 사건의 진행 속도, 어휘나 문체의 특징 등을 통해 파악할 수 있다. (문체: 문장에 나타나는 작가의 개성적이고 독특한 표현 방식)

소재와 주제

1. 소재의 개념과 기능

(1) 개념: 사건을 전개하기 위해 작가가 선택한 글의 재료

(2) 기능: 인물의 심리나 성격, 주제를 드러내고, 사건 전환의 계기로 작용하고 인물 간의 갈등을 유발하거나 해소하는 기능을 하기도 한다.

2. 주제의 개념과 파악

(1) 개념: 작가가 작품을 통해 말하고자 하는 바. 작품의 중심 생각

(2) 파악: 제목과 소재, 배경의 기능과 상징성, 소설 속의 시대적 상황이나 사회 현실을 중심으로 파악한다.

06 인물의 마음속에서 두 가지 이상의 욕구가 충돌하여 나타나는 갈등을 (ㄴㅈ) 갈등이라고 한다.

07 시점은 (ㅅㅅㅈ)의 위치와 태도에 따라 달라진다.

08 3인칭 (ㄱㅊㅈ) 시점은 서술자가 작품 밖에서 인물과 사건을 관찰하여 객관적으로 전달한다.

09 (ㅅㅈ)는 사건을 전개하기 위해 작가가 선택한 재료이다.

10 작가가 작품을 통해 말하고자 하는 바를 (ㅈㅈ)라고 한다.

01 인물 **02** 주동 인물 **03** 직접 제시 **04** 분위기 **05** 외적 **06** 내적 **07** 서술자 **08** 관찰자 **09** 소재 **10** 주제

기출 유형 살펴보기

현대 소설과 고전 소설의 출제 유형, 기본에 충실하자!

현대 소설과 고전 소설은 수능이나 학력평가에서 기본적으로 출제되는 갈래이다. 지문 속에 인물, 갈등, 사건이 녹아 있어야 하기 때문에 지문의 길이가 길어서 대부분 단독 작품으로 출제된다. 서술상의 특징, 인물, 사건, 배경과 관련된 내용 이해 문제가 주로 출제된다.

1 서술상의 특징 파악부터 시작

서술상의 특징 파악

현대 소설과 고전 소설에서 1번 문제로 등장하는 유형은 서술상의 특징 파악하기이다. 주로 시점에 따른 서술상 특징, 서술자가 인물, 사건, 배경 등을 서술하는 방식과 그에 따른 효과 등을 묻는 문제가 출제된다.

소설에서는 서술상의 특징과 그 효과를 묻는 문제가 자주 출제되니 서술자의 위치, 서술 방식, 어휘나 문체의 특징 등을 잘 알아 두어야 해.

(1) 문제 유형

- 윗글의 서술상 특징에 대한 설명으로 적절한 것은?
- 윗글의 서술 방식에 대한 설명으로 적절한 것은?
- [A]와 [B]에 대한 설명으로 가장 적절한 것은?

➡ 위와 같이 '서술상 특징'이나 '서술 방식'을 문두에서 직접적으로 제시하는 경우가 많으며, 특정 부분을 제시하여 서술상의 특징을 비교하는 문제 유형도 출제된다.

(2) 대표 문제 엿보기

윗글의 서술 방식에 대한 설명으로 적절한 것은?
① 인물 간의 대화를 중심으로 사건을 전개하고 있다.
② 작품 속의 서술자가 자신의 심리를 직접 서술하고 있다.
③ 소설의 내화와 외화를 넘나들면서 긴장감을 조성하고 있다. – 이하 하략 –

➡ 서술상의 특징을 묻는 문제의 선택지는 위와 같이 주로 시점이나 서술, 묘사, 대화와 같은 서술 방식 등과 관계된 내용으로 구성된다.

2 감상은 〈보기〉와 함께

〈보기〉를 바탕으로 한 소설 감상

시와 마찬가지로 소설에서도 〈보기〉에서 감상 방향을 제시하고 이를 바탕으로 감상한 내용이 적절한지를 묻는 문제 유형이 대표 문항으로 출제되는 경우가 많다. 〈보기〉에는 작품에 담긴 작가의 체험이나, 사상 등과 관련한 감상, 작품이 반영된 시대 현실이나 작품이 독자에게 미친 영향이나 효용에 주목하는 감상, 작품의 형식적 특성에 주목한 감상 등이 제시된다.

(1) 문제 유형

- 〈보기〉를 참고하여 윗글을 이해할 때, 적절하지 않은 것은?
- 〈보기〉를 참고하여 윗글을 감상한 내용으로 적절하지 않은 것은?
- 〈보기〉를 참고하여 ㉠~㉤을 감상한 내용으로 적절하지 않은 것은?

➡ 위와 같이 〈보기〉에 제시된 소설의 이해와 감상에 관련된 내용을 바탕으로 작품의 내용이나 주제, 인물, 구절 등을 대응하여 감상한 것이 적절한지 묻는 문제 유형이 출제된다.

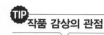

작품 감상의 관점

(1) 외재적 관점
- **표현론적 관점**: 작품을 작가의 의도, 작가의 삶, 사상 등과 관련하여 감상하는 관점
- **반영론적 관점**: 작품에 반영된 현실과 관련하여 감상하는 관점
- **효용론적 관점**: 작품이 독자에게 미치는 영향이나 효용과 관련하여 감상하는 관점

(2) 내재적 관점
- **절대론적 관점**: 작품을 독립된 세계로 보고 인물, 사건, 배경, 소재 등 형식적 요소와 관련하여 감상하는 관점

(2) 대표 문제 엿보기

〈보기〉를 참고하여 윗글을 감상한 내용으로 적절하지 <u>않은</u> 것은?

보기
이 작품은 일제 강점기 농촌을 배경으로 지주의 부당한 행위와 이로 인해 핍박받던 궁핍한 소작농들의 삶을 사실적으로 드러내고 있다. 특히 불의를 참지 못하는 인물이, 현실적 이해관계 때문에 불합리한 현실을 외면하는 사람들을 일깨우며 올바른 삶의 가치를 실천하기 위해 노력한다는 점이 특징적이다.

① '용쇠를 혼내 주듯' '무지한 남자와 부모의 횡포를 규탄'하는 정도룡의 모습에서 올바른 삶의 가치를 중시하는 인물의 태도를 알 수 있군.
② '동리 사람들'이 '풋보리'로 '죽물을 끓여 먹는' 모습에서 일제 강점기 농촌의 궁핍한 삶을 알 수 있군.

– 이하 하략 –

➡ 〈보기〉는 작품에 반영된 시대 상황을 중심으로 작품을 감상하고 있다. 선택지는 〈보기〉의 감상 방향을 반영하여 작품에 드러난 사회적 상황과 관련된 배경이나 인물에 대한 평가 등으로 구성된다.

작품의 내용 파악은 꼭!

중심 사건 및 갈등 원인, 인물의 성격 파악

소설은 작가의 상상력에 바탕을 둔 허구적인 이야기이므로, 무엇보다 이야기의 내용을 정확히 파악하는 것이 중요하다. 중심 사건과 인물 간 갈등을 일으킨 원인, 등장인물의 유형과 성격 등은 작품의 내용을 이해하는 데 매우 중요한 요소들이다.

(1) 문제 유형

- 윗글에 대한 설명으로 적절하지 <u>않은</u> 것은?
- ㉠~㉤에 나타난 '나'의 심리로 가장 적절한 것은?
- 윗글에서 알 수 있는 내용으로 적절한 것은?
- ㉠의 이유로 적절한 것은?

➡ 위와 같이 작품의 중심 내용이나 인물의 심리나 태도, 특정 상황 등에 대한 이해가 적절한지 묻는 문제 유형이 주로 출제된다. 따라서 작품을 꼼꼼히 읽으며 중요한 부분에 밑줄을 긋고 쉽게 찾아볼 수 있도록 표시를 해 두는 것이 좋다.

인물의 심리와 태도를 파악하는 것은 내용 파악에 핵심적인 역할을 하니, 인물의 유형과 성격을 꼼꼼히 살펴보는 것이 필요해.

(2) 대표 문제 엿보기

윗글의 내용과 일치하는 것은?
① 권순찬은 아파트로 들어가는 사람들을 붙잡고 김석만의 행방을 물었다.
② 권순찬은 502호 할머니에게 자신의 일을 해결해 달라고 호소하고 있다.
③ 나는 권순찬의 인천 거처가 권순찬이 돌아갈 때까지 무사히 남아 있기를 바라고 있다.
④ 나는 처음부터 권순찬이 아파트 단지 앞에서 오랫동안 머물 것이라고 예상하고 있었다.
⑤ 나는 작성해야 할 서류에 대한 생각 때문에 권순찬의 일에 참견하는 것을 다음으로 미루고 있다.

➡ 위와 같이 작품의 내용에 대한 이해가 적절한지 묻기 위해 내용 일치 문제나 인물의 심리, 행동의 이유, 미루어 짐작할 수 있는 내용 등을 묻는 문제 유형이 출제된다. 지문에서 선택지에 제시된 내용과 대응되는 부분을 찾아 읽으면 어렵지 않게 해결할 수 있는 유형이기도 하다.

기출 연습하기 01

복덕방 _이태준

1~5 다음 글을 읽고 물음에 답하시오.

문제 해결 포인트

❶ 인물의 성격과 갈등의 원인 파악
❷ 소재의 상징적 의미 파악
❸ 작품의 핵심 내용 파악

안 초시는 한나절이나 화투패를 떼다 안 떨어지면 그 화풀이로 박희완 영감이 들고 중얼거리는『속수국어독본』을 툭 채어 행길로 팽개치며 그랬다.

"넌 또 무슨 재술 바라구 밤낮 화투패나 떨어지길 바라니?"

"난 심심풀이지."

그러나 속으로는 박희완 영감보다 더 세상에 대한 야심이 끓었다. 딸이 평양으로 대구로 다니며 지방 순회까지 하여서 제법 돈냥이나 걷힌 것 같으나 연구소를 내느라고, 집을 뜯어고친다, 유성기를 사들인다, 교제를 하러 돌아다닌다 하느라고, 더구나 귀찮게만 아는 이 아비를 위해 쓸 돈은 예산에부터 들지 못하는 모양이었다.

"얘? 낡은 솜이 돼 그런지, 삯바느질이 돼 그런지 바지 솜이 모두 치어서 어떤 덴 홑옷이야. 암만해두 샤쓸 한 벌 사 입어야겠다."

하고 딸의 눈치만 보아 오다 한번은 입을 열었더니,

"어련히 인제 사드릴라구요."

하고 딸은 대답은 선선하였으나 셔츠는 그해 겨울이 다 지나도록 구경도 못 하였다. ㉠셔츠는커녕 안경다리를 고치겠다고 돈 1원만 달래도 1원짜리를 굳이 바꿔다가 50전 한 닢만 주었다. 안경은 돈을 좀 주무르던 시절에 장만한 것이라 테만 오륙 원 먹는 것이어서 50전만으로 그런 다리는 어림도 없었다. 50전짜리 다리도 있지만 살 바에는 조촐한 것을 택하던 초시의 성미라 더구나 면상에서 짝짝이로 드러나는 것을 사기가 싫었다. ㉡차라리 종이 노끈인 채 쓰기로 하고 50전은 담뱃값으로 나가고 말았다.

[A]

"왜 안경다린 안 고치셌어요?" / 딸이 그날 저녁으로 물었다.

"흥……." / 초시는 말은 하지 않았다. 딸은 며칠 뒤에 또 50전을 주었다. 그러면서 어떻게 들으라고 하는 소리인지,

"아버지 보험료만 해두 한 달에 3원 80전씩 나가요."

하였다. 보험료나 타 먹게 어서 죽어 달라는 소리로도 들리었다.

"그게 내게 상관있니?" / "아버지 위해 들었지, 누구 위해 들었게요 그럼?"

초시는 '정말 날 위해 하는 거면 살아서 한 푼이라두 다오. 죽은 뒤에 내가 알 게 뭐냐' 소리가 나오는 것을 억지로 참았다.

"50전이문 왜 안경다릴 못 고치세요?" / 초시는 설명하지 않았다.

"지금 아버지가 좋고 낮은 것을 가리실 처지야요?"

그러나 50전은 또 마코❖ 값으로 다 나갔다. 이러기를 아마 서너 번째다.

"자식도 소용없어. 더구나 딸자식…… 그저 내 수중에 돈이 있어야……."

초시는 돈의 긴요성을 날로날로 더욱 심각하게 느끼었다.

(중략)

초시는 이날 저녁에 박희완 영감에게서 들은 이야기를 딸에게 하였다. 실패는 했을지라도 그래도 십수 년을 상업계에서 논 안 초시라 **출자(出資)를 권유하는 수작**만은 딸이 듣기에도 딴사람인 듯 놀라웠다. 딸은 즉석에서는 가부를 말하지 않았으나 그의 머릿속에서도 이내 잊혀지지는 않았던지 다음 날 아침에는, ㉢딸 편이 먼저 이 이야기를 다시 꺼내었고, 초시가 박희완 영감에게 묻던 이상을 시시콜콜히 캐어물었다. 그러면 초시는 또 박희완 영감 이상으로 손가락으로 가리키듯 소상히 설명하였고 1년 안에 청장을 하더라도 최소한도로 **50배 이상의 순이익이 날 것이라 장담 장담하**였다.

딸은 솔깃했다. 사흘 안에 **연구소 집**을 어느 신탁 회사에 넣고 **3천 원**을 돌리기로 하였다. 초시는 금시발복이나 된 듯 뛰고 싶게 기뻤다.

"서 참위 이놈, 날 은근히 멸시했것다. 내 굳이 널 시켜 네 집보다 난 집을 살 테다. 네깟 놈이 천생 가쾌지 별거냐……."

그러나 신탁 회사에서 돈이 되는 날은 웬 처음 보는 청년 하나가 초시의 앞을 가리며 나타났다. 그는 딸의 청년이었다. ㉣딸은 아버지의 손에 단 1전도 넣지 않았고 꼭 그 청년이 나서 돈을 쓰며 처리하게 하였다. 처음에는 팩 나오는 노염을 참을 수가 없었으나 며칠 밤을 지내고 나니, 적어도 3천 원의 순이익이 오륙만 원은 될 것이라, 만 원 하나야 어디로 가랴 하는 타협이 생기어서 안 초시는 으슬으슬 그, 이를테면 사위 녀석 격인 청년의 뒤를 따라나섰다.

[B] 1년이 지났다. / 모두 꿈이었다. 꿈이라도 너무 악한 꿈이었다. 3천 원어치 땅을 사 놓고 날마다 신문을 훑어보며 수소문을 하여도 거기는 축항이 된단 말이 신문에도, 소문에도 나지 않았다. 용당포(龍塘浦)와 다사도(多獅島)에는 땅값이 30배가 올랐느니 50배가 올랐느니 하고 졸부들이 생겼다는 소문이 있어도 여기는 감감소식일 뿐 아니라 나중에 역시 이것도 박희완 영감을 통해 알고 보니 그 관변 모씨에게 박희완 영감부터 속아 떨어진 것이었다. **축항 후보지**로 측량까지 하기는 하였으나 무슨 결점으로인지 중지되고 마는 바람에 너무 기민하게 거기다 땅을 샀던, 그 모씨가 그 땅 처치에 곤란하여 꾸민 **연극**이었다.

돈을 쓸 때는 1원짜리 한 장 만져도 못 봤지만 벼락은 초시에게 떨어졌다. ㉤서너 끼씩 굶어도 밥 먹을 정신이 나지도 않았거니와 밥을 먹으러 들어갈 수도 없었다.

"재물이란 **친자 간의 의리도 배추 밑 도리듯** 하는 건가?"

탄식할 뿐이었다. 밥보다는 술과 담배가 그리웠다. 물론 안경다리는 그저 못 고치었다. 그러나 이제는 50전짜리는커녕 단 10전짜리도 얻어 볼 길이 없다.

추석 가까운 날씨는 해마다의 그때와 같이 맑았다. 하늘은 천 리같이 트였는데 조각구름들이 여기저기 널리었다. 어떤 구름은 깨끗이 바래 말린 옥양목처럼 흰빛이 눈이 부시다. 안 초시는 이번에도 자기의 때 묻은 적삼 생각이 났다. 그러나 이번에는 소매 끝을 볼거나 떨지는 않았다. 고요히 흘러내리는 눈물을 그 더러운 소매로 닦았을 뿐이다.

소재의 상징성

- **안경다리**: 안경다리의 수리 비용조차 딸에게 받아야 하는 안 초시의 궁핍함과 경제적으로 딸에게 의존하고 있는 상황을 보여 줌.
- **때 묻은 적삼**: 일확천금에 대한 꿈의 좌절과 안 초시의 초라한 현실을 드러냄.

❖ **마코**: 일제 강점기 때의 담배 이름.
❖ **청장**: 장부를 청산한다는 뜻으로, 빚 따위를 깨끗이 갚음을 이르는 말.
❖ **금시발복**: 어떤 일을 한 다음 이내 복이 돌아와 부귀를 누리게 되는 것.
❖ **가쾌**: 집 흥정을 붙이는 일을 직업으로 가진 사람.
❖ **축항**: 항구를 구축함. 또는 그 항구.
❖ **옥양목**: 빛이 썩 희고 얇은 무명의 한 가지.

1step 작품 파악하기

1 다음은 윗글을 정리한 표이다. ㉮~㉰에 들어갈 내용을 쓰시오.

갈래	단편 소설, 세태 소설
인물	안 초시, 서 참의, 박희완 ⟷ (㉮)
(㉯)	1930년대 서울 외곽의 한 복덕방
주제	근대화의 흐름에서 소외된 세대의 좌절과 슬픔
시점	(㉰)
사건	불확실한 개발 정보를 듣고 딸의 재산으로 부동산 투기를 하지만 사기임이 밝혀져 큰 손해를 입고 실패함.

이 글에서는 근대화의 흐름에서 소외된 인물과 시대의 변화를 적극 수용하는 인물 간의 대립을 찾아볼 수 있어.

2 윗글의 제목인 '복덕방'의 상징적 의미를 다음 낱말을 넣어 쓰시오.

가족, 세태, 노인, 소외

2step 서술상의 특징 파악하기 | 2021학년도 6월 고1 학력평가 |

3 [A]와 [B]에 대한 설명으로 가장 적절한 것은?

① [A]는 외양 묘사를 통해 인물의 성격을 드러내고 있고, [B]는 배경 묘사를 통해 인물의 처지를 드러내고 있다.
② [A]는 대화와 서술을 통해 인물 간의 갈등이 드러나고 있고, [B]는 요약적 서술을 통해 사건의 전모가 드러나고 있다.
③ [A]는 작품 속 서술자가 사건에 대해 평가하고 있고, [B]는 작품 밖 서술자가 앞으로 전개될 사건을 예측하고 있다.
④ [A]는 시간의 흐름에 역행하여 사건이 진행되고 있고, [B]는 시간의 흐름에 따라 사건이 순차적으로 진행되고 있다.
⑤ [A]는 향토적인 소재를 통해 주제 의식을 드러내고 있고, [B]는 상징적인 소재를 통해 사건의 의미를 드러내고 있다.

요약적 서술

요약적 서술은 말 그대로 이야기의 핵심적인 내용이나 사건을 요약하여 전달하는 방법을 가리킴.

2step 인물의 심리 파악하기 | 2021학년도 6월 고1 학력평가 변형 |

4 ㉠~㉤에 대한 설명으로 적절하지 않은 것은?

① ㉠: 형편이 어려운 안 초시를 인색하게 대하는 딸의 모습이 드러나 있다.
② ㉡: 저렴한 안경다리 대신 종이 노끈을 사용하는 모습에서 안 초시의 자존심을 엿볼 수 있다.
③ ㉢: 안 초시의 이야기에 적극적으로 관심을 보이는 딸의 모습이 드러나 있다.
④ ㉣: 안 초시의 수고로움을 덜어 주려는 딸의 심리가 나타나 있다.
⑤ ㉤: 예상 밖의 결과로 딸과 마주할 자신이 없는 안 초시의 모습이 드러나 있다.

3step 외적 준거로 작품 파악하기 | 2021학년도 6월 고1 학력평가 변형 |

5 다음은 윗글이 창작될 당시 신문 기사의 일부이다. 이를 참고하여 윗글을 감상한 내용으로 적절하지 않은 것은?

○○ 일보

부동산 투기 열풍으로 전국은 지금…

일본의 축항 사업 발표 후, 전국이 부동산 투기 열풍으로 떠들썩하다. 한탕주의에 빠진 많은 사람들이 제2의 황금광 사업으로 불리는 항구 건설 사업에 몰려들고 있다. 1932년 8월, 중국 동북부와 연결되는 철도의 종착지이자 항구 예정지로 나진이 결정되자, 빠르게 정보를 입수한 브로커들로 나진은 북새통을 이루고 있다. 하지만 누구나 투자에 성공하는 것은 아니어서, 잘못된 소문으로 투자에 실패하여 전 재산을 잃은 사람들, 이로 인해 가족들에게 외면받는 사람들, 자신의 피해를 사기로 만회하려는 사람들까지 등장하여 사회적 혼란이 점점 커지고 있다. 이러한 모습은 물질 만능주의가 만연한 우리 사회의 어두운 단면을 보여 준다는 비판이 일고 있다.

❖ **브로커**: 다른 사람의 의뢰를 받고 사고파는 행위를 대리하고 이에 대한 수수료를 받는 상인.
❖ **북새통**: 많은 사람이 야단스럽게 부산을 떨며 법석이는 상황.
❖ **만연하다**: 전염병이나 나쁜 현상이 널리 퍼지다.
❖ **단면**: 사물이나 사건의 여러 현상 가운데 한 부분적인 측면.

① 딸에게 '출자를 권유하는 수작'으로 보아 안 초시는 건설 사업이 확정된 부지에 빠르게 투자하였겠군.
② 안 초시가 '50배 이상의 순이익이 날 것이라 장담 장담하'며 부추기는 모습에서 한탕주의에 빠져 있음을 알 수 있군.
③ 안 초시의 딸이 '연구소 집'을 담보로 '3천 원'을 마련한 것은 당시의 투기 열풍과 관련이 있겠군.
④ 모씨가 '축항 후보지'에 대해 '연극'을 꾸민 것은 자신의 피해를 사기로 만회하기 위한 것이었겠군.
⑤ 안 초시가 '친자 간의 의리도 배추 밑 도리듯' 한다고 '탄식'하는 모습에서 물질 만능주의의 어두운 모습을 엿볼 수 있군.

복덕방 _이태준

이 작품은

이 작품은 1930년대 서울의 한 복덕방을 배경으로, 변화하는 시대의 흐름에서 소외된 세대와 새로운 세대 간의 갈등을 통해 소외된 세대의 궁핍과 좌절을 그린 소설이다. 안 초시는 새로운 시대의 흐름에 적응하지 못하고 딸 안경화에게 용돈을 받으며 살아간다. 안 초시는 큰돈을 벌어 궁핍한 현실에서 벗어나고 싶어 딸에게 부동산 투자를 권하지만 부동산 투자가 실패로 돌아가자 스스로 목숨을 끊는다. 작가는 이를 통해 소외된 세대에 대한 연민과 새로운 세대에 대한 비판적 태도를 드러내며 도덕적 가치와 공동체를 중시하는 전통이 무너져 가던 당대의 현실을 보여 주고 있다.

갈래 단편 소설, 세태 소설

주제 근대화의 흐름에서 소외된 세대의 좌절과 슬픔

내용 구조도

경제적으로 딸에게 의존하는 안 초시
안 초시는 딸 안경화에게 홀대를 당함.

중략

딸에게 출자를 권하는 안 초시
개발 정보를 듣고 큰돈을 벌 수 있다는 기대감에 딸에게 부동산 투자를 권함.

부동산 투자의 실패로 좌절하는 안 초시
부동산 투자 실패로 딸의 재산을 탕진한 안 초시는 좌절감을 느낌.

안 초시는 한나절이나 화투패를 떼다 안 떨어지면 그 화풀이로 박희완 영감이 듣고 중얼거리는『속수국어독본』을 툭 채어 행길로 팽개치며 그랬다.

"넌 또 무슨 재술 바라구 밤낮 화투패나 떨어지길 바라니?"

"난 심심풀이지."

그러나 속으로는 박희완 영감보다 더 세상에 대한 야심이 끓었다.
(부를 쌓고 싶어 하는 안 초시의 욕망이 큼.)
「딸이 평양으로 대구로 다니며 지방 순회까지 하여서 제법 돈냥이나 걷힌 것 같으나 연구소를 내느라고, 집을 뜯어고친다, 유성기를 사들인다, 교제를 하러 돌아다닌다 하느라고, 더구나 귀찮게만 아는 이 아비를 위해 쓸 돈은 예산에부터 들지 못하는 모양이었다.」
(「 」: 사회적으로 성공한 딸이 자신을 위해서는 돈을 아끼지 않으나 아버지에게는 인색한 이기적인 인물임이 드러남.)

"얘? 낡은 솜이 돼 그런지, 삯바느질이 돼 그런지 바지 솜이 모두 치어서 어떤 덴 홑옷이야. 암만해두 샤쓰 한 벌 사 입어야겠다."

하고 딸의 눈치만 보아 오다 한번은 입을 열었더니,
(안 초시가 경제적 능력이 없어 딸에게 의존하는 처지임이 드러남.)

"어련히 인제 사드릴라구요."

하고 딸은 대답은 선선하였으나 셔츠는 그해 겨울이 다 지나도록 구경도 못 하였다. 셔츠는커녕 안경다리를 고치겠다고 돈 1원만 달래도 1원짜리를 굳이 바꿔다가 50전 한 닢만 주었다. 안경은 돈을 좀 주무르던 시절에 장만한 것이라 테만 오륙 원 먹는 것이어서 50전만으로 그런 다리는 어림도 없었다. 50전짜리 다리도 있지만 살 바에는 조촐한 것을 택하던 초시의 성미라 더구나 면상에서 짝짝이로 드러나는 것을 사기가 싫었다.
(현재 처지가 궁핍함에도 허세를 부리고 자존심을 중시하는 안 초시)
차라리 종이 노끈인 채 쓰기로 하고 50전은 담뱃값으로 나가고 말았다.

"왜 안경다린 안 고치셨어요?"

딸이 그날 저녁으로 물었다.

"흥……." / 초시는 말은 하지 않았다.
(자신에게 인색한 딸에 대해 서운함을 드러내는 안 초시)
딸은 며칠 뒤에 또 50전을 주었다. 그러면서 어떻게 들으라고 하는 소리인지,

"아버지 보험료만 해두 한 달에 3원 80전씩 나가요."

하였다. 보험료나 타 먹게 어서 죽어 달라는 소리로도 들리었다.

"그게 내게 상관있니?"

"아버지 위해 들었지, 누구 위해 들었게요 그럼?"

초시는 '정말 날 위해 하는 거면 살아서 한 푼이라두 다오. 죽은 뒤에 내가 알 게 뭐냐' 소리가 나오는 것을 억지로 참았다.

"50전이문 왜 안경다릴 못 고치세요?"

초시는 설명하지 않았다.

"지금 아버지가 좋고 낮은 것을 가리실 처지야요?"
(자신의 처지를 고려하지 않고 좋은 것을 따지는 아버지에 대한 힐난)

그러나 50전은 또 마코 값으로 다 나갔다. 이러기를 아마 서너 번째다.
(시대적 배경(일제 강점기)이 드러나는 소재)

"자식도 소용없어. 더구나 딸자식…… 그저 내 수중에 돈이 있어야……."

초시는 돈의 긴요성을 날로날로 더욱 심각하게 느끼었다.

(중략)

초시는 이날 저녁에 박희완 영감에게서 들은 이야기를 딸에게 하였다. 실패는 했을지라도 그래도 십수 년을 상업계에서 논 안 초시라 출자(出資)를 권유하는 수작만은 딸이 듣기에도 딴사람인 듯 놀라웠다. 딸은 즉석에서는 가부를 말하지 않았으나 그의 머릿속에서도 이내 잊혀지지는 않았던지 다음 날 아침에는, 딸 편이 먼저 이 이야기를 다시 꺼내었고, 초시가 박희완 영감에게 묻던 이상을 시시콜콜히 캐어물었다. 그러면 초시는 또 박희완 영감 이상으로 손가락으로 가리키듯 소상히 설명하였고 1년 안에 청장을 하더라도 최소한도로 50배 이상의 순이익이 날 것이라 장담 장담하였다.

축항 개발 정보

아버지가 평소와 달리 자신감 있고 설득력 있게 출자를 권유하는 모습에 놀람.

일확천금을 기대하는 안 초시의 욕망이 드러남.

딸은 솔깃했다. 사흘 안에 연구소 집을 어느 신탁 회사에 넣고 3천 원을 돌리기로 하였다. 초시는 금시발복이나 된 듯 뛰고 싶게 기뻤다.

"서 참위 이놈, 날 은근히 멸시했것다. 내 굳이 널 시켜 네 집보다 난 집을 살 테다. 네깟 놈이 천생 가쾌지 별거냐……."

그러나 신탁 회사에서 돈이 되는 날은 웬 처음 보는 청년 하나가 초시의 앞을 가리며 나타났다. 그는 딸의 청년이었다. 딸은 아버지의 손에 단 1전도 넣지 않았고 꼭 그 청년이 나서 돈을 쓰며 처리하게 하였다. 처음에는 팩 나오는 노염을 참을 수가 없었으나 며칠 밤을 지내고 나니, 적어도 3천 원의 순이익이 오륙만 원은 될 것이라, 만 원 하나야 어디로 가랴 하는 타협이 생기어서 안 초시는 으슬으슬 그, 이를테면 사위 녀석 격인 청년의 뒤를 따라나섰다.

아버지를 믿지 않는 딸의 태도가 드러남.

1년이 지났다.

시간이 경과됨.

모두 꿈이었다. 꿈이라도 너무 악한 꿈이었다. 3천 원어치 땅을 사 놓고 날마다 신문을 훑어보며 수소문을 하여도 거기는 축항이 된단 말이 신문에도, 소문에도 나지 않았다. 용당포(龍塘浦)와 다사도(多獅島)에는 땅값이 30배가 올랐느니 50배가 올랐느니 하고 졸부들이 생겼다는 소문이 있어도 여기는 감감소식일 뿐 아니라 나중에 역시 이것도 박희완 영감을 통해 알고 보니 그 관변 모씨에게 박희완 영감부터 속아 떨어진 것이었다. 축항 후보지로 측량까지 하기는 하였으나 무슨 결점으로인지 중지되고 마는 바람에 너무 기민하게 거기다 땅을 샀던, 그 모씨가 그 땅 처치에 곤란하여 꾸민 연극이었다.

땅 투기가 결국 실패로 돌아갔음을 드러냄. '악한 꿈' → 안 초시가 느낀 좌절감

( ): 안 초시가 땅 투기를 한 곳

사기를 당했음을 알 수 있음.

자신이 입은 손해를 보충하기 위해 거짓으로 소문을 내어 남을 속이고 남에게 피해를 끼친 이기적인 모습이 드러남.

돈을 쓸 때는 1원짜리 한 장 만져도 못 봤지만 벼락은 초시에게 떨어졌다. 서너 끼씩 굶어도 밥 먹을 정신이 나지도 않았거니와 밥을 먹으러 들어갈 수도 없었다.

딸이 막대한 손해를 본 것에 대해 안 초시를 원망했음을 알 수 있음.

"재물이란 친자 간의 의리도 배추 밑 도리듯 하는 건가?"

탄식할 뿐이었다. 밥보다는 술과 담배가 그리웠다. 물론 안경다리는 그저 못 고치었다. 그러나 이제는 50전짜리는커녕 단 10전짜리도 얻어 볼 길이 없다.

어휘 풀이

- ❖ **행길**: '한길'의 방언. 사람이나 차가 많이 다니는 넓은 길.
- ❖ **조촐**: 외모나 모습 따위가 말쑥하고 맵시가 있음.
- ❖ **수중**: 자기가 소유할 수 있거나 권력을 행사할 수 있는 범위.
- ❖ **출자**: 자금을 내는 일.
- ❖ **관변**: 정부나 관청 쪽. 또는 그 계통.
- ❖ **기민하다**: 눈치가 빠르고 동작이 날쌔다.

구절 풀이

- * **셔츠는 그해 겨울이 ~ 한 닢만 주었다.**: 계절이 다 지나가도록 새 셔츠를 사 주지 않고, 안경다리 수리비를 최소로 주는 것을 통해 안 초시에게 인색한 딸의 면모를 알 수 있음.
- * **서너 끼씩 굶어도 ~ 들어갈 수도 없었다.**: 부동산 투자의 실패로 인한 안 초시의 좌절감과 미안함에 딸을 볼 면목이 없는 안 초시의 상황이 드러남.

구절 풀이

* **그러나 이번에는 ~ 떨지는 않았다.**: 안 초시가 삶의 의욕을 잃었음을 알 수 있음.
* **고요히 흘러내리는 ~ 뿐이다.**: 옥양목처럼 하얀 구름과 대비되는 더러운 소매를 제시하여 안 초시의 초라한 처지를 부각하고 비극성을 심화함.

추석 가까운 날씨는 해마다의 그때와 같이 맑았다. 하늘은 천 리같이 트였는데 조각구름들이 여기저기 널리었다. 어떤 구름은 깨끗이 바래 말린 옥양목처럼 흰빛이 눈이 부시다. 안 초시는 이번에도 자기의 때 묻은 적삼(안 초시의 꿈을 상징함.) 생각이 났다. *그러나 이번에는 소매 끝을 불거나 떨지는 않았다. *고요히 흘러내리는 눈물을 그 더러운 소매로(꿈의 좌절 및 안 초시의 현실을 상징함.) 닦았을 뿐이다.

전체 줄거리 엿보기

발단 본문 수록 부분

생활 기반이 없어 궁핍한 안 초시는 서 참의, 박희완과 복덕방에서 무료하게 하루하루를 보내며 살아간다. 딸인 안경화에게 의존하며 살아가는 안 초시는 딸의 홀대를 받는다.

→

전개 본문 수록 부분

박희완 영감을 통해 개발 정보를 입수한 안 초시는 손쉽게 큰돈을 벌 수 있을 것이라는 기대를 안고 딸에게 부동산 투기를 권하고, 솔깃해진 안경화는 연구소 집을 담보로 빚을 얻어 투자한다.

←

위기 본문 수록 부분

부동산 투자가 사기로 밝혀지며 실패로 돌아가자 딸 안경화는 안 초시에게 비난과 원망을 퍼붓고, 안 초시는 딸의 태도와 자신의 처지에 좌절한다.

↓

절정

좌절한 안 초시가 스스로 목숨을 끊자 안경화는 자신의 사회적 명예가 떨어질 것이 두려워 서 참의의 당부대로 장례식을 성대하게 치른다.

→

결말

장례식에 참석한 서 참의와 박희완은 안경화와 주변 사람들의 위선적인 행동에 울분을 느끼고 서러워하며 장례식장을 떠난다.

독해 포인트

1. 인물

안 초시, 서 참의, 박희완 영감		안 초시의 딸(안경화)
• 변화된 시대의 흐름에서 (❶)된 구세대 • 과거와 달라진 현재의 처지에 좌절감을 가지고 살아가는 인물들	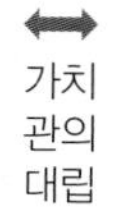 가치관의 대립	• 변화된 시대의 흐름을 적극적으로 받아들이는 신세대 • 위선적이고, (❷)이며, 허세가 있는 인물

2. 배경과 소재

배경	공간적	서울 변두리의 한 복덕방
	시간적	1930년대 일제 강점기
소재	(❸)	세 노인이 무료하게 일상을 보내는 공간으로, 가족과 변화하는 시대의 흐름으로부터 소외된 노인들의 삶의 모습을 상징하는 공간
	(❹)	딸에게 경제적으로 의존하여 수리비를 얻어야 하는 안 초시의 궁핍함을 드러냄.
	조각구름	안 초시가 가졌던 꿈을 의미함.
	때 묻은 적삼	궁핍한 안 초시의 현실과 꿈의 좌절을 드러냄.

3. 사건과 갈등

사건	안 초시가 개발 정보를 듣고 딸에게 권유하여 투자한 사업이 사기로 밝혀져 안 초시의 딸은 큰 손해를 입게 됨.
갈등	안 초시 ↔ 안경화 • 구세대와 신세대 간의 가치관의 대립 및 갈등 • (❺) 의존 관계에서 비롯된 갈등 → 안경다리의 수리비를 놓고 돈의 사용에 관한 갈등을 겪음.

4. 시점과 서술 방식

(❻) 시점	서술자가 각 인물의 살아온 내력과 현재 심리를 설명하듯 직접적으로 제시해 주고 있음.
순행적 구성	시간의 흐름에 따라 사건을 전개하고 있음.

5. 주제

이 작품은 1930년대 서울의 한 복덕방을 배경으로, 땅 투기에 실패한 뒤 비극적인 선택으로 삶을 마무리하는 안 초시의 모습을 통해 근대화의 흐름에서 소외된 세대의 (❼)과 슬픔을 비판적으로 그리고 있다.

❶ 소외 ❷ 이기적 ❸ 복덕방 ❹ 안경다리 ❺ 경제적 ❻ 3인칭 전지적 ❼ 좌절

어휘력 체크

01 '바래다'와 '바라다'가 적절하게 사용되지 않은 것은?

① 오래 입은 셔츠가 흐릿하게 색이 바랬다.
② 종이가 누렇게 바랐다.
③ 깨끗이 세탁한 옷을 햇볕에 바래다.
④ 네가 꼭 성공하길 바라.
⑤ 그는 한몫을 바라고 투자를 하였다.

02 다음 빈칸에 공통으로 들어갈 낱말을 쓰시오.

• 중요한 서류가 이미 다른 사람의 ( )에 넘어갔다.
• ( )에 돈이 하나도 없어 집까지 걸어왔다.

03 '안 초시'와 '안경화'처럼 '돈을 최고의 가치로 여겨 돈만 있으면 무엇이든지 마음대로 할 수 있다는 사고방식이나 태도'를 가리키는 말을 ( )주의라고 한다.

04 다음 빈칸에 들어갈 적절한 한자 성어를 쓰시오.

안 초시는 (ㅇㅎㅊㄱ)을 바란다. 이 말은 단번에 천금을 움켜쥔다는 뜻으로, 힘들이지 아니하고 단번에 많은 재물을 얻음을 이른다. 一攫千金

01 ② 02 수중 03 물질 만능 04 일확천금

눈사람 속의 검은 항아리 _김소진

1~4 다음 글을 읽고 물음에 답하시오

문제 해결 포인트
❶ 서술상의 특징 파악
❷ 작품의 중심 사건 파악
❸ 성장 소설의 특징 파악

[앞부분의 줄거리] '나'는 재개발이 시작되어 이제 곧 사라지게 될 고향 산동네를 찾아가면서 추운 겨울, 변소에 갔다가 짠지 항아리를 깨뜨렸던 어린 시절의 기억을 떠올린다.

나는 **깨진 단지**를 눈으로 찬찬히 확인하는 순간 입술을 파르르 떨었다. 어찌 떨지 않을 수 있었을까. 그 단지의 임자가 욕쟁이 함경도 할머니임에 틀림없음에랴! 이 베락 맞아 뒈질 놈의 아새낄 봤나, 하는 욕설이 귀에 쟁쟁해지자 등 뒤에서 올라온 뜨뜻한 열기가 목덜미와 정수리께를 휩싸며 치솟아 올라 추운 줄도 몰랐다. 눈을 비비고 또 비볐지만 이미 벌어진 현실이 눈앞에서 사라져 줄 리는 만무했다.

집 안팎에서 귀청이 떨어져라 퍼부어질 지청구와 매타작을 감수하는 게 상수인 듯싶었다. 아무도 밟지 않은 첫길이라고 일부러 발끝에 힘을 주어 제겨 딛고 가느라 우리 집 앞에서 변소 앞까지 뚜렷이 파인 눈 위의 내 발자국은 요즘 말로 도주 및 증거 인멸의 가능성을 일찌감치 봉쇄하고 있는 터였다. 이미 아홉 가구의 어느 방 안에서인지 잠에서 깨어난 사람들이 내 행동을 처음부터 끝까지 지켜보기라도 한 양 두런거리는 목소리들이 들려왔다. 나는 울기 전에 최후의 시도를 하기로 맘먹었다. 우랑바리나바롱나르비못다라까따라마까뿌라냐……

손오공이 부리는 조화를 기대하며 입속으로 주문을 반복해서 외었다. 그러고는 고개를 홱 돌려 깨진 단지를 내려 보았다. 주문이 헛되지 않았는지 내 입가에 기쁨의 미소가 어렸다. 깨진 단지는 그 모양 그대로였지만 어떤 기발한 생각이 별똥별처럼 머릿속을 스치고 지나갔기 때문이었다. 그렇다. 눈사람이다! 나는 가슴이 터질 듯 기뻐 하늘을 향해 두 팔을 쫙 벌렸다. 일단 이 아침만큼은 별일 없이 맞이할 수 있겠지.

나는 장갑도 끼지 않은 손으로 서둘러 주위의 눈을 긁어모으기 시작했다. 마침 찰기가 좋은 눈이어서 손이 한번 닿을 때마다 흙알갱이가 알알이 박힌 눈덩이들이 붙어 올라왔다. 나는 우선 항아리 주변에 눈사람의 아랫부분을 뭉쳐 놓았다. 그리고는 조금 작은 눈덩이를 서둘러 올려놓았다. 그렇게 해서 깨진 단지를 감쪽같이 **눈사람** 속에 집어넣을 수 있었던 것이다.

"너 벌써부터 나와 노는구나. 부지런하구나."

바로 이웃 방에 사는 현정이 아빠가 담배를 꼬나물고 변소에 가려고 내복 바람으로 나왔다.

"**방학 숙제로 낼 일기**를 쓰는데요, 눈사람 굴리기라도 해서 적어 넣으려구요. 앞으론 날이 따뜻해서 눈사람을 만들려 해도 그러지 못할 거예요. 이것도 금세 녹을걸요."

정답과 해설 10쪽

[중략 부분의 줄거리] 욕쟁이 할머니의 짠지 항아리를 깬 후, 깨진 단지의 흔적을 치운다. 혼날 것을 두려워한 나는 가출을 한 후 여러 곳을 방황하다 해 질 녘에 집으로 돌아온다.

그러곤 어느덧 해 질 녘…… 이미 비밀이 다 까발려졌을 아홉 가구 집으로 돌아갔다. 대문간 앞에서 나는 심호흡을 몇 번이고 했다. 엄마한테 연탄집게로 맞으면 안 되는데 싶은 생각뿐이었다. 하지만 내가 대문간 앞을 흐르는 시궁창을 가로지르는 돌다리를 건너갔지만 아무도 나를 보고 아는 체하는 사람이 없었다. 내게 일제히 안됐다는 시선을 던지며 몰려들었어야 할 사람들이 평소와 다름없이 냄비를 들고 왔다 갔다 했고, 문짝에 기대 입을 가리고 웃었으며, 수돗가에 몰려나와 쌀을 일며 화기애애하게 얘기를 나누고 있었다. 심지어 수돗가에서 시래기를 다듬다 마주친 엄마도 너 점심 굶고 어디 갔다 왔니, 하는 지청구조차 내리지 않았다. 나는 무척 혼돈스러웠다. 사람들이 나를 더 곤혹스럽게 만들기 위해 일부러 짜고 그러는 것도 같았다. 나는 얼른 눈사람을 천연덕스럽게 세워 두었던 변소통 쪽을 돌아다보았다. 거기엔 아무것도 없었다. 눈사람은 깨끗이 치워져 있었다. 물론 흉측한 몰골을 드러내고 있어야 할 짠지 단지도 눈에 띄지 않았다. 도대체 무슨 일이 일어난 것일까?

나는 **나를 둘러싼 세계**가 너무도 낯설게 느껴졌다. 내가 짐작하고 또 생각하는 세계하고 실제 세계 사이에는 이렇듯 머나먼 거리가 놓여 있었던 것이다. 그 거리감은 사실 이 세계는 나와는 상관없이 돌아간다는 깨달음, 그러므로 나는 결코 주변으로 둘러싸인 중심이 아니라는 아슴프레한 깨달음에 속한 것이었다. 더 이상 나를 상대하지도 혼내지도 않는 세계가 너무나 괴물스럽고 슬퍼서 싱거운 눈물이라도 흘려야 직성이 풀릴 듯했다. 하긴 눈물 서너 방울쯤 짜내는 것은 일도 아니었으니까. 난 ㉠<u>시래기 줄기가 매달린 처마 밑에 서서 몇 방울 떨구며 소리 없이 울었다.</u> 차라리 그 깨진 단지라도 제자리를 지키고 있었다면 혼은 나더라도 나는 혼돈스럽지도 불안해하지도 않았을 것 아닌가.

"뭘 잘했다고 소리 없이 눈물을 꾹꾹 짜니? 정초부터 에밀 못 잡아먹어서 그러니? 넉살 좋게 단지를 깨뜨려 눈사람 속에 파묻을 생각은 어찌 했담."

엄마가 물에 젖은 손으로 내 볼따구니를 야무지게 잡아 비틀며 어이가 없다는 듯 픽 웃음을 지었다. 그 얼얼함이 내 균형 감각을 바로잡아 주었다. 아주머니들의 웃음소리 사이에서 나는 울음을 딱 그쳤다. 그러고는 어른처럼 땅을 쿵쾅거리며 뛰쳐나와 이 골목 저 골목을 헤집으며 어딘가를 향해 가슴이 터져라고 마구 달리고 또 달렸다. **그렇게 컸다.**

'세계'에 대한 거리

- **'나'가 생각한 세계:** '나'를 중심으로 세계가 둘러싸여 있음. 따라서 '나'의 가출이 사람들의 큰 관심을 불러일으킬 것임.
- **'나'를 둘러싼 실제 세계:** '나'와는 상관없이 세계가 돌아가고 있음. '나'가 세계의 중심이 아니기 때문에 사람들은 '나'의 가출에 별 관심을 보이지 않음.

1step 작품 파악하기

1 **다음은 윗글의 특징을 정리한 노트이다. ㉮~㉰에 들어갈 내용을 쓰시오.**

- 인물들 간의 갈등보다는 주인공의 내적 갈등 묘사에 중심을 둠.
- '현재 – 과거 – 현재'의 (㉮) 구성 방식을 취함.
- 1인칭 주인공 시점으로 서술자가 (㉯)의 심리를 직접 서술하여 드러냄.
- 어린이다운 순수한 발상과 행동이 잘 드러남.
- '나'가 '깨진 단지' 사건을 계기로 자신과 상관없이 세계가 돌아간다는 깨달음을 얻고 한 단계 (㉰)하는 모습이 드러남.

2 **㉠의 이유를 〈조건〉에 맞게 쓰시오.**

조건

- '~때문이다'로 문장을 마무리할 것.
- '혼돈'과 '불안'을 활용하여 완성할 것.
- 한 문장으로 쓸 것.

어머니께 잔뜩 혼날 것이라 생각했던 '나'는 마치 아무 일도 없었던 것 같은 어머니와 주변 사람들의 모습에 당황하며 깨달음을 얻어. 이 점에 초점을 맞춰 생각해 봐~

정답과 해설 10쪽

2step 서술상의 특징 파악하기 | 2020학년도 6월 고1 학력평가 |

3 **윗글의 서술 방식에 대한 설명으로 적절한 것은?**

① 인물 간의 대화를 중심으로 사건을 전개하고 있다.
② 작품 속의 서술자가 자신의 심리를 직접 서술하고 있다.
③ 소설의 내화와 외화를 넘나들면서 긴장감을 조성하고 있다.
④ 주변 인물을 서술자로 내세워 주인공의 심리를 전달하고 있다.
⑤ 서술자가 작품 밖에 위치하여 인물의 심리를 직접 서술하고 있다.

내화와 외화

- **내화**: 내부 이야기
- **외화**: 외부 이야기

3step 외적 준거로 작품 파악하기 | 2020학년도 6월 고1 학력평가 변형 |

4 **〈보기〉를 참고하여 윗글을 이해할 때, 적절하지 않은 것은?**

| 보기 |

성장 소설은 유년기에서 소년기를 거쳐 성인의 세계로 들어가는 한 인물이 겪는 내면적 갈등과 정신적 성장, 자신을 둘러싸고 있는 세계에 대한 각성❖과 성찰❖의 과정을 담고 있다. 성장 소설은 대개 성인의 입장에서 자신의 어린 시절의 체험을 재평가하고, 성찰 결과물을 고백 형식의 이야기로 드러낸다. 주인공은 지적, 도덕적, 정신적으로 아직 성숙하지 않은 상태의 인물인 경우가 많다. 소설 속 사건이 이루어지는 시간이 유년기임에 비해서 실제 창작은 성인의 시점에서 이루어지기 때문에 양자가 구별되어 제시된다.

❖ **각성**: 깨달아 앎.
❖ **성찰**: 자기의 마음을 반성하고 살핌.

① '깨진 단지'는 '나'에게 성장의 계기가 되는 소재로 쓰였군.
② '눈사람' 속에 깨진 항아리를 숨기는 모습에서 내면적으로 갈등하는 '나'를 살펴볼 수 있겠군.
③ '방학 숙제로 낼 일기'에서 어린 시절의 경험을 그린 소설로 볼 수 있겠군.
④ '나를 둘러싼 세계'는 미성숙한 '나'가 각성하고 성찰하는 공간으로 볼 수 있겠군.
⑤ '그렇게 컸다'는 구절을 볼 때, 성인이 된 서술자가 어린 시절을 떠올리고 있음을 알 수 있겠군.

눈사람 속의 검은 항아리 _ 김소진

이 작품은

이 작품은 과거와 현재의 교차를 통해 이야기를 전개하고 있다. 작품의 서술자이자 주인공인 '나'는 어린 시절을 보냈던 산동네를 갔다가 어릴 적 큰 깨달음을 주었던 사건과 이를 통해 한 단계 성장하게 된 경험을 회상하고 있다. 이 소설은 주인공 '나'가 어린 시절 짠지 단지를 깨뜨리고, 임시로 눈사람 속에 숨긴 다음 혼날 것이 두려워 가출을 했다가 돌아온 후 주변의 반응을 통해 자신이 세상의 중심이 아니며, 주변일 뿐이라는 사실을 깨닫고 한 단계 성장하는 모습을 잘 보여 준다.

갈래 단편 소설, 성장 소설

주제 세계에 대해 깨닫게 되었던 어린 시절의 추억

내용 구조도

현재: 어린 시절 회상
⬇
과거: 사건 1 – 짠지 단지를 깨뜨림.
짠지 단지를 깨뜨리고 눈사람을 만들어 깨진 단지를 눈사람 속에 감춤.
과거: 사건 2 – 가출 후 귀가
혼날 것이 두려워 가출을 하고 돌아왔지만 염려와는 달리 주변의 반응이 무심함.
과거: 깨달음
세계는 '나'와 상관없이 돌아가며 '나'가 그 세계의 중심이 아니라는 것을 깨달음.

[앞부분의 줄거리] '나'는 재개발이 시작되어 이제 곧 사라지게 될 고향 산동네를 찾아가면서 추운 겨울, 변소에 갔다가 짠지 항아리를 깨뜨렸던 어린 시절의 기억을 떠올린다. (과거에 대한 '나'의 회상)

(1인칭 주인공 시점) 나는 깨진 단지(중심 소재)를 눈으로 찬찬히 확인하는 순간 입술을 파르르 떨었다. 어찌 떨지 않을 수 있었을까. ('나'의 내면 심리를 직접적으로 제시함.) 그 단지의 임자가 욕쟁이 함경도 할머니임에 틀림없음에랴! 이 베락 맞아 뒈질 놈의 아새낄 봤나, (예상되는 욕쟁이 할머니의 반응을 비속어와 함경도 방언을 통해 생생하게 전달함.) 하는 욕설이 귀에 쟁쟁해지자 등 뒤에서 올라온 뜨뜻한 열기가 목덜미와 정수리께를 휩싸며 치솟아 올라 추운 줄도 몰랐다. ('나'의 두려움, 당황함이 드러남.) 눈을 비비고 또 비볐지만 이미 벌어진 현실이 눈앞에서 사라져 줄 리는 만무했다.

집 안팎에서 귀청이 떨어져라 퍼부어질 지청구❖와 매타작을 감수하는 게 상수❖인 듯싶었다. 아무도 밟지 않은 첫길이라고 일부러 발끝에 힘을 주어 제겨❖ 딛고 가느라 우리 집 앞에서 변소 앞까지 뚜렷이 파인 눈 위의 내 발자국은 요즘 말로 도주 및 증거 인멸의 가능성을 일찌감치 봉쇄하고 있는 터였다. (눈 위에 선명히 남은 발자국이 짠지 단지를 깨뜨린 것이 '나'라는 사실을 명확히 드러냄.) 이미 아홉 가구의 어느 방 안에서인지 잠에서 깨어난 사람들이 내 행동을 처음부터 끝까지 지켜보기라도 한 양 (도둑이 제 발 저리는 상황) 두런거리는 목소리들이 들려왔다. 나는 울기 전에 최후의 시도를 하기로 맘먹었다. 우랑바리나바롱나르비못다라까따라마까뿌라냐…… (주문으로 문제를 해결하려는 아이다운 순진함이 드러남.)

손오공이 부리는 조화❖를 기대하며 입속으로 주문을 반복해서 외었다. 그러고는 고개를 홱 돌려 깨진 단지를 내려 보았다. 주문이 헛되지 않았는지 내 입가에 기쁨의 미소가 어렸다. (위기를 모면할 수 있는 해결 방법이 떠올랐기 때문) 깨진 단지는 그 모양 그대로였지만 어떤 기발한 생각(깨진 단지를 눈사람 속에 감추려는 생각)이 별똥별처럼 머릿속을 스치고 지나갔기 때문이었다. 그렇다. 눈사람이다! 나는 가슴이 터질 듯 기뻐 하늘을 향해 두 팔을 쫙 벌렸다. 일단 이 아침만큼은 별일 없이 맞이할 수 있겠지. (임시방편, 고식지계, 미봉책)

나는 장갑도 끼지 않은 손으로 서둘러 주위의 눈을 긁어모으기 시작했다. (들키기 전에 빨리 눈사람을 만들려고 하는 조급함이 드러남.) 마침 찰기가 좋은 눈이어서 손이 한번 닿을 때마다 흙알갱이가 알알이 박힌 눈덩이들이 붙어 올라왔다. 나는 우선 항아리 주변에 눈사람의 아랫부분을 뭉쳐 놓았다. 그리고는 조금 작은 눈덩이를 서둘러 올려놓았다. 그렇게 해서 깨진 단지를 감쪽같이 눈사람 속에 집어넣을 수 있었던 것이다. (눈사람 속에 깨진 단지를 완벽하게 숨겨 놓는 데 성공함으로써 문제를 해결함.)

*"너 벌써부터 나와 노는구나. 부지런하구나."

바로 이웃 방에 사는 현정이 아빠가 담배를 꼬나물고 변소에 가려고 내복 바람으로 나왔다.

"방학 숙제로 낼 일기를 쓰는데요, 눈사람 굴리기라도 해서 적어 넣으려구요. ('나'의 거짓말, 임기응변) 앞으론 날이 따뜻해서 눈사람을 만들려 해도 그러지 못할 거예요. 이것도 금세 녹을걸요."

[중략 부분의 줄거리] 욕쟁이 할머니의 짠지 항아리를 깬 후, 깨진 단지의 흔적을 치운다. 혼날 것을 두려워한 나는 가출을 한 후 여러 곳을 방황하다 해 질 녘에 집으로 돌아온다.

그러곤 어느덧 해 질 녘…… 이미 비밀이 다 까발려졌을 아홉 가구 집으로 돌아갔다.
시간적 배경
대문간 앞에서 나는 심호흡을 몇 번이고 했다. 엄마한테 연탄집게로 맞으면 안 되는데 싶은 생각뿐이었다. 하지만 내가 대문간 앞을 흐르는 시궁창을 가로지르는 돌다리를 건너갔지만 아무도 나를 보고 아는 체하는 사람이 없었다. 「내게 일제히 안됐다는 시선을 던지며 몰려들었어야 할 사람들이 평소와 다름없이 냄비를 들고 왔다 갔다 했고, 문짝에 기대 입을 가리고 웃었으며, 수돗가에 몰려나와 쌀을 일며 화기애애하게 얘기를 나누고 있었다. 심지어 수돗가에서 시래기를 다듬다 마주친 엄마도 너 점심 굶고 어디 갔다 왔니, 하는 지청구조차 내리지 않았다.」 나는 무척 혼돈스러웠다. *사람들이 나를 더 곤혹스럽게 만들기 위해 일부러 짜고 그러는 것도 같았다. 나는 얼른 눈사람을 천연덕스럽게 세워 두었던 변소통 쪽을 돌아다보았다. 거기엔 아무것도 없었다. 눈사람은 깨끗이 치워져 있었다. 물론 흉측한 몰골을 드러내고 있어야 할 짠지 단지도 눈에 띄지 않았다. 도대체 무슨 일이 일어난 것일까?

「」: '나'에게 시선이 집중될 것이라는 예상과는 달리 평소와 다름없는 엄마와 이웃 사람들 반응 → '나'에 대한 무심함.

나는 나를 둘러싼 세계가 너무도 낯설게 느껴졌다. 내가 짐작하고 또 생각하는 세계하고 실제 세계 사이에는 이렇듯 머나먼 거리가 놓여 있었던 것이다. 그 거리감은 사실이 세계는 나와는 상관없이 돌아간다는 깨달음, 그러므로 나는 결코 주변으로 둘러싸인 중심이 아니라는 아슴프레한 깨달음에 속한 것이었다. 더 이상 나를 상대하지도 혼내지도 않는 세계가 너무나 괴물스럽고 슬퍼서 싱거운 눈물이라도 흘려야 직성이 풀릴 듯했다. 하긴 눈물 서너 방울쯤 짜내는 것은 일도 아니었으니까. *난 시래기 줄기가 매달린 처마 밑에 서서 몇 방울 떨구며 소리 없이 울었다. 차라리 그 깨진 단지라도 제자리를 지키고 있었다면 혼은 나더라도 나는 혼돈스럽지도 불안해하지도 않았을 것 아닌가.

'나'가 세계에 대해 각성하고 성찰하는 공간

세계에 대한 '나'의 깨달음: 세계는 '나'와 상관없이 돌아가며, '나'가 그 세계의 중심이 아니다.

사람들이 '나'에 대해 관심을 갖지 않는 세계

「"뭘 잘했다고 소리 없이 눈물을 꼭꼭 짜니? 정초부터 에밀 못 잡아먹어서 그러니? 넉살 좋게 단지를 깨뜨려 눈사람 속에 파묻을 생각은 어찌 했담."」

「」: '나'에 대한 어머니의 애정이 담긴 꾸지람. '나'가 짠지 단지를 깨뜨리고 숨긴 것에 대해 처음으로 반응을 보임.

엄마가 물에 젖은 손으로 내 볼따구니를 야무지게 잡아 비틀며 어이가 없다는 듯 픽 웃음을 지었다. *그 얼얼함이 내 균형 감각을 바로잡아 주었다. 아주머니들의 웃음소리 사이에서 나는 울음을 딱 그쳤다. 그러고는 어른처럼 땅을 쿵쾅거리며 뛰쳐나와 이 골목 저 골목을 헤집으며 어딘가를 향해 가슴이 터져라고 마구 달리고 또 달렸다. 그렇게 컸다.

'나'가 다른 사람들과 상관없는 존재가 아니라 여전히 사람들의 관심 속에 있다는 사실에 대한 기쁨

어휘 풀이

- ❖ **지청구**: 아랫사람의 잘못을 꾸짖는 말.
- ❖ **상수**: 가장 좋은 꾀.
- ❖ **제기다**: 발끝으로 다니다.
- ❖ **조화**: 어떻게 이루어진 것인지 알 수 없을 정도로 신통하게 된 일. 또는 일을 꾸미는 재간.
- ❖ **몰골**: 볼품없는 모양새.
- ❖ **직성**: 타고난 성질이나 성미.

구절 풀이

- * **"너 벌써부터 ~ 부지런하구나.".**: 아침 일찍 눈사람을 만든 '나'의 행동을 보고 현정이 아빠는 '나'가 부지런하다고 평가함.
- * **사람들이 나를 ~ 그러는 것도 같았다.**: '나'가 예상한 상황과 너무 다른 모습에 당황하여 사람들이 자신을 곤혹스럽게 만들려고 일부러 무심한 체한다고 생각함.
- * **난 시래기 줄기가 ~ 소리 없이 울었다.**: '나'의 예상과는 다른 상황, 즉 세상이 '나'와 상관없이 돌아간다는 깨달음으로 인해 느낀 혼돈과 불안함 때문에 눈물이라도 흘려야 조금이나마 해소될 것 같다는 생각에 '나'가 소리 없이 울고 있음.
- * **그 얼얼함이 ~ 바로잡아 주었다.**: 어머니가 '나'의 볼을 꼬집어 줌으로써, '나'가 예상한 세계, 즉 사람들의 관심 속에 있는 세계와 무관심한 실제 세계 사이의 거리가 좁혀지면서 균형을 가지게 되었음을 알 수 있음.

전체 줄거리 엿보기

발단

'나'는 어린 시절을 보냈던 산동네가 재개발이 시작되어 철거된다는 소식을 듣고 셋집의 보일러도 수리하고 아버지의 영정 사진도 꺼내올 겸 해서 오랜만에 들렀다가 어린 시절의 기억을 떠올린다.

전개 본문 수록 부분

어린 시절 어느 추운 겨울 이른 새벽, '나'는 변소에 갔다가 이웃인 욕쟁이 할머니의 짠지 단지를 깨뜨리게 된다. 당황한 '나'는 순간을 모면하기 위해 눈사람을 만들어 그 속에 깨진 항아리를 감춘다.

위기

눈이 녹으면 짠지 단지를 깨뜨리고 그것을 눈사람 속에 감춘 사실이 금방 밝혀져 혼날 것을 두려워한 '나'는 가출을 한 후 방황하다 해 질 녘이 되어서야 집으로 돌아온다.

절정 본문 수록 부분

잔뜩 긴장한 채 집에 돌아와 보니 눈사람도, 깨진 항아리도 모두 사라지고 사람들은 아무 일도 없었다는 듯이 '나'를 대한다. '나'는 나와 상관없이 세계가 돌아간다는 사실을 깨닫고 낯설어 울음을 터트린다.

결말

어린 시절의 기억에서 돌아온 '나'는 갑작스러운 변의를 느끼며, 깨진 항아리를 발견하고 참았던 배변을 하며 기억의 터전이 사라지는 현실 앞에서 아무것도 할 수 없는 자괴감 때문에 눈물을 흘린다. 배변 후 '나'는 산동네 주위를 걷기 시작한다.

독해 포인트

1. 인물

(중략) 이전의 '나'		(중략) 이후의 '나'
• 단지를 깨뜨려 놀라고 당황함. • 눈사람 속에 깨진 단지를 감추고 (❶)을 찾은 것에 뿌듯해함.	➡ 가출 후 귀가	• 혼날 것을 예상한 것과 달리 무관심한 주변의 반응에 당황하고 혼란스러워함. • '나'와는 상관없이 세계가 돌아간다는 깨달음에 눈물을 흘림.

2. 배경과 소재

배경	공간적	서울 변두리의 산동네(현재: 재개발이 시작된 산동네)
	시간적	1970년대(현재: 1990년대)
소재	산동네	• 어린 시절의 기억을 간직한 곳 • 재개발로 사라질 처지에 놓인 곳(현재)
	(❷)	중심 사건을 일으키는 계기가 됨.
	눈사람	• '나'가 단지를 깨뜨린 사실을 감추기 위해 만든 것 • '나'의 임기응변의 산물
	(❸)	'나'가 했던 일이 흔적도 없이 사라져 버린 상황에서, 이 세상이 자신과 상관없이 돌아간다는 사실을 깨닫고 그 세상이 무서워 흘리게 됨.

3. 사건과 갈등

사건	• 욕쟁이 할머니의 단지를 깨뜨리고, 임시로 눈사람 속에 감춤. • 가출 후 집에 돌아와 자신의 예상과는 다른 사람들의 태도를 보며 '나'와는 상관없이 세계가 돌아간다는 사실을 깨달음.
갈등	(❹) 갈등이 일어남. → 단지를 깨뜨리고 해결 방법을 찾으려고 하는 과정과 귀가 후 세계에 대한 깨달음의 과정에서 내면적으로 갈등이 일어나고 있음.

4. 시점과 서술 방식

(❺) 시점	서술자인 주인공 '나'가 자신의 이야기를 직접 서술하며, 자신의 심리를 직접 드러내고 있음. → '어찌 떨지 않을 수 있었을까', '나는 무척 혼돈스러웠다' 등
역순행적 구성	현재-과거-현재의 구성 방식으로 전개됨. 현재의 시점에서 어린 시절을 보냈던 장소에 와서 과거의 한 사건과 그로 인해 깨달음을 얻었던 경험을 (❻)하고 있다. → '그렇게 컸다.'

5. 주제

이 작품은 어린 시절 겪었던 한 사건을 계기로 세계에 대한 깨달음을 갖게 된 과정을 보여 주는 (❼) 소설이다. '나'는 자신의 생각과는 달리 자신이 세상의 중심이 아니고, 주변일 뿐이며, '나'와는 상관없이 세계가 돌아간다는 사실을 깨닫고 정신적으로 한 단계 성장하고 있다.

❶ 해결 방법 ❷ 깨진 단지 ❸ 눈물 ❹ 내적 ❺ 1인칭 주인공 ❻ 회상 ❼ 성장

어휘력 체크

01 다음 낱말 중 맞춤법에 알맞지 않은 것은?

① 깨끗이
② 뚜렷히
③ 일제히
④ 찬찬히
⑤ 알알이

02 다음 빈칸에 공통으로 들어갈 낱말을 쓰시오.

• 그 버스를 놓치지 않도록 ( )를 부린 것은 친구가 알려 준 지름길 덕분이다.
• 금방 여기에 있던 돈이 없어지다니. 무슨 ( )인지 모르겠네.

03 윗글의 '나'가 순간의 위기를 잠시 피하기 위해서 한 행동과 관련 있는 속담으로 적절한 것은?

① 언 발에 오줌 누기
② 비 온 뒤 땅이 굳는다.
③ 소 잃고 외양간 고친다.
④ 가랑비에 옷 젖는 줄 모른다.
⑤ 구슬이 서 말이라도 꿰어야 보배

04 윗글의 '쌀을 일며'의 '일다'와 유사한 의미로 사용된 것은?

① 파도가 일어 배가 출렁거렸다.
② 그의 행동에 대해 논란이 일었다.
③ 꺼져 가던 불길이 일어 주변이 밝아졌다.
④ 세탁을 하고 났더니 스웨터에 보풀이 일었다.
⑤ 그는 대야로 모래를 일어 사금을 찾아내려 했다.

01 ② 02 조화 03 ① 04 ⑤

기출 연습하기 03

봄·봄 _김유정

1~4 다음 글을 읽고 물음에 답하시오.

문제 해결 포인트

❶ 서술상의 특징 파악
❷ 인물의 성격 파악
❸ 갈등의 원인 파악

우리 장인님은 약이 오르면 이렇게 손버릇이 아주 못됐다. 또 사위에게 이 자식 저 자식 하는 이놈의 장인님은 어디 있느냐. 오죽해야 우리 동리에서 누굴 물론하고 그에게 욕을 안 먹는 사람은 명이 짜르다, 한다. 조그만 아이들까지도 그를 돌라세 놓고 욕필이(본 이름이 봉필이니까), 욕필이, 하고 손가락질을 할 만치 두루 인심을 잃었다. 허나 인심을 정말 잃었다면 욕보다 읍의 배 참봉 댁 마름으로 더 잃었다. 번이 마름이란 욕 잘하고 사람 잘 치고 그리고 생김 생기길 호박개 같아야 쓰는 거지만 장인님은 외양이 똑됐다. 작인이 닭 마리나 좀 보내지 않는다든가 애벌논 때 품을 좀 안 준다든가 하면 그해 ⓐ가을에는 영락없이 땅이 뚝뚝 떨어진다. 그러면 미리부터 돈도 먹이고 술도 먹이고 안달재신으로 돌아치던 놈이 그 땅을 슬쩍 돌라안는다. 이 바람에 장인님 집 빈 외양간에는 눈깔 커다란 황소 한 놈이 절로 엉금엉금 기어들고, 동리 사람들은 그 욕을 다 먹어 가면서도 그래도 굽신굽신하는 게 아닌가 —

그러나 내겐 장인님이 감히 큰소리할 계제가 못 된다.

뒷생각은 못 하고 뺨 한 개를 딱 때려 놓고는 장인님은 무색해서 덤덤히 쓴 침만 삼킨다. 난 그 속을 퍽 잘 안다. 조금 있으면 갈도 꺾어야 하고 모도 내야 하고, 한창 바쁜 때인데 나 일 안 하고 우리 집으로 그냥 가면 고만이니까. 작년 이맘때도 트집을 좀 하니까 늦잠 잔다고 돌멩이를 집어 던져서 자는 놈의 발목을 삐게 해 놨다. 사날씩이나 건승 끙, 끙, 앓았더니 종당에는 거반 울상이 되지 않았는가 —

"얘, 그만 일어나 일 좀 해라. 그래야 올갈에 벼 잘되면 너 장가들지 않니."

그래 귀가 번쩍 띄어서 그날로 일어나서 남이 이틀 품 들일 ⓑ논을 혼자 삶아 놓으니까 장인님도 눈깔이 커다랗게 놀랐다. 그럼 정말로 가을에 와서 혼인을 시켜 줘야 원 경우가 옳지 않겠나. 볏섬을 척척 들여쌓아도 다른 소리는 없고 물동이를 이고 들어오는 점순이를 담배통으로 가리키며,

"이 자식아 미처 커야지. 조걸 데리고 무슨 혼인을 한다고 그러니 원!"
하고 남 낯짝만 붉게 해 주고 고만이다.

(중략)

그 전날 왜 내가 새고개 맞은 봉우리 ⓒ화전밭을 혼자 갈고 있지 않았느냐. 밭 가생이로 돌 적마다 야릇한 꽃내가 물컥물컥 코를 찌르고 머리 위에서 벌들은 가끔 붕, 붕, 소리를 친다. 바위틈에서 샘물 소리밖에 안 들리는 산골짜기니까 맑은 하늘의 봄볕은 이불 속같이 따스하고 꼭 꿈꾸는 것 같다. 나는 몸이 나른하고 몸살(을 아직 모르지만 병)이 나려고 그러는지 가슴이 울렁울렁하고 이랬다.

"어러이! 말이! 맘 마 마……."

이렇게 노래를 하며 소를 부리면 여느 때 같으면 어깨가 으쓱으쓱한다. 웬일인지 ⓓ밭

반도 갈지 않아서 온몸의 맥이 풀리고 대고 짜증만 난다. 공연히 소만 들입다 두들기며 —

"안야! 안야! 이 망할 자식의 소 (장인님의 소니까) 대리❖를 꺾어 줄라."

그러나 내 속은 정말 안야 때문이 아니라 점심을 이고 온 점순이의 키를 보고 울화가 났던 것이다. 점순이는 뭐 그리 썩 이쁜 계집애는 못 된다. 그렇다구 또 개떡이냐 하면 그런 것도 아니고, 꼭 내 아내가 돼야 할 만치 그저 툽툽하게 생긴 얼굴이다. 나보다 십 년이 아래니까 올해 열여섯인데 몸은 남보다 두 살이나 덜 자랐다. 남은 잘도 훤칠히들 크건만 이건 위아래가 몽툭한 것이 내 눈에는 헐 없이 감참외 같다. 참외 중에는 감참외가 젤 맛 좋고 이쁘니까 말이다. 둥글고 커단 눈은 서글서글하니 좋고 좀 지쳐 찢어졌지만 입은 밥술이나 혹혹이 먹음직하니 좋다. 아따 밥만 많이 먹게 되면 팔자는 고만 아니냐. 헌데 한 가지 파가 있다면 가끔가다 몸이 (장인님은 이걸 채신이 없이 들까분다고 하지만) 너무 빨리빨리 논다. 그래서 밥을 나르다가 때 없이 풀밭에서 깨빡을 쳐서 흙투성이 밥을 곧잘 먹인다. 안 먹으면 무안해할까 봐서 이걸 씹고 앉았노라면 으적으적 소리만 나고 돌을 먹는 겐지 밥을 먹는 겐지 —

그러나 ⓔ이날은 웬일인지 성한 밥 채로 밭머리에 곱게 내려놓았다. 그리고 또 내외를 해야 하니까 저만큼 떨어져 이쪽으로 등을 향하고 웅크리고 앉아서 그릇 나기를 기다린다.

내가 다 먹고 물러섰을 때 그릇을 와서 챙기는데 그런데 난 깜짝 놀라지 않았느냐. 고개를 폭 숙이고 밥함지에 그릇을 포개면서 날더러 들으라는지 혹은 제 소린지,

"밤낮 일만 하다 말 텐가!" 하고 혼자서 쫑알거린다. 고대❖ 잘 내외하다가 이게 무슨 소린가, 하고 난 정신이 얼떨떨했다.

그러면서도 한편 무슨 좋은 수나 있는가 싶어서 나도 공중을 대고 혼잣말로,

"그럼 어떻게?" 하니까,

"성례시켜 달라지 뭘 어떻게." 하고 되알지게 쏘아붙이고 얼굴이 발개져서 산으로 그저 도망질을 친다.

나는 잠시 동안 어떻게 되는 셈판인지 맥을 몰라서 그 뒷모양만 덤덤히 바라보았다. 봄이 되면 온갖 초목이 물이 오르고 싹이 트고 한다. 사람도 아마 그런가 보다, 하고 며칠 내에 부쩍 (속으로) 자란 듯싶은 점순이가 여간 반가운 것이 아니다.

❖ **마름**: 지주를 대리하여 소작권을 관리하는 사람.
❖ **종당**: 일의 마지막.
❖ **대리**: 다리.
❖ **고대**: 이제 막.

갈등의 양상

- **인물 간의 갈등**: 혼례를 미루고자 하는 장인과 혼례를 요구하는 '나' 사이의 갈등
- **인물의 대립**: 어수룩하고 순진한 '나'와 교활하고 탐욕스러운 장인의 대립

이 작품은 '이놈의 장인님', '욕필이' 등 비속어와 '가생이', '대리' 등 사투리를 사용해 해학성을 드러내고 있어.

1step 작품 파악하기

1 다음은 윗글을 정리한 노트이다. ㉠~㉢에 들어갈 내용을 쓰시오.

인물	'나', 장인, 점순이 → '나'가 어수룩한 데 비해 장인은 교활한 인물이군.
배경	1930년대 어느 봄, 강원도 농촌 마을 → '마름'인 장인의 횡포를 통해 당시 가난한 (㉠)의 고통을 짐작할 수 있어.
주제	어수룩한 데릴사위와 교활한 장인 사이의 갈등 → '나'는 점순과의 (㉡)을/를 미루는 장인과 갈등하고 있군.
시점	1인칭 주인공 시점 → 어수룩한 '나'가 사건을 관찰하고 서술함으로써, '나'의 우직함과 우스꽝스러움을 생생하게 전달하여 웃음을 주는군.
특징	• 비속어와 (㉢), 인물들의 행동을 통해 해학성을 드러냄. • 시간순으로 사건을 제시하지 않고, 현재와 과거를 오가며 제시하는 역순행적 구성 방식을 취함. → '작년 이맘때, 그 전날' 등 과거를 드러내는 표현에 유의해서 봐야겠군.

2step 서술상의 특징 파악하기 | 2016학년도 6월 A형 모의평가 변형 |

2 윗글에 대한 설명으로 가장 적절한 것은?

① 동시에 일어나는 두 개의 사건을 나열하여 긴장감을 조성하고 있다.
② 과거 사건을 현재 상황에 끌어들여 인물들의 관계를 드러내고 있다.
③ 어려운 한문 표현을 사용하여 인물들의 긍정적 성격을 강조하고 있다.
④ 등장인물이 관찰자의 입장에서 작품 속 세계를 객관적으로 묘사하고 있다.
⑤ 다른 사람의 체험을 듣고 독자에게 이야기를 전해 주는 액자식 구성을 취하고 있다.

2step 인물의 특징 파악하기

3 윗글에서 장인이 동리 사람들에게 인심을 잃게 된 이유가 무엇인지 쓰시오.

3step 외적 준거로 작품 파악하기 | 2016학년도 6월 A형 모의평가 |

4 〈보기〉를 참조할 때, ⓐ~ⓔ에 대한 감상으로 적절하지 않은 것은?

보기

「봄·봄」은 시·공간의 이동을 통해 사건들이 전개된다. 소설 속 사건이 일어나는 배경은 단순히 물리적 시·공간을 제시하는 데에서 그치는 것이 아니다. 인물을 둘러싼 구체적 환경은 인물의 성격을 드러내거나 태도에 변화를 줄 뿐만 아니라 사건의 분위기를 조성하기도 한다. 그리고 인물이 처한 사회적 환경을 환기하기도 하고 때로는 인물의 심리 상태에 영향을 미친다.

① ⓐ: 대부분의 마름들이 장인과 같이 행동하였다면, '가을'에 많은 소작농들은 불안감에 시달렸겠군.

② ⓑ: '논'은 '장인'의 회유❖에 넘어간 '나'가 일꾼으로서의 면모를 발휘하는 장소로군.

③ ⓒ: '화전밭'에서 '나'는 생기 있는 봄의 분위기에 취해 정서적으로 반응하고 있군.

④ ⓓ: '밭'에서 '나'는 '장인' 때문에 생긴 울화를 '소'와 '점순이'에게 한껏 터트리고 있군.

⑤ ⓔ: '이날'은 '점순이'의 평소와 다른 말과 행동을 통해 '나'가 '점순이'의 본심을 알아채는 날이겠군.

시간적·공간적 배경

- **시간적 배경**: 봄 – 봄이 되어 풀과 나무에 생기가 도는 것처럼 봄은 '나'의 마음을 울렁이게 하고 이성에 대한 사랑에 눈뜨게 하는 등 심리 상태에 영향을 줌.
- **공간적 배경**: 논, 밭 – 농사꾼으로서 '나'의 능력이 발휘되는 공간이자, 마름과 소작농이라는 당시의 사회적 상황을 드러냄.

❖ **회유**: 어루만지고 잘 달래어 시키는 말을 듣도록 함.

봄·봄 _김유정

이 작품은

이 작품은 1930년대 어느 봄 강원도 농촌 마을을 배경으로, 우직하고 순진한 '나'가 교활한 장인과 혼례를 둘러싸고 벌이는 갈등을 해학적으로 그린 소설이다. 현재와 과거가 교차하는 역순행적 구성을 통해 효과적으로 내용을 전개하고 있으며, 토속어, 방언, 비속어 등을 사용하여 향토성과 현장감을 생생하게 전달해 준다. 또한 이 작품은 신분적으로 강자인 마름이 약자인 머슴과 소작농을 착취하였던 당대 농촌 상황을 해학적이고 비판적으로 보여 주고 있다.

갈래 단편 소설, 농촌 소설, 해학 소설

주제 어수룩한 데릴사위와 교활한 장인 사이의 갈등, 시골 남녀의 순박한 사랑

우리 장인님은 약이 오르면 이렇게 손버릇이 아주 못됐다. 또 사위에게 이 자식 저 자식 하는 이놈의 장인님은 어디 있느냐. 오죽해야 우리 동리에서 누굴 물론하고 그에게 욕을 안 먹는 사람은 명이 짜르다, 한다. 조그만 아이들까지도 그를 돌라세 놓고 욕필이(본 이름이 봉필이니까), 욕필이, 하고 손가락질을 할 만치 두루 인심을 잃었다. 허나 인심을 정말 잃었다면 욕보다 읍의 배 참봉 댁 마름으로 더 잃었다. 번이 마름이란 욕 잘하고 사람 잘 치고 그리고 생김 생기길 호박개 같아야 쓰는 거지만 장인님은 외양이 똑 됐다. 「작인이 닭 마리나 좀 보내지 않는다든가 애벌논 때 품을 좀 안 준다든가 하면 그해 가을에는 영락없이 땅이 뚝뚝 떨어진다. 그러면 미리부터 돈도 먹이고 술도 먹이고 안달재신으로 돌아치던 놈이 그 땅을 슬쩍 돌라안는다. 이 바람에 장인님 집 빈 외양간에는 눈깔 커다란 황소 한 놈이 절로 엉금엉금 기어들고, 동리 사람들은 그 욕을 다 먹어 가면서도 그래도 굽신굽신하는 게 아닌가 —」

(폭력성이 있는 장인의 성격에 대한 '나'의 부정적 인식이 드러남. / 명이 짜르다: 수명이 짧다 / 욕필이: 욕을 잘해서 본명에 붙은 별명 / 당대의 마름에 대한 부정적 인식이 드러남. / 닭 마리나 좀 보내지 않는다든가: 작인이 뇌물을 주지 않으면 / 땅이 뚝뚝 떨어진다: 소작을 주지 않음. / 「 」: 장인이 마름의 위치를 이용해 부리는 횡포와 부정부패의 상황이 드러남.)

그러나 내겐 장인님이 감히 큰소리할 계제가 못 된다.

뒷생각은 못 하고 뺨 한 개를 딱 때려 놓고는 장인님은 무색해서 덤덤히 쓴 침만 삼킨다. 난 그 속을 퍽 잘 안다. 조금 있으면 갈도 꺾어야 하고 모도 내야 하고, 한창 바쁜 때인데 나 일 안 하고 우리 집으로 그냥 가면 고만이니까. 작년 이맘때도 트집을 좀 하니까 늦잠 잔다고 돌멩이를 집어 던져서 자는 놈의 발목을 삐게 해 놨다. 사날씩이나 건승 끙, 끙, 앓았더니 종당에는 거반 울상이 되지 않았는가 —

(장인이 후회를 하는 이유: '나'가 한창 바쁜 시기에 가 버리면 일손이 부족해지기 때문에 / 작년 이맘때도: 과거 회상. 역순행적 구성)

"얘, 그만 일어나 일 좀 해라. 그래야 올갈에 벼 잘되면 너 장가들지 않니."

(올갈: 올가을 / 결혼을 시켜 주겠다고 회유함. → 장인의 교활함)

그래 귀가 번쩍 띄어서 그날로 일어나서 남이 이틀 품 들일 논을 혼자 삶아 놓으니까 장인님도 눈깔이 커다랗게 놀랐다. 그럼 정말로 가을에 와서 혼인을 시켜 줘야 원 경우가 옳지 않겠나. 볏섬을 척척 들여쌓아도 다른 소리는 없고 물동이를 이고 들어오는 점순이를 담뱃통으로 가리키며,

"이 자식아 미처 커야지. 조걸 데리고 무슨 혼인을 한다고 그러니 원!"

하고 남 낯짝만 붉게 해 주고 고만이다.

(중략)

그 전날 왜 내가 새고개 맞은 봉우리 화전밭을 혼자 갈고 있지 않았느냐. 밭 가생이로 돌 적마다 「야릇한 꽃내가 물컥물컥 코를 찌르고 머리 위에서 벌들은 가끔 붕, 붕, 소리를 친다. 바위틈에서 샘물 소리밖에 안 들리는 산골짜기니까 맑은 하늘의 봄볕은 이불 속같이 따스하고 꼭 꿈꾸는 것 같다. 나는 몸이 나른하고 몸살(을 아직 모르지만 병)이 나려고 그러는지 가슴이 울렁울렁하고 이랬다.」

(그 전날: 과거 회상. 그저께 / 「 」: 봄이 와서 '나'의 가슴이 울렁거리고 몸이 나른해짐.)

"어러이! 말이! 맘 마 마……."

이렇게 노래를 하며 소를 부리면 여느 때 같으면 어깨가 으쓱으쓱한다. 웬일인지 밭 반도 갈지 않아서 온몸의 맥이 풀리고 대고 짜증만 난다. 공연히 소만 들입다 두들기며 —

내용 구조도

점순
적극적이고 야무진 성격으로, '나'에게 은근히 혼례를 부추김.

나
점순이와 빨리 혼례를 치르고 싶어 함.

장인
'나'를 머슴으로 더 부리기 위해 점순이의 키가 아직 자라지 않았다는 핑계로 혼례를 계속 미룸.

다리

"안야! 안야! 이 망할 자식의 소 (장인님의 소니까) 대리를 꺾어 줄라."

장인에 대한 불만을 소에게 화풀이함. → 종로에서 뺨 맞고 한강에서 눈 흘긴다.

그러나 내 속은 정말 안야 때문이 아니라 점심을 이고 온 점순이의 키를 보고 울화가 났던 것이다. 「점순이는 뭐 그리 썩 이쁜 계집애는 못 된다. 그렇다구 또 개떡이냐 하면 그런 것도 아니고, 꼭 내 아내가 돼야 할 만치 그저 툽툽하게 생긴 얼굴이다. 나보다 십 년이 아래니까 올해 열여섯인데 몸은 남보다 두 살이나 덜 자랐다. 남은 잘도 훤칠히들 크건만 이건 위아래가 몽톡한 것이 내 눈에는 헐 없이 감참외 같다. 참외 중에는 감참외가 젤 맛 좋고 이쁘니까 말이다. 둥글고 커단 눈은 서글서글하니 좋고 좀 지쳐 찢어졌지만 입은 밥술이나 혹혹이 먹음직하니 좋다.」 아따 밥만 많이 먹게 되면 팔자는 고만 아니냐. 헌데 한 가지 파가 있다면 가끔가다 몸이 (장인님은 이걸 채신이 없이 들까분다고 하지만) 너무 빨리빨리 논다. 그래서 밥을 나르다가 때 없이 풀밭에서 깨빡을 쳐서 흙투성이 밥을 곧잘 먹인다. *안 먹으면 무안해할까 봐서 이걸 씹고 앉았노라면 으적으적 소리만 나고 돌을 먹는 겐지 밥을 먹는 겐지 —

「 」: 점순이의 외양 묘사 → 점순이에 대한 '나'의 애정이 드러남.

파: 단점

깨빡을 쳐서: 실수로 내동댕이쳐서

그러나 이날은 웬일인지 성한 밥 채로 밭머리에 곱게 내려놓았다. 그리고 또 내외❖를 해야 하니까 저만큼 떨어져 이쪽으로 등을 향하고 웅크리고 앉아서 그릇 나기를 기다린다.

평소와는 다른 점순이의 행동과 분위기

내가 다 먹고 물러섰을 때 그릇을 와서 챙기는데 그런데 난 깜짝 놀라지 않았느냐. 고개를 푹 숙이고 밥함지에 그릇을 포개면서 날더러 들으라는지 혹은 제 소린지,

"밤낮 일만 하다 말 텐가!"

좀 더 적극적으로 혼례를 서두르라고 '나'를 부추기려는 의도를 담고 있는 말

하고 혼자서 쫑알거린다. 고대 잘 내외하다가 이게 무슨 소린가, 하고 난 정신이 얼떨떨했다.

그러면서도 한편 무슨 좋은 수나 있는가 싶어서 나도 공중을 대고 혼잣말로,

"그럼 어떻게?"

점순이와는 달리 '나'가 소극적인 성격임을 드러냄.

하니까,

"성례시켜 달라지 뭘 어떻게."

할 말을 하는 점순이의 적극적인 성격

하고 되알지게 쏘아붙이고 얼굴이 발개져서 산으로 그저 도망질을 친다.

되알지게 쏘아붙이고: 몹시 야무지게 말하고

나는 잠시 동안 어떻게 되는 셈판인지 맥을 몰라서 그 뒷모양만 덤덤히 바라보았다. *봄이 되면 온갖 초목이 물이 오르고 싹이 트고 한다. 사람도 아마 그런가 보다, 하고 며칠 내에 부쩍 (속으로) 자란 듯싶은 점순이가 여간 반가운 것이 아니다.

어휘 풀이

- ❖ **안달재신**: 몹시 속을 태우며 여기저기로 다니는 사람.
- ❖ **계제**: 어떤 일을 할 수 있게 된 형편이나 기회.
- ❖ **화전**: 주로 산간 지대에서 풀과 나무를 불살라 버리고 그 자리를 파 일구어 농사를 짓는 밭.
- ❖ **내외**: 남의 남녀 사이에 서로 얼굴을 마주 대하지 않고 피함.

구절 풀이

- * **우리 동리에서 ~ 명이 짜르다, 한다.**: 동리에서 장인의 욕을 먹지 않은 사람이 없음. 장인의 부정적 면모를 강조함.
- * **장인님은 무색해서 덤덤히 쓴 침만 삼킨다.**: 겸연쩍어하는 장인의 태도. '나'가 당장 없으면 일손이 부족해지기 때문에 보이는 반응임.
- * **"이 자식아 ~ 그러니 원!"**: 장인은 점순이가 결혼하기에는 아직 작다는 핑계를 들어 결국 혼례를 시켜 주지 않았음. 장인의 교활함이 드러남.
- * **안 먹으면 ~ 먹는 겐지**: 점순이의 실수로 흙투성이가 된 밥이라도 점순이에 대한 애정과 배려로 티를 안 내고 먹음.
- * **봄이 되면 ~ 것이 아니다.**: '나'는 점순이의 말에 온갖 풀과 나무에 생기가 도는 봄처럼 이성 간의 사랑도 싹트고 커져 간다고 생각함. 점순이의 마음을 확인한 '나'의 기쁨이 드러남.

전체 줄거리 엿보기

발단

'나'는 점순이와 혼례를 올리기로 하고 3년 7개월이나 변변한 대가 없이 점순이네 집에서 머슴 일을 해 주고 있다. 교활한 장인은 점순이의 키가 더 커야 한다며 혼례를 계속 미룬다.

전개 본문 수록 부분

내외하던 점순이가 혼례를 시켜 달라고 조르라며 '나'를 부추기자 '나'는 구장에게 억울함을 호소하며 중재를 요청하지만 구장은 장인의 편을 든다.

위기

자신에 앞서 첫째와 둘째 딸을 미끼로 열 명의 데릴사위를 두고 모두 머슴처럼 부려 먹었다는 이야기와 구장댁까지 찾아가 놓고도 일 처리를 못한 걸 보고 '나'를 무시하는 점순이를 보고 '나'는 일부러 일을 하러 가지 않는다.

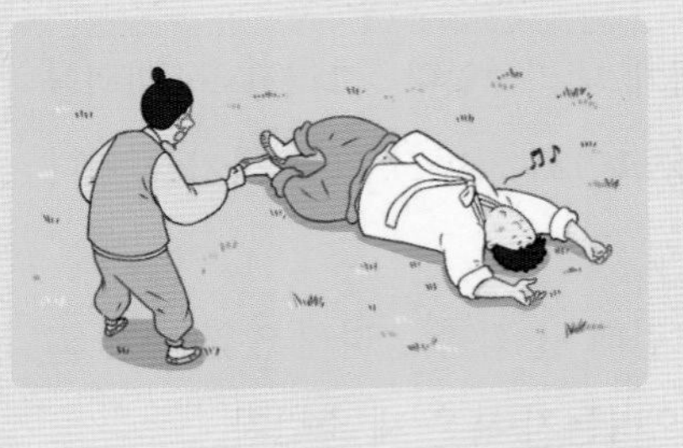

절정

장인이 일하라며 '나'의 볼기짝까지 후려치자 화가 난 '나'는 장인과 한바탕 싸움을 벌인다. 놀란 장모와 점순이 뛰어나와 싸움을 말리는데, 내 편을 들 줄 알았던 점순이가 아버지의 편을 들자, '나'는 멍해진다.

결말

장인은 가을에 혼례를 올려 주겠다며 '나'를 다독이고 신이 난 '나'는 다시 일하러 나간다.

(시간상, 내용상 결말의 내용을 절정 앞에 배치함.)

독해 포인트

1. 인물

'나'	어수룩하고 순진하며 소극적인 인물. 점순이와의 혼례를 약속받고 3년 7개월 동안 아무런 대가 없이 점순이네 머슴 일을 해 주고 있음.
장인	교활하고 욕을 잘하며 (❶)의 지위를 이용해 횡포를 부리는 인물. 혼례를 미끼로 '나'를 머슴으로 부리며, 점순이의 키가 다 자라지 않았다는 것을 핑계로 혼례를 미루고 있음.
점순이	야무진 성격으로 '나'에게 좀 더 혼례를 서두르라고 부추기는 적극적인 성격의 인물

2. 배경과 소재

배경	공간적	강원도 농촌 마을
	시간적	1930년대 어느 봄
소재	(❷)	이 소설의 제목이자, 풀과 나무에 생기가 도는 것처럼 '나'의 마음을 울렁이게 하고 이성에 대한의 사랑에 눈뜨게 함.
	밥	• 점순이에 대한 '나'의 애정과 (❸)를 드러냄. • 점순이가 혼례에 대해 '나'에게 말할 수 있는 상황을 만들어 주는 수단

3. 사건과 갈등

사건	• 장인은 '나'를 (❹)으로 부리기 위해 혼례를 미룸. • 점순이가 '나'에게 혼례를 좀 더 서두르라고 부추김.
갈등	혼례를 미루려는 장인과 혼례를 시켜 달라는 '나' 사이의 갈등

4. 시점과 서술 방식

1인칭 주인공 시점	주인공인 (❺)가 사건을 관찰하고 서술함으로써, '나'의 어수룩함과 우스꽝스러움을 생생하게 느낄 수 있음.
역순행적 구성	과거와 현재를 오가는 역순행적 구성을 취함. → '현재', '작년 이맘때', '그 전날' 등
해학적 표현	• (❻)와 사투리를 사용하여 드러냄. → '이놈의 장인님', '욕필이' 등 • 어수룩하고 우스꽝스러운 인물의 행동을 통해 드러냄. → '귀가 번쩍 띄어서 ~ 혼자 삶아 놓으니까', '장인님도 눈깔이 커다랗게 놀랐다' 등

5. 주제

이 작품은 1930년대 어느 봄 강원도 농촌 마을을 배경으로 혼례를 둘러싼 어수룩한 데릴사위와 교활한 장인 사이의 갈등과 순박한 시골 남녀의 사랑을 비속어와 사투리, 우스꽝스러운 인물의 행동을 통해 (❼)으로 그리고 있다.

❶ 마름 ❷ 봄 ❸ 배려 ❹ 머슴 ❺ '나' ❻ 비속어 ❼ 해학적

어휘력 체크

01 다음 밑줄 친 낱말의 사용이 적절하지 않은 것은?

① 요즘 앞산에는 진달래가 한창이다.
② 한참 붐빌 시각인데도 손님이 별로 없었다.
③ 아파트 공사가 한창이라 먼지가 많다.
④ 그들은 폐허가 된 집터를 한참이나 둘러보았다.
⑤ 날이 밝으려면 아직 한참 남았다.

02 다음 밑줄 친 상황에 어울리는 속담을 쓰시오.

> 온몸의 맥이 풀리고 대고 짜증만 난다. 공연히 소만 들입다 두들기며 —
> "안야! 안야! 이 망할 자식의 소 (장인님의 소니까) 대리를 꺾어 줄라."
> 그러나 내 속은 정말 안야 때문이 아니라 점심을 이고 온 점순이의 키를 보고 울화가 났던 것이다.

03 다음 빈칸에 공통으로 들어갈 말을 쓰시오.

> • ( )은 익살스럽고도 품위가 있는 말이나 행동을 가리킨다.
> • 단원 김홍도의 그림에는 ( )과 풍자가 담겨 있다.

04 다음에서 설명하는 낱말을 윗글에서 찾아 쓰시오.

> 지주를 대리하여 소작권을 관리하는 사람이라는 뜻으로, 일제 강점기에 이들의 횡포로 가난한 소작농들이 더 큰 고통을 겪어야 했다.

01 ② 02 종로에서 뺨 맞고 한강에서 눈 흘긴다. 03 해학 04 마름

노새 두 마리 _최일남

1~5 다음 글을 읽고 물음에 답하시오.

문제 해결 포인트
❶ 서술상의 특징 파악
❷ 핵심 소재의 의미 파악
❸ 작품의 사회·문화적 상황 파악

[앞부분의 줄거리] 아버지는 도시 변두리에서 노새 마차를 몰면서 연탄 배달 일을 한다. 어느 날 가파른 골목을 오르던 마차가 넘어지면서 노새가 달아나 버리고 아버지와 '나'는 노새를 찾아 헤맨다.

[A] 까마귀 새끼라는 것은 우리 아버지가 까맣게 연탄재를 뒤집어쓰고 다닌대서 그 아들인 나를 가리키는 말이다. 사실 아버지는 노상 시커먼 몰골을 하고 다녔다. 옷은 물론 국방색 신발도 어느새 깜장 구두가 되어 있었다. 손 얼굴 할 것 없이 온몸이 껌정투성이였다. 어쩌다가 헹 하고 코를 풀면 콧물조차도 까맸다. 그런 가운데에서도 눈 하나만은 퀭하니 크게 빛났다. 아이들은 그런 아버지를 보고 까마귀라고 불러댔으나 차마 대놓고 그러지는 못하고, 만만한 나만 보면 까마귀 새끼라고 놀려댔다. 하지만 저희네들 아버지는 별것이었던가. 영길이네 아버지는 조그마한 기계와 연탄불을 피워 가지고 다니면서, 뻥 소리와 함께 생쌀을 납작하게 눌러 튀겨 내는 장사를 하고 있었고, 종달이네 형님은 번데기 장수였다. 순철이네 아버지는 시장 경비원이었고, 귀달네 아버지는 포장마차에서 장사를 하고 있었다. 그래서 우리는 영길이더러 '뻥', 종달이더러는 '뻔'이라는 별명을 붙여 주었으며, 순철이 귀달이도 모두 하나씩 별명을 가지고 있었다. 그러니까 내가 까마귀 새끼라는 별명을 가지고 있다는 것은 어떻게 보면 당연한 것이고 별로 억울할 것도 없었다.

내가 집에 돌아온 것은 밤 열 시도 넘어서였으나 아버지는 그때까지 돌아오지 않고 있었다. 할머니와 어머니는 동네 사람들의 귀띔으로 미리 ㉮사건을 알고 있었던지, 내가 들어서자 얼른 뛰어나오며 허겁지겁 물었다.

"찾았니?"

"아버지는 어떻게 되셨어?"

내가 혼자 들어서는 걸 보면 찾지 못한 것을 번연히 알면서도 어머니는 다그쳐 물어댔다. 어머니는 나에게 밥을 줄 생각도 하지 않고 한숨만 내리 쉬고 올려 쉬곤 하였다.

아버지가 돌아온 것은 통행금지 시간이 거의 되어서였다. 예상한 일이지만 아버지는 빈 몸이었고 형편없이 힘이 빠져 있었다. 그때까지 식구들은 아무도 잠들지 않았다. 작은형도 일이 일인지라 기타도 치지 않고 죽은 듯이 방 안에만 처박혀 있었다. 아버지를 보고도 아무도 말을 하지 않았다. 다만 할머니만이 말을 걸었다.

"이제 오니?"

"네."

그뿐, 아버지는 더는 말이 없었다. 그러고는 어머니가 보아온 밥상을 한옆으로 밀어놓고는 쓰러지듯 방 한가운데 드러눕고 말았다. 아버지는 지금 내일부터 당장 벌이를 나갈 수 없는 아픔보다도 길들여 키워 온 노새가 가여워서 저러는지도 모를 일이었다. 아버지는 원래가 마부였다. 서울에 올라오기 전 시골에서도 줄곧 말마차를 끌었다. 어쩌다가 소달구지를 끄는 적도 있기는 했으나 얼마 가지 않아서 도로 말마차로 바꾸곤 했다. 그런 아버지였으므로 서울에 올라와서는 내내 말마차 하나로 버텨 나왔었는데 어떻게 마음먹었는지 노새로 바꾸고 만 것이다. 노새나 말이나 요즘은 그놈의 삼륜차 때문에 아버지의 일감이 자칫 줄어드는 듯하기도 했다. 웬만한 오르막길도 끄떡없이 오르고, 웬만한 골목 안 집까지도 드르륵 들이닥치니 아버지의 말마차가 위협을 느낌직도 했고, 사실 일감을 빼앗기기도 했다. 그런데도 그때마다 아버지는 큰소리였다. "휘발유 한 방울 안 나오는 나라에서 자동차만 많으면 뭘 해." 마치 애국자처럼 말하는 것이었으나 나는 아버지의 그 말 뒤에 숨은 오기 같은 것을 느낄 수 있었다. 너무 고단해서였을까, 이날 밤 나는 앞뒤를 가릴 수 없을 만큼 깊이 잠에 빠졌던 것 같다.

(중략)

아버지는 술이 약한 편이어서 저러다가 어쩌나 하고 걱정이 되었다.

"아버지, 고만 드세요. 몸에 해로워요."

"으응."

대답하면서도 아버지는 술잔을 놓지 않았다. 얼마나 지났을까. 안주를 계속 주워 먹었으므로 어느 정도 시장기를 면한 나는 비로소 아버지를 쳐다보았다.

"이제부터 내가 노새다. 이제부터 내가 노새가 되어야지 별수 있니? 그놈이 도망쳤으니까. 이제 내가 노새가 되는 거지."

기분 좋게 취한 듯한 아버지는 놀라는 나를 보고 히힝 한 번 웃었다. 나는 어쩐지 그런 아버지가 무섭지만은 않았다. 그러면 형들이나 나는 노새 새끼고, 어머니는 암노새고, 할머니는 어미 노새가 되는 것일까? 나도 아버지를 따라 히히힝 웃었다. 어른들은 이래서 술집에 오는 모양이었다. 나는 안주만 집어 먹었는데도 술 취한 사람처럼 턱없이 즐거웠다. 노새 가족 – 노새 가족은 우리 말고는 이 세상에 또 없을 것이었다.

그러나 이러한 생각은 아버지와 내가 집에 당도했을 때 무참히 깨어지고 말았다. 우리를 본 어머니가 허둥지둥 달려 나와 매달렸다.

"이걸 어쩌우. 글쎄 경찰서에서 당신을 오래요. 그놈의 노새가 사람을 다치고 가게 물건들을 박살을 냈대요. 이걸 어쩌지."

"노새는 찾았대?"

"찾고나 그러면 괜찮게요? 노새는 간데온데없고 사람들만 다치고 하니까, 누구네 노새가 그랬는지 수소문 끝에 우리 집으로 순경이 찾아왔지 뭐유."

오늘 낮에 지서에서 나온 사람이 우리 노새가 튀는 바람에 여기저기서 많은 피해를 입었으니 도로 무슨 법이라나 하는 법으로 아버지를 잡아넣어야겠다고 이르고 갔다는 것이었다. 아버지는 술이 확 깨는 듯 그 자리에 선 채 한동안 눈만 뒤룩뒤룩 굴리고 서 있더니 힝 하고 코를 풀었다. 그러고는 아무 말 없이 스적스적 문밖으로 걸어 나갔다. 나는

소재의 상징성

- **노새**: 생계 수단인 노새와 가족의 생계를 위해 고달픈 삶을 이어 가는 아버지를 상징함. 시대의 변화에 적응하지 못하는 존재를 의미함.
- **삼륜차**: 산업화 · 도시화를 상징하는 소재

"아버지" 하고 뒤를 따랐으나 아버지는 돌아보지도 않고 어두운 골목길을 나가고 있었다.

나는 그 순간 또 한 마리의 노새가 집을 나가는 것 같은 착각을 일으켰다. 그러고는 무엇인가가 뒤통수를 때리는 것을 느꼈다. 아, 우리 같은 노새는 어차피 이렇게 비행기가 붕붕거리고, 헬리콥터가 앵앵거리고, 자동차가 빵빵거리고, 자전거가 쌩쌩거리는 대처에서는 발붙이기 어려운 것인가 하는 생각이 들었다. 언젠가 남편이 택시 운전사인 칠수 어머니가 하던 말, "최소한도 자동차는 굴려야지 지금이 어느 땐데 노새를 부려." 했다는 말이 생각났다. 그러나 그것은 잠깐 동안이고 나는 금방 아버지를 쫓았다. ㉠또 한 마리의 노새를 찾아 캄캄한 골목길을 마구 뛰었다.

1step 작품 파악하기

1 윗글의 소재 (   ), (   )은/는 이 소설의 시간적 배경이 산업화와 도시화가 활발하게 진행되던 1970년대임을 드러낸다.

2 ㉠이 상징하는 의미와 그렇게 생각한 이유를 쓰시오.

3 ㉮에 대한 이해로 가장 적절한 것은? | 2018학년도 9월 고1 학력평가 변형 |

① '아버지'가 노새 마차 대신 말마차를 선택하는 계기가 된다.
② '나'의 가족이 시골을 떠나 서울에 정착하게 되는 계기가 된다.
③ '나'와 '아버지'가 동네 아이들의 놀림거리가 되는 계기가 된다.
④ '아버지'가 당장 벌이를 나갈 수 없는 어려움에 처하는 계기가 된다.
⑤ '동네 사람들'이 '아버지'가 노새를 고집하는 이유를 알게 되는 계기가 된다.

2step 서술상의 특징 파악하기 | 2018학년도 9월 고1 학력평가 |

4 윗글에 대한 설명으로 가장 적절한 것은?

① 상징적 소재를 통해 주제를 형상화하고 있다.
② 풍자적 기법을 통해 인물을 희화화하고 있다.
③ 시점의 전환을 통해 상황을 입체적으로 보여 주고 있다.
④ 사건의 반전을 통해 갈등이 해소될 것임을 암시하고 있다.
⑤ 회상을 통해 외부 이야기에서 내부 이야기로 이동하고 있다.

이 작품의 제목에도 쓰인 '노새'는 중요한 의미를 가지고 있어. 아버지를 왜 '한 마리의 노새'라고 생각했는지 파악하는 것이 중요해~

3step 표현상의 특징과 효과 파악하기 | 2018학년도 9월 고1 학력평가 |

5 [A]를 〈보기〉와 같이 바꾸어 썼을 때 나타나는 효과로 가장 적절한 것은?

보기

"까마귀 새끼."
영길이가 놀렸다.
"너네 아버지는 까마귀, 넌 까마귀 새끼."
종달이가 거들었다.
"신발도 깜장 구두, 연탄재 뒤집어쓴 껌정투성이."
아버지가 시장 경비원인 순철이도 한마디 했다.
"그래, 나 까마귀 새끼다. 그러는 니들은 뭐가 달라서."
"너네 아버지는 콧물도 까맣더라."
귀달네 아버지는 포장마차에서 장사를 하는데, 귀달이도 나를 놀린다. 나도 뻥튀기 장수 아들 영길이와 번데기 장수 동생 종달이의 별명을 불렀다.
"영길이는 뻥, 종달이는 뻔."

① 외양을 묘사하여 인물의 성격을 드러내고 있다.
② 호흡이 긴 문장을 사용하여 인물의 심리를 드러내고 있다.
③ 인물의 성격 변화 과정을 제시하여 긴장감을 고조하고 있다.
④ 새로운 인물을 등장시켜 인물 간의 대립 구도를 드러내고 있다.
⑤ 인물 간의 대화를 보여 주어 상황을 현장감 있게 제시하고 있다.

유사한 수능 문제 형식

- 윗글을 〈보기〉처럼 시나리오로 각색해 보았다. 다음 중 적절하지 않은 것은?
- 〈보기〉를 바탕으로 [A]를 감상한 내용으로 적절하지 않은 것은?

노새 두 마리 _최일남

이 작품은

이 작품은 1970년대 어느 겨울 서울 변두리 동네를 배경으로 급격한 산업화와 도시화 속에서 변화에 적응하지 못하고 고달프게 살아가는 한 가족의 모습을 보여 주고 있다. '나'의 아버지는 급격하게 변화하는 시대의 흐름에 뒤떨어진 노새로 연탄 배달을 하며 생계를 유지하다 노새가 달아나 어려움을 겪게 된다. 작가는 한 마리 노새처럼 고달픈 현실을 살아가는 아버지의 모습을 통해 산업화로 인해 소시민이 느끼는 소외감과 상대적 박탈감을 부각하고, 경제 발전만 중시하는 세태에 대한 비판적 인식을 드러내고 있다.

갈래 단편 소설

주제 산업화와 도시화 과정에서 소외된 하층민들의 힘겹고 고달픈 삶

내용 구조도

집안의 생계 수단이었던 노새가 달아남.
아버지와 '나' 모두 노새를 찾지 못하고 돌아옴.

중략

아버지가 술을 마시며 마음을 다시 잡음.
아버지가 앞으로는 자신이 노새라며 책임감을 드러냄.

달아난 노새가 사고를 침.
노새가 여기저기 사고를 쳐서 순경이 오고, 아버지는 다시 노새를 찾아 나섬.

[앞부분의 줄거리] 아버지는 도시 변두리에서 노새 마차를 몰면서 연탄 배달 일을 한다. 어느 날 가파른 골목을 오르던 마차가 넘어지면서 노새가 달아나 버리고(중심 사건) 아버지와 '나'는 노새를 찾아 헤맨다.

까마귀 새끼(연탄을 배달하는 아버지가 노상 시커먼 몰골을 하고 다녀서 '나'에게 붙여진 별명)라는 것은 우리 아버지가 까맣게 연탄재를 뒤집어쓰고 다닌대서 그 아들인 나를 가리키는 말이다. 『사실 아버지는 노상❖ 시커먼 몰골(볼품없는 모양새.)을 하고 다녔다. 옷은 물론 국방색 신발도 어느새 깜장 구두가 되어 있었다. 손 얼굴 할 것 없이 온몸이 껌정투성이였다. 어쩌다가 헹 하고 코를 풀면 콧물조차도 까맸다. 그런 가운데에서도 눈 하나만은 퀭하니 크게 빛났다.』 아이들은 그런 아버지를 보고 까마귀라고 불러댔으나 차마 대놓고(사람들 앞에 높고 거리낌 없이 함부로.) 그러지는 못하고, 만만한 나만 보면 까마귀 새끼라고 놀려댔다. 하지만 저희네들 아버지는 별것이었던가(다른 아이들의 아버지의 직업도 별로 다를 바 없음.). *『영길이네 아버지는 조그마한 기계와 연탄불을 피워 가지고 다니면서, 뻥 소리와 함께 생쌀을 납작하게 눌러 튀겨 내는 장사를 하고 있었고, 종달이네 형님은 번데기 장수였다. 순철이네 아버지는 시장 경비원이었고, 귀달네 아버지는 포장마차에서 장사를 하고 있었다.』(『 』: 주로 단순노동과 육체노동에 종사함. 경제적으로 넉넉하지 않음을 짐작할 수 있음.) 그래서 우리는 영길이더러 '뻥', 종달이더러는 '뻔'이라는 별명을 붙여 주었으며, 순철이 귀달이도 모두 하나씩 별명을 가지고 있었다. 그러니까 내가 까마귀 새끼라는 별명을 가지고 있다는 것은 어떻게 보면 당연한 것이고 별로 억울할 것도 없었다.

내가 집에 돌아온 것은 밤 열 시도 넘어서였으나 아버지는 그때까지 돌아오지 않고 있었다(그때까지 아버지가 노새를 찾지 못했음을 알 수 있음.). 할머니와 어머니는 동네 사람들의 귀띔으로 미리 사건을 알고 있었던지, 내가 들어서자 얼른 뛰어나오며 허겁지겁 물었다.

"찾았니?"

"아버지는 어떻게 되셨어?"

내가 혼자 들어서는 걸 보면 찾지 못한 것을 번연히❖ 알면서도 어머니는 다그쳐 물어댔다. 어머니는 나에게 밥을 줄 생각도 하지 않고 한숨만 내리 쉬고 올려 쉬곤 하였다(아버지에 대한 걱정과 노새를 찾지 못할 것에 대한 어머니의 불안감이 드러남.).

아버지가 돌아온 것은 통행금지(시대적 배경을 드러내는 소재) 시간이 거의 되어서였다. 예상한 일이지만 아버지는 빈 몸이었고 형편없이 힘이 빠져 있었다. 그때까지 식구들은 아무도 잠들지 않았다. 작은형도 일이 일인지라 기타도 치지 않고 죽은 듯이 방 안에만 처박혀 있었다(아버지와 앞으로의 생계에 대한 걱정 때문에). 아버지를 보고도 아무도 말을 하지 않았다. 다만 할머니만이 말을 걸었다.

"이제 오니?"

"네."

그뿐, 아버지는 더는 말이 없었다. 그러고는 어머니가 보아온 밥상을 한옆으로 밀(노새를 찾지 못해 속상해하고 낙담해 하는 아버지의 행동)

어 놓고는 쓰러지듯 방 한가운데 드러눕고 말았다. 아버지는 지금 내일부터 당장 벌이를 나갈 수 없는 아픔보다도 길들여 키워 온 노새가 가여워서 저러는지도 모를 일이었다. 아버지는 원래가 마부였다. 서울에 올라오기 전 시골에서도 줄곧 말마차를 끌었다. 어쩌다가 소달구지를 끄는 적도 있기는 했으나 얼마 가지 않아서 도로 말마차로 바꾸곤 했다. 그런 아버지였으므로 서울에 올라와서는 내내 말마차 하나로 버텨 나왔었는데 어떻게 마음먹었는지 노새로 바꾸고 만 것이다. 노새나 말이나 요즘은 그놈의 삼륜차❖ 때문에 아버지의 일감이 자칫 줄어드는 듯하기도 했다. 웬만한 오르막길도 끄떡없이 오르고, 웬만한 골목 안 집까지도 드르륵 들이닥치니 아버지의 말마차가 위협을 느낄직도 했고, 사실 일감을 빼앗기기도 했다. 그런데도 그때마다 아버지는 큰소리였다. *"휘발유 한 방울 안 나오는 나라에서 자동차만 많으면 뭘 해." 마치 애국자처럼 말하는 것이었으나 나는 아버지의 그 말 뒤에 숨은 오기 같은 것을 느낄 수 있었다. 너무 고단해서였을까, 이날 밤 나는 앞뒤를 가릴 수 없을 만큼 깊이 잠에 빠졌던 것 같다.

(삼륜차: 시대적 배경을 드러내는 소재)
(웬만한 오르막길도 ~ 들이닥치니: 말마차가 하기 어려운 일을 하는 삼륜차의 기능과 장점)

(중략)

아버지는 술이 약한 편이어서 저러다가 어쩌나 하고 걱정이 되었다.

"아버지, 고만 드세요. 몸에 해로워요."

"으응."

대답하면서도 아버지는 술잔을 놓지 않았다. 얼마나 지났을까. 안주를 계속 주워 먹었으므로 어느 정도 시장기❖를 면한 나는 비로소 아버지를 쳐다보았다.

"이제부터 내가 노새다. 이제부터 내가 노새가 되어야지 별수 있니? 그놈이 도망쳤으니까. 이제 내가 노새가 되는 거지."

(내가 노새다. ~ 별수 있니?: 생계 수단이 되었던 노새를 대신하려는 가장으로서의 아버지의 책임감이 드러남.)

기분 좋게 취한 듯한 아버지는 놀라는 나를 보고 히힝 한 번 웃었다. 나는 어쩐지 그런 아버지가 무섭지만은 않았다. 그러면 형들이나 나는 노새 새끼고, 어머니는 암노새고, 할머니는 어미 노새가 되는 것일까? 나도 아버지를 따라 히히힝 웃었다. 어른들은 이래서 술집에 오는 모양이었다. 나는 안주만 집어 먹었는데도 술 취한 사람처럼 턱없이 즐거웠다. 노새 가족 – 노새 가족은 우리 말고는 이 세상에 또 없을 것이었다.

(형들이나 ~ 웃었다.: 아이다운 '나'의 순수한 생각과 천진난만한 모습)

그러나 이러한 생각은 아버지와 내가 집에 당도했을 때 무참히 깨어지고 말았다. 우리를 본 어머니가 허둥지둥 달려 나와 매달렸다.

(이러한 생각은 ~ 말았다.: 달아난 노새가 사고를 쳐서 다른 사람들에게 피해를 입혔기 때문)

"이걸 어쩌우. 글쎄 경찰서에서 당신을 오래요. 그놈의 노새가 사람을 다치고 가게 물건들을 박살을 냈대요. 이걸 어쩌지."

(노새가 사람을 ~ 냈대요.: 노새가 일으킨 문제의 내용)

"노새는 찾았대?"

어휘 풀이

- ❖ **노상**: 언제나 변함없이 한 모양으로 줄곧.
- ❖ **번연히**: 어떤 일의 결과나 상태 따위가 훤하게 들여다보이듯이 분명하게.
- ❖ **삼륜차**: 바퀴가 세 개 달린 차. 바퀴가 앞에 한 개, 뒤에 두 개 달려 있는데 주로 짐을 실어 나른다. 1970년대 초까지 운행되었음.
- ❖ **시장기**: 배가 고픈 느낌.

구절 풀이

- * **영길이네 아버지는 ~ 억울할 것도 없었다**: 아이들은 아버지가 연탄 배달을 하는 '나'를 까마귀 새끼라 부르지만, 다른 아이들의 아버지도 주로 단순노동과 육체노동에 종사하여 경제적으로 넉넉하지 않기는 마찬가지이므로 '나'는 까마귀 새끼라는 별명에 개의치 않고 있음.
- * **"휘발유 한 방울 ~ 많으면 뭘 해."**: 변화하는 시대의 흐름을 따라가지 못하고 노새를 고집하다가 형편이 어려워졌지만, 나름대로 자부심을 가지고 주관대로 열심히 살아가려는 아버지의 태도가 드러남.

어휘 풀이

❖ **스적스적**: 힘들이지 아니하고 느릿느릿 행동하거나 말하는 모양. 시적시적.

❖ **대처**: 사람이 많이 살고 상공업이 발달한 번잡한 지역. 도회지.

구절 풀이

＊ **이렇게 비행기가 ~ 생각이 들었다.**: 도시 생활의 변화에 적응하지 못하는 도시 하층민의 삶의 모습과 좌절감을 '나'의 생각을 통해 제시함.

"찾고나 그러면 괜찮게요? 노새는 간데온데없고 사람들만 다치고 하니까, 누구네 노새가 그랬는지 수소문 끝에 우리 집으로 순경이 찾아왔지 뭐유."
(엎친 데 덮친 격. 설상가상)

오늘 낮에 지서에서 나온 사람이 우리 노새가 튀는 바람에 여기저기서 많은 피해를 입었으니 도로 무슨 법이라나 하는 법으로 아버지를 잡아넣어야겠다고 이르고 갔다는 것이었다. 아버지는 술이 확 깨는 듯 그 자리에 선 채 한동안 눈만 뒤룩뒤룩 굴리고 서 있더니 힝 하고 코를 풀었다. 그러고는 아무 말 없이 스적스적❖ 문밖으로 걸어 나갔다. 나는 "아버지" 하고 뒤를 따랐으나 아버지는 돌아보지도 않고 어두운 골목길을 나가고 있었다.
(아버지의 앞으로의 삶이 순탄치 않음을 암시함.)

나는 그 순간 또 한 마리의 노새가 집을 나가는 것 같은 착각을 일으켰다. 그러고는 무엇인가가 뒤통수를 때리는 것을 느꼈다. 아, 우리 같은 노새는 어차피 ＊이렇게 비행기가 붕붕거리고, 헬리콥터가 앵앵거리고, 자동차가 빵빵거리고, 자전거가 쌩쌩거리는 대처❖에서는 발붙이기 어려운 것인가 하는 생각이 들었다. 언젠가 남편이 택시 운전사인 칠수 어머니가 하던 말, "최소한도 자동차는 굴려야지 지금이 어느 땐데 노새를 부려." 했다는 말이 생각났다. 그러나 그것은 잠깐 동안이고 나는 금방 아버지를 좇았다. 또 한 마리의 노새를 찾아 캄캄한 골목길을 마구 뛰었다.
(고달픈 삶에 지친 아버지의 모습에서 노새를 떠올림. / 아버지와 '나'의 가족 / 시대의 변화를 따라가지 못해 자동차가 다니는 시대에 노새를 부리는 아버지에 대한 비판 / 아버지)

지식 플러스 1970년대 사회 · 문화적 상황

■ **산업화와 도시화의 그늘**

1970년대는 1960년대 시작된 경제 개발 5개년 계획으로 경제가 성장하고 급격한 산업화 · 도시화가 이루어지면서 많은 사람들이 더 나은 삶을 꿈꾸며 농촌을 떠나 도시로 이주했다. 이 과정에서 도시의 삶에 적응하지 못해 도시 하층민으로 전락하거나 많은 노동자들이 열악한 환경에서 장시간 노동과 낮은 임금에 시달리는 문제가 대두되었다.

■ **사회 질서와 통제**

경제 성장과 반공을 내세워 장기 집권을 추구한 군부와 박정희 정부는 사회 질서 유지를 명분으로 반민주주의적이고 권위주의적인 사회 분위기를 형성했다. 긴급 조치권 발동을 통해 언론이나 정치 활동 등을 탄압했으며, 사회 질서를 명분으로 야간 통행금지를 지속하고 남성들의 장발을 단속했다. 또한 여성들의 짧은 치마가 풍기 문란을 일으킨다는 이유로 경찰이 자를 들고 다니며 무릎 위 20㎝가 넘는지 단속하는 웃지 못할 장면이 연출되기도 했다.

발단

'나'의 동네 옆에 문화 주택이 들어서면서 새 동네가 생겼지만 '나'의 동네와 새 동네 사람들이 어울리는 일은 없었다. 아버지는 연탄 배달을 하기 위해 노새를 부렸는데, 그 노새는 우리 집의 생계 수단이었다.

전개

어느 날 아버지가 연탄 배달 일을 맡아 새 동네로 들어가는 가파른 골목길을 올라가다가 노새가 미끄러지면서 '나'와 아버지, 연탄 마차가 미끄러지고 고삐가 풀린 노새가 달아나 버리는 일이 생긴다.

위기 본문 수록 부분

'나'는 아버지와 함께 달아난 노새를 찾아 나선다. 온 동네를 뒤지고 다녔지만 노새는 좀처럼 보이지 않았다. 노새를 찾지 못하고 밤늦게 지쳐 돌아온 아버지는 속상한 마음에 밥도 먹지 않고 자리에 누워 버린다.

절정

노새를 찾으며 여기저기 돌아다니던 아버지와 '나'는 동물원에 찾아간다. 여기에서 얼룩말을 한참 보고 있는 아버지의 모습에서 '나'는 아버지가 노새를 닮았다는 생각을 한다. '나'를 데리고 술집에 온 아버지는 자신이 노새가 되겠다고 한다.

결말 본문 수록 부분

집에 돌아와 노새가 피해를 입혀서 경찰서에서 왔다 갔다는 소식을 듣고 아버지는 곧바로 어디론가 향하고, '나'는 아버지의 뒷모습을 보면서 또 한 마리의 노새가 집을 나가는 듯하다는 생각을 하며 급히 아버지를 뒤쫓는다.

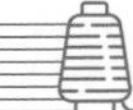

독해 포인트

1. 인물

'나'	어린이다운 순진함과 천진함을 가지고 있는 인물. 아버지의 연탄 배달을 도우며 아버지의 삶을 객관적으로 (❶)하여 전달해 주는 인물
아버지	가족을 위해 노새로 연탄 배달을 하며 고단한 삶을 사는 인물. 산업화와 도시화의 변화를 따라가지 못하지만, 가장으로서의 (❷)을 다하려는 인물
아이들	도시 변두리에 사는 하층민들의 가난한 삶과 직업을 드러내 주는 인물들
칠수 어머니	시대의 변화를 따라가지 못하고 자동차가 다니는 시대에 노새를 부리는 아버지를 비판적으로 보는 인물

2. 배경과 소재

배경	공간적	서울 변두리의 가난한 동네
	시간적	1970년대 어느 겨울
소재	(❸)	• 우리 가족의 생계 수단이지만, 어느 날 달아나 문제를 일으킴. • 변화에 적응하지 못하는 존재를 비유함.
	삼륜차	아버지의 (❹)을 빼앗는 것으로 노새와 대립하는 소재. 시대의 변화를 드러내는 소재
	연탄	아버지가 생계를 위해 배달하는 것. 연탄이 많이 보급되자 노새 마차로 이를 배달함.
	통행금지	시간적 배경을 알 수 있는 소재. 우리나라의 야간 통행금지는 1982년에 폐지됨.
	비행기, 헬리콥터, 자동차, 자전거	산업화 · 도시화를 보여 주는 소재

3. 사건과 갈등

사건	우리 가족의 생계 수단이었던 노새가 달아나 '나'와 아버지가 노새를 찾아 헤매지만 결국 찾지 못하고, 노새는 여기저기에 피해를 입히고 다님.
갈등	인물과 (❺)의 갈등: 산업화 · 도시화로 급속하게 변화하는 사회와 이를 따라가지 못하는 인물(아버지) 사이의 갈등

4. 시점

1인칭 관찰자 시점	(❻)인 '나'의 시선으로 고달픈 아버지의 삶을 객관적으로 관찰하여 서술함.

5. 주제

이 작품은 1970년대 어느 겨울, 서울 변두리 동네를 배경으로 급격한 산업화와 도시화의 흐름에 적응하지 못하고 고달프게 살아가는 아버지의 삶을 (❼)에 비유하여 효과적으로 보여 주고 있다.

❶ 관찰 ❷ 책임 ❸ 노새 ❹ 일감 ❺ 사회 ❻ 어린아이 ❼ 노새

어휘력 체크

01 '노새가 튀는 바람에'의 '튀다'와 의미가 유사한 것은?

① 정민이는 용수철처럼 튀어 올라 허들을 넘었다.
② 자동차가 지나가면서 흙탕물이 벽으로 튀었다.
③ 그는 너무 튀는 행동을 해서 사람들 눈 밖에 났다.
④ 언니는 빨간 코트가 너무 튄다고 다른 색으로 갈아입었다.
⑤ 말을 할 때는 상대방에게 침이 튀지 않도록 조심해야 한다.

02 다음 중 맞춤법에 어긋나는 것은?

① 내 예상이 무참히 깨지고 말았다.
② 그는 웬만한 일에는 힘들어하지 않는다.
③ 갑자기 친구들이 집으로 들이닥쳐 당황하였다.
④ 친구가 조심할 점에 대해 미리 귀띔을 해 주었다.
⑤ 그는 높은 산도 끄떡없이 오르는 체력을 보여 주었다.

03 다음 중 낱말의 성격이 다른 하나는?

① 붕붕 ② 앵앵
③ 빵빵 ④ 히이잉
⑤ 스적스적

04 빈칸에 들어갈 적절한 한자 성어를 쓰시오.

> 윗글에서 '나'의 가족은 노새를 잃어버렸는데, 그 노새가 사고를 치고 다녀 엎친 데 덮친 격으로 문제가 더 심각해졌다. 이와 같은 상황을 (ㅅㅅㄱㅅ)(이)라고 할 수 있다. 이 말은 눈 위에 서리가 덮인다는 뜻으로, 난처한 일이나 불행한 일이 잇따라 일어남을 이른다. 雪上加霜

01 ① 02 ④ 03 ⑤ 04 설상가상

더 읽어 보기

14일차 학습한 날짜 월 일

아홉 켤레의 구두로 남은 사내 _윤흥길

'나'는 집안 살림에 보탤 생각으로 세를 놓았고 곧 임신한 아내와 두 남매를 거느린 권 씨가 문간방으로 이사를 온다. 그는 내 집 마련의 꿈을 안고 철거민의 입주권을 샀지만, 당국의 불합리한 조치에 항의하다가 시위 주동자였다는 이유로 감옥에 다녀온 뒤 경찰의 주목을 받는 사람이었다. 그는 전과 경력 때문에 변변한 일자리를 구하기 어려워 공사판에 나가 막일을 하면서도 구두만은 반짝반짝 윤이 나게 닦아 신고 다녔다. 그러던 중 권 씨의 아내가 아이를 낳다가 수술을 받게 되고, 권 씨가 '나'에게 수술비를 빌리러 오지만 '나'는 이를 거절한다. '나'는 뒤늦게 후회하고 돈을 구하여 곧바로 병원에 찾아가 권 씨 모르게 권 씨 아내의 병원비를 내준다. 그러나 그 사실을 모르는 권 씨가 그날 밤 강도로 위장하여 '나'의 집에 침입하지만 어수룩한 모습에 '나'는 그가 권 씨임을 알아차린다. 자신의 정체가 '나'에게 탄로 났다고 느낀 권 씨는 자존심이 상한 채 나간다. 그 후 권 씨는 아홉 켤레의 구두만 남기고 행방불명된다.

▶ **이 작품은** 1970년대 도시화와 산업화의 흐름에서 소외된 사람들의 삶과 현실의 아픔을 '나'의 시선을 통해 보여 주는 소설이다. 1970년대는 급격한 도시화와 산업화로 인해 수많은 문제들이 생겨났는데, 주인공인 권 씨는 이러한 급격한 사회 변화 과정에서 소외된 희생자라 할 수 있다. 권 씨가 늘 반짝거리게 닦고 다니는 구두는 그의 마지막 자존심을 상징하는데, 강도 사건 이후 권 씨는 자신의 마지막 자존심인 아홉 켤레의 구두를 남겨 둔 채 집을 나가게 된다. 이 작품은 이처럼 소외된 이웃의 모습을 통해 당대 사회가 지닌 현실적 문제를 비판하고 있다.

▶ **주제** 산업화 과정에서 소외된 계층의 어려운 삶

▶▶ 「노새 두 마리」와 더불어 급격한 산업화와 도시화가 진행되던 1970년대 사회 문화적 상황과 소외된 계층의 삶을 생각하며 읽어 보면 좋은 소설이다. 두 작품 모두 산업화와 도시화가 가져온 현대 사회의 문제를 생각해 보게 하는 작품이다.

난장이가 쏘아 올린 작은 공 _조세희

'난쟁이'인 아버지, 어머니, 영수, 영호, 영희는 하루하루를 힘겹게 살아가는 낙원구 행복동의 도시 빈민 가족이다. 비록 가난하지만 꿈을 잃지 않고 살아가던 중, 재개발 사업으로 집이 철거될 어려움에 처한다. 행복동의 다른 주민들은 대부분 아파트에 입주할 능력이 안 되어 투기업자에게 입주권을 팔고 동네를 떠난다. '난쟁이' 가족도 어쩔 수 없이 입주권을 팔지만, 제 몫으로 돌아오는 것은 거의 없었다. 집이 철거당한 뒤, '난쟁이' 가족은 거리로 나앉을 처지가 되고, 아버지와 영희는 입주권을 팔고 이사 가기 전날 사라진다. 가족으로부터 입주권을 구입한 투기업자를 따라간 영희는 돈과 입주권을 훔쳐 예전 집으로 돌아오지만 가족은 이미 다른 데로 이사를 가 버린 뒤다. 영희는 동네 아주머니로부터 아버지가 그동안 일하던 공장 굴뚝에 올라갔다가 죽었다는 비극적인 소식을 전해 듣는다.

▶ **이 작품은** 1970년대의 급격한 산업화 속에서 소외된 도시 빈민들의 삶을 다루고 있다. 부도덕한 부유층과 하루하루를 어렵게 살아가는 빈민층의 삶을 대립적으로 그리고 있다. 이 작품에서 '난쟁이'는 경제적으로 빈곤한 사람, 소외된 사람을 의미한다. 이 소설은 이처럼 난쟁이 가족으로 대표되는 사회적 약자의 삶을 통해 현대 사회의 문제점(물질 만능주의)을 고발, 비판하고 있다.

▶ **주제** 도시 빈민들의 궁핍한 삶과 좌절된 꿈

▶▶ 이 작품은 1970년대 소외된 도시 빈민의 궁핍한 삶과 아픔을 다룬 대표적인 소설이다. 이 작품도 「노새 두 마리」의 '노새'처럼 '난쟁이'와 '행복동' 등의 상징적인 소재를 통해 주제를 더욱 효과적으로 전달하고 있다.

토지 _박경리

1~4 다음 글을 읽고 물음에 답하시오.

문제 해결 포인트

❶ 인물의 성격 파악
❷ 사회·문화적 상황 파악
❸ 인물 간 갈등의 원인 파악

[앞부분 줄거리] 조준구와 아내 홍 씨는 서희가 물려받아야 할 최 참판가의 재산을 가로채고, 하인 삼수를 내세워 마을 사람들을 착취한다. 한편, 윤보는 의병 자금을 확보하기 위해 최 참판가 습격을 준비하는데 삼수가 찾아온다.

"아무리 그리 시치미를 떼 쌓아도 알 만치는 나도 알고 있이니께요. 머 내가 훼방을 놓자고 찾아온 것도 아니겄고, 나는 나대로 생각이 있어서 온 긴데 너무 그러지 마소. 한마디로 딱 짤라서 말하겄소. 왜눔들하고 한통속인 조가 놈을 먼지 치고 시작하라 그 말이오. 고방에는 곡식이 썩을 만큼 쌓여 있고 안팎으로 쌓인 기이 재물인데 큰일을 하자 카믄 빈손으로 우찌 하겄소. 그러니 왜눔과 한통속인 조가부터 치고 보믄 꿩 묵고 알 묵는 거 아니겄소."

"야아가 참 제정신이 아니구마는."

"하기사 전력이 있이니께 나를 믿지 않는 것도 무리는 아니겄소. 하지마는 두고 보믄 알 거 아니오?"

"야, 야 정신 산란하다. 나는 원체 입이 무겁고 또 초록은 동색이더라도 내 안 들은 거로 해 둘 기니 어서 돌아가거라. 공연히 신세 망칠라."

윤보는 삼수 등을 민다.

"이거 놓으소. 누가 안 가까 바 이러요? 지내 놓고 보믄 알 기니께요. 내가 머 염탐이라도 하러 온 줄 아요? 흥, 그랬을 양이믄 벌써 조가 놈한테 동네 소문 고해바쳤일 기고 읍내서 순사가 와도 몇 놈 왔일 거 아니오."

큰소리로 지껄이며 삼수는 언덕을 내려간다.

'빌어묵을, 이거 다 된 죽에 코 빠지는 거 아닌지 모르겄네. 날을 다가야겄다.'

[A] 삼수가 왔다 간 다음 날 밤, 자정이 넘었다. 칠흑의 밤을 타고 덩어리 같은 침묵을 지키며 타작마당에 장정들이 모여들었다. 마을에서는 개들이 짖는다. 불은 켜지 않았지만 집집에선 인적기가 난다. 언덕 위의 최 참판 댁은 어둠에 묻혀 위엄에 찬 그 형태는 보이지 않는다. 타작마당에서는 윤보의 그 우렁우렁한 목소리가 평소보다 얕게 울리고, 이윽고 횃불이 한 개 두 개 또 세 개, 계속하여 늘어나고 그 횃불은 움직이기 시작한다.

[중략 부분 줄거리] 윤보 일행이 습격하자 조준구와 홍 씨는 사당 마루 밑에 숨어 있다가 삼수의 도움을 받는다. 윤보 일행이 떠나고 날이 밝았다.

"서희 이, 이년! 썩 나오지 못할까!"

나오길 기다릴 홍 씨는 아니다. 방문을 박차고 들어가서 서희를 끌어 일으킨다.

정답과 해설 13쪽

"네년 소행인 줄 뉘 모를 줄 알았더냐? 자아! 내 왔다! 이제 죽여 보아라! 화적 놈 불러들일 것 없이!"

나오지 않는 목청을 뽑으며, 거품이 입가에 묻어 나온다.

[B]

"자아! 자아! 못 죽이겠니?"

손이 빰 위로 날았다. 앞가슴을 잡고 와락와락 흔들어댄다. 서희 얼굴이 흙빛으로 변한다. 울고 있던 봉순이,

"왜 이러시오!"

달려들어 서희 몸을 잡아당기니 실 뜯어지는 소리와 함께 홍 씨 손에 옷고름이 남는다.

"감히 누굴! 감히!"

하다가 별안간 방에서 뛰쳐나간다. 맨발로 연못을 향해 몸을 날린다. 그는 죽을 생각을 했던 것이다.

"애기씨!"

울부짖으며 봉순이 뒤쫓아 간다.

"죽어라! 죽어! 잘 생각했어! 어차피 너는 산목숨은 아니란 말이야! 죽고 남지 못할 거란 말이야!"

고래고래 소리를 지른다. 서희는 연못가에서 걸음을 뚝 멈춘다. 돌아본다. 흙빛 얼굴에 웃음이 지나간다.

"내가 왜 죽지? 누구 좋아하라고 죽는단 말이냐?"

나직한 음성이다. 홍 씨 눈을 똑바로 주시한다.

㉠"사람 영악한 것은 범보다 더 무섭다는 말 못 들으셨소?"

여전히 나직한 음성이다.

"무서우면 어떻게 무서워! 우리 내외한테 비상을 먹이겠다 그 말이냐?"

아이고! 아이고! 눈물도 안 나오는 헛울음을 울더니 이번에는 봉순에게 달려들어 머리끄덩이를 꺼두르고 한 소동을 피운다. 읍내서 헌병, 순사들이 왔다는 말에 홍 씨는 겨우 본채로 돌아갔다. 서희는 찢겨진 저고리를 내려다본다.

"길상이 놈이 날 죽으라고 내버리고 갔다."

눈이 부어오른 봉순이는,

"마지막까지 남아서 찾았지마는 사당 마룻장 밑에 숨은 줄이야 우, 우찌 …… 으흐흐흐."

되풀이 입술을 떨면서 서희는 말했다.

"길상이 놈이 날 죽으라고 내버리고 갔다."

달려온 헌병들에게 맨 먼저 당한 것은 삼수다.

"나, 나으리! 이, 이기이 우찌 된 영문입니까!"

헌병이 총대를 들이대자 겁에 질린 삼수는 그러나 무엇인가 잘못되었거니 믿는 구석

인물의 갈등

- **서희 ↔ 홍 씨**: 최 참판 댁을 온전히 지키려는 서희와 최 참판 댁의 재산을 가로채려는 홍 씨
- **삼수 ↔ 윤보**: 최 참판 댁의 습격에 대한 의견을 제안하는 기회주의적인 삼수와 이를 거절하는 의병 출신의 윤보

이 있어서 조준구를 향해 도움을 청하였다.

"이놈! 이 찢어 죽일 놈 같으니라구!"

무섭게 눈을 부릅뜬 조준구를 바라본 삼수 얼굴은 일순 백지장으로 변한다.

"예? 머, 머, 머라 캤십니까?"

"이놈! 네 죄를 몰라 하는 말이냐? 간밤에 감수한 생각을 하면 네놈을 내 손으로 타살할 것이로되 으음, 능지처참할 놈 같으니라구. 이놈! 어디 한번 죽어 봐라!"

"나, 나으리! 꾸, 꿈을 꾸시는 깁니까? 이, 이 목심을 건지 디린 이, 이 삼수 놈을 말입니다!"

그러나 조준구는 바로 저놈이 폭도의 앞잡이였다고 이미 한 말을 다시 강조할 뿐이다. 물론 이 경우 폭도란 의병을 일컬은 것이다.

1step 작품 파악하기

1 **윗글에서 대립을 보이는 인물을 다음과 같이 구분했을 때, 빈칸에 들어갈 말을 쓰시오.**

긍정적 인물	↔	부정적 인물
서희, ( )		조준구, ( ), 삼수

2 **서희가 ㉠과 같이 말한 의도가 무엇인지 쓰시오.**

2step 서술상의 특징 파악하기 | 2020학년도 6월 모의평가 |

3 **[A]와 [B]에 대한 설명으로 적절하지 않은 것은?**

① [A]는 비유적 표현을 활용하여 인물의 은밀한 행동 양상을 드러낸다.
② [B]는 음성 상징어를 활용하여 행동의 격렬함을 강조한다.
③ [A]는 장면에 대한 관찰을 중심으로 서술하고, [B]에는 인물의 내면에 대한 직접적 서술이 나타난다.
④ [A]는 시제가 과거형에서 현재형으로 바뀌면서 장면에 긴장감을 더하고, [B]는 현재형 진술을 활용하여 인물 간 갈등을 더욱 생생하게 전달한다.
⑤ [A]는 시간적 배경을 통해 장면의 분위기를 드러내고, [B]는 공간적 배경의 변화를 통해 인물 간 대립의 원인을 드러낸다.

특정 장면을 파악할 때는 서술 방식의 차이점을 파악하고 이를 통해 드러난 효과를 살펴야 해.

3step 외적 준거로 작품 파악하기 | 2020학년도 6월 모의평가 |

4 **〈보기〉를 바탕으로 윗글을 감상한 내용으로 적절하지 않은 것은?**

| 보기 |

「토지」는 개화기부터 해방 무렵까지 우리 민족의 수난과 저항의 역사를 다루고 있다. 근대 이전까지 비교적 안정적이었던 신분 질서와 사회적 관계는 이 시기를 거치며 큰 변화를 겪는데, 「토지」에서는 몰락한 양반층, 친일 세력, 저항 세력, 기회주의자 등 다양한 인물들이 때로 협력하고 때로 대립하면서 복잡한 관계망을 형성한다.

① 최 참판가 습격을 준비하던 윤보가 삼수의 제안을 듣지 않은 것으로 하겠다는 내용으로 보아, 윤보는 삼수와의 협력 관계를 거부한 것이군.
② 타작마당에 모인 장정들이 횃불을 들고 윤보와 함께 움직이는 것으로 보아, 이들은 조준구로 대표되는 친일 세력과 대립하고 있군.
③ 봉순이가 달려들어 서희 몸을 잡아당기는 것으로 보아, 이전까지 비교적 안정적이었던 신분 질서가 흔들리며 봉순이와 서희의 협력 관계가 약화되고 있군.
④ 홍 씨의 모욕에 죽을 생각을 했던 서희가 홍 씨의 눈을 똑바로 주시한 것으로 보아, 홍 씨와 서희는 대립 관계를 이어 가겠군.
⑤ 윤보에게 조준구를 치라고 했던 삼수가 조준구의 목숨을 구해 줬다는 것으로 보아, 조준구와 삼수의 관계는 상황에 따라 변하는군.

인물의 사회적 관계

- **몰락한 양반**: 최서희
- **친일 세력**: 조준구, 홍 씨
- **저항 세력**: 윤보, 마을 장정들
- **기회주의자**: 삼수

작품 독해하기

토지 _박경리

이 작품은

이 작품은 구한말에서 일제 강점기를 거쳐 광복에 이르는 우리나라의 근대사를 최 참판 댁의 몰락에서 재건에 이르는 과정과 연결 지어 서술한 방대한 대하소설이다. 공간적으로 경남 하동 평사리에서 시작하여 만주, 하얼빈, 일본까지 확대되어 이야기가 펼쳐지고 있다. 대지주부터 평사리 농민, 의병, 지식인, 독립운동가, 신여성 등 수많은 인물들이 등장하여 다양한 삶의 모습을 생생하게 전달하며 도도하게 흐르는 큰 강물과 같은 이야기의 흐름을 보여 주고 있다.

갈래 대하소설

주제 근현대사 속에서 우리 민족이 겪은 삶의 기쁨과 슬픔, 고난의 극복 과정

내용 구조도

삼수의 제안과 습격
삼수가 최 참판 댁을 습격하려는 윤보의 계획을 알고 조준구를 먼저 없애자고 제안하나 윤보는 거절하고 다음 날 밤 최 참판가를 습격함.

중략

습격을 당한 화풀이를 서희에게 하는 홍 씨
홍 씨는 서희가 윤보 일행을 의도적으로 끌어들인 것이라 생각하고 서희에게 횡포를 부림.

마음을 단단히 다지는 서희
자신에게 모욕감을 준 홍 씨에게 자신을 조심하라는 경고를 함.

(▒: 부정적 인물 ↔ 서희)

[앞부분 줄거리] 조준구와 아내 홍 씨는 서희가 물려받아야 할 최 참판가의 재산을 가로채고, 하인 삼수를 내세워 마을 사람들을 착취한다. 한편, 윤보는 의병(시대적 배경을 드러내는 소재) 자금을 확보하기 위해 최 참판가 습격을 준비하는데 삼수가 찾아온다.

"아무리 그리 시치미를 떼 쌓아도 알 만치는 나도 알고 있이니께요. 머 내가 훼방을 놓자고 찾아온 것도 아니겄고, 나는 나대로 생각이 있어서 온 긴데 너무 그러지 마소. 「한마디로 딱 짤라서 말하겄소. 왜눔들하고 한통속❖인 조가 놈을 먼지 치고 시작하라 그 말이오. 고방❖에는 곡식이 썩을 만큼 쌓여 있고 안팎으로 쌓인 기이 재물인데 큰일을 하자 카믄 빈손으로 우찌 하겄소. 그러니 왜눔과 한통속인 조가부터 치고 보믄 꿩 묵고 알 묵는 거 아니겄소."」

(「 」: 사투리를 사용하여 사실성, 향토성, 현장감을 확보함.)
(왜눔들하고 한통속인 조가: 조준구가 친일 앞잡이 노릇을 하고 있음을 알 수 있음.)
(꿩 묵고 알 묵는 거: 친일 앞잡이인 조가도 제거하고 의병 자금도 확보 수 있음. → 일석이조, 일거양득)

"야아가 참 제정신이 아니구마는."

"하기사 전력(서희를 배신하고 조준구 편에 서서 마을 사람들을 착취한 행동)이 있이니께 나를 믿지 않는 것도 무리는 아니겄소. 하지마는 두고 보믄 알 거 아니오?"

"야, 야 정신 산란하다. 나는 원체 입이 무겁고 또 초록은 동색(풀빛과 녹색은 같다는 뜻으로 서로 같은 무리끼리 어울린다는 뜻)이더라도 내 안 들은 거로 해 둘 기니 어서 돌아가거라. 공연히 신세 망칠라."

윤보는 삼수 등을 민다.

"이거 놓으소. 누가 안 가까 바 이러요? 지내 놓고 보믄 알 기니께요. 내가 머 염탐❖이라도 하러 온 줄 아요? 흥, 그랬을 양이믄 벌써 조가 놈한테 동네 소문 고해바쳤일 기고 읍내서 순사가 와도 몇 놈 왔일 거 아니오."

(염탐했을 경우 예상되는 상황을 근거로 들어 자신의 결백을 주장함.)

큰소리로 지껄이며 삼수는 언덕을 내려간다.

*'빌어묵을, 이거 다 된 죽에 코 빠지는 거 아닌지 모르겄네. 날을 다가야겄다(앞당겨야겠다).'

삼수가 왔다 간 다음 날 밤, 자정이 넘었다. 「칠흑의 밤을 타고 덩어리 같은 침묵을 지키며(비유적 표현으로 긴장감을 높임.) 타작마당에 장정들이 모여들었다. 마을에서는 개들이 짖는다. 불은 켜지 않았지만 집집에선 인적기❖가 난다. 언덕 위의 최 참판 댁은 어둠에 묻혀 위엄에 찬 그 형태는 보이지 않는다. 타작마당에서는 윤보의 그 우렁우렁한 목소리가 평소보다 얕게 울리고, 이윽고 횃불이 한 개 두 개 또 세 개, 계속하여 늘어나고 그 횃불은 움직이기 시작한다.」 「 」: 비유를 통해 시간적 배경과 은밀하게 거사를 해야 하는 긴장감을 드러냄.

[중략 부분 줄거리] 윤보 일행이 습격하자 조준구와 홍 씨는 사당 마루 밑에 숨어 있다가 삼수의 도움을 받는다. 윤보 일행이 떠나고 날이 밝았다.

"서희 이, 이년! 썩 나오지 못할까!"

나오길 기다릴 홍 씨는 아니다. 방문을 박차고 들어가서 서희를 끌어 일으킨다.
인물에 대한 서술자의 평가

＊"네년 소행인 줄 뉘 모를 줄 알았더냐? 자아! 내 왔다! 이제 죽여 보아라! 화적❖ 놈 불러들일 것 없이!"
윤보 일행

나오지 않는 목청을 뽑으며, 거품이 입가에 묻어 나온다.
홍 씨가 몹시 흥분했음이 드러남. → 외양 묘사를 통해 심리를 드러냄.

"자아! 자아! 못 죽이겠니?"

손이 뺨 위로 날았다. 앞가슴을 잡고 와락와락 흔들어댄다. 서희 얼굴이 흙빛으로 변한다. 울고 있던 봉순이,
홍 씨의 과격한 행동

"왜 이러시오!"

달려들어 서희 몸을 잡아당기니 실 뜯어지는 소리와 함께 홍 씨 손에 옷고름이 남는다.

"감히 누굴! 감히!"
홍 씨에 대한 서희의 분노가 들어 있는 말. 신분 제도가 남아 있음을 알 수 있음.

하다가 별안간 방에서 뛰쳐나간다. 맨발로 연못을 향해 몸을 날린다. 그는 죽을 생각을 했던 것이다.

"애기씨!"

울부짖으며 봉순이 뒤쫓아 간다.

"죽어라! 죽어! 잘 생각했어! 어차피 너는 산목숨은 아니란 말이야! 죽고 남지 못할 거란 말이야!"

고래고래 소리를 지른다. 서희는 연못가에서 걸음을 뚝 멈춘다. 돌아본다. 흙빛 얼굴에 웃음이 지나간다.
서희의 심리 상태에 변화가 옴.
홍 씨에 대한 서희의 조롱

"내가 왜 죽지? 누구 좋아하라고 죽는단 말이냐?"

나직한 음성이다. 홍 씨 눈을 똑바로 주시한다.

＊"사람 영악한 것은 범보다 더 무섭다는 말 못 들으셨소?"

여전히 나직한 음성이다.

"무서우면 어떻게 무서워! 우리 내외한테 비상❖을 먹이겠다 그 말이냐?"

아이고! 아이고! 눈물도 안 나오는 헛울음을 울더니 이번에는 봉순에게 달려들어 머리끄덩이를 꺼두르고 한 소동을 피운다. 읍내서 헌병, 순사들이 왔다는 말에 홍 씨는 겨우 본채로 돌아갔다. 서희는 찢겨진 저고리를 내려다본다.
자신의 감정을 조절하지 못하고 봉순이에게 분풀이를 함.
시대적 배경이 드러나는 소재

"길상이 놈이 날 죽으라고 내버리고 갔다."
곁에서 자신을 지켜 줄 것이라고 믿었던 길상이 떠난 것에 대한 서운함과 분노

눈이 부어오른 봉순이는,

"마지막까지 남아서 찾았지마는 사당 마룻장 밑에 숨은 줄이야 우, 우찌 …… 으흐흐 흐."

어휘 풀이

- ❖ **한통속**: 서로 마음이 통하여 같이 모인 동아리.
- ❖ **고방**: 세간이나 그 밖의 여러 가지 물건을 넣어 두는 곳. 광.
- ❖ **염탐**: 몰래 남의 사정을 살피고 조사함.
- ❖ **인적기**: 사람이 있음을 알 수 있게 하는 소리나 기색.=인기척.
- ❖ **화적**: 떼를 지어 돌아다니며 재물을 마구 빼앗는 사람들의 무리.
- ❖ **비상**: 독약.

구절 풀이

- ＊ **'빌어묵을, 이거 ~ 날을 다가야겄다.'**: 조준구 편에 섰던 삼수가 자신들의 계획을 다 알고 있어 거사가 탄로 나 실패할까 봐 불안해하는 윤보의 심리가 드러남.
- ＊ **네년 소행인 줄 뉘 모를 줄 알았더냐?**: 홍 씨는 윤보 일행의 습격을 서희가 의도적으로 시킨 것이라 생각하여 서희에게 험한 말을 퍼붓고 있음.
- ＊ **"사람 영악한 것은 ~ 못 들으셨소?"**: 홍 씨에게 자신을 조심하라는 일종의 선전포고로 앞으로 모질고 단단해져 빼앗긴 재산을 되찾겠다는 서희의 다짐이 드러남.

어휘 풀이

❖ **감수**: 수명이 줆.
❖ **능지처참**: 대역죄를 범한 자에게 과하던 극형.

구절 풀이

* **조준구는 바로 ~ 일컫은 것이다.**: 의병을 폭도의 앞잡이라고 생각하는 조준구의 부정적인 면모가 드러나며, 삼수에 대한 분노가 크다는 것을 알 수 있음.

되풀이 입술을 떨면서 서희는 말했다.

"길상이 놈이 날 죽으라고 내버리고 갔다."
(같은 말을 반복하여 길상에 대한 서운함이 큰 서희의 마음을 강조함.)

달려온 헌병들에게 맨 먼저 당한 것은 삼수다.

"나, 나으리! 이, 이기이 우찌 된 영문입니까!"

헌병이 총대를 들이대자 겁에 질린 삼수는 그러나 무엇인가 잘못되었거니 믿는 구석이 있어서 조준구를 향해 도움을 청하였다.
(조준구 내외가 숨어 있는 곳을 모른 체해서 목숨을 건지게 도움을 주었으므로 조준구가 자신을 도와줄 것이라는 믿음)

"이놈! 이 찢어 죽일 놈 같으니라구!"

무섭게 눈을 부릅뜬 조준구를 바라본 삼수 얼굴은 일순 백지장으로 변한다.

"예? 머, 머, 머라 캤십니까?"

"이놈! 네 죄를 몰라 하는 말이냐? 간밤에 감수❖한 생각을 하면 네놈을 내 손으로 타살할 것이로되 으음, 능지처참❖할 놈 같으니라구. 이놈! 어디 한번 죽어 봐라!"
(운보와 삼수가 미리 계획을 했을 것이라고 생각함.)

"나, 나으리! 꾸, 꿈을 꾸시는 깁니까? 이, 이 목심을 건지 디린 이, 이 삼수 놈을 말입니다!"

그러나 *조준구는 바로 저놈이 폭도의 앞잡이였다고 이미 한 말을 다시 강조할 뿐이다. 물론 이 경우 폭도란 의병을 일컬은 것이다.

지식 플러스 **대하소설**

대하소설은 사람들의 생애나 가족의 역사 따위를 사회적 배경 속에서 시대의 흐름에 따라 도도한 강물이 흐르듯 장대한 스케일로 이야기를 전개해 가는 소설 유형을 말한다. 구성의 규모가 크고, 수많은 인물이 등장하며, 다수의 사건과 줄거리가 동등한 위치에서 중요하게 다루어진다는 특징이 있다. 톨스토이의 『전쟁과 평화』, 토마스 만의 『부덴브로크가』, 프루스트의 『잃어버린 시간을 찾아서』 등이 대표적인 외국의 대하소설이다.

우리 문학에서는 일제 강점기에 발표된 홍명희의 『임꺽정』을 대하소설로 보기는 하지만 영웅적 주인공인 임꺽정의 생애가 이야기의 중심을 이루고 있기 때문에 엄밀한 의미의 대하소설로 보기 어렵다는 견해가 있다. 해방 이후 이기영의 『두만강』, 박경리의 『토지』, 이병주의 『지리산』, 황석영의 『장길산』, 김주영의 『객주』, 조정래의 『태백산맥』, 『아리랑』, 최명희의 『혼불』 등의 뛰어난 대하소설이 발표되면서 독자들의 많은 사랑을 받았다.

발단

구한말, 하동의 평사리에서 지주인 최 참판 댁과 마을 소작인들이 어울려 살아가고 있다. 최 참판 댁에는 어린 최서희가 할머니 윤씨 부인, 아버지 최치수, 별당 아씨인 어머니와 함께 살며, 하녀 봉순이, 머슴 길상이와 친구처럼 지내고 있었다. 어느 날 머슴으로 구천이 들어오는데, 사실 구천의 본명은 김환으로 동학당의 일원이며 윤씨 부인의 또 다른 아들이었다. 그는 별당 아씨와 사랑을 하게 되고 결국 함께 지리산으로 도망친다.

전개

병약하고 냉정한 성격의 최치수는 구천과 별당 아씨를 찾기 위해 총을 구해 지리산을 헤매지만 그 계획은 결국 실패한다. 한편 하녀 귀녀는 최 참판 댁의 재산에 욕심을 내고 김평산, 칠성과 음모를 꾸며 최치수를 살해하고 최치수의 아이를 임신했다고 거짓 주장을 한다. 하지만 아들의 죽음에 의혹을 가진 윤씨 부인은 귀녀의 자백을 받아 내고, 김평산과 칠성은 죗값을 치른다.

위기

최치수가 죽고 난 후 최 참판 댁에 먼 친척인 조준구가 부인 홍씨와 아들 병수를 데리고 와 머문다. 그는 최 참판 댁 재산을 노리는 교활한 인물이다. 얼마 뒤 마을을 휩쓴 전염병으로 윤씨 부인과 김 서방, 봉순네 등 최 참판 댁을 지킬 수 있는 어른들이 죽게 된다. 전염병을 피해 살아남은 조준구 일가는 최 참판 댁의 재산을 차지한다.

절정 본문 수록 부분

혼자가 된 최서희는 어리지만 타고난 총명함과 강인함으로 조준구 일가와 맞선다. 그러나 서희를 지켜 주던 수동마저 죽자, 조준구 편에 선 삼수가 횡포를 부리고, 외부적인 상황마저 친일파인 조준구에게 유리하게 돌아간다. 조준구의 행패에 불만이 쌓인 마을 사람들은 목수 윤보를 중심으로 의병을 일으켜 최 참판 댁을 습격한다. 그들은 재물을 탈취하고 조준구 내외를 몰아내려 하지만 조준구 내외를 찾지 못한다.

결말

조준구 내외를 몰아내는 데에 실패한 최서희와 의병을 일으켰던 마을 사람들은 고향에서 더 이상 살 수 없어 간도로 탈출할 계획을 세운다. 서희는 할머니 윤씨 부인이 남겨 준 재물을 가지고 이들과 함께 고향을 버리고 간도로 떠난다. 봉순은 조준구의 시선을 돌리기 위해 서희 대신 가마를 타서, 간도로 건너가는 사람들과 헤어지게 된다.

2부~5부 줄거리

제2부 (1911년~1917년)	조준구에게 집안의 재산을 모두 빼앗긴 최서희는 가문을 다시 일으키려는 강한 의지를 갖고, 간도로 이주하여 길상의 도움을 받아 토지 거래를 통해 큰 재산을 모으고 길상과 결혼을 한다.
제3부 (1919년~1929년)	간도에서 모은 큰 재산을 가지고 고향에 돌아온 서희는 평사리가 아닌 진주에 정착하여 조준구에게서 빼앗긴 재산과 토지를 되찾고, 길상은 독립운동을 하다가 일제에 발각되어 투옥된다.
제4부 (1930년~1937년)	서희는 옥에 갇힌 길상의 뒷바라지에 힘쓰며, 그녀의 두 아들인 환국과 윤국은 자신들의 풍족한 처지와 조국의 현실 사이에서 갈등하고, 윤국은 시위에 참가하였다가 정학 처분을 받는다.
제5부 (1940년~1945년)	출옥한 길상은 암자에서 탱화를 그리며 지내지만 사상범으로 다시 투옥된다. 서희는 옥살이를 하고 있는 남편을 위해 가족을 데리고 서울로 올라갈 것을 결심하고 일본이 항복했다는 소식을 듣게 된다.

지식 플러스 박경리와 『토지』

"글을 쓰지 않는 내 삶의 터전은 아무 곳에도 없었다. 목숨이 있는 이상 나는 또 글을 쓰지 않을 수 없었고, 보름 만에 퇴원한 그날부터 가슴에 붕대를 감은 채 『토지』의 원고를 썼던 것이다."

▲ 『토지』 초판본

『토지』의 서문에 씌어진 '작가의 말'의 일부이다. 작가는 암 투병을 하면서도 『토지』의 원고를 놓지 않았고, 1969년부터 시작한 원고는 1994년에 전 5부 16권으로 완간이 되었다. 『토지』는 한국 현대 문학사에 한 획을 그은 대하소설로 4만 매의 원고지에, 6백여 명의 작중 인물이 등장하는 우리 문학 최대의 작품이라고 할 수 있다. 『토지』는 규모 면에서 대작일 뿐만 아니라 우리 민족의 고난의 삶을 장대한 스케일로 써 내려간 민족 서사시로서의 성격을 지니고 있다고 평가받고 있다. 『토지』는 시간적으로는 동학 혁명으로 봉건적인 질서가 흔들리기 시작한 구한말의 혼돈에서 시작하여 일제 강점기를 거쳐 광복에 이르기까지 60여 년을 그리고 있으며, 공간적으로는 경남 하동의 평사리라는 작은 마을에서 지리산, 진주, 통영, 서울, 간도, 만주, 일본, 중국 등지로 활동 무대를 확대하고 있다. 『토지』는 인간의 본원적 진실을 탐구하고, 사투리와 속담 · 격언 등을 효과적으로 사용하여 한국어가 지닌 특징을 잘 살린 작품으로 평가되고 있다.

작가 박경리(1926~2008)는 『토지』 외에 『불신 시대』, 『시장과 전장』, 『김약국의 딸들』 등을 통해 인간의 내면세계를 깊이 있게 그려 낸 작가로 인정받고 있다.

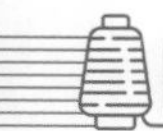

독해 포인트

1. 인물

서희 쪽 인물들		조준구 쪽 인물들
• 서희: 최 참판 댁의 외동딸. 어리지만 강인한 의지를 가짐.(양반) • (❶): 마을의 목수. 의병 활동을 하며 최 참판 댁 습격을 주도함.(평민) • 봉순, 길상: 서희의 곁에서 서희를 돌봐주는 인물들(하인)	 대립	• 조준구: 최 참판 댁의 재산을 가로챈 교활한 인물. 친일파(양반) • 홍 씨: 조준구의 아내로 (❷)스러우며 감정적이고 폭력적임. • 삼수: 이중적이며 교활함. 조준구를 도와주나 조준구에 의해 폭도로 몰림.(하인)

2. 배경과 소재

배경	공간적	최 참판 댁(하동 평사리)
	시간적	(❸)
소재	의병, 헌병, 순사	(❹)을 드러내는 소재
	화적	최 참판 댁을 습격한 윤보 일행을 '화적'이라고 하며 분노하는 홍 씨의 모습에서 시대에 대한 인식이 없고 탐욕스럽기만 부정적인 모습이 드러남.

3. 사건과 갈등

사건	• (❺)을 모으기 위해 윤보를 중심으로 최 참판 댁 습격을 준비하는데, 삼수가 찾아와 조준구를 먼저 제거할 것을 제안하지만 윤보가 이를 거절하고 습격을 앞당김. • 홍 씨가 윤보 일행의 습격을 서희가 시켰다고 생각하고 서희에게 횡포를 부림.	
갈등	서희 ↔ 홍 씨	최 참판 댁의 재산을 지키려는 서희와 이를 가로채려는 홍 씨와의 갈등이 윤보 일행의 습격으로 심화됨.
	윤보 ↔ 삼수	최 참판 댁의 습격에 대해 새로운 의견을 제안하는 삼수와 이를 거절하는 윤보 → 윤보의 신중함과 삼수의 기회주의적인 면이 드러남.

4. 시점과 서술 방식

(❻) 시점	서술자가 각 인물의 살아온 내력과 현재 심리를 모두 알고 있는 입장에서 서술하고, 인물과 상황에 대해 평가함. → '나오길 기다릴 홍 씨가 아니다', '그는 죽을 생각을 했던 것이다' 등
비유적 표현	습격 장면에서 비유를 통해 시간적 배경과 은밀하게 일을 해야 하는 긴장감을 드러냄. → '칠흑의 밤을 타고 덩어리 같은 침묵' 등
사투리와 비속어, 의성어, 의태어	사투리와 비속어, 의성어, 의태어를 통해 현장감을 생생하게 드러내고 인물의 행동이나 분위기를 효과적으로 보여 줌. → '카믄, ~겄소, ~놈, 빌어묵을, 네년, 우렁우렁, 와락와락, 고래고래' 등

5. 주제

이 작품은 최 참판 댁의 몰락과 재건을 중심으로 근현대사 속에서 우리 민족이 겪은 삶의 기쁨과 슬픔, 고난의 극복 과정을 다양한 인물들을 통해 거대한 강물처럼 그려 낸 (❼)이다.

❶ 윤보 ❷ 탐욕 ❸ 구한말 ❹ 시대적 배경 ❺ 의병 자금 ❻ 3인칭 전지적 ❼ 대하소설

어휘력 체크

01 '몸을 날린다'의 '날리다'와 유사한 의미로 사용된 것은?

① 친구에게 문자 메시지를 날렸다.
② 그녀는 예전에 명성을 날리던 배우였다.
③ 옥상에서 공중에 모형 비행기를 날렸다.
④ 그 집은 날려 지어서 여기저기 금이 가 있다.
⑤ 컴퓨터 작업을 하다가 실수로 파일 하나를 날렸다.

02 다음에서 설명하는 속담을 쓰시오.

> 이 속담은 거의 다 된 일을 망쳐 버리는 행동을 비유적으로 이르는 말로, 어떤 일을 할 때에도 마지막까지 긴장을 늦추면 안 된다는 뜻을 담고 있다.

03 다음 빈칸에 들어갈 알맞은 말을 쓰시오.

> (ㅊㄹ)은 (ㄷㅅ)이라는 말은 '풀빛과 녹색은 같은 색'이라는 뜻으로, 처지가 같은 사람들끼리 한패가 되는 경우를 비유적으로 이르는 말이다.

04 다음 빈칸에 들어갈 적절한 한자 성어를 쓰시오.

> 윗글의 삼수는 윤보에게 자신의 제안이 꿩 먹고 알 먹는 격이라며 설득하고 있는데, 이 말과 유사한 의미의 한자 성어로 (ㅇㅅㅇㅈ)가 있다. 一石二鳥

01 ③ **02** 다 된 죽에 코 빠졌다(풀기) **03** 초록, 동색 **04** 일석이조

최고운전 _작자 미상

1~4 다음 글을 읽고 물음에 답하시오.

문제 해결 포인트

❶ 인물의 성격 파악
❷ 영웅 소설의 특징 파악
❸ 핵심 소재의 기능 파악

중국 황제가 크게 화를 내어 신라를 침공하고자 하여 계란을 솜으로 여러 번 싸서 돌함에 넣고 황초를 불에 녹여 그 안을 채워서 흔들리지 않게 하고 또 구리쇠를 녹여 함에 부어 열어 보지 못하게 하여 봉서와 함께 신라에 보내었다. 봉서의 내용인즉,

㉠'너희 나라가 만약 이 함 속에 있는 물건을 알아내어 시를 바치지 못한다면, 너희 나라를 도살하여 없애 버리겠다.'

하였더라. 대국 사신이 조서를 받들고 신라에 도착하니 신라왕이 몸소 사신을 맞이하고 조서를 읽어 보시고는 즉시 나라의 선비들을 불러 모아 이르시기를,

㉡"너희 유생 중에 이 함 속에 있는 물건을 알아내어 시를 짓는 사람은 장차 관직을 높여 땅을 나누어 줄 것이다."

하시매 아무도 그 속 물건을 알아내지 못하여 온 조정이 들끓더라.

이때 아이도 왕이 내린 명령을 들었다. 또 나 승상의 딸아이가 아름답고 재예❖가 뛰어나며 게다가 절개가 있다는 소문을 들은 터인지라, 떨어진 옷으로 갈아입고 거울을 수선하는 장사로 사칭하고는 서울로 들어갔다. 그러고는 승상 댁 문 앞에 이르러 '거울 수선하라'는 말을 여러 차례 외쳤다. 이에 나 승상의 딸이 그 소리를 듣고 낡은 거울을 유모에게 주어 보내고, 인해 유모를 따라 외문 밖으로 나와 사립문 틈으로 엿보았다.

그 장사 역시 몰래 눈으로 바라보고 아름다운 아가씨라 여기고는 쥐고 있던 거울을 고의로 떨어뜨려 깨뜨렸다. 유모가 발을 구르며 다급하게 화를 내자 장사 아이가 말하기를,

"이미 거울이 깨졌으니 발은 굴러 무엇하겠습니까? 이 몸이 노복이 되어 거울 깨뜨린 보상을 하겠으니 청을 들어주소서."

하는지라. 유모가 돌아가 승상께 고하니 승상께서 허락하시고 묻기를,

"너의 이름은 무엇이며 어디에 살고 있느냐?"

아이가 대답하되,

"거울을 고치다 깨뜨렸으니 파경노라 불러 주시옵고, 일찍 부모를 여의고 갈 곳이 없나이다."

하는지라. 승상은 파경노에게 말 먹이는 일을 하도록 하였다. 파경노가 말을 타고 나가면 말 무리들이 열을 지어 뒤따랐으며 조금도 싸우는 일이 없었다. 이후로 말들이 살찌고 여윈 말이 없었다. ㉢아침에 파경노가 말 무리들을 이끌고 나가 사방에 흩어 놓고 숲 속에서 온종일 시를 읊으면, 청의동자❖ 수 명이 어디서 왔는지 혹은 말을 먹이고 혹은 채찍으로 훈련시키더라. 해가 지면 말들이 구름같이 모여 파경노 앞에 늘어서서 머리를 조아리니 보는 이마다 신기함을 칭찬하지 않는 이 없더라. 나 승상 부인께서 이 소문을 듣고 승상에게 말하기를,

"파경노는 생김새가 기이하고 말 다룸도 또한 기이하니 필시 비범한 사람일 것입니다. 천한 일을 맡게 하지 마옵소서."

하니 승상도 옳게 여기고 그 말을 따랐다. 예전에 동산에다 나무와 꽃을 많이 심었으나 잘 가꾸지 못하여 거칠어지고 매몰되어 잡초 속에 묻혀 버렸는지라, 파경노로 하여금 꽃밭 가꾸는 일을 맡기었다. 파경노는 또한 한가로이 꽃밭에 앉아서 시만 읊고 있을 뿐 가꾸는 일은 하지 않으나 하늘에서 선녀가 밤에 내려와 혹은 거름을 주어 가꾸고 혹은 풀을 뽑으니 전보다 배나 더 아름답고 무성하였다.

[중략 부분의 줄거리] 승상은 시를 지으라는 임금의 명을 받고 시름에 빠진다. 파경노의 비범함을 알아차린 딸의 권유로 승상이 파경노에게 시 짓는 일을 명하자 파경노는 자신을 사위로 삼는다면 시를 짓겠다고 말한다. 파경노가 노비라는 이유로 혼인을 반대하던 승상은 딸이 설득하자 결국 파경노를 사위로 맞이한다.

다음 날 아침 승상이 사람을 시켜 시 짓는 모습을 엿보라 하였다. 이때 파경노가 자기 이름을 지어 치원이라 하고, 자를 고운이라 하더라. 승상의 딸이 옆에 앉아서 시 짓기를 재촉하니 치원이 말하기를,

"시는 내일 중으로 지을 것이니 너무 재촉하지 마오."

하고는 승상의 딸더러 종이를 벽 위에 붙여 놓도록 하고 스스로 붓 대롱을 잡아 발가락에 끼우고 잤다. 승상의 딸이 근심하다가 고단하여 자는데 꿈속에 쌍룡이 하늘에서 내려와 함 위에서 서로 벗하며 무늬 옷을 입은 동자 십여 명이 함을 받들고 서서 소리 내어 노래하니 함이 열리는 듯하였다. 이윽고 쌍룡의 콧구멍에서 여러 가지 빛깔의 상서로운 기운이 나와 함 속을 환히 비추니 그 안에 붉은 옷을 입고 푸른 수건을 쓴 사람이 좌우로 늘어서서 어떤 자는 시를 지어 읊고 어떤 자는 붓을 잡아 글씨를 쓰는데, 승상이 빨리 시를 지으라고 재촉하는 소리에 놀라 깨어 보니 꿈이더라. ㉣<u>치원 역시 깨어나 시를 지어 벽에 붙은 종이에다 써 놓으니 용과 뱀이 놀라 꿈틀거리는 듯하더라.</u> 시의 내용인즉,

둥글고 둥근 함 속의 물건은
반은 희고 반은 노란데,
밤마다 때를 알아 울려 하건만
뜻만 머금을 뿐 토하지 못하도다.

이더라. 치원이 승상의 딸을 시켜 승상께 바치게 하니 승상이 믿지 않다가 딸의 꿈 이야기를 듣고서야 믿고 대궐로 들어가 왕께 바치었다. 왕이 보시고서 크게 놀라 물으시기를,

"경이 어떻게 알아 가지고 시를 지었느뇨?"

하시니 대답하여 아뢰되,

영웅 소설

❶ 일대기(한 사람의 일생을 기록) 구조
❷ 고귀한 혈통, 비범한 능력, 시련, 조력자의 등장, 위기의 극복, 이름을 떨침 등의 내용적 특징을 가짐.
❸ 전기적 요소가 많이 등장함.

전기성

현실에서 일어날 수 없는 기이한 특성을 말함. 도술이나 초월적 공간, 초월적인 존재의 등장 등으로 나타남.

㉤"신이 지은 것이 아니옵고 신의 사위가 지은 것이옵니다."
하니 왕은 사신으로 하여금 대국 황제께 바치었다. 황제가 그 시를 보시고 말씀하시기를,

"'둥글고 둥근 함 속의 물건은 반은 희고 반은 노란데'는 맞는 구절이나 '밤마다 때를 알아 울려 하건만 뜻만 머금을 뿐 토하지 못하도다'라 한 것은 잘못이로다."

하고 함을 열고 달걀을 보시니 여러 날 따뜻한 솜 속에서 병아리로 되어 있으매 황제가 탄복하면서 말하기를,

"이는 천하의 기재로다."

하고 학사를 불러 보이시니, 칭찬하지 않는 자가 없었다.

「최고운전」 외에도 「최치원전」, 최치원의 아버지의 이름을 딴 「최충전」까지 모두 최치원을 주인공으로 한 고전 소설이야~

❖ **재예**: 재능과 기예를 아울러 이르는 말.
❖ **청의동자**: 신선의 시중을 든다는 푸른 옷을 입은 사내아이.

1step 작품 파악하기

'파경노'는 최치원이 의도적 행동의 결과와 연관 지어 이름을 붙인 것으로 '거울을 깨뜨린 노복(하인)'을 뜻해.

1 **윗글에서 (　　　　　　)은/는 아이가 나 승상 댁과 인연을 맺기 위해 이용한 소재로, '파경노'라는 이름과도 관련이 있다.**

2 **윗글에서 알 수 있는 내용으로 적절하지 않은 것은?** | 2020학년도 3월 고1 학력평가 변형 |

① '아이'는 승상 댁의 하인이 된 이후에 돌함의 존재에 대해 알게 되었다.
② '승상의 부인'은 파경노의 외모와 행동을 근거로 그가 평범한 인물이 아님을 알아보았다.
③ '승상'은 파경노에게 천한 일을 맡기지 말라는 부인의 말을 따랐다.
④ '파경노'는 승상의 딸과 결혼한 이후 자신의 이름을 스스로 치원이라 지었다.
⑤ '승상의 딸'은 치원이 지은 시에 대해 회의적인 태도를 보이는 승상에게 자신의 꿈 이야기를 들려주었다.

2step 서술상의 특징 파악하기

3 윗글에서 고전 소설의 특징인 전기성이 드러나는 부분을 〈조건〉에 맞게 찾아 쓰시오.

조건
- 두 가지 이상 쓸 것.
- 첫 두 어절과 마지막 두 어절을 쓸 것.

이 글에 등장하는 조력자는 현실적 공간의 인물이 아닌 초월적인 존재들이야. 이 부분에 전기성이 드러나고 있어.

3step 외적 준거로 작품 파악하기 | 2020학년도 3월 고1 학력평가 |

4 〈보기〉를 바탕으로 ㉠~㉤을 이해한 내용으로 적절하지 않은 것은?

보기
「최고운전」은 '시 짓기'를 통해 주인공과 국가가 당면한 문제 상황이 해결되는 구조로 서사가 전개되고 있다. 이 작품은 뛰어난 능력을 가지고 있으나 신분적 한계로 인해 자신의 능력을 제대로 펼치지 못했던 실존 인물 최치원의 삶을 바탕으로 창작되었다. 최치원의 삶이 주인공에 투영되어 형상화되는 과정에서 그의 비범함이 극적으로 부각되며, 이는 주로 '시 짓기'를 통해 발휘된다.

❖ **서사**: 사건이 진행되어 가는 과정이나 인물의 행동이 변화되어 가는 과정을 시간의 흐름에 따라 차례로 이야기하는 서술 방법.
❖ **투영**: 어떤 일을 다른 일에 반영하여 나타냄을 비유적으로 이르는 말.

① ㉠에서 '시 짓기'는 중국 황제가 신라를 문제 상황에 빠뜨리기 위해 내세운 불합리한 요구로군.
② ㉡에서 '시 짓기'는 국가적 문제를 해결할 수 있는 인재가 없는 신라의 상황을 보여주는군.
③ ㉢에서 '시 짓기'는 초월적 요소와 결합하여 인물의 비범함을 드러내는군.
④ ㉣에서 '시 짓기'는 신분적 한계로 인한 울분을 직접적으로 나타내는 수단이로군.
⑤ ㉤에서 '시 짓기'는 개인의 능력을 드러냄과 동시에 국가의 위기를 해결하는 방법이 되는군.

최고운전 _ 작자 미상

이 작품은

이 작품은 신라 시대에 뛰어난 문장가로 이름을 떨친 최치원의 일생을 허구적 이야기로 담아낸 영웅 소설이다. 주인공의 비범한 출생, 어린 시절 겪는 고난, 뛰어난 능력으로 이름을 떨치는 과정 등 영웅 소설에서 보이는 다양한 내용적 특징에 따라 최치원의 영웅적 생애를 그려 내고 있다. 또한 이 작품에서는 주인공 최치원이 당나라 황제의 계략을 물리치는 내용이 등장하는데, 이는 우리 민족의 우월감과 자부심을 표현하려 한 것으로 평가할 수 있다.

갈래 고전 소설, 영웅 소설

주제 최치원의 비범한 능력과 영웅적 면모

내용 구조도

중국 황제의 봉서
함 속의 물건을 알아내어 시를 지으라고 하나 아무도 알아내지 못함.

나 승상 댁에 들어가 파경노로 살아가는 최치원
나 승상 댁과 인연을 맺기 위해 나 승상 댁의 하인으로 들어가 말을 먹이는 일과 꽃밭 가꾸는 일을 하면서 비범함을 드러냄.

나 승상의 딸과 혼인한 후 시를 지어 문제를 해결하는 최치원
비범한 능력을 가진 최치원이 함 속에 달걀에서 부화한 병아리가 있음을 알아내어 시를 지음으로써 문제를 해결함.

중국 황제가 크게 화를 내어 신라를 침공하고자 하여(중국 황제의 궁극적 목적) 계란을 솜으로 여러 번 싸서 돌함에 넣고 황초를 불에 녹여 그 안을 채워서 흔들리지 않게 하고 또 구리쇠를 녹여 함에 부어 열어 보지 못하게 하여 봉서❖와 함께 신라에 보내었다. 봉서의 내용인즉,

「'너희 나라가 만약 이 함 속에 있는 물건을 알아내어 시를 바치지 못한다면, 너희 나라를 도살하여 없애 버리겠다.'」
(「 」: 신라를 침공할 구실을 만들기 위해 내세운 중국 황제의 불합리한 요구. 중국의 횡포가 드러남.)

하였더라. 대국 사신이 조서를 받들고 신라에 도착하니 신라왕이 몸소 사신을 맞이하고 조서를 읽어 보시고는 즉시 나라의 선비들을 불러 모아 이르시기를,

"너희 유생 중에 이 함 속에 있는 물건을 알아내어 시를 짓는 사람은 장차 관직을 높여 땅을 나누어 줄 것이다."(문제 상황을 해결하기 위해 선비들에게 제시한 대가)

하시매* 아무도 그 속 물건을 알아내지 못하여 온 조정이 들끓더라.

이때 아이도 왕이 내린 명령을 들었다. 또 나 승상❖의 딸아이가 아름답고 재예가 뛰어나며(재자가인(才子佳人)) 게다가 절개가 있다는 소문을 들은 터인지라, 떨어진 옷으로 갈아입고 거울을 수선하는 장사로 사칭❖하고는(승상의 딸을 만나기 위해 최치원이 자신을 감추고 거울 수선 장사로 변장함.) 서울로 들어갔다. 그러고는 승상 댁 문 앞에 이르러 '거울 수선하라'는 말을 여러 차례 외쳤다. 이에 나 승상의 딸이 그 소리를 듣고 낡은 거울을 유모에게 주어 보내고, 인해 유모를 따라 외문 밖으로 나와 사립문 틈으로 엿보았다.

그 장사 역시 몰래 눈으로 바라보고 아름다운 아가씨라 여기고는 쥐고 있던 거울을 고의로 떨어뜨려 깨뜨렸다.(나 승상 댁에 들어가기 위한 최치원의 의도적 행동) 유모가 발을 구르며 다급하게 화를 내자 장사 아이가 말하기를,

"이미 거울이(최치원이 나 승상 댁과 인연을 맺기 위해 이용한 소재) 깨졌으니 발은 굴러 무엇하겠습니까? 이 몸이 노복이 되어 거울 깨뜨린 보상을 하겠으니(최치원이 '파경노'(거울을 깨뜨린 하인)로 불린 이유) 청을 들어주소서."

하는지라. 유모가 돌아가 승상께 고하니 승상께서 허락하시고 묻기를,

"너의 이름은 무엇이며 어디에 살고 있느냐?"

아이가 대답하되,

"거울을 고치다 깨뜨렸으니 파경노라 불러 주시옵고, 일찍 부모를 여의고 갈 곳이 없나이다."

하는지라. 승상은 파경노에게 말 먹이는 일을 하도록 하였다.* 파경노가 말을 타고 나가면 말 무리들이 열을 지어 뒤따랐으며 조금도 싸우는 일이 없었다. 이후로 말들이 살찌고 여윈 말이 없었다. 「아침에 파경노가 말 무리들을 이끌고 나가 사방에 흩어 놓고 숲 속에서 온종일 시를 읊으면, 청의동자(: 최치원을 돕는 조력자) 수 명이 어디서 왔는지 혹은 말을 먹이고 혹은 채찍으로 훈련시키더라. 해가 지면 말들이 구름같이 모여 파경노 앞에 늘어서서 머리를 조아리니」(「 」: 초월적 요소가 드러남. 전기적 요소) 보는 이마다 신기함을 칭찬하지 않는 이 없더라. 나 승상 부인께서 이 소문을 듣고 승상에게 말하기를,

"파경노는 생김새가 기이하고 말 다룸도 또한 기이하니(승상 부인이 최치원을 비범한 인물이라 여기는 이유 – 기이한 외모와 기이한 방법으로 말을 다룸.) 필시 비범한 사람일 것입니다. 천한 일을 맡게 하지 마옵소서."

하니 승상도 옳게 여기고 그 말을 따랐다. 예전에 동산에다 나무와 꽃을 많이 심었으나 잘 가꾸지 못하여 거칠어지고 매몰되어 잡초 속에 묻혀 버렸는지라, 파경노로 하여금 꽃밭 가꾸는 일을 맡기었다. 파경노는 또한 「한가로이 꽃밭에 앉아서 시만 읊고 있을 뿐 가꾸는 일은 하지 않으나 하늘에서 선녀가 밤에 내려와 혹은 거름을 주어 가꾸고 혹은 풀을 뽑으니 전보다 배나 더 아름답고 무성하였다.」

「 」: 선녀가 주인공을 도와주는 전기적 요소가 드러남. 최치원의 비범함을 부각함.

[중략 부분의 줄거리] 승상은 시를 지으라는 임금의 명을 받고 시름에 빠진다. 파경노의 비범함을 알아차린 딸의 권유로 승상이 파경노에게 시 짓는 일을 명하자 파경노는 자신을 사위로 삼는다면 시를 짓겠다고 말한다. 파경노가 노비라는 이유로 혼인을 반대하던 승상은 딸이 설득하자 결국 파경노를 사위로 맞이한다.

다음 날 아침 승상이 사람을 시켜 시 짓는 모습을 엿보라 하였다. 이때 파경노가 자기 이름을 지어 치원이라 하고, 자를 고운이라 하더라. 승상의 딸이 옆에 앉아서 시 짓기를 재촉하니 치원이 말하기를,

최치원이 혼인 후 이름과 호를 지었음. 이 소설의 제목이 최치원의 호에서 따온 것임을 알 수 있음.

"시는 내일 중으로 지을 것이니 너무 재촉하지 마오."

하고는 승상의 딸더러 종이를 벽 위에 붙여 놓도록 하고 스스로 붓 대롱을 잡아 발가락에 끼우고 잤다. 승상의 딸이 근심하다가 고단하여 자는데 꿈속에 「쌍룡이 하늘에서 내려와 함 위에서 서로 벗하며 무늬 옷을 입은 동자 십여 명이 함을 받들고 서서 소리 내어 노래하니 함이 열리는 듯하였다. 이윽고 쌍룡의 콧구멍에서 여러 가지 빛깔의 상서로운 기운이 나와 함 속을 환히 비추니 그 안에 붉은 옷을 입고 푸른 수건을 쓴 사람이 좌우로 늘어서서 어떤 자는 시를 지어 읊고 어떤 자는 붓을 잡아 글씨를 쓰는데,」 승상이 빨리 시를 지으라고 재촉하는 소리에 놀라 깨어 보니 꿈이더라. 치원 역시 깨어나 시를 지어 벽에 붙은 종이에다 써 놓으니 용과 뱀이 놀라 꿈틀거리는 듯하더라. 시의 내용인즉,

「 」: 승상의 딸이 꾼 꿈 → 최치원이 하늘의 세계와 연관되어 있음을 보여 줌으로써 승상의 딸이 최치원의 비범함을 확신하게 됨.

최치원이 쓴 시의 비범한 서체와 문장에 대한 서술자의 평가

「둥글고 둥근 함 속의 물건은
반은 희고 반은 노란데,
밤마다 때를 알아 울려 하건만
뜻만 머금을 뿐 토하지 못하도다.」

「 」: 최치원이 지은 시의 내용으로, 그의 비범함을 드러냄.

이더라. 치원이 승상의 딸을 시켜 승상께 바치게 하니 승상이 믿지 않다가 딸의 꿈 이야기를 듣고서야 믿고 대궐로 들어가 왕께 바치었다. 왕이 보시고서 크게 놀라 물으시기를,

승상이 최치원의 시를 믿게 된 계기

"경이 어떻게 알아 가지고 시를 지었느뇨?" / 하시니 대답하여 아뢰되,

"신이 지은 것이 아니옵고 신의 사위가 지은 것이 옵니다."

최치원

하니 왕은 사신으로 하여금 대국 황제께 바치었다. 황제가 그 시를 보시고 말씀하시기를,

어휘 풀이

❖ **봉서**: 겉봉을 봉한 편지.
❖ **승상**: 옛 중국의 벼슬. 우리나라의 정승에 해당함.
❖ **사칭**: 이름, 직업, 나이, 주소 따위를 거짓으로 속여 이름.
❖ **기재**: 아주 뛰어난 재주. 또는 그 재주를 가진 사람.

구절 풀이

＊ **아무도 그 속 ~ 조정이 들끓더라.**: 함 속 물건을 알아내는 인물이 없어 조정이 소란스러움. 위기를 해결할 훌륭한 인재가 없는 당대 신라의 상황이 드러남.
＊ **파경노가 말을 타고 ~ 말이 없었다.**: 최치원의 비범함을 모르는 승상이 최치원에게 말을 먹이는 일을 시키자, 말 무리들이 자연스럽게 뒤따르며 살이 찌는 것을 통해 최치원의 비범함을 드러냄.
＊ **노비라는 이유로 혼인을 반대하던 승상.**: 최치원의 비범함을 알았으나 처음에는 신분의 차이를 들어 혼인을 반대했음을 알 수 있음. 당시 사회가 신분제 사회임을 드러냄.
＊ **밤마다 때를 알아 울려 하건만**: 밤마다 때가 되면 울려고 하건만, 함 속의 달걀이 이미 부화하여 병아리가 되었음을 드러냄.

"'둥글고 둥근 함 속의 물건은 반은 희고 반은 노란데'는 맞는 구절이나 '*밤마다 때를 알아 울려 하건만 뜻만 머금을 뿐 토하지 못하도다'라 한 것은 잘못이로다."

하고 함을 열고 달걀을 보시니 여러 날 따뜻한 솜 속에서 병아리로 되어 있으매 황제가 탄복하면서 말하기를,

"이는 천하의 기재로다." / 하고 학사를 불러 보이시니, 칭찬하지 않는 자가 없었다.

최치원이 달걀뿐만 아니라 그 달걀이 부화하여 병아리가 되었다는 사실까지 알아냈기 때문에

전체 줄거리 엿보기

발단

신라 시대의 최충은 아내가 낳은 아이의 손발톱의 모양이 이상하자 금돼지의 아들이라 생각하여 아들을 길거리에 버리지만, 하늘에서 선녀가 내려와 아이를 보호하고 선비들이 내려와 글을 가르친다. 최충도 자신의 잘못을 깨닫고 아들이 기거하는 바닷가에 대를 쌓아 월령대라 이름 짓고 글공부를 하게 한다.

전개

아이의 글 읽는 소리가 하도 맑고 청아해서 멀리 중국에까지 이른다. 신라로부터 들려오는 글 읽는 소리에 반한 중국의 황제는 중국 선비에게 신라의 선비와 재주를 겨루라 명하고 이를 위해 신라에 온 중국의 선비는 어린아이가 시를 읊은 것을 보고 놀라 황제에게 신라에는 뛰어난 문인이 많아 대적할 수 없다고 고한다.

위기 본문 수록 부분

화가 난 황제는 함 속에 든 물건을 알아내어 시를 짓지 못하면 신라를 침공하겠다고 협박하지만 아무도 함 속에 무엇이 들었는지 알지 못한다. 한편 나 승상 딸의 거울을 일부러 깨뜨리고 그 대가로 승상 댁의 하인이 된 아이는 비범함을 보이며 나 승상의 딸과 혼인을 한 후 함 속의 물건을 알아내어 시를 짓고 신라를 위기에서 구한다.

절정

중국 황제는 최치원을 중국으로 불러들여 그의 능력을 시험하고 최치원은 지략과 도술로써 시험을 모두 통과한다. 최치원이 격문을 지어 황소의 난을 해결하자 최치원에 대한 황제의 신임이 두터워진다. 이를 경계한 신하들의 모함으로 최치원은 유배를 가지만 하늘의 도움으로 유배지에서 살아 돌아온다.

결말

최치원은 사람을 제대로 알아보지 못하는 황제 밑에 있을 수 없다고 하면서 중국 황제를 질책하고 신라로 돌아온다. 이에 신라의 왕이 벼슬을 내리려 하자 이를 뿌리치고 가야산으로 들어가 신선이 된다.

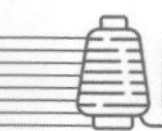

독해 포인트

1. 인물

최치원(파경노)	주인공으로 비범한 능력을 가진 인물. 중국 황제의 의도를 파악하고 (❶) 를 통해 신라를 위기에서 구함.
나 승상	신라의 재상으로, (❷) 차이를 들어 최치원을 사위로 맞이하는 것을 반대하다가 시 짓기를 조건으로 사위로 맞아들임.
나 승상의 딸	아름답고 지혜로운 인물. 최치원의 비범함을 알아채고 아버지를 설득함.
중국 황제	신라를 업신여기고 침공할 구실을 만들기 위해 불가능한 문제를 풀 것을 요구함. 최치원의 비범한 능력을 인정함.

2. 배경과 소재

배경	공간적	신라의 서울, 즉 오늘날의 경주, 중국
	시간적	(❸)
소재	계란	중국의 황제가 돌함 속에 넣은 물건으로, 최지원의 비범함을 부각하는 소재
	(❹)	최치원이 나 승상 집으로 들어가기 위해 이용한 소재
	시 짓기	• 중국과 신라 사이에 갈등을 일으키는 원인이 됨. • 최치원의 비범한 능력이 발휘되는 소재

3. 사건과 갈등

사건	• 중국 황제가 신라를 침공할 구실을 만들기 위해 돌함 속에 물건을 알아내 시를 지으라는 불합리한 요구를 함. • 최치원이 의도적으로 나 승상 집에 하인으로 들어가 지내다가 비범한 능력을 보이고 나 승상 딸과 혼인을 하게 됨.
갈등	• 중국 황제 ↔ 신라: 중국의 횡포가 드러남. 당시의 (❺) 상황을 알 수 있음. • 최치원 ↔ 나 승상: 최치원과 나 승상 딸과의 혼인을 놓고 신분 차이로 갈등을 일으킴.

4. 시점과 서술 방식

3인칭 전지적 시점	서술자가 각 인물의 살아온 내력과 현재 심리를 설명하듯 제시하고 작중 상황에 직접적으로 개입하여 인물이나 상황에 대해 평가하는 (❻)이 드러남. → '용과 뱀이 놀라 꿈틀거리는 듯하더라.'
영웅의 일대기	'비범한 출생 → 어린 시절의 고난 → 조력자의 도움으로 고난 극복 → 영웅적인 능력 발휘 → 신격화'의 과정 중 조력자의 도움으로 고난을 극복하는 과정이 드러남.
(❼) 요소	최치원을 돕기 위해 초월적인 조력자가 등장하고 비현실적인 상황이 일어남. → 말을 부리고 꽃을 가꾸는 장면, 꿈속 장면 등

5. 주제

이 작품은 최치원의 일생을 허구적 이야기로 담아낸 (❽)로, 최치원의 비범한 능력과 영웅적 면모를 통해 우리 민족의 우월감과 자부심을 표현하고 있다.

❶ 시 짓기 ❷ 신분 ❸ 신라 시대(통일 신라) ❹ 거울 ❺ 사회적 ❻ 서술자의 개입 ❼ 전기적 ❽ 영웅 소설

어휘력 체크

01 '읊으니'에 대한 설명으로 적절하지 않은 것은?

① 사전에서 이 낱말의 의미를 찾으려면 '읊다'로 찾아야겠군.
② '읊으니'는 [을프니]로 발음되겠군.
③ 다른 활용인 '읊고'는 [읍고]로 발음되겠군.
④ 다른 활용인 '읊지'는 [읍찌]로 발음되겠군.
⑤ 이 낱말은 억양을 넣어서 소리를 내어 시를 읽거나 외는 것을 의미하는군.

02 다음 빈칸에 들어갈 낱말을 쓰시오.

> 고전 소설에서는 주인공의 비범한 능력을 강조하기 위해 ( ) 요소를 활용하는 경우가 많다. 이 말은 '기이하여 세상에 전할 만한. 또는 그런 것.'이란 뜻으로 도술이나 초월적인 현상과 같은 비현실적인 요소를 가리킨다.

03 다음 중 의미가 다른 하나는?

① 침공 ② 침략
③ 침노 ④ 침범
⑤ 침수

04 다음 빈칸에 들어갈 적절한 한자 성어를 쓰시오.

> 나 승상의 딸은 아름답고 재예가 뛰어나다고 소문이 자자했다. 이처럼 재능이 뛰어난 남자와 아름다운 여인을 일컬어 (ㅈㅈㄱㅇ)이라고 한다. 才子佳人

01 ③ 02 전기적 03 ⑤ 04 재자가인

사씨남정기 _김만중

1~4 다음 글을 읽고 물음에 답하시오.

문제 해결 포인트
❶ 인물의 성격 파악
❷ 조력자의 역할 파악
❸ 작품의 내용 파악

왕비가 웃으며 말했다.

"부인이 이곳에 오긴 오겠지만 아직 때가 멀었소. 남해 도인이 그대와 인연이 있으니 잠깐 의탁하게 될 것이오. 이 또한 하늘의 뜻이니라."

사 씨가 여쭈었다.

"남해라면 바다 끝으로 알고 있사옵니다. 첩에게는 탈 것이 없고 돈도 없는데 어찌 갈 수 있겠나이까?"

왕비가 말했다.

"조만간 길을 인도하는 자가 있을 것이니 조금도 염려 마라."

이윽고 좌우에 앉아 있는 부인들을 하나하나 소개했다. 위국 부인 장강❖, 한나라의 반첩여❖ 등이 있었다. 사 씨가 다소곳이 일어나 머리를 조아리고 말했다.

"뜻밖에도 모든 부인님의 얼굴을 오늘 뵙게 되니 크나큰 영광입니다."

드디어 하직을 하고 여동의 인도를 받아 내려오는데, ⓐ걷었던 주렴을 내리는 소리가 요란하였다. 이 소리에 놀라 몸을 일으키니 유모와 시비가 부인이 깨신다 하고 부르거늘 사 씨가 일어나 앉으니 이미 날이 저물었다. 멍한 정신이 한참 만에야 진정되었다. 입에서는 향기로운 냄새가 났고 왕비께서 하시던 말씀이 뚜렷했다. 유모에게 물었다.

"내가 어디 갔다 왔느냐?"

유모와 시비가 대답했다.

"부인께서 기절하는 바람에 소인들이 간호하여 이제야 깨어나셨는데 어디를 가셨단 말입니까?"

사 씨가 조금 전에 있었던 일을 다 말하고 대나무 수풀을 가리키며 말했다.

"분명히 저 길로 갔다 왔으니 어찌 꿈이라 하리오. 믿지 못하겠다면 나를 따라오라."

그러고는 길을 찾아 대나무 수풀 뒤쪽으로 가니 사당이 하나 있었다. 현판이 걸려 있는데 황릉묘❖라고 쓰여 있었다. 분명 아황과 여영, 두 왕비의 묘로 꿈에서 본 것과 같았다. 사당 안으로 들어가 살펴보니 두 왕비의 초상화가 걸려 있는데 꿈에서 본 것과 같았다. 이에 사 씨가 향을 피우고 절하며 말했다.

"첩이 왕비의 가르치심을 입어 훗날 좋은 시절을 만나서 영화를 누리게 된다면 어찌 그 은혜를 잊으리까?"

분향을 마친 후 앉아서 신세를 생각하니 슬픔이 밀려왔다. 시비를 시켜 묘지기 집에 가서 밥을 구해 와서는 세 사람이 나누어 먹었다. 이윽고 사 씨가 말했다.

"의지할 곳이 없으니 신령이 나를 놀리시는구나."

앞길이 막막하여 어찌 줄 모르는 중 벌써 달이 밝았다. 세 사람이 방황하고 있는데 묘문으로 두 사람이 들어와 물었다.

"어려움을 만나 물에 빠지려 하시는 부인이 아니옵니까?"

사 씨가 눈을 들어 자세히 보니 한 명은 **여승**이고 다른 한 명은 여동이었다. 크게 놀라며 말했다.

"어찌 우리를 아는가?"

여승이 합장하고 말했다.

"우리는 동정 군산에 사는 사람인데 조금 전 꿈결에 관음보살께서 어진 여자가 화를 만나 날이 저물어 갈 곳을 몰라 방황하니 급히 황릉묘로 가서 구하라고 하셨습니다. 이에 배를 저어 와서 부인을 만나게 되었습니다."

(중략)

한편 한림학사 유연수는 유배지에 도착하니 바람이 거세고 **인심이 사나워** 갖은 고초를 겪게 되었다. 외로운 가운데 이러한 고생을 하니 **예전의 총명함**이 점점 돌아와 뉘우치며 말했다.

"사 씨가 동청을 꺼렸는데 이제 와서 생각하니 그 말이 옳도다. 어진 아내를 의심했으니 무슨 면목으로 조상을 대하리오."

밤낮 이런 생각을 하면서 탄식하니 병에 걸리고 말았다. 이곳에는 마땅한 의약이 없었다. 병세는 날로 심해져 죽을 지경에 이르렀다. 하루는 흰옷 입은 노파가 병(瓶)을 들고 와서 말했다.

"상공의 병이 위독하니 이 물을 먹으면 좋아지리라."

한림이 물었다. / "그대는 누구인데 유배당한 사람의 병을 구하시오?"

노파가 말했다. / "나는 동정 군산에 사는 사람이로다."

그러고는 병을 뜰 가운데 놓고 사라졌다. 한림이 놀라 일어나니 꿈이었다. 이상하게 생각했는데 다음 날 아침 하인이 뜰을 청소하다가 들어와 고했다.

"뜰에서 물이 솟아나옵니다."

한림이 이상하게 여겨 창을 열고 보니 꿈에 노파가 병을 놓았던 자리였다. 물을 한 그릇 떠오라고 해서 마시니 맛이 달고 상쾌한 것이 마치 **단 이슬**을 먹은 것 같았다. 원래 행주는 수질이 좋지 않은 곳이다. 한림의 병도 그렇게 좋지 않은 물 때문에 생긴 것이었다. 그런데 이 물을 먹은 즉시 병세가 사라지고 예전의 얼굴과 기력을 회복하였다. 그것을 본 사람들이 모두 신기하게 여겼다. 이후로도 그 샘은 마르지 않아 마을 사람들이 나누어 마셨다. 이로 인해 물로 인한 병이 없어지자 사람들이 그 샘을 학사정이라고 하였는데 **지금까지 전해진다.**

❖ **장강**: 춘추 전국 시대 위나라 장공의 아내.
❖ **반첩여**: 한나라 성제의 후궁.
❖ **황릉묘**: 순임금의 두 왕비인 아황과 여영을 추모하기 위해 세운 사당.

가정 소설

가정 안에서 일어날 수 있는 처첩 간의 갈등, 부부 갈등, 시부 갈등, 계모 갈등 등을 소재로 쓴 소설

고전 소설의 배경

- 중국을 배경으로 하는 경우가 많음.
- 구체적인 시기나 지역이 등장하지 않는 경우가 많음.
- 비현실적이거나 초월적인 공간을 배경으로 하는 경우가 많음.
- 비슷한 시대와 공간을 배경으로 하는 경우가 많음.

1step 작품 파악하기

1 윗글의 두 인물이 겪은 사건을 다음과 같이 정리하였다. ㉠, ㉡에 들어갈 내용을 쓰시오.

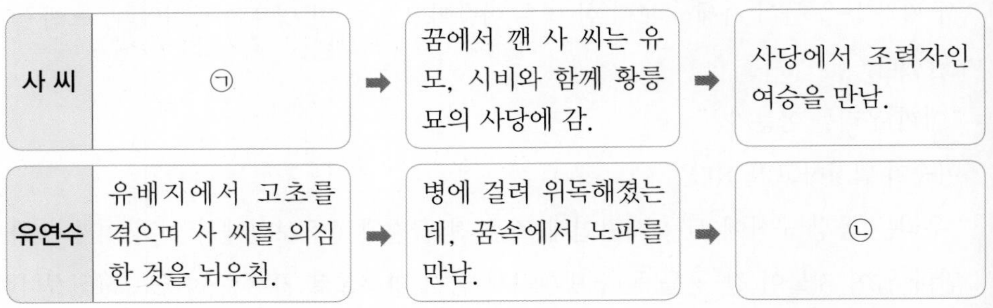

사 씨
㉠
꿈에서 깬 사 씨는 유모, 시비와 함께 황릉묘의 사당에 감.
사당에서 조력자인 여승을 만남.
유연수
유배지에서 고초를 겪으며 사 씨를 의심한 것을 뉘우침.
병에 걸려 위독해졌는데, 꿈속에서 노파를 만남.
㉡

2 ⓐ는 사 씨가 (　　　　　　　)에서 (　　　　　　　)로 돌아오게 하는 계기가 된다.

2step 서술상의 특징 파악하기

3 윗글에 대한 설명으로 가장 적절한 것은?

① 인물이 살아온 과정을 요약적으로 서술하고 있다.
② 대립하는 인물들을 한 공간에 등장시켜 긴장감을 높이고 있다.
③ 주인공을 돕는 초월적 존재를 통해 문제 해결을 암시하고 있다.
④ 역사적 사건에 대한 평가를 통해 인물의 가치관을 드러내고 있다.
⑤ 인물의 외양을 세밀하게 묘사하여 인물의 됨됨이와 연결 짓고 있다.

사 씨 꿈속의 왕비와 유연수 꿈속의 노파가 어떤 역할을 하는지 공통점을 파악할 필요가 있어.

3step 외적 준거로 작품 파악하기

| 2018학년도 수능 |

4 〈보기〉를 참고하여 윗글을 감상한 내용으로 적절하지 않은 것은?

보기

18세기의 선비인 이양오는 「사씨남정기」를 읽고 「사씨남정기후서」를 썼다. 그는 이 소설이 착한 사람은 복을 받고 악한 사람은 벌을 받는다는 '복선화음'의 이치를 담고 있다고 평가한다. 다만 과오가 있는 사람이라도 잘못을 깨닫고 착한 데로 나아가는 과정에서 재앙이 상서로움으로 바뀌는 경우에도 주목한다. 한편 꿈속에서 벌어지는 일이나 기이한 만남이 나타나는 등 허구적인 이야기라도 사람의 일에 연관된다면 이를 두고 괴이하거나 맹랑한 것이라고 치부할 수만은 없다고 평한다. 그러면서 "말이 교화❖에 관련되면 괴이해도 해롭지 않고 일이 사람을 감동시키면 괴이하고 헛되어도 기뻐할 만하네."라는 김시습의 시 구절을 인용하였다.

① 유 한림이 유배지에서 얻은 질병이 '단 이슬'과 같은 물로써 치료된다는 설정에서, 유 한림의 재앙이 상서로움으로 전환되는 양상을 엿볼 수 있겠군.

② 유 한림이 유배지에서 고초를 겪는 가운데 '예전의 총명함'을 회복하는 장면에서, 과오가 있는 사람이라도 잘못을 깨닫고 착한 데로 나아가는 과정을 엿볼 수 있겠군.

③ 사 씨의 꿈에서 예견된 인도자와의 인연이 '여승'의 꿈에서 계시된 바와 조응하여 '여승' 일행이 사 씨를 찾은 장면에서, 기이한 만남이 이루어지는 양상을 엿볼 수 있겠군.

④ 학사정이 생기게 된 유래가 신이하지만 사람들에게 받아들여져 '지금까지 전해진다'고 한 점에서, 허구적인 이야기일지라도 사람의 일에 연관되므로 괴이한 것만으로는 볼 수 없겠군.

⑤ 유 한림에게 갖은 고초를 줄 만큼 '인심이 사나웠'던 행주 사람들이 샘에 얽힌 이야기를 듣고 복선화음의 이치를 깨달은 데서, 그 이야기를 맹랑한 것으로 치부해서는 곤란하다는 점을 알 수 있겠군.

복선화음, 권선징악

고전 소설에서 가장 보편적으로 다루어지는 주제로, 착한 사람은 복을 받고 악한 사람은 벌을 받는다는 내용을 통해 착한 일을 권장하고 악한 일은 경계하려는 의도를 담고 있음.

❖ **교화**: 가르치고 이끌어서 좋은 방향으로 나아가게 함.

사씨남정기 _김만중

이 작품은

이 작품은 조선 후기 숙종 때 김만중이 지은 한글 소설로, 처첩(정실부인과 첩) 간의 갈등과 선인(착한 사람, 사 씨)은 복을 받고 악인(악한 사람, 교 씨)은 벌을 받는다는 권선징악의 교훈을 담고 있다. 명나라를 배경으로 하고 있지만 당시 사회의 처첩 제도에 대한 비판과 함께 인현 왕후 폐위 사건을 풍자한 것으로 알려져 있다.

갈래 고전 소설, 가정 소설

주제 처첩 간의 갈등과 권선징악

왕비가 웃으며 말했다.

"부인이 이곳에 오긴 오겠지만 아직 때가 멀었소. 남해 도인이 그대와 인연이 있으니 잠깐 의탁하게 될 것이오. 이 또한 하늘의 뜻이니라."

왕비가 장차 사 씨에게 일어날 일을 암시해 줌. → 사 씨가 암자에 머물 것임.

사 씨가 여쭈었다.

"남해라면 바다 끝으로 알고 있사옵니다. 첩에게는 탈 것이 없고 돈도 없는데 어찌 갈 수 있겠나이까?"

사 씨가 처한 곤궁한 상황

왕비가 말했다.

*"조만간 길을 인도하는 자가 있을 것이니 조금도 염려 마라."

이윽고 좌우에 앉아 있는 부인들을 하나하나 소개했다. 위국 부인 장강, 한나라의 반첩여 등이 있었다. 사 씨가 다소곳이 일어나 머리를 조아리고 말했다.

"뜻밖에도 모든 부인님의 얼굴을 오늘 뵙게 되니 크나큰 영광입니다."

사 씨가 장강, 반첩여 등을 높이 평가하고 있음. → 유교적 덕목을 중요하게 여기는 사 씨의 생각을 알 수 있음.

드디어 하직을 하고 여동의 인도를 받아 내려오는데, 걷었던 주렴을 내리는 소리가 요란하였다. 이 소리에 놀라 몸을 일으키니 유모와 시비가 부인이 깨신다 하고 부르거늘 사 씨가 일어나 앉으니 이미 날이 저물었다. 멍한 정신이 한참 만에야 진정되었다. *입에서는 향기로운 냄새가 났고 왕비께서 하시던 말씀이 뚜렷했다. 유모에게 물었다.

비현실 세계에서 현실 세계로 돌아오는 계기

"내가 어디 갔다 왔느냐?"

유모와 시비가 대답했다.

"부인께서 기절하는 바람에 소인들이 간호하여 이제야 깨어나셨는데 어디를 가셨단 말입니까?"

사 씨가 조금 전에 있었던 일을 다 말하고 대나무 수풀을 가리키며 말했다.

꿈에서 보았던 곳과 같은 장소 → 현실적 상황과 비현실적 상황의 경계를 모호하게 하는 공간

"분명히 저 길로 갔다 왔으니 어찌 꿈이라 하리오. 믿지 못하겠다면 나를 따라오라."

그러고는 길을 찾아 대나무 수풀 뒤쪽으로 가니 사당이 하나 있었다. 현판이 걸려 있는데 황릉묘라고 쓰여 있었다. 분명 아황과 여영, 두 왕비의 묘로 꿈에서 본 것과 같았다. 사당 안으로 들어가 살펴보니 두 왕비의 초상화가 걸려 있는데 꿈에서 본 것과 같았다. 이에 사 씨가 향을 피우고 절하며 말했다.

*"첩이 왕비의 가르치심을 입어 훗날 좋은 시절을 만나서 영화를 누리게 된다면 어찌 그 은혜를 잊으리까?"

분향을 마친 후 앉아서 신세를 생각하니 슬픔이 밀려왔다. 시비를 시켜 묘지기 집에 가서 밥을 구해 와서는 세 사람이 나누어 먹었다. 이윽고 사 씨가 말했다.

교 씨의 교활한 계책으로 억울하게 누명을 쓰고 집에서 쫓겨난 처지

"의지할 곳이 없으니 신령이 나를 놀리시는구나."

자신의 막막한 처지에 대한 한탄: 꿈속 경험에 대한 판단

앞길이 막막하여 어쩔 줄 모르는 중 벌써 달이 밝았다. 세 사람이 방황하고 있는데 묘문으로 두 사람이 들어와 물었다.

"어려움을 만나 물에 빠지려 하시는 부인이 아니옵니까?"

내용 구조도

사 씨가 꿈속에서 왕비와 부인을 만남.

아황과 여영이 사 씨의 꿈속에 나타나 남해에 가게 될 것이라고 말함.

황릉묘에서 여승을 만남.

여승이 나타나 꿈속에서 사 씨를 구하라는 명을 받았다고 말함.

유배를 간 유 한림이 꿈속에서 노파를 만남.

유배를 가서 병에 걸린 유 한림이 꿈에 나타난 노파의 말에 따라 샘물을 먹고 병이 나음.

사 씨가 눈을 들어 자세히 보니 한 명은 여승이고 다른 한 명은 여동이었다. 크게 놀라며 말했다.

조력자. 사 씨에게 길을 인도하는 사람

"어찌 우리를 아는가?" / 여승이 합장하고 말했다.

"우리는 동정 군산에 사는 사람인데 조금 전 「꿈결에 관음보살께서 어진 여자가 화를 만나 날이 저물어 갈 곳을 몰라 방황하니 급히 황릉묘로 가서 구하라고 하셨습니다.」 이에 배를 저어 와서 부인을 만나게 되었습니다."

「 」: 전기적 요소. 초월적 존재의 도움

(중략)

한편 한림학사 유연수는 유배지에 도착하니 바람이 거세고 인심이 사나워 갖은 고초를 겪게 되었다. 외로운 가운데 이러한 고생을 하니 예전의 총명함이 점점 돌아와 뉘우치며 말했다.

동청의 모함으로 유배를 가게 된 유연수의 고난. 유연수는 사 씨의 남편으로 이 소설의 핵심 인물임.

"사 씨가 동청을 꺼렸는데 이제 와서 생각하니 그 말이 옳도다. 어진 아내를 의심했으니 무슨 면목으로 조상을 대하리오."

아내를 의심한 데 대한 미안함과 후회. 가부장적 사고

밤낮 이런 생각을 하면서 탄식하니 병에 걸리고 말았다. 이곳에는 마땅한 의약이 없었다. 병세는 날로 심해져 죽을 지경에 이르렀다. 하루는 흰옷 입은 노파가 병(甁)을 들고 와서 말했다.

조력자 → 유연수의 병을 낫게 도와주는 인물

"상공의 병이 위독하니 이 물을 먹으면 좋아지리라."

한림이 물었다.

"그대는 누구인데 유배당한 사람의 병을 구하시오?"

노파가 말했다.

"나는 동정 군산에 사는 사람이로다."

그러고는 병을 뜰 가운데 놓고 사라졌다. 한림이 놀라 일어나니 꿈이었다. 이상하게 생각했는데 다음 날 아침 하인이 뜰을 청소하다가 들어와 고했다.

꿈을 통해 병이 회복될 수 있는 방법을 암시해 줌.

"뜰에서 물이 솟아나옵니다."

한림이 이상하게 여겨 창을 열고 보니 꿈에 노파가 병을 놓았던 자리였다. 물을 한 그릇 떠오라고 해서 마시니 맛이 달고 상쾌한 것이 마치 단 이슬을 먹은 것 같았다. 원래 행주는 수질이 좋지 않은 곳이다. 한림의 병도 그렇게 좋지 않은 물 때문에 생긴 것이었다. 그런데 이 물을 먹은 즉시 병세가 사라지고 예전의 얼굴과 기력을 회복하였다. 그것을 본 사람들이 모두 신기하게 여겼다. 이후로도 그 샘은 마르지 않아 마을 사람들이 나누어 마셨다. 이로 인해 물로 인한 병이 없어지자 사람들이 그 샘을 학사정이라고 하였는데 지금까지 전해진다.

수질이 좋은 물의 맛을 이슬에 비유함.

이후의 일에 대해 서술자가 직접 개입하여 서술함.

고전 소설은 「운영전」이나 「이생규장전」처럼 비극적인 결말로 끝나는 경우도 있지만 대부분 권선징악(사필귀정)을 실현하고 행복한 결말로 마무리되는 경우가 많아.

어휘 풀이

- ❖ **의탁**: 어떤 것에 몸이나 마음을 의지하여 맡김.
- ❖ **여동**: 여자아이.
- ❖ **주렴**: 구슬 따위를 꿰어 만든 발.
- ❖ **시비**: 곁에서 시중을 드는 계집종.
- ❖ **상공**: 재상을 높여 이르던 말.

구절 풀이

- ＊ **"조만간 길을 ~ 염려 마라."**: 조력자의 도움으로 무사히 남해에 갈 수 있음을 암시함. 여기서 '길을 인도하는 자'는 뒤에 등장하는 '여승'을 말함.
- ＊ **입에서는 향기로운 ~ 말씀이 뚜렷했다.**: 꿈속의 경험이 생생하게 남아 있어, 실제 있었던 일처럼 느껴짐.
- ＊ **"첩이 왕비의 ~ 은혜를 잊으리까?"**: 사 씨가 영화로운 자신의 앞날에 대한 소망과 왕비에 대한 감사의 마음을 표현함.
- ＊ **"그대는 누구인데 ~ 병을 구하시오?"**: 유배를 온 사람은 병이 들어도 일반적으로 잘 돌봐 주지 않았던 것이 당시 인심이었음이 드러남.

발단

중국 명나라 때 금릉 순천부에 사는 이름난 선비 유현은 느지막이 아들을 얻었다. 아들 유연수는 빼어난 인물에 남달리 총명하고 글재주가 뛰어나 열다섯 살에 과거에 장원급제하여 한림학사에 오른다.

전개

유연수(한림)는 어질고 덕이 있는 사 씨와 결혼하지만 오래도록 아이가 생기지 않자, 사 씨의 권유로 교 씨를 첩으로 맞이한다. 아들을 낳은 교 씨는 교활한 본색을 드러내고, 사 씨가 아들을 낳자 동청과 손잡고 사 씨를 내쫓기 위해 모함을 한다.

위기 본문 수록 부분

교 씨와 동청은 교 씨의 아들이 죽은 죄를 사 씨에게 덮어씌워 사 씨를 집에서 쫓겨나게 하고 교 씨는 유연수의 정실부인이 된다. 쫓겨난 사 씨는 이곳저곳을 방황하다 다행히 하늘과 묘혜 스님의 도움으로 동정호수의 군산에 있는 절에 몸을 의탁한다.

절정 본문 수록 부분

한편 유연수는 교 씨와 동청의 계략으로 유배를 가게 되고, 유배지에서 병이 들지만 꿈을 꾼 뒤 샘물을 마시고 병이 낫는다. 그 사이 동청과 교 씨는 온갖 악행을 일삼고, 때마침 조정은 유연수에 대한 혐의를 풀고 모함을 한 동청을 처벌한다.

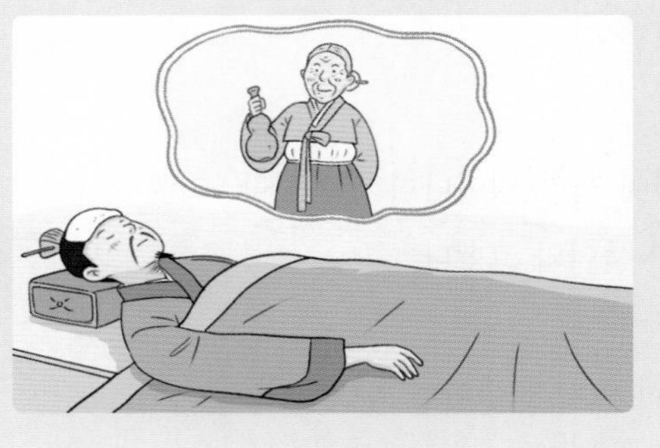

결말

유연수는 자신의 잘못을 뉘우치고 사 씨에게 용서를 구한다. 고향으로 돌아온 유 연수는 교 씨를 벌하고 사 씨를 다시 정실부인으로 맞아들인다. 세월이 흘러 유연수는 좌승상의 벼슬에 오르고 유연수와 사 씨는 여든 살이 되도록 편안한 삶을 누린다.

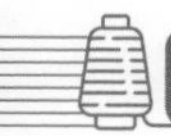

독해 포인트

1. 인물

사 씨	유연수의 부인. 착한 심성을 지니고 (❶) 덕목을 중요하게 여기는 인물. 교 씨의 모함으로 쫓겨나 고난을 겪는 과정에서 조력자의 도움을 바탕으로 자신의 삶을 주체적으로 이끌어 나감.
유연수	사 씨와 교 씨의 남편. 총명하고 착한 심성을 지녔으나 가부장적 사고방식을 지닌 인물. 교 씨와 동청의 계략을 제대로 판단하지 못하여 사 씨를 내쫓고, 자신도 그들의 모함을 받아 유배를 가게 됨.
왕비, 노파	사 씨와 유연수의 꿈에 나와 앞날을 암시해 주고 도움을 주는 (❷) 존재

2. 배경과 소재

배경	공간적	중국 동정호 근처 황릉묘, 행주
	시간적	중국 명나라 때 → 현실을 (❸)하기 위해 배경을 조선이 아닌 중국으로 제시함.
소재	꿈	사 씨와 유연수에게 닥친 문제를 해결할 수 있는 계기가 됨.
	(❹)	사 씨가 꿈에서 보았던 곳과 같은 장소로, 비현실적 상황과 현실적 상황의 경계를 모호하게 하는 공간
	병(甁)	유연수가 꾼 꿈에 등장한 물건으로 유연수의 병환을 낫게 할 방법이 생기게 된 실마리

3. 사건

사건	• 사 씨가 꿈에서 왕비로부터 앞으로의 일에 대해 듣고, 조력자인 (❺)을 만남. • 유배지에서 병에 걸린 유연수가 꿈에서 흰옷 입은 노파를 만난 후 깨어나 샘물을 마시고 병이 낫게 됨.

4. 시점과 서술 방식

3인칭 전지적 시점, 서술자의 개입	인물이 처한 상황, 인물의 태도 등에 대한 서술자의 주관적 평가가 드러남. → '이로 인해 ~ 지금까지 전해진다.'
(❻)를 통해 사건 전개	주로 인물들 사이의 (❻)를 통해 사건이 전개됨. → 사 씨와 왕비, 사 씨와 여승, 유연수와 노파 사이의 (❻)를 통해 중심 사건이 전개됨.
중국 고사의 인물 활용	중국 고사에 나오는 인물을 등장시켜 유교적 덕목을 지닌 사 씨를 부각함. → 아황, 여영, 위국 부인 장강, 한나라의 반첩여 등

5. 주제

어질고 착한 사 씨와 악인인 교 씨와의 대립을 통해 처첩 간의 갈등을 그리고 있으며, 착한 사 씨가 칭송을 받고 교 씨가 벌을 받는다는 내용을 통해 (❼)의 교훈을 전달하고 있다.

❶ 유교적 ❷ 초월적 ❸ 비판 ❹ 대나무 수풀 ❺ 여승 ❻ 대화 ❼ 권선징악

어휘력 체크

01 다음 중 '배를 젓다'의 '젓다'의 의미와 가장 유사한 것은?

① 그는 손을 저으며 사실을 부인했다.
② 설탕을 넣고 커피를 저어 마셨다.
③ 노를 천천히 저어 건너편 섬으로 배를 이동했다.
④ 그는 팔을 힘차게 저으며 걸었다.
⑤ 소가 꼬리를 저으며 파리를 쫓았다.

02 다음 국어사전의 설명을 바탕으로 빈칸에 들어갈 적절한 낱말을 쓰시오.

> 「명사」
> 「1」 얼굴의 생김새.
> 「2」 남을 대할 만한 체면.
> 예 무슨 ( )으로 부모님을 대할 수 있을까?
> 「3」 사람이나 사물의 겉모습.

03 다음 중 한자가 다른 하나는?

① 병 주고 약 준다.
② 병세가 악화되었다.
③ 소심한 것이 너의 병이다.
④ 놀라서 심장병에 걸리겠다.
⑤ 오늘 탄산음료를 세 병이나 마셨다.

04 다음 빈칸에 들어갈 적절한 한자 성어를 쓰시오.

> 윗글은 권선징악과 모든 일은 반드시 바른길로 돌아간다는 (ㅅㅍㄱㅈ)의 교훈을 담고 있다. 事必歸正

01 ③ 02 면목 03 ⑤ 04 사필귀정

배비장전 _작자 미상

1~4 다음 글을 읽고 물음에 답하시오.

문제 해결 포인트
❶ 판소리계 소설의 특징 파악
❷ 해학과 풍자 파악
❸ 인물의 성격 파악
❹ 사회적 상황 파악

[앞부분 줄거리] 군관 직책의 배비장은 제주 목사가 벌인 잔치에 자신은 여색을 멀리한다며 참석하지 않는다. 이에 제주 목사는 기생 애랑을 시켜 배비장을 유혹하게 하고, 애랑은 자신에게 반한 배비장에게 삼경에 집으로 오라는 편지를 보낸다.

강호에 병이 들어 덧없이 죽겠더니, 낭자 회답이 반갑도다. 삼경에 기약 두고, 해 지기만 바라더니, 석양이 다 저물어 간다. 방자 입시(入侍) 보내고 빈방 안에 문을 닫고 그 여자에게 잘 뵈려고 다시 의관을 차릴 적에, 외올 망건 정주 탕건, 쾌자, 전립 관대 띠에 동개❖를 차 제법 그럴싸하고 빈방 안에 혼자 우뚝 서서 도깨비 들린 듯이 혼잣말로 두런거리며 연습 삼아 하는 말이,

"가만가만 걸어가서 여자 문 앞에 들어서며 기침 한 번을 가만히 하면 그 여인이 기척 채고 문을 펄쩍 열것다. 걸음을 한번 팔자걸음으로 이렇게 걸어 들어가, 옛말에 이르기를, '수인사(修人事) 대천명(待天命)이라.' 하니, ㉠여자에게 한번 이렇게 군대의 예절로 뵈렸다."

한창 이리 연습할 제, 방자놈이 뜻밖에 문을 펄쩍 열며,

"나리, 무엇하오?"

배비장 깜짝 놀라,

"너 벌써 왔느냐?"

"예, 군례 전에 대령하였소."

"㉡이놈, 내 깜짝 놀라 바로 땀이 난다."

하며 동개한 채로 썩 나서니, 달이 진 산에 까마귀 울고, 고기잡이 불빛이 물에 비친다. 앞개울에 있던 사람은 돌아가고, 봄바람에 학이 운다.

"앞서 기약 맺은 낭자, 이 밤중에 어서 찾아가자."

거들거려 가려 할 제 방자놈 이른 말이,

"나으리, 생각이 전혀 없소. 밤중에 유부녀 희롱 가오면서 비단 옷 입고 저리 하고 가다가는 될 일도 안 될 것이니, 그 의관 다 벗으시오."

"벗으면 초라하지 않겠느냐?"

"초라하거든 가지 마옵시다."

"이 애야, 요란히 굴지 마라. 내 벗으마."

활짝 벗고 알몸으로 서서,

"어떠하냐?"

"그것이 참 좋소마는, 누가 보면 한라산 매사냥꾼으로 알겠소. 제주 인물 복색으로 차리시오."

판소리계 소설
❶ 판소리 사설이 소설로 정착
❷ 반복이나 대구를 통해 운율을 형성
❸ 풍자와 해학의 수법 사용
❹ 청자에게 말을 건네는 어투 사용

"제주 인물 복색은 어떤 것이냐?"

"개가죽 두루마기에 노펑거지를 쓰시오."

"그것은 너무 초라하구나."

"초라하거든 그만두시오."

"말인즉 그러하단 말이다. 개가죽이 아니라, 도야지가죽이라도 내 입으마."

하더니, **구록피(狗鹿皮) 두루마기에 노펑거지**를 쓰고 나서서 앞뒤를 살펴보며,

"이 애야, 범이 보면 개로 알겠다. 군기총(軍器銃) 하나만 내어 들고 가자."

"무섭거든 가지 마옵시다."

"이 애야, 그러하단 말이냐? 네 성정 그러한 줄 몰랐구나. ㉢정 못 갈 터이면, 내 업고라도 가마."

배비장이 뒤따라가며 하는 말이,

"기약 둔 사랑하는 여자, 어서 가 반겨 보자."

서쪽으로 낸 대나무로 얽은 창 돌아들어, 동쪽에 있는 소나무로 만든 댓돌에 다다르니, 북쪽 창에 밝게 켠 등불 하나만이 외로이 섰는데, 밤은 깊은 삼경이라. 높은 담 구멍 찾아가서 방자 먼저 기어들며,

"쉬, 나리 잘못하다가는 일 날 것이니, 두 발을 한데 모아 요령 있게 들이미시오."

배비장이 방자 말을 옳게 듣고 두 발을 모아 들이민다. 방자놈이 안에서 배비장의 두 발목을 모아 쥐고 힘껏 잡아당기니, ⓐ부른 배가 딱 걸려서 들도 나도 아니하는구나. 배비장 두 눈을 희게 뜨고 이를 갈며,

"좀 놓아다고!"

하면서, **죽어도 문자(文字)는** 쓰던 것이었다.

"포복불입(飽腹不入)하니 출분이기사(出糞而幾死)로다."

방자가 안에서 웃으며 탁 놓으니, 배비장이 곤두박질하였다가 일어나 앉으며 하는 말이,

"매사가 순리로 아니 되니 큰 낭패로다. 산모의 해산법으로 말하여도 아이를 머리부터 낳아야 순산이라 하니, 내 상투를 들이밀 것이니 잘 잡아당겨라."

방자놈이 배비장의 상투를 노펑거지 쓴 채 왈칵 잡아당기나, 아무리 하여도 나은 줄 모르겠다. 죽을 고비에서 살아났으니, 목숨은 원래 하늘에 달렸음이라. 뻥 하고 들어가니 배비장이 아프단 말도 못 하고,

"㉣어허, 아마도 내 등에는 꼰질곤자판을 놓았나 보다."

(중략)

배비장이 한편 좋기도 하고 한편 조심도 되어, **가만가만 자취 없이 들어가서 이리 기웃 저리 기웃** 문 앞에 가서 사뿐사뿐 손가락에 침을 발라 문구멍을 배비작 배비작 뚫고 한 눈으로 들여다보니, 깊은 밤 등불 아래 앉은 저 여인, 나이 겨우 이팔의 고운 태도라,

인물의 희화화

위선적인 당시 지배층을 대표하는 배비장에게 우스꽝스러운 복장이나 행동을 하게 함으로써 지배층을 풍자하고 있음.

켜 놓은 등불이 밝다 한들 너를 보니 어두운 듯, 피는 복숭아꽃이 곱다 하되 너를 보니 무색한 듯, **저 여인 거동 보소** 김해 간죽 백통관에 삼등초를 서뿐 담아 청동화로 백탄 불에 사뿐 질러 빨아낸다. 향기로운 담배 연기가 한 오라기 보랏빛으로 피어나니 붉은 안개 피어 돋는 듯, 한 오리 두 오리 풍기어서 창구멍으로 돌아 나온다. 배비장이 그 담뱃내를 손으로 움키어 먹다가 생 담뱃내가 콧구멍으로 들어가서 재채기 한 번을 악칵 하니, 저 여인이 놀라는 체하고 문을 펄쩍 열뜨리고,

운율

판소리계 소설은 4음보 율격과 유사한 문장 구조를 반복하여 운율을 형성함.

"도적이야."

소리 하니, 배비장이 엉겁결에,

"문안드리오."

저 여인이 보다가 하는 말이,

"ⓜ호랑이를 그리다가 솜씨 서툴러서 강아지를 그림이로고, 아마도 뉘 집 미친개가 길 잘못 들어 왔나 보다."

인두판으로 한 번 지끈 치니 배비장이 하는 말이,

"나는 개가 아니오."

"그러면 무엇이냐?"

"배 걸덕쇠요."

❖ **동개**: 활과 화살을 찬 주머니.
❖ **노펑거지**: 노끈으로 만든 벙거지.
❖ **포복불입하니 출분이기사로다.**: 배가 불러 들어갈 수 없으니 똥이 나와 죽겠구나.
❖ **꼰질곤자판**: 고누판. '고누'는 장기와 비슷한 옛날의 놀이.

1step 작품 파악하기 | 2018학년도 3월 고1 학력평가 |

1 **㉠~ⓜ에 대한 설명으로 적절하지 않은 것은?**

① ㉠: 애랑의 환심을 사기 위해 노력을 하고 있는 배비장의 모습이 나타나 있다.
② ㉡: 방자에게 자신의 행동을 들켰을까 봐 당황하는 배비장의 태도가 나타나 있다.
③ ㉢: 애랑을 만나고 싶어 하는 배비장의 간절한 마음이 나타나 있다.
④ ㉣: 방자에 대한 불만을 노골적으로 드러내는 배비장의 모습이 나타나 있다.
⑤ ⓜ: 배비장의 정체를 알고도 짐짓 모른 체하는 애랑의 태도가 나타나 있다.

2 ⓐ의 상황을 한자 성어로 표현하면, 이러지도 저러지도 못하는 (   )의 처지라고 할 수 있다.

ⓐ의 상황은 다른 사람의 시선을 피해 몰래 담 구멍으로 들어가려다 그만 배가 끼어 들어가지도 나가지도 못하는 상황이야. 이러한 상황을 드러내는 비슷한 한자 성어로 '사면초가', '진퇴유곡'이 있어.

2step 서술상의 특징 파악하기

3 <보기>의 밑줄 친 부분에서 볼 수 있는 고전 소설의 서술상 특징을 쓰시오.

보기

- 강호에 병이 들어 덧없이 죽겠더니, 낭자 회답이 <u>반갑도다</u>. 삼경에 기약 두고, 해지기만 바라더니, 석양이 다 저물어 간다. 방자 입시(入侍) 보내고 빈방 안에 문을 닫고 그 여자에게 잘 뵈려고 다시 의관을 차릴 적에, 외올 망건 정주 탕건, 쾌자, 전립 관대 띠에 동개를 차 <u>제법 그럴싸하고</u>
- 방자놈이 배비장의 상투를 노펑거지 쓴 채 왈칵 잡아당기나, 아무리 하여도 나은 줄 모르겠다. 죽을 고비에서 살아났으니, <u>목숨은 원래 하늘에 달렸음이라</u>.

3step 외적 준거로 작품 파악하기 | 2018학년도 3월 고1 학력평가 |

4 <보기>를 바탕으로 윗글을 감상할 때, 적절하지 <u>않은</u> 것은?

보기

「배비장전」은 판소리계 소설로, 판소리 창자의 말투가 고스란히 드러나 있고 리듬감이 있는 율문체를 통해 당대 서민들의 삶과 정서를 드러내고 있다. 또한 다른 사람의 책략에 의해 주인공이 금욕적 다짐을 훼손당해 웃음거리가 되는 남성 훼절형 모티프를 바탕으로 하는 서사 구조를 보여 준다. 이를 통해 지배 계층의 허세에 대한 풍자와 조롱을 드러내고 신분 질서가 무너져 가는 당대 시대상 등을 반영하고 있다.

❖ **율문체**: 언어의 배열에 일정한 규율 또는 운율이 있는 문체.

❖ **남성 훼절형 모티프**: '훼절'이란 절개나 지조를 깨뜨린다는 것을 의미하고, '모티프'는 이야기의 구성 요소를 뜻함. 즉 남성 훼절형 모티프는 여인을 멀리하겠다는 다짐을 훼손당하는 이야기가 이 소설의 중요한 요소가 되는 것을 말함.

① '가만가만 자취 없이 들어가서 이리 기웃 저리 기웃'에서 글자 수를 규칙적으로 반복하여 인물의 행동을 리듬감 있게 묘사하는 율문체를 확인할 수 있겠군.

② '저 여인 거동 보소'라는 표현에서 청중을 향한 판소리 창자의 목소리가 직접 드러나는 판소리계 소설로서의 특징을 확인할 수 있겠군.

③ 배비장이 방자에 의해 '구록피 두루마기에 노펑거지'까지 쓰면서 훼절한 상황에서 서민 계층에 의해 조롱당하는 지배 계층의 모습을 엿볼 수 있겠군.

④ 담 구멍에 걸려 있는 상황에서도 '죽어도 문자는 쓰'는 배비장의 모습을 통해 지배 계층의 허세에 대한 풍자를 엿볼 수 있겠군.

⑤ 배비장이 애랑을 만나자마자 '배 걸덕쇠요.'라고 격식을 차리며 말하는 데서 신분 질서가 무너져 가는 당대의 시대적 현실을 확인할 수 있겠군.

배비장전 _작자 미상

이 작품은

이 작품은 서민 계층의 입장에서 지배 계층인 양반들의 위선과 허위의식을 폭로하고 풍자한 판소리계 소설이다. 배비장은 겉으로는 도덕적이고 윤리적인 인물처럼 행동하지만 기생인 애랑에게 빠져 판단도 제대로 못하고 어리석은 행동을 하는 위선적인 인물이다. 이러한 인물에 대한 풍자를 통해 양반 계층에 대한 비판 의식을 드러내고 있다. 한편 이 작품에 등장하는 방자는 배비장의 약점과 위선을 폭로하고 조롱하고 있는데, 이를 통해 신분 질서가 혼란해진 당시 상황을 엿볼 수 있다.

갈래 고전 소설, 판소리계 소설, 풍자 소설

주제 지배 계층의 위선적인 행위에 대한 폭로와 풍자

내용 구조도

애랑의 편지를 받은 배비장
애랑을 만난다는 기쁨에 의관을 갖춰 입고 혼잣말로 연습을 함.

배비장을 조롱하는 방자
배비장에게 우스꽝스러운 옷을 입게 하며 조롱함.

애랑을 만나러 가는 배비장
애랑 집의 담 구멍을 기어들다가 우스꽝스러운 상황에 처하고, 애랑을 만나서도 자신을 낮춰 표현하여 웃음을 유발함.

[앞부분 줄거리] 군관 직책의 배비장은 제주 목사가 벌인 잔치에 자신은 여색을 멀리한다며 참석하지 않는다. 이에 제주 목사는 기생 애랑을 시켜 배비장을 유혹하게 하고(여색을 멀리한다는 배비장의 말이 사실인지를 알아보려는 시험), 애랑은 자신에게 반한 배비장에게 삼경(밤 11시에서 새벽 1시 사이)에 집으로 오라는 편지를 보낸다.

강호에 병이 들어 덧없이 죽겠더니, 낭자 회답이 반갑도다(애랑의 편지를 반가워하고 기뻐함. 서술자의 개입). 삼경에 기약❖ 두고, 해 지기만 바라더니, 석양이 다 저물어 간다. 방자 입시(入侍)❖ 보내고 빈방 안에 문을 닫고 그 여자에게 잘 뵈려고 다시 의관을 차릴 적에, 외올 망건 정주 탕건, 쾌자, 전립 관대 띠에 동개를 차 제법 그럴싸하고(벼슬아치의 의관을 거창하게 갖춰 입은 배비장에 대한 서술자의 평가. 열거를 통한 운율 형성) 빈방 안에 혼자 우뚝 서서 도깨비 들린 듯이 혼잣말로 두런거리며 연습 삼아 하는 말이,

"가만가만 걸어가서 여자 문 앞에 들어서며 기침 한 번을 가만히 하면 그 여인이 기척 채고 문을 펄쩍 열것다. 「걸음을 한번 팔자걸음❖으로 이렇게 걸어 들어가, 옛말에 이르기를, *'수인사(修人事) 대천명(待天命)이라.' 하니, 여자에게 한번 이렇게 군대의 예절로 뵈렸다."」 「 」: 애랑의 환심을 사려는 배비장의 노력

한창 이리 연습할 제, 방자놈(배비장의 약점과 위선을 폭로하는 인물)이 뜻밖에 문을 펄쩍 열며,

"나리, 무엇하오?"

배비장 깜짝 놀라, / "너 벌써 왔느냐?"

"예, 군례 전에 대령하였소."

"이놈, 내 깜짝 놀라 바로 땀이 난다."(애랑에게 잘 보이려고 연습한 자신을 모습을 방자가 봤을까 봐 당황함.)

> 방자는 이 소설에서 작가의 목소리를 대신해 주는 인물이라 할 수 있어.

하며 동개한 채로 썩 나서니, 달이 진 산에 까마귀 울고, 고기잡이 불빛이 물에 비친다. 앞개울에 있던 사람은 돌아가고, 봄바람에 학이 운다.

"앞서 기약 맺은 낭자, 이 밤중에 어서 찾아가자."

거들거려 가려 할 제 방자놈 이른 말이,

*"나으리, 생각이 전혀 없소. 밤중에 유부녀 희롱 가오면서 비단 옷 입고 저리 하고 가다가는 될 일도 안 될 것이니, 그 의관 다 벗으시오."

"벗으면 초라하지 않겠느냐?"(양반의 체면을 생각해 주저함.) / "초라하거든 가지 마옵시다."(애랑을 만나고 싶어 하는 배비장의 심리를 이용하여 부추김.)

"이 애야, 요란히 굴지 마라. 내 벗으마."

활짝 벗고 알몸으로 서서(배비장의 모습을 우스꽝스럽게 보이게 함.(희화화함.)), / "어떠하냐?"

"그것이 참 좋소마는, 누가 보면 한라산 매사냥꾼으로 알겠소. 제주 인물 복색으로 차리시오."(배비장을 희화화시키려는 의도가 담긴 방자의 또 다른 제안)

"제주 인물 복색은 어떤 것이냐?" / "개가죽 두루마기에 노펑거지를 쓰시오."(배비장을 조롱하려는 방자의 의도)

"그것은 너무 초라하구나." / "초라하거든 그만두시오."

"말인즉 그러하단 말이다. 개가죽이 아니라, 도야지가죽이라도 내 입으마."

하더니, 구록피(狗鹿皮)❖ 두루마기에 노펑거지를 쓰고 나서서 앞뒤를 살펴보며,

"이 애야, 범이 보면 개로 알겠다. 군기총(軍器銃) 하나만 내어 들고 가자."

"무섭거든 가지 마옵시다."

"이 애야, 그러하단 말이냐? 네 성정 그러한 줄 몰랐구나. 정 못 갈 터이면, 내 업고라도 가마."

배비장이 뒤따라가며 하는 말이, / "기약 둔 사랑하는 여자, 어서 가 반겨 보자."

서쪽으로 낸 대나무로 얽은 창 돌아들어, 동쪽에 있는 소나무로 만든 댓돌에 다다르니, 북쪽 창에 밝게 켠 등불 하나만이 외로이 섰는데, 밤은 깊은 삼경이라. 높은 담 구멍 찾아가서 방자 먼저 기어들며,

애랑이 머무는 곳으로 가는 과정

"쉬, 나리 잘못하다가는 일 날 것이니, 두 발을 한데 모아 요령 있게 들이미시오."

배비장을 조롱하기 위한 방자의 제안

배비장이 방자 말을 옳게 듣고 두 발을 모아 들이민다. 방자놈이 안에서 배비장의 두 발목을 모아 쥐고 힘껏 잡아당기니, 부른 배가 딱 걸려서 들도 나도 아니하는구나. 배비장 두 눈을 희게 뜨고 이를 갈며,

이러지도 저러지도 못하는 난처한 상황: 진퇴양난(進退兩難).

"좀 놓아다고!" / 하면서, 죽어도 문자(文字)는 쓰던 것이었다.

양반 계층의 허세 풍자, 서술자의 개입

"포복불입(飽腹不入)하니 출분이기사(出糞而幾死)로다."

방자가 안에서 웃으며 탁 놓으니, 배비장이 곤두박질하였다가 일어나 앉으며 하는 말이,

"매사가 순리로 아니 되니 큰 낭패로다. 산모의 해산법으로 말하여도 아이를 머리부터 낳아야 순산이라 하니, 내 상투를 들이밀 것이니 잘 잡아당겨라."

웃음을 유발하는 표현으로 해학성이 느껴짐.

방자놈이 배비장의 상투를 노펑거지 쓴 채 왈칵 잡아당기나, 아무리 하여도 나은 줄 모르겠다. 죽을 고비에서 살아났으니, 목숨은 원래 하늘에 달렸음이라. 뺑 하고 들어가니 배비장이 아프단 말도 못 하고,

서술자의 개입: 별 차이 없이 구멍을 쉽게 지나갈 수 없다는 말

"어허, 아마도 내 등에는 꼰질곤자판을 놓았나 보다."

(중략)

배비장이 한편 좋기도 하고 한편 조심도 되어, 가만가만 자취 없이 들어가서 이리 기웃 저리 기웃 문 앞에 가서 사뿐사뿐 손가락에 침을 발라 문구멍을 배비작 배비작 뚫고 한 눈으로 들여다보니, 깊은 밤 등불 아래 앉은 저 여인, 나이 겨우 이팔의 고운 태도라, 켜 놓은 등불이 밝다 한들 너를 보니 어두운 듯, 피는 복숭아꽃이 곱다 하되 너를 보니 무색한 듯, 저 여인 거동 보소 김해 간죽 백통관에 삼등초를 서뿐 담아 청동화로 백탄불에 사뿐 질러 빨아낸다. 「향기로운 담배 연기가 한 오라기 보랏빛으로 피어나니 붉은 안개 피어 돋는 듯, 한 오리 두 오리 풍기어서 창구멍으로 돌아 나온다.」 배비장이 그 담뱃내를 손으로 움키어 먹다가 생 담뱃내가 콧구멍으로 들어가서 재채기 한 번을 악칵 하니, 저 여인이 놀라는 체하고 문을 펄쩍 열뜨리고,

글자 수의 규칙적인 반복으로 운율 형성, 조심스러운 인물의 행동을 표현함.

청중에게 하는 판소리 창자(노래나 창을 하는 사람)의 말: 판소리계 소설의 특징

「 」: 담배 연기를 비유적이고 감각적으로 표현함.

"도적이야." / 소리 하니, 배비장이 엉겁결에,

"문안드리오." / 저 여인이 보다가 하는 말이,

엉겁결에 나온 배비장의 말: 웃음을 유발함.

"호랑이를 그리다가 솜씨 서툴러서 강아지를 그림이로고, 아마도 뒤 집 미친개가 길 잘못 들어 왔나 보다."

배비장의 우스꽝스러운 모습에 대한 인상

어휘 풀이

❖ **기약**: 때를 정하여 약속함. 또는 그런 약속.

❖ **입시**: 원래는 대궐에 들어가서 임금을 뵙던 일을 뜻하나 여기서는 하인인 방자를 관청에 시중들도록 보냈다는 의미로 쓰였음.

❖ **팔자걸음**: 양반들이 주로 걷는 방식인 양반걸음을 가리킴.

❖ **구록피**: 사슴의 가죽처럼 부드럽게 만든 개의 가죽.

❖ **성정**: 성질과 심정. 또는 타고난 본성.

❖ **낭패**: 계획한 일이 실패로 돌아가거나 기대에 어긋나 매우 딱하게 됨.

구절 풀이

* **'수인사 대천명이라.'**: 사람의 힘으로 할 수 있는 일을 다하고 하늘의 명을 기다림. 애랑의 환심을 사기 위해 최대한 노력을 하고 결과는 하늘에 맡기겠다는 의미로 상황에 어울리지 않는 한문을 사용해 허위의식을 드러냄.

* **"나으리, 생각이 ~ 다 벗으시오."**: 방자가 애랑과의 계략에 맞춰 배비장에게 옷을 벗으라고 함. 양반으로서 배비장의 권위를 깎아내리려는 제안임.

* **네 성정 ~ 업고라도 가마.**: 방자가 가지 말자고 물러나는 척을 하자 애랑을 간절히 만나고 싶은 배비장이 오히려 방자를 회유함.

* **"포복불입하니 출분이기사로다."**: '배가 불러 들어갈 수 없으니 똥이 나와 죽겠구나.'라는 의미로, 한자를 쓰고 있으나 담고 있는 내용이 우스꽝스러움. 해학적 표현

인두판으로 한 번 지끈 치니 배비장이 하는 말이,

"나는 개가 아니오." / "그러면 무엇이냐?"

"배 걸덕쇠요."

배비장이 자신을 낮추어 표현한 말: 자신을 '걸덕쇠'(구걸하는 사람)라고 낮춰 말해 웃음을 유발함.

전체 줄거리 엿보기

발단

제주 목사로 부임하게 된 김경이 배비장을 예방에 임명하자 배비장은 아내에게 여색을 가까이하지 않겠다는 맹세를 하고 김경을 따라 제주도로 간다. 제주도에 도착하여 애랑과 정비장의 이별 장면을 본 배비장은 정비장을 한껏 비웃는다.

전개

신임 목사의 부임을 축하하는 자리에서 배비장은 아내와의 약속대로 기생에게 눈길도 주지 않는다. 이러한 소식을 들은 제주 목사는 방자와 애랑에게 배비장을 유혹하기 위한 계책을 꾸미게 한다.

위기 본문 수록 부분

애랑은 배비장을 유혹하고 배비장은 애랑을 못 잊어 병이 난다. 밤에 자신의 처소로 몰래 오라는 애랑의 편지를 받은 배비장은 애랑의 집 담 구멍을 간신히 통과하여 애랑을 만나지만, 방자가 애랑의 남편 행세를 하며 들이닥친다.

절정

애랑은 겁을 주며 배비장을 준비된 자루 속에 들어가게 하고, 방자가 술을 사러 간 사이 배비장은 나무 궤에 들어가서 몸을 숨긴다. 방자는 궤를 동헌으로 옮기면서 이를 바다에 빠뜨리는 흉내를 내고, 배비장은 궤 속에서 도움을 청한다.

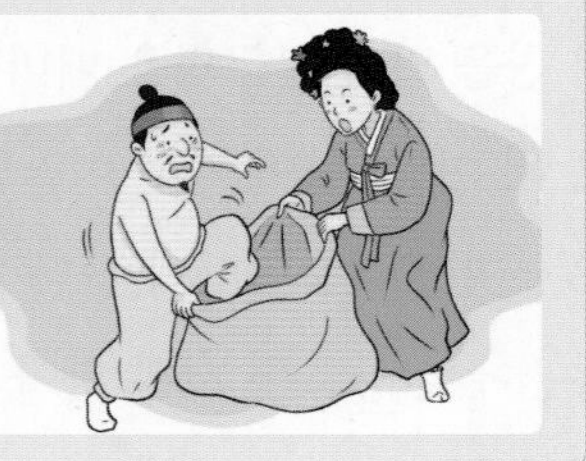

결말

사공이 배비장을 구해 주는 척하면서 소금물이 짜니 눈을 꼭 감고 나오라고 하는 말에 배비장은 눈을 가리고 엉금엉금 궤에서 기어 나오다가 동헌 대청에 머리를 부딪쳐 제주 목사를 비롯해 동헌해 있는 사람들에게 온갖 망신을 당한다.

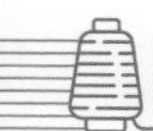

독해 포인트

1. 인물

배비장	겉으로는 (❶)인 척하지만, 기생에게 빠져 어리석게 행동하고 방자에게 조롱을 당하는 위선적인 인물
방자	하인의 신분으로 배비장을 조롱하며 양반의 위선적인 태도를 해학적으로 희화화해서 보여 주는 인물
애랑	제주의 기생으로 배비장을 유혹하여 배비장의 위선적인 태도를 드러나게 함.

2. 배경과 소재

배경	공간적	제주도, 애랑의 집 근처
	시간적	조선 초기 어느 해 질 무렵
소재	편지	애랑이 배비장을 유혹하여 위선적인 태도를 드러내기 위해 보낸 것
	개가죽 두루마기, 노펑거지	방자가 배비장을 (❷)하기 위해 배비장에게 입게 한 우스꽝스러운 복장
	(❸)	애랑의 처소에 가려는 배비장에게 방자가 의도적으로 안내한 곳. 배비장의 어리석고 우스꽝스러운 행동이 드러남.

3. 사건과 갈등

사건	배비장이 애랑을 찾아가고 만나는 과정에서 방자의 (❹)에 넘어가 우스꽝스러운 복장과 행동을 함.
갈등	배비장과 배비장의 위선적인 태도를 무너뜨리려는 방자, 애랑 사이의 갈등

4. 시점과 서술 방식

3인칭 전지적 시점, 서술자의 개입	배비장의 행동에 대해 직접 평가하는 서술자의 개입이 드러남. → '낭자 회답이 반갑도다', '목숨은 원래 하늘에 달렸음이라', '문을 열것다' 등
(❺) 형식	청중에게 하는 판소리 창자(노래나 창을 하는 사람)의 말투가 드러남. → '저 여인 거동 보소'
4·4조의 운율	판소리의 영향을 받은 4·4조의 운율을 통해 리듬감이 느껴짐. → '가만가만∨자취 없이∨들어가서∨이리 기웃∨저리 기웃'
(❻) 표현	배비장의 우스꽝스러운 행동과 방자의 조롱을 통해 웃음을 유발함. (희화화) → '방자놈이 안에서 배비장의 두 발목을 모아 쥐고 힘껏 잡아당기니, 부른 배가 딱 걸려서 들도 나도 아니 하는구나' 등

5. 주제

이 작품은 배비장의 위선적이고 어리석은 행동을 통해 지배 계층인 양반들의 위선과 허위의식을 (❼)하고 조롱한 판소리계 소설이다.

❶ 도덕적 ❷ 조롱 ❸ 담 구멍 ❹ 의도(계책) ❺ 판소리 ❻ 해학적 ❼ 풍자

어휘력 체크

01 다음 밑줄 친 낱말의 사용이 적절하지 않은 것은?

① 벌써 기차가 떠났다니, 이것 참 낭패로군.
② 그 소설은 양반들의 위선을 꼬집은 작품이다.
③ 그는 성정이 어질고 착한 사람이다.
④ 그는 노을이 지기 시작하는 삼경에 집에 돌아왔다.
⑤ 그는 거드름을 피우며 팔자걸음을 걸으며 다가왔다.

02 다음 빈칸에 공통으로 들어갈 낱말을 쓰시오.

> 「명사」
> 익살스럽고도 품위가 있는 말이나 행동.
> 예
> • 풍자와 ( )이 뛰어난 작품.
> • 그 연극은 심각한 주제를 ( )적으로 표현했다.

03 다음 밑줄 친 낱말이 맞춤법에 맞지 않는 것은?

① 외로이 서 있다.
② 가만히 눈을 감다.
③ 문안한 원피스이다
④ 엉겁결에 약속을 잡았다.
⑤ 그는 우리나라가 낳은 천재적인 예술가이다.

04 다음 빈칸에 들어갈 적절한 한자 성어를 쓰시오.

> 윗글의 배비장은 겉과 속이 다른 위선적인 인물이다. 이와 같이 겉으로 드러나는 언행과 속으로 가지는 생각이 다름을 뜻하는 말은 (ㅍㄹㅂㄷ)이다. 表裏不同

01 ④ 02 해학 03 ③ 04 표리부동

민옹전 _박지원

1~5 다음 글을 읽고 물음에 답하시오.

문제 해결 포인트
❶ 인물의 성격 파악
❷ 풍자의 내용 파악
❸ 작품의 내용 파악

옹은 말을 할 때면 장황하게 하면서, 이리저리 둘러대었다. 하지만 어느 것 하나 꼭 들어맞지 않는 것이 없었고 그 속에 풍자를 담고 있었으니, 달변가라 하겠다. 손님이 물을 말이 다하여 더 이상 따질 수 없게 되자 마침내 분이 올라,

㉮"옹께서도 **두려운 것**을 보셨겠지요?"

하니, 옹이 말없이 한참 있다가 버럭 소리를 질렀다.

"두려워할 것은 나 자신만 한 것이 없다네. 내 오른쪽 눈은 용이 되고 왼쪽 눈은 범이 되며, 혀 밑에는 도끼를 감추고 있고 팔을 구부리면 당겨진 활과 같아지지. 차분히 잘 생각하면 갓난아이처럼 순수한 마음을 잃지 않으나, 생각이 조금만 어긋나도 짐승 같은 야만인이 되고 만다네. 스스로 경계하지 않으면, 장차 제 자신을 잡아먹거나 물어뜯고 쳐 죽이거나 베어 버릴 것이야. 이런 까닭에 성인께서도 이기심을 누르고 예의를 따르며, 사악함을 막고 진실된 마음을 보존하면서 스스로 두려워하지 않으신 적이 없었다네."

이처럼 수십 가지 어려운 문제를 물어보아도 모두 메아리처럼 재빨리 대답해 내니, 끝내 아무도 그를 궁지에 몰 수 없었다. 옹은 자신에 대해서는 추어올리고 칭찬하는 반면, 곁에 있는 사람에 대해서는 조롱하고 업신여기곤 하였다. 사람들이 옹의 말을 듣고 배꼽을 잡고 웃어도, 옹은 안색 하나 변하지 않았다.

누군가가 말하기를,

"황해도는 황충이 들끓어 관에서 백성을 독려하여 잡느라 야단들입니다."

하니, 옹이 묻기를,

"황충은 뭐 하려고 잡느냐?"

[A] 고 하였다. 그러자 그 사람이 답하기를,

"이 벌레는 크기가 첫잠 잔 누에보다도 작고, 색깔은 알록달록하고 털이 나 있지요. 날아다니는 놈을 '명'이라 하고 볏줄기에 기어오른 놈을 '모'라 하는데, 우리의 벼농사에 피해를 주므로 '멸곡'이라고도 부릅니다. 그래서 잡아다가 땅에 파묻을 작정이랍니다."

하니, 옹은 이렇게 말했다.

[B] "이런 작은 벌레들은 근심거리도 못 되네. 내가 보기에 종루❖ 앞길을 가득 메우고 있는 것들이 있는데, 이것들이 모두 황충이라오. 길이는 모두 일곱 자가 넘고, 대가리는 새까맣고 눈알은 반짝거리며 아가리는 커서 주먹이 들락날락할 정도인데, 웅얼웅얼 소리를 내고 꾸부정한 모습으로 줄줄이 몰려다니지. 곡식이란 곡식은 죄다 해치우는 것이 이것들만 한 것이 없더군. 그래서 내가 잡으려고 했지만, 그렇게 큰 바가지가 없어 아쉽게도 잡지를 못했다네."

그랬더니 주위 사람들은 정말로 그런 벌레가 있기나 한 듯이 모두 크게 무서워하였다.

어느 날 옹이 오기에 나는 멀리서 바라보면서 은어로,

㉯“춘첩자(春帖子)에 방제(尨啼)로다.”

라고 하였다. 그러자 옹이 웃으면서 말했다.

“춘첩자란 입춘날 문(門)에 붙이는 글씨[文]니, 바로 내 성 민(閔)을 가리키는 것이렷다. 그리고 방(狵)은 늙은 개를 지칭하니, 바로 나를 욕하는 것이구먼. 그 개가 울부짖으면[啼] 듣기가 싫은 법인데, 이는 내 이가 다 빠져 발음이 분명치 않은 것을 비꼰 게로군. 아무리 그렇다 해도 그대가 만약 늙은 개를 무서워한다면, 개를 내쫓는 것이 가장 낫네. 또 울부짖는 소리가 듣기 싫다면, 그 입을 막아 버리게나. 무릇 제(帝)란 조화를 부리는 존재요, 방(尨)은 거대한 물체를 가리키지. 그리고 제(帝)와 방(尨) 자를 한데 붙이면 조화를 부려 위대한 존재가 되나니, 그게 바로 용(⿰帝尨)❖이라네. 그렇다면 그대는 나에게 모욕을 가하지 못하고, 도리어 나를 칭송한 셈이 되고 말았구먼.”

❖ **종루**: 서울 종로의 종각.
❖ **용(⿰帝尨)**: 용을 뜻하는 ‘龍’ 자를 대신해 쓰는 한자.

전

어떤 사람의 독특한 행적을 기록하고, 여기에 교훈적인 내용이나 비판을 덧붙인 글로, 인물의 일대기를 다룬다는 특징이 있음.

1step 작품 파악하기

1 윗글은 민유신이라는 실존 인물의 일화를 나열하여 서술한 작품으로 당대 사회에 대한 (　　　　　　)적, (　　　　　　)적 태도를 드러내고 있다.

2 ㉮, ㉯에 대한 이해로 적절하지 않은 것은? | 2019학년도 3월 고2 학력평가 변형 |

대화의 맥락을 파악하면 대화 속의 숨은 의도나 대화에 담긴 인물의 심리를 잘 파악할 수 있어.

① ㉮는 손님이 감정이 고조된 상태에서 민옹에게 한 질문이다.
② 민옹은 ㉮에 대해 비유를 활용하여 답변한다.
③ ㉯는 민옹이 자신의 능력을 스스로 깨닫게 되는 계기가 된다.
④ 민옹은 한자에 대한 지식을 바탕으로 ㉯에 대해 답변한다.
⑤ 민옹은 ㉯를 결국 자신에 대한 칭찬으로 풀어내고 있다.

3 윗글의 민옹이 생각하는 '두려운 것'을 쓰고 그 이유를 서술하시오.

2step 서술상의 특징 파악하기 | 2019학년도 3월 고2 학력평가 |

4 윗글에 대한 설명으로 가장 적절한 것은?

① 일화를 나열하여 인물의 특성을 드러내고 있다.
② 내적 독백을 활용하여 인물의 심리를 드러내고 있다.
③ 요약적 설명을 통해 인물의 성격 변화를 서술하고 있다.
④ 전기적 요소를 활용하여 공간의 비현실성을 부각하고 있다.
⑤ 장면이 바뀌면서 외적 갈등이 내적 갈등으로 전이되고 있다.

3step 외적 준거로 작품 파악하기 | 2019학년도 3월 고2 학력평가 |

5 〈보기〉를 읽고 [A]와 [B]를 감상한 내용으로 적절하지 않은 것은?

| 보기 |

「민옹전」을 비롯한 박지원 소설의 중요한 특징 중 하나로 우의(寓意)❖의 사용을 들 수 있다. 우의는 작가의 생각을 구체적 대상에 빗대어 간접적으로 제시하는 표현 방식으로, 그의 소설에서 사회 문제에 대한 비판 의식을 보여 주는 데 효과적으로 사용된다.

❖ **우의**: 다른 사물에 빗대어 비유적인 뜻을 나타내거나 풍자하는 것. 주로 동물, 식물, 사물에 빗대어 인간의 행동을 넌지시 풍자하는 방법으로 많이 사용됨.

① [A]의 '황충'은 작가의 생각을 빗대어 드러내기 위해 제시된 구체적 대상으로 볼 수 있어.
② [A]의 '황충'과 [B]의 '황충'은 모두 인간에게 피해를 주는 존재로 표현되고 있어.
③ [B]에서 설명된 '황충'의 특징은 [A]의 '그 사람'이 '황충'에 대해 보여 주는 태도를 비판하는 근거가 되고 있어.
④ [A]와 [B]에 나타난 '황충'의 특징으로 보아 [B]의 '황충'은 백성을 수탈하는 존재를 빗댄 것으로 이해할 수 있어.
⑤ [B]의 '황충'을 잡으려고 했다는 민옹의 말에서 당대의 사회 문제에 대한 비판 의식을 엿볼 수 있어.

작품 독해하기

민옹전 _박지원

이 작품은

이 작품은 작가인 박지원과 연령, 신분의 차이를 넘어 친구로서 깊은 정을 나누었던 실존 인물인 민유신옹의 삶과 관련한 다양한 일화를 엮어 '전'의 형식으로 쓴 한문 소설이다. 민옹은 몰락한 무관으로 평생 가난하게 살았으나 항상 큰 뜻을 품고 낙천적으로 살아갔으며 재치 있는 이야기 솜씨를 지닌 인물이었다. 작가는 민옹과 다른 인물 간의 대화 장면을 나열해서 세태에 대한 예리한 비판 의식을 풍자로 녹여내는 이야기꾼, 여유로움과 해학을 가진 민옹의 면모를 잘 보여 주고 있다.

갈래 고전 소설, 한문 소설, 풍자 소설

주제 민옹에 대한 예찬과 세태에 대한 풍자

「옹은 말을 할 때면 장황하게❖ 하면서, 이리저리 둘러대었다. 하지만 어느 것 하나 꼭 들어맞지 않는 것이 없었고 그 속에 풍자를 담고 있었으니, 달변가❖라 하겠다.」 손님이 물을 말이 다하여 더 이상 따질 수 없게 되자 마침내 분이 올라,

「」: 민옹에 대한 서술자의 직접적인 평가 → 식견과 재치가 있음.

㉠"옹께서도 두려운 것을 보셨겠지요?"

하니, 옹이 말없이 한참 있다가 버럭 소리를 질렀다.

"두려워할* 것은 나 자신만 한 것이 없다네. 「내 오른쪽 눈은 용이 되고 왼쪽 눈은 범이 되며, 혀 밑에는 도끼를 감추고 있고 팔을 구부리면 당겨진 활과 같아지지. 차분히 잘 생각하면 갓난아이처럼 순수한 마음을 잃지 않으나, 생각이 조금만 어긋나도 짐승 같은 야만인이 되고 만다네. 스스로 경계하지 않으면, 장차 제 자신을 잡아먹거나 물어뜯고 쳐 죽이거나 베어 버릴 것이야.」 이런 까닭에 성인께서도 이기심을 누르고 예의를 따르며, 사악함을 막고 진실된 마음을 보존하면서 스스로 두려워하지 않으신 적이 없었다네."

스스로 경계하지 않으면 위험한 사람이 될 수 있음. / 「」: 주장의 이유 제시 / 인간답지 않은 그릇된 삶에 대한 경계

이처럼 수십 가지 어려운 문제를 물어보아도 모두 메아리처럼 재빨리 대답해 내니, 끝내 아무도 그를 궁지에 몰 수 없었다. 옹은 자신에 대해서는 추어올리고 칭찬하는 반면, 곁에 있는 사람에 대해서는 조롱하고 업신여기곤 하였다. 사람들이 옹의 말을 듣고 배꼽을 잡고 웃어도, 옹은 안색 하나 변하지 않았다.

민옹이 겸손함을 내세우지는 않았음을 알 수 있음.

누군가가 말하기를,

"황해도는 황충❖이 들끓어 관에서 백성을 독려하여 잡느라 야단들입디다."

감독하며 격려함.

하니, 옹이 묻기를,

"황충은 뭐 하려고 잡느냐?"

황충보다 더 큰 피해를 입히는 것이 있다는 의미를 담고 있음.

고 하였다. 그러자 그 사람이 답하기를,

"이 벌레는 크기가 첫잠 잔 누에보다도 작고, 색깔은 알록달록하고 털이 나 있지요. 날아다니는 놈을 '명'이라 하고 볏줄기에 기어오른 놈을 '모'라 하는데, 우리의 벼농사에 피해를 주므로 '멸곡'이라고도 부릅니다. 그래서 잡아다가 땅에 파묻을 작정이랍니다."

하니, 옹은 이렇게 말했다.

"이런 작은 벌레들은 근심거리도 못 되네. 내가 보기에 종루 앞길을 가득 메우고 있는 것들이 있는데, 이것들이 모두 황충이라오. 「길이는 모두 일곱 자가 넘고, 대가리는 새까맣고 눈알은 반짝거리며 아가리는 커서 주먹이 들락날락할 정도인데, 웅얼웅얼 소리를 내고 꾸부정한 모습으로 줄줄이 몰려다니지. 곡식*이란 곡식은 죄다 해치우는 것이 이것들만 한 것이 없더군.」 그래서 내가 잡으려고 했지만, 그렇게 큰 바가지가 없어 아쉽게도 잡지를 못했다네."

황충의 본래 의미가 아닌 조정 관료들을 의미 → 백성에게 해를 끼치는 유사성에서 빗댐. 우의적 표현 / 「」: 조정 관료의 모습에 대한 부정적인 묘사 → 탐욕스럽고 추악함.

그랬더니 주위 사람들은 정말로 그런 벌레가 있기나 한 듯이 모두 크게 무서워하였다.

황충의 비유적인 뜻을 이해하지 못한 세상 사람들의 어리석음을 풍자

어느 날 옹이 오기에 나는 멀리서 바라보면서 은어로,

파자 놀이: 한자의 자획을 풀어 나누어 문제를 내는 놀이

"춘첩자(春帖子)에 방제(尨啼)로다."

'나'가 장난삼아 민옹을 조롱하는 말

내용 구조도

민옹에게 두려운 것에 대해 질문함.
두려워할 것은 '나' 자신이라고 말함.

황충에 대한 생각을 밝힘.
종루 앞의 황충이 더 근심거리가 된다고 밝힘.

'나'의 조롱에 대한 답
'나'의 조롱을 재치 있게 칭찬으로 바꿈.

라고 하였다. 그러자 옹이 웃으면서 말했다.

"춘첩자란 입춘날 문(門)에 붙이는 글씨[文]니, 바로 내 성 민(閔)을 가리키는 것이렷다. 그리고 방(尨)은 늙은 개를 지칭하니, 바로 나를 욕하는 것이구먼. 그 개가 울부짖으면[啼] 듣기가 싫은 법인데, 이는 내 이가 다 빠져 발음이 분명치 않은 것을 비꼰 게로군. 아무리 그렇다 해도 그대가 만약 늙은 개를 무서워한다면, 개를 내쫓는 것이 가장 낫네. 또 울부짖는 소리가 듣기 싫다면, 그 입을 막아 버리게나. 무릇 제(帝)란 조화를 부리는 존재요, 방(尨)은 거대한 물체를 가리키지. 그리고 제(帝)와 방(尨) 자를 한데 붙이면 조화를 부려 위대한 존재가 되나니, 그게 바로 용(龍)이라네. 그렇다면 그대는 나에게 모욕을 가하지 못하고, 도리어 나를 칭송한 셈이 되고 말았구먼."

'춘첩자'의 의미 / 민옹 / 민옹이 '나'가 말한 은어의 의미를 밝혀냄. / 민옹이 '나'가 말한 은어를 재치 있게 풀어 칭찬으로 바꿔서 해석함.

조선 후기의 대표적인 실학자인 박지원은 「호질」, 「허생전」, 「양반전」 등을 통해 양반들의 위선적인 태도와 허위의식, 당대 사회 제도를 비판했지.

어휘 풀이

- ❖ **장황하다**: 매우 길고 번거롭다.
- ❖ **달변가**: 말을 능숙하고 막힘이 없이 잘하는 사람.
- ❖ **황충**: 메뚜깃과의 곤충. 농작물에 큰 피해를 입힘.

구절 풀이

- * **두려워할 것은 ~ 것이 없다네.**: 스스로 경계하지 않으면 자신의 행동이 위험이 될 수 있고, 그릇된 삶을 살 수 있으므로 항상 자신을 경계할 것을 강조한 말임.
- * **곡식이란 곡식은 ~ 한 것이 없더군.**: 조정 관료들의 탐욕스러움과 그로 인해 백성들이 피해를 입는 현실을 풍자한 표현임.

전체 줄거리 엿보기

기

남양에 사는 민유신은 어릴 때부터 매우 영민하였지만 벼슬하고는 인연이 없어 이인좌의 난 때 출전하여 그 공으로 한 번 벼슬에 오른 적이 있으나 집으로 돌아온 후로 벼슬하지 않았다.

(민옹의 성장 과정)

서 본문 수록 부분

'나'는 18세에 마음에 병을 앓은 것을 계기로 민옹과 가까워지게 됐는데, 민옹은 기발한 방법으로 '나'의 입맛을 돋우어 주고 잠을 잘 수 있게 해 주었다. 여러 사람들의 곤란한 질문에도 민옹의 대답은 쉽고 막힘이 없었으며 황충을 빗대어 조정 관료들에 대한 비판을 드러내기도 했다.

(민옹의 일화)

결

어느 날 민옹이 찾아오자 '나'는 파자로 그를 놀렸다. 그러나 민옹은 놀리는 말을 칭찬하는 말로 바꾸어 버렸다. 그다음 해에 민옹은 세상을 떠났다. 민옹은 '역경(易經)'에 밝고 『노자』를 즐겨 읽으며, 보지 않은 글이 없었다.

(민옹의 죽음)

독해 포인트

1. 인물

민옹	세상일을 꿰뚫어 보며 재치 있게 말을 하는 (❶). 상대방의 곤란한 질문에도 거침없이 답변함.
(❷)	민옹의 식견과 재치를 관찰하고 전달하는 인물
손님	곤란한 질문으로 민옹을 시험함.

2. 배경과 소재

배경	시간적	조선 후기	**공간적**	조선 남양(지금의 화성)
소재	야만인	자신을 스스로 경계하지 못하고 그릇된 삶을 사는 인물		
	(❸)	겉으로는 벼농사에 피해를 입히는 해충을 의미하지만, 그 이면에 백성을 고통스럽게 하는 탐욕스러운 조정 관리라는 속뜻을 담고 있음.		
	은어	• 한자의 글자를 풀어 나누어 문제를 내는 파자 놀이 • '나'가 민옹을 놀릴 의도로 말한 은어를 민옹이 재치 있게 바꿔 칭찬하는 말로 해석함.		

3. 사건

사건	• (❹)이 무엇이냐는 손님의 질문에 민옹이 자신을 경계하지 못하는 것이라고 답함. • 민옹이 탐욕스러운 조정 관료를 '황충'에 빗대어 돌려서 비판함. • '나'가 민옹을 놀릴 의도로 은어를 말했지만 민옹이 이를 재치 있게 칭찬으로 바꿈.

4. 시점과 서술 방식

1인칭 (❺) 시점	'나'가 주인공 민옹을 관찰하여 민옹의 일화와 심리를 서술함.
서술자의 개입	민옹에 대한 서술자의 직접적인 평가가 드러남. → '~달변가라 하겠다.'
전(傳)의 형식	실존 인물인 민옹의 일대기를 몇 가지 일화의 나열을 통해 제시함. → 민옹의 말을 빌려 당시 시대에 대한 비판적 관점을 드러냄.
(❻) 표현	백성을 괴롭히는 탐욕스러운 조정 관료를 '황충'에 빗대어 당대 사회의 지배 계층의 문제를 비판함.

5. 주제

이 작품은 실존 인물인 민유신의 일대기를 몇 가지 일화를 나열하여 서술한 소설로, 세상일을 꿰뚫어 보면서 재치 있게 말을 하는 민옹을 통해 당대 사회를 (❼)하며 비판적 관점을 드러내고 있다.

❶ 달변가 ❷ '나' ❸ 황충 ❹ 두려운 것 ❺ 관찰자 ❻ 우의적 ❼ 풍자

어휘력 체크

01 다음 밑줄 친 낱말의 사용이 적절하지 않은 것은?

① 연설이 너무 장황하여 지루하다.
② 선생님의 독려가 이번 시험에 도움이 되었다.
③ 그는 말을 답답하게 하는 달변가이다.
④ 보는 사람마다 그에 대한 칭송이 자자했다.
⑤ 우리 문화의 보존에 힘써야 한다.

02 다음 빈칸에 들어갈 낱말을 쓰시오.

> 「명사」
> 문학 작품 따위에서, 현실의 부정적 현상이나 모순 따위를 빗대어 비웃으면서 씀.
> 예 채만식의 소설은 현실에 대한 비판을 (　　　) 로 드러내고 있다.

03 '노인'의 뜻을 더하는 접미사인 1음절의 한자어를 쓰시오.

04 다음 빈칸에 들어갈 속담을 쓰시오.

> 윗글에서 '혀 밑에 도끼를 감추고 있다.'라는 말은 말을 잘못하면 큰 위험이 될 수 있으니, 말을 조심해서 할 것을 경계하는 말이다. 이와 유사한 뜻의 속담으로 (ㅅ ㅊ ㅎㄱ ㅅㄹ ㅈㄴㄷ)를 들 수 있다.

01 ③ 02 풍자 03 옹 04 세 치 혀가 사람 잡는다

더 읽어 보기

19일차 학습한 날짜 월 일

광문자전 _박지원

광문(廣文)은 종루 저잣거리에서 빌어먹으며 살고 있는 거지이다. 거지 아이들의 추대로 두목이 되어 소굴인 움막집을 지키던 어느 날 병이 들어 죽은 아이 때문에 의심을 받아 쫓겨난다. 광문은 어느 집으로 피신하려다 도둑으로 오해를 받아 붙잡힌다. 집주인이 그가 도둑이 아님을 알고 풀어 주자, 광문은 죽은 아이를 장사 지내 준다. 이를 지켜본 집주인이 그를 의롭게 여겨 약국에 추천한다. 어느 날 약국에서 돈이 없어지는 사건이 일어나자 광문은 또다시 의심을 받지만 사건의 진실이 곧 밝혀진다. 이 일을 계기로 광문의 정직함이 널리 알려지고 광문이 빚보증을 서 주는 경우에는 담보 없이 돈을 빌려줄 만큼 광문의 신망이 높아진다. 광문은 외모와 말솜씨는 보잘것없었지만 현명한 태도로 사람들을 대했다. 광문은 장가가길 권하면 자신의 외모가 추하다는 이유를 들어 거절하고 집을 가지라 권하면 집을 가질 필요가 없음을 들어 거절했다.

▶ **이 작품은** 비범한 능력과 뛰어난 외모의 인물을 주인공으로 내세운 기존의 소설과는 달리, 거지인 '광문'을 내세워 새로운 시대에 필요한 인간형을 보여 준 한문 단편 소설이다. 비록 거지이지만 지배층인 양반이 지니지 못한 성실성, 도덕성, 욕망을 경계하는 태도 등을 지닌 광문은 새로운 시대에 필요한 인물상이었다. 이 작품은 특히 작가가 살고 있던 당시의 사회상을 생생하게 묘사하고 있는 사실주의적 작품으로 평가된다.

▶ **주제**

• 신의 있는 태도와 헛된 욕심을 부리지 않는 삶의 모습 예찬 / • 지배층에 대한 풍자

▶▶ 이 작품은 신분을 초월한 새로운 인간형을 보여 준다는 점에서 「민옹전」과 함께 읽으면 좋은 작품이다. 「민옹전」의 '민옹'이 달변가이고, 「광문자전」의 '광문'은 말솜씨가 없다는 차이점이 있지만 주인공이 헛된 욕심을 부리지 않고 현명한 삶의 태도를 지닌 점, 지배층에 대한 풍자를 바탕으로 하고 있는 점이 공통적이다.

양반전 _박지원

정선 고을에 사는 어질고 학식이 풍부한 한 양반이 집이 가난하여 관가에서 환곡을 타다 먹었는데, 해마다 쌓여 그 빚이 천 석에 달했다. 하루는 강원도 감사가 그 고을을 순시하다가 이 사실을 알고 노하여 그 양반을 잡아들이라고 명하고, 이를 갚을 도리가 없는 양반은 자신의 신분이 천한 것을 한탄하던 한 부자에게 환곡을 대신 갚아 주는 대가로 양반 신분을 판다. 이 사실을 알게 된 군수는 부자를 칭송하며 양반 매매 증서를 써 주겠다고 한다. 군수는 양반이 지켜야 할 사항을 하나하나 적은 매매 증서를 작성한다. 하지만 부자는 자신의 기대와 다르게 양반이 해야 할 엄격한 의무를 중심으로만 작성한 증서 내용에 불만을 표한다. 이에 군수는 다시 양반들의 권리를 열거한 매매 증서를 작성하고, 이를 본 부자는 양반의 삶이 도둑의 모습과 다르지 않다고 생각하면서 양반이 되기를 포기한다.

▶ **이 작품은** 가난한 양반이 부자에게 양반 신분을 매매하려는 사건을 소재로 하여, 양반의 무능함과 그들의 허례허식을 비판하고 있다. 이 소설은 특히 조선 후기에 문란해진 신분 제도, 서민 의식이 성장한 모습, 공공연하게 양반 신분을 매매하는 사회상을 반영한 작품이라는 데 의의가 있다.

▶ **주제** 양반의 허위성과 모순 및 부패한 사회 현실에 대한 비판과 풍자

▶▶ 이 작품은 조선 후기의 혼란한 사회상을 보여 주면서 양반의 허위성과 무능함, 모순을 비판하고 있다는 점에서 「민옹전」과 함께 읽어 보면 좋은 작품이다.

마무리 정리하기

기출 유형 살펴보기

구분	유형
서술상의 특징 파악	서술자와 시점 파악하기
	서술 방식의 종류와 특징 파악하기
	서술 방식의 효과 파악하기
〈보기〉를 바탕으로 한 작품 감상	〈보기〉의 작품 감상 관점을 반영하여 인물의 태도, 특징 파악하기
	〈보기〉의 작품 감상 관점을 반영하여 사건과 배경 파악하기
	〈보기〉의 작품 감상 관점을 반영하여 주제 파악하기
작품의 내용 파악	인물의 성격과 태도, 심리 파악하기
	중심 사건과 갈등의 원인과 양상 파악하기
	소재와 배경, 주제 파악하기

미리 공부해야 할 개념

- 시점의 종류와 특징
- 인물의 성격과 제시 방법
- 배경과 소재의 개념과 기능
- 사건과 갈등의 개념 및 특징

더 알아 두기

- 고전 소설의 특징 알아 두기
- 고전 소설의 흐름 알아 두기
- 현대 소설과 관련해 사회·문화적 사회 상황 알아 두기

01 복덕방 _이태준

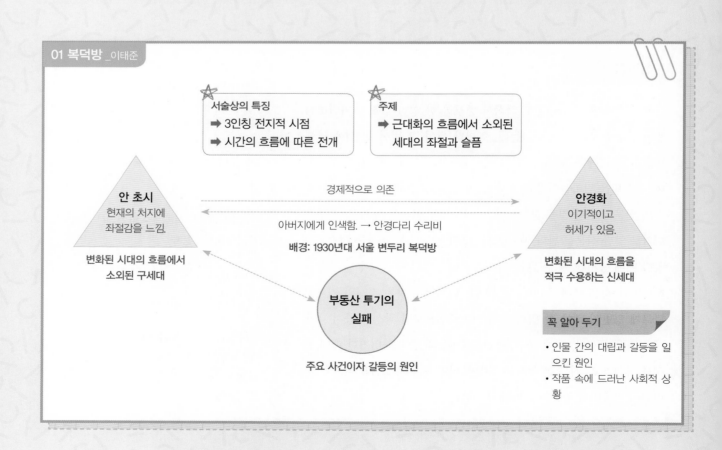

서술상의 특징
➡ 3인칭 전지적 시점
➡ 시간의 흐름에 따른 전개

주제
➡ 근대화의 흐름에서 소외된 세대의 좌절과 슬픔

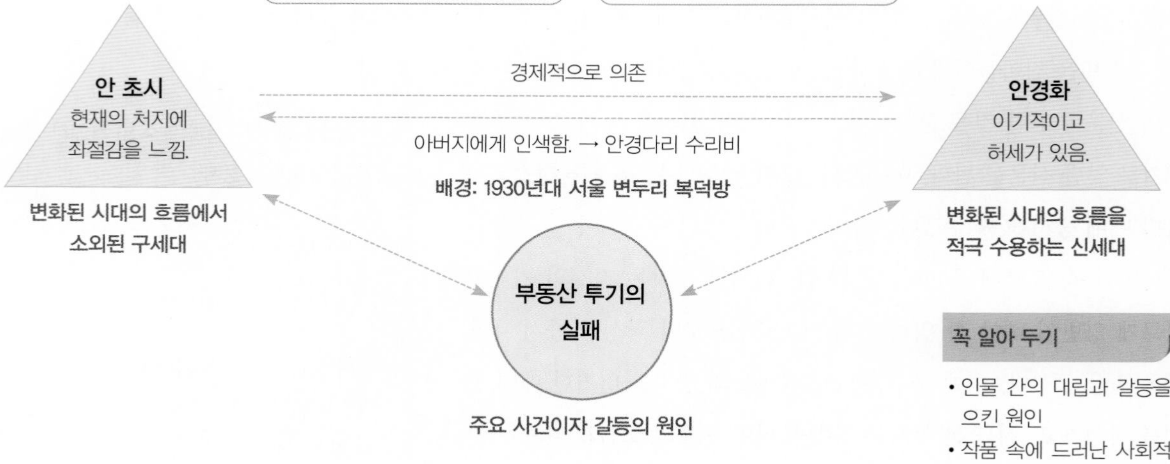

안 초시
현재의 처지에 좌절감을 느낌.

변화된 시대의 흐름에서 소외된 구세대

경제적으로 의존 →
← 아버지에게 인색함. → 안경다리 수리비

배경: 1930년대 서울 변두리 복덕방

안경화
이기적이고 허세가 있음.

변화된 시대의 흐름을 적극 수용하는 신세대

부동산 투기의 실패

주요 사건이자 갈등의 원인

꼭 알아 두기

- 인물 간의 대립과 갈등을 일으킨 원인
- 작품 속에 드러난 사회적 상황

02 눈사람 속의 검은 항아리 _김소진

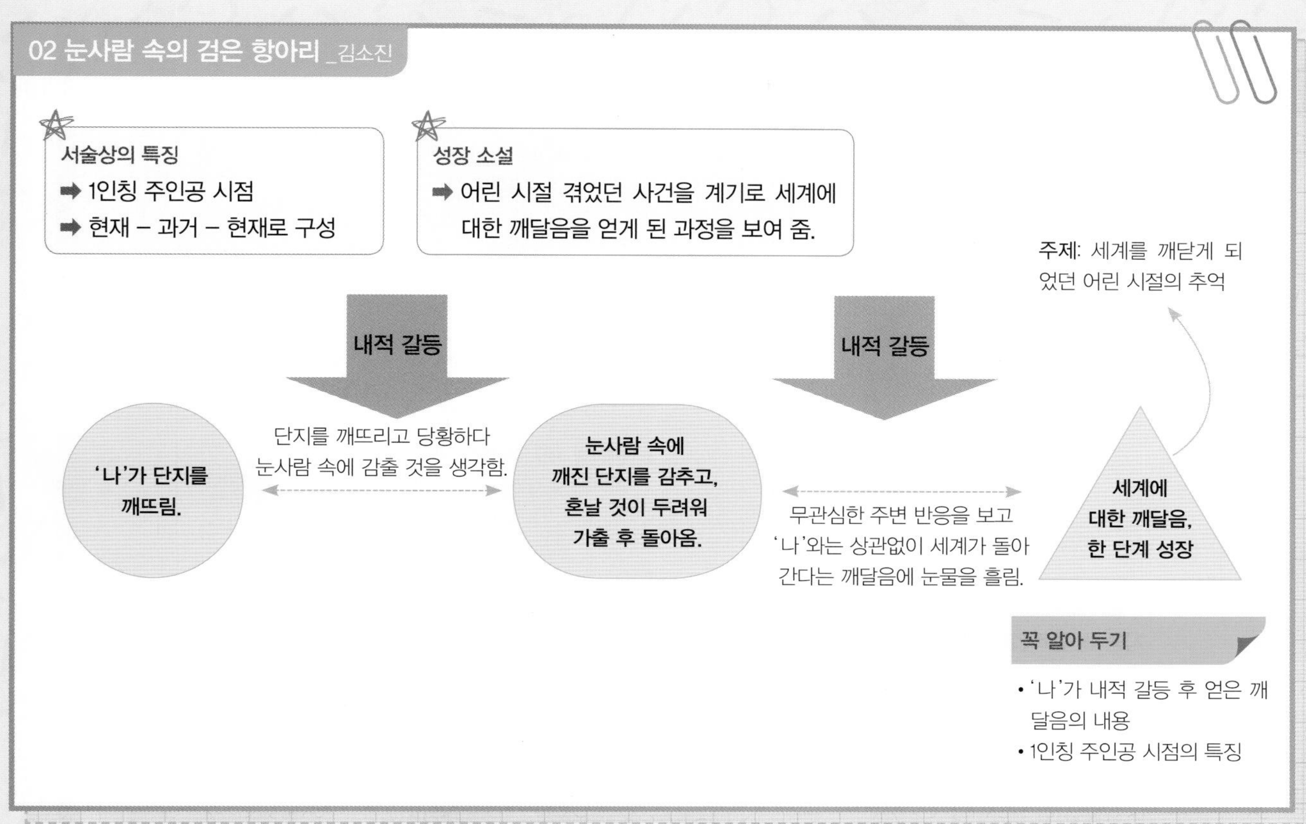

서술상의 특징
➡ 1인칭 주인공 시점
➡ 현재 – 과거 – 현재로 구성
성장 소설
➡ 어린 시절 겪었던 사건을 계기로 세계에 대한 깨달음을 얻게 된 과정을 보여 줌.
주제: 세계를 깨닫게 되었던 어린 시절의 추억
내적 갈등
내적 갈등
'나'가 단지를 깨뜨림.
단지를 깨뜨리고 당황하다 눈사람 속에 감출 것을 생각함.
눈사람 속에 깨진 단지를 감추고, 혼날 것이 두려워 가출 후 돌아옴.
무관심한 주변 반응을 보고 '나'와는 상관없이 세계가 돌아간다는 깨달음에 눈물을 흘림.
세계에 대한 깨달음, 한 단계 성장
꼭 알아 두기
• '나'가 내적 갈등 후 얻은 깨달음의 내용
• 1인칭 주인공 시점의 특징

03 봄·봄 _김유정

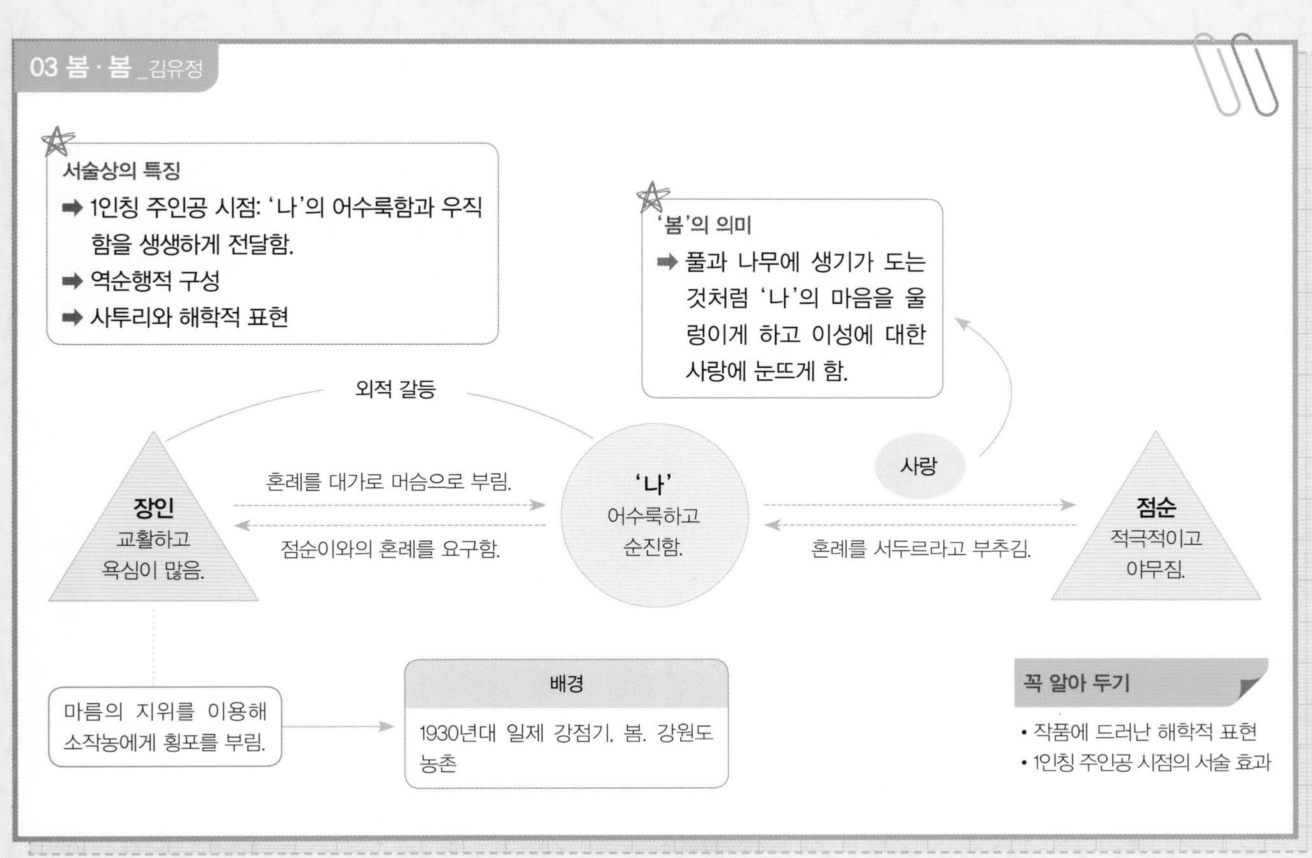

서술상의 특징
➡ 1인칭 주인공 시점: '나'의 어수룩함과 우직함을 생생하게 전달함.
➡ 역순행적 구성
➡ 사투리와 해학적 표현
'봄'의 의미
➡ 풀과 나무에 생기가 도는 것처럼 '나'의 마음을 울렁이게 하고 이성에 대한 사랑에 눈뜨게 함.
외적 갈등
장인
교활하고 욕심이 많음.
혼례를 대가로 머슴으로 부림.
점순이와의 혼례를 요구함.
'나'
어수룩하고 순진함.
사랑
혼례를 서두르라고 부추김.
점순
적극적이고 야무짐.
마름의 지위를 이용해 소작농에게 횡포를 부림.
배경
1930년대 일제 강점기, 봄, 강원도 농촌
꼭 알아 두기
• 작품에 드러난 해학적 표현
• 1인칭 주인공 시점의 서술 효과

마무리 정리하기

04 노새 두 마리 _최일남

인물

- '나': 어린이다운 순진함과 천진함을 가지고 있는 인물. 아버지의 삶을 전달해 줌.
- 아버지: 노새로 연탄 배달을 하며 고단한 삶을 사는 인물. 산업화와 도시화의 변화를 따라가지 못하지만, 가장으로서의 책임감이 강함.

배경과 소재

배경	소재
• 시간적 배경: 1970년대 어느 겨울 • 공간적 배경: 서울 변두리의 가난한 동네	• 노새, 삼륜차, 연탄, 자동차, 헬리콥터

노새 ← 산업화, 도시화에 적응하지 못하는 가난한 도시 이주민을 상징

↕ 대조

비행기, 자전거, 자동차, 헬리콥터 ← 산업화, 도시화 상징

꼭 알아 두기

- '노새'의 의미
- 산업화와 도시화를 상징하는 소재
- 작품 속에 드러난 사회적 상황

사건

아버지가 노새로 연탄 배달을 함. → 어느 날 노새가 달아남. → 아버지와 '나'가 노새를 찾아다녔으나 찾지 못함. → 달아난 노새가 사고를 쳐서 경찰서에서 찾아옴. → 아버지가 어두운 골목길로 사라짐.

갈등

아버지 ↔ 산업화, 도시화되어 가는 사회

개인과 사회의 갈등

급격히 변화하는 사회의 변화를 따라가지 못해 발생하는 갈등

서술상의 특징

➡ 어린아이인 '나'의 시선으로 아버지의 삶을 객관적으로 관찰함.

주제

➡ 산업화, 도시화 과정에서 소외된 하층민들의 힘겹고 고달픈 삶

05 토지 _박경리

인물	서희 쪽		조준구 쪽
	서희(양반), 윤보(평민), 봉순과 길상(하인) → 최 참판 댁을 조준구로부터 지키려는 인물들, 긍정적 속성을 지님.	↔ 대립	조준구와 홍 씨(친일파 양반), 삼수(하인) → 최 참판가의 재산을 빼앗으려는 탐욕스러운 인물들, 부정적 속성을 지님.

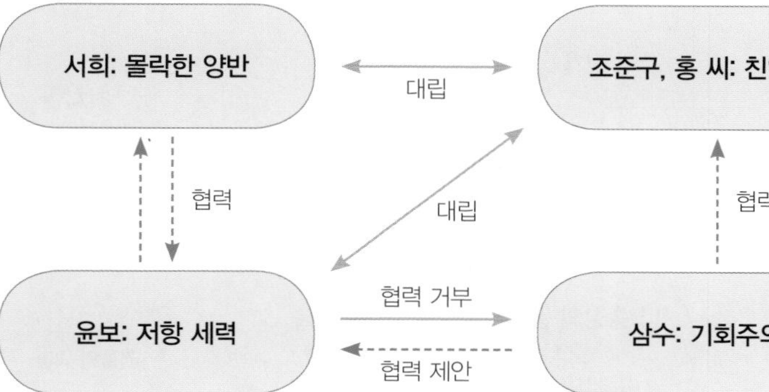

꼭 알아 두기
- 인물들 간의 대립과 갈등의 원인
- 작품 속에 드러난 시대적 배경과 상황에 대한 이해
- 인물들의 성격과 태도

배경과 소재	배경	소재
	• 시간적 배경: 구한말 • 공간적 배경: 최 참판 댁(하동 평사리)	• 의병, 헌병, 순사, 화적

사건
윤보가 의병 자금을 확보하기 위해 최 참판가 습격을 준비함. – 삼수가 조준구를 먼저 공격하자고 제안하나 윤보가 거절함. – 윤보 일행이 최 참판가를 습격하고, 조준구는 삼수의 도움으로 화를 면함. – 홍 씨는 의병의 습격을 서희가 사주했다고 여기며 서희에게 횡포를 부림. – 조준구는 자신을 도와준 삼수에게 의병 앞잡이라고 하며 분노함.

갈등
- 기회주의적인 삼수와 윤보의 갈등
- 최 참판 댁 재산을 가로채려는 홍 씨와 이를 지키려는 서희의 갈등

서술상의 특징
➡ 3인칭 전지적 시점: 서술자가 인물과 상황에 대해 평가
➡ 비유적 표현 활용, 사투리와 비속어, 의태어 및 의성어 활용

주제
➡ 근현대사 속에서 우리 민족이 겪은 삶의 기쁨과 슬픔, 고난의 극복 과정

마무리 정리하기

06 최고운전 _작자 미상

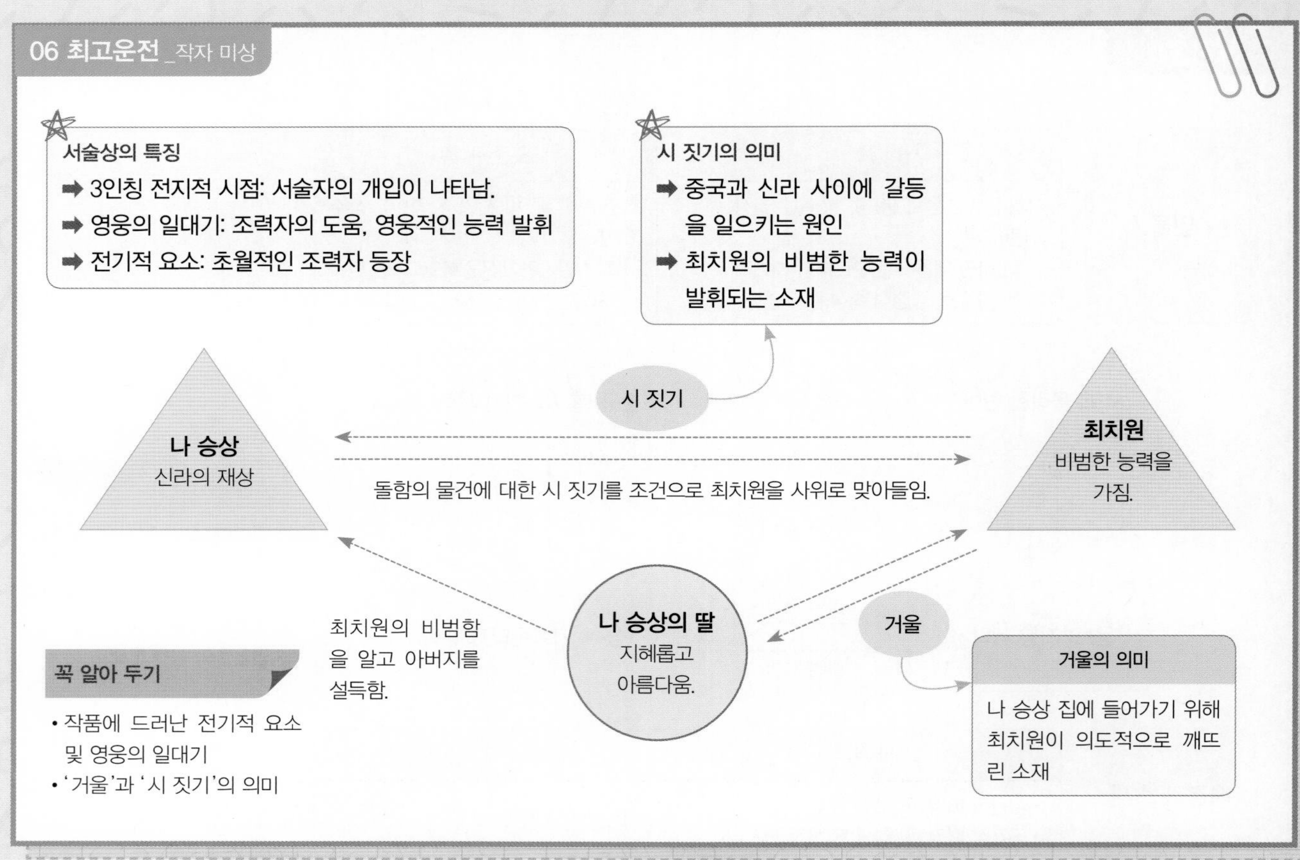

서술상의 특징
➡ 3인칭 전지적 시점: 서술자의 개입이 나타남.
➡ 영웅의 일대기: 조력자의 도움, 영웅적인 능력 발휘
➡ 전기적 요소: 초월적인 조력자 등장
시 짓기의 의미
➡ 중국과 신라 사이에 갈등을 일으키는 원인
➡ 최치원의 비범한 능력이 발휘되는 소재
시 짓기
나 승상
신라의 재상
최치원
비범한 능력을 가짐.
돌함의 물건에 대한 시 짓기를 조건으로 최치원을 사위로 맞아들임.
최치원의 비범함을 알고 아버지를 설득함.
나 승상의 딸
지혜롭고 아름다움.
거울
거울의 의미
나 승상 집에 들어가기 위해 최치원이 의도적으로 깨뜨린 소재
꼭 알아 두기
• 작품에 드러난 전기적 요소 및 영웅의 일대기
• '거울'과 '시 짓기'의 의미

07 사씨남정기 _김만중

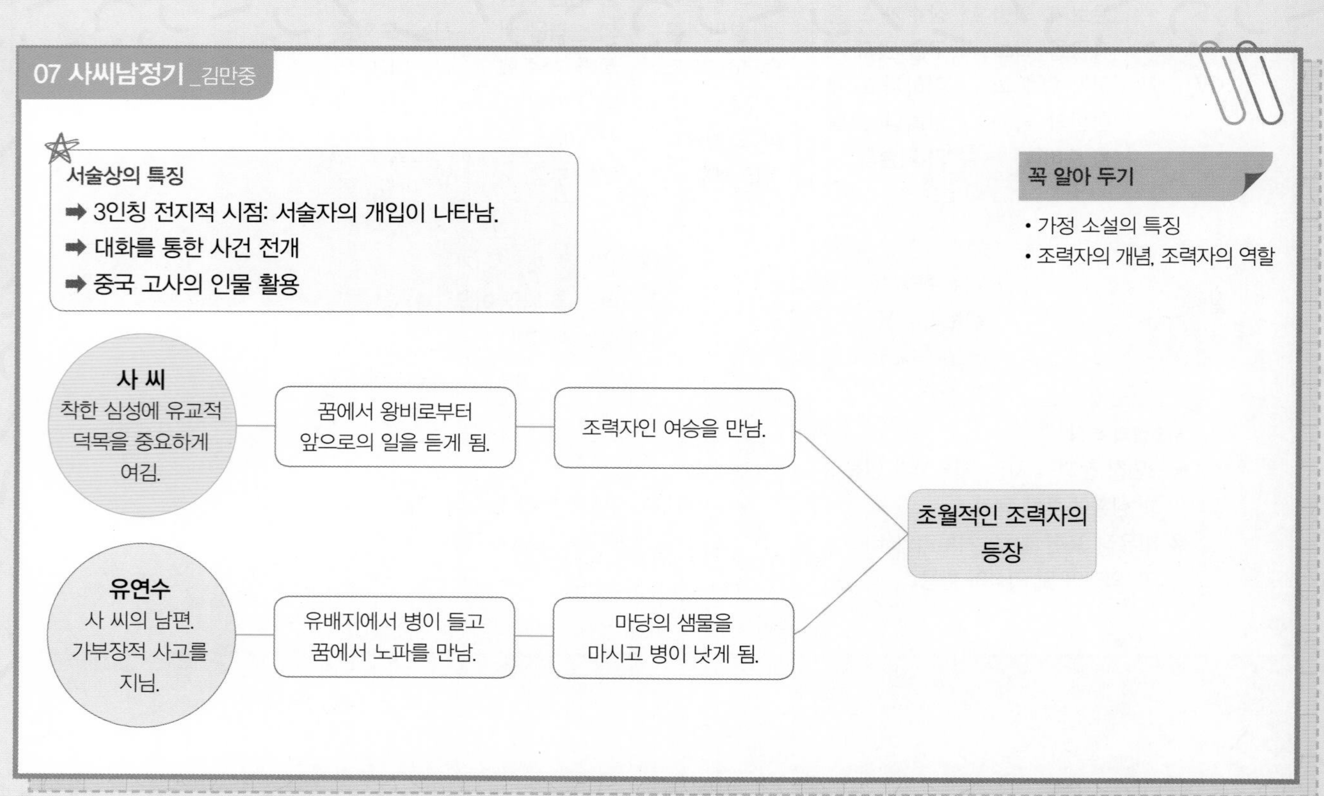

서술상의 특징
➡ 3인칭 전지적 시점: 서술자의 개입이 나타남.
➡ 대화를 통한 사건 전개
➡ 중국 고사의 인물 활용
꼭 알아 두기
• 가정 소설의 특징
• 조력자의 개념, 조력자의 역할
사 씨
착한 심성에 유교적 덕목을 중요하게 여김.
꿈에서 왕비로부터 앞으로의 일을 듣게 됨.
조력자인 여승을 만남.
초월적인 조력자의 등장
유연수
사 씨의 남편. 가부장적 사고를 지님.
유배지에서 병이 들고 꿈에서 노파를 만남.
마당의 샘물을 마시고 병이 낫게 됨.

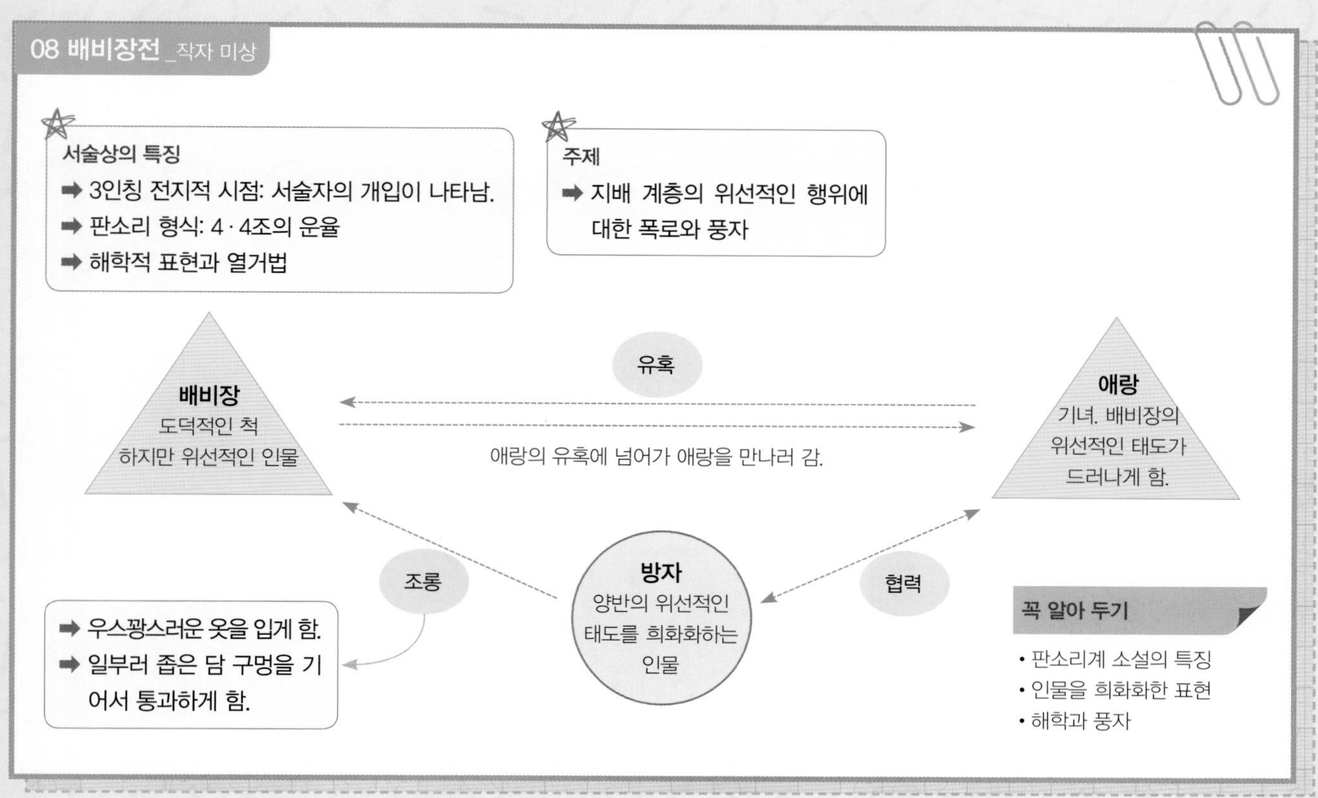
08 배비장전 _작자 미상
서술상의 특징
➡ 3인칭 전지적 시점: 서술자의 개입이 나타남.
➡ 판소리 형식: 4·4조의 운율
➡ 해학적 표현과 열거법
주제
➡ 지배 계층의 위선적인 행위에 대한 폭로와 풍자
배비장
도덕적인 척 하지만 위선적인 인물
유혹
애랑의 유혹에 넘어가 애랑을 만나러 감.
애랑
기녀. 배비장의 위선적인 태도가 드러나게 함.
조롱
방자
양반의 위선적인 태도를 희화화하는 인물
협력
➡ 우스꽝스러운 옷을 입게 함.
➡ 일부러 좁은 담 구멍을 기어서 통과하게 함.
꼭 알아 두기
• 판소리계 소설의 특징
• 인물을 희화화한 표현
• 해학과 풍자

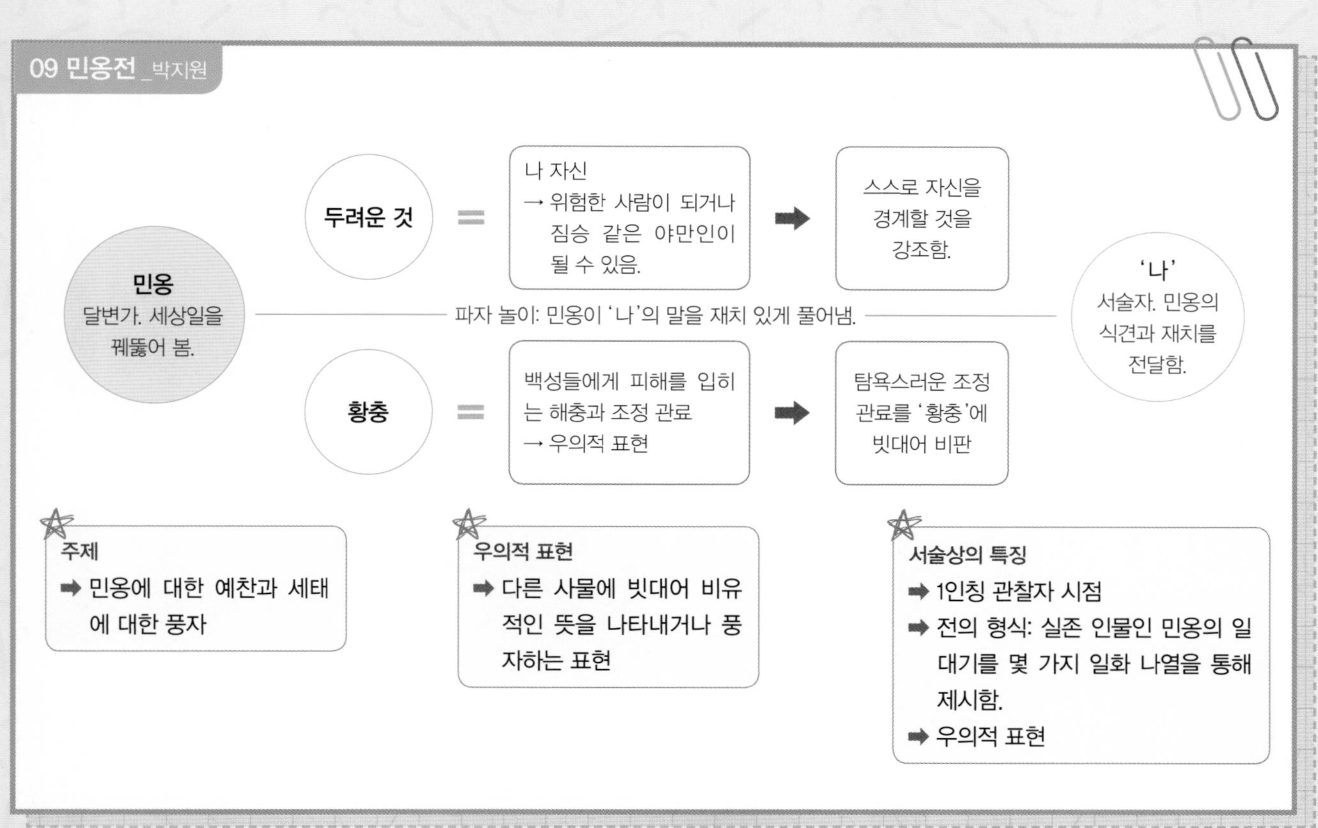
09 민옹전 _박지원
두려운 것
=
나 자신
→ 위험한 사람이 되거나 짐승 같은 야만인이 될 수 있음.
스스로 자신을 경계할 것을 강조함.
민옹
달변가. 세상일을 꿰뚫어 봄.
파자 놀이: 민옹이 '나'의 말을 재치 있게 풀어냄.
'나'
서술자. 민옹의 식견과 재치를 전달함.
황충
=
백성들에게 피해를 입히는 해충과 조정 관료
→ 우의적 표현
탐욕스러운 조정 관료를 '황충'에 빗대어 비판
주제
➡ 민옹에 대한 예찬과 세태에 대한 풍자
우의적 표현
➡ 다른 사물에 빗대어 비유적인 뜻을 나타내거나 풍자하는 표현
서술상의 특징
➡ 1인칭 관찰자 시점
➡ 전의 형식: 실존 인물인 민옹의 일대기를 몇 가지 일화 나열을 통해 제시함.
➡ 우의적 표현

Ⅲ 극 문학·수필

개념 학습하기

극 문학과 수필

극 문학은 크게 연극의 대본인 희곡과 영화나 TV 드라마의 각본인 시나리오로 나눌 수 있다. 여기에 전통 연극인 탈춤도 극 문학에 포함된다. 형식은 다르지만 인물 사이의 갈등을 중심으로 허구적 사건을 다룬다는 점은 소설과 유사하다. 수필은 글쓴이가 자신의 체험에서 얻은 깨달음과 느낌을 자유로운 형식으로 서술한 갈래이다.

1 희곡

1. 개념과 특성

(1) **개념**: 무대 상연을 전제로 하는 연극의 대본

(2) **특성**: ① 등장인물의 대사와 행동을 통해 인물의 심리가 제시되고 사건이 전개됨.
② 제한된 공간과 시간 안에서 이루어지기 때문에 독자들의 암묵적인 동의를 요구함.

TIP 대사의 종류

- **대화**: 인물들 사이에 주고받는 말
- **독백**: 상대방 없이 등장인물이 혼자 하는 말
- **방백**: 상대방이 듣지 않는 것으로 약속하고 무대 위 인물이 관객에게 직접 자기의 의도와 생각을 알려 주는 말

2. 구성 요소

(1) **형식상의 요소**

대사	등장인물이 하는 말. 대화, 독백, 방백으로 이루어짐.
해설	작가가 집필 의도나 등장인물, 배경, 무대 등에 대해 설명하는 부분
지시문(지문)	등장인물의 행위와 무대 상황의 변화에 관한 지시와 설명을 제시한 것

(2) **내용상의 요소**: 인물, 사건, 배경

2 시나리오

1. 개념과 특성

(1) **개념**: 영화나 드라마 촬영을 목적으로 창작된 대본

(2) **특성**: ① 희곡에 비해 시간적 · 공간적 제약을 거의 받지 않음.
② 인물의 대사를 통해 사건이 전달되며, 카메라의 시선에 의해 장면화됨.
③ 장면의 순서나 촬영과 관련된 특수한 용어를 사용함.

2. 구성 요소

- 장면 번호: 'S#'과 같은 형식으로 표현됨. 각 장면을 매기는 번호를 일컬음.
- 해설: 내레이션이라고 함. 등장인물, 배경, 장소 등에 대해 설명하는 부분
- 대사: 등장인물 간의 대화
- 지문: 등장인물의 동작이나 표정, 카메라의 위치나 촬영 기법, 음향 효과, 편집 방식 등을 지시하는 글

필수 개념 체크

01 무대 상연을 전제로 하는 연극의 대본을 (ㅎㄱ)이라고 한다.

02 대사는 등장인물이 하는 말로 독백, (ㅂㅂ), 대화로 나뉜다.

03 'S#'과 같은 형식으로 표현되며 각 장면을 매기는 번호를 (ㅈㅁ ㅂㅎ)라 한다.

04 시나리오는 희곡에 비해 시간적 · 공간적 제약을 거의 받지 않는다. (○ , ×)

05 TV 드라마 대본은 희곡에 속한다. (○ , ×)

3. 시나리오 용어

시나리오 용어는 연출 방법이나 촬영 효과와 관련하여 자주 출제되니, 꼼꼼히 확인해 둘 필요가 있어.

Cut	컷. 한 번의 연속 촬영으로 찍은 장면	Scene	장면. 같은 장소, 같은 시간 내에서 이루어지는 사건을 나눈 단위
Sequence	시퀀스. 여러 가지 장면들이 모여 하나의 이야기를 나타낼 때 쓰는 말	NAR. (Narration)	내레이션. 해설을 말함.
F.I. (Fade In)	페이드인. 화면이 점점 밝아짐.	F.O. (Fade Out)	페이드아웃. 화면이 점점 어두워짐.
O.L. (Over Lap)	오버랩. 하나의 화면이 끝나기 전에 다음 화면이 겹치면서 먼저 화면이 차차 사라지게 하는 기법.	C.U. (Close Up)	클로즈업. 등장하는 배경이나 인물을 화면에 크게 나타내는 일
Ins.(Insert)	인서트. 장면 사이의 삽입 화면	E.(Effect)	효과음. 장면의 실감을 더하기 위해 주로 화면 밖에서 음향이나 대사에 의한 효과를 말함.

4. 희곡과 시나리오 → 공통점: 대사와 행동 위주로 이루어짐.

희곡		시나리오
• 연극 상연이 목적임. • 시간과 공간, 등장인물의 수에 제약이 많음. • 장과 막으로 구분됨.	VS	• 영화 상영이 목적임. • 시간과 공간, 등장인물의 수에 제약이 거의 없음. • 장면으로 구분됨.

막: 무대와 객석 사이의 장막을 올리고 다시 내릴 때까지의 한 장면

3 수필

1. 수필의 개념과 특성

(1) 개념: 글쓴이가 생활 속에서 얻은 생각과 느낌을 일정한 형식 없이 자유롭게 쓴 글 (무형식의 형식)

(2) 특성

① 수필은 형식이 자유로우며, 글쓴이의 개성이 잘 드러남.

② 글의 소재가 다양하고, 글쓴이의 인생관이나 가치관이 솔직하게 드러나는 자기 고백적인 글임. (1인칭의 문학)

2. 수필의 감상 방법

- **경험과 깨달음의 구분**: 글쓴이가 어떤 경험을 했고, 그것을 통해 얻은 깨달음이 무엇인지 파악함.
- **글쓴이의 개성 파악**: 글의 서술상 특징이나 표현 방법에 주목하여 글쓴이의 개성을 파악함.
- **교훈 파악**: 글쓴이가 자신이 겪은 경험을 통해 얻은 깨달음이 독자에게 어떤 교훈을 주는지 파악하여 자신의 삶을 되돌아보는 기회를 가짐.

06 등장하는 배경이나 인물을 화면에 크게 나타내어 강조하는 시나리오 용어를 (ㅋㄹㅈㅇ)이라고 한다.

07 하나의 화면이 끝나기 전에 다음 화면이 겹치면서 먼저 화면이 차차 사라지게 하는 촬영 기법을 (ㅇㅂㄹ)이라고 한다.

08 수필은 형식이 자유로우며 자기 고백적인 글이다. (○ , ×)

09 수필에는 글쓴이의 경험과 (ㄲㄷㅇ)이 담겨 있다.

10 수필에서 글쓴이의 개성은 서술상의 특징이나 (ㅍㅎ ㅂㅂ)을 통해 드러난다.

01 희곡 02 방백 03 장면 번호 04 ○ 05 × 06 클로즈업 07 오버랩 08 ○ 09 깨달음 10 표현 방법

기출 유형 살펴보기

극 문학과 수필의 출제 유형, 갈래의 특징에 주목하자!

극 문학과 수필은 시나 소설처럼 빠지지 않고 매번 출제되는 것은 아니지만 다른 갈래와 엮어서 제시되거나 때론 단독 지문으로 출제되기도 한다. 극 문학의 경우 갈래의 특징에 주목하여 감상하는 문제가 종종 출제되며, 수필은 글쓴이의 경험과 깨달음을 파악하는 문제가 자주 출제된다.

1 극 문학

등장인물과 장면에 대한 이해

극 문학도 산문 문학에 포함되므로 작품의 내용과 중심 사건, 등장인물의 성격과 태도 등을 파악하는 문제가 자주 출제된다. 또한 특정한 장면에 대한 이해를 묻는 문제도 출제되므로, 등장인물의 대사를 통해 인물, 사건, 배경, 갈등 등을 잘 파악해야 한다.

(1) 문제 유형

- 윗글을 통해 알 수 있는 내용으로 적절한 것은?
- 윗글의 인물에 대한 설명으로 적절한 것은?
- 〈보기〉를 바탕으로 S# 95의 ㉠~㉢을 감상한 내용으로 적절하지 않은 것은?

TIP 극 문학과 소설의 공통점
- 산문 문학이며 허구적 이야기임.
- 인물, 사건, 배경이 내용적 요소임.
- 인간의 다양한 삶의 모습과 사회 문화적 상황을 소재로 삼음.

➡ 위와 같이 작품의 내용과 인물에 대해 묻는 문제 유형이 많다. 또한 〈보기〉를 주고 이를 바탕으로 특정 장면을 해석해야 하는 문제도 출제된다. 문제 유형만 보면 소설과 큰 차이가 없다. 다만 대사를 통해 인물의 심리와 태도, 사건 등을 파악해야 한다는 차이점이 있다.

(2) 대표 문제 엿보기

윗글을 통해 알 수 있는 내용으로 적절한 것은?
① 한 상궁은 정사의 뜻을 알고 장금에게 음식을 준비하도록 했다.
② 장금과 금영은 정사가 먹을 음식을 기쁜 마음으로 함께 준비하였다.
③ 정사는 오겸호의 조언에 따라 장금이 만든 음식을 억지로 먹고 있었다.
④ 오겸호는 만한전석을 준비하라고 한 정사의 지시에 불만을 가지고 있었다.
⑤ 정사는 떠나는 날까지 음식을 준비하라고 할 만큼 장금에 대한 신뢰를 보였다.

➡ 위와 같이 인물에 대해 묻는 문제 유형은 소설과 다르지 않다. 선택지는 등장인물의 대사를 통해 확인할 수 있는 인물의 태도와 행동으로 구성되어 있다. 대사를 통해 내용의 흐름만 잘 이해하면 어렵지 않게 해결할 수 있다.

갈래의 특징에 대한 이해

극 문학은 연극으로 상연되거나 영화로 상영되는 것을 목적으로 창작된 갈래이다. 따라서 이를 고려하여 갈래의 특성을 활용한 문제가 출제된다. 가령, 연극이나 영화로 만들어지기 위해 고려해야 할 상황, 연출 계획, 시나리오 용어, 지시문과 관련된 연기 등의 문제가 출제된다.

TIP 지시문
- **동작 지시문**: 등장인물의 동작, 표정, 말투, 행동, 어조 등에 관한 지시
- **무대 지시문**: 작품의 배경, 등장인물, 무대 장치의 변화, 음향과 조명의 활용 등에 관한 지시

(1) 문제 유형

- 윗글을 영화로 연출하기 위한 연출자의 주문 사항으로 적절하지 않은 것은?
- S# 49를 제작하기 위한 회의 내용으로 적절하지 않은 것은?
- 윗글을 영상화한다고 가정할 때, 감독의 연출 계획으로 적절하지 않은 것은?

➡ 위와 같이 갈래의 특성을 살려 영상화를 위한 연출 계획이나 제작 회의 등을 묻는 문제가 출제된다. 작품의 내용과 인물의 태도를 구체적 사례에 적용한 것이므로 작품의 내용 전개를 정확하게 파악하여 대비할 수 있는 문제 유형이다.

(2) 대표 문제 엿보기

❖ **자책감** 자신의 결함이나 잘못에 대하여 깊이 뉘우치고 자신을 나무라는 마음.

윗글을 영화로 연출하기 위한 연출자의 주문 사항으로 적절하지 않은 것은?

① S# 93에서 경숙이 말할 때, 자책감❖을 담아낼 수 있는 표정으로 연기해 주세요.
② S# 94에서 정욱이 경숙을 설득할 때, 진지한 태도가 드러나는 어조로 대사를 해 주세요.
③ S# 94에서 경숙이 정욱의 제안을 거절할 때, 감정을 억누르려는 차분한 목소리로 연기해 주세요.
④ S# 101에서 마라톤 대회가 시작되는 상황일 때, 생생한 현장감이 부각될 수 있는 효과음을 넣어 주세요.
⑤ S# 101에서 초원과 경숙이 대화할 때, 마라토너들은 일시에 그들의 주변을 빠르게 지나쳐 가도록 해 주세요.

➡ 위의 유형은 다소 생소한 연출자의 주문이지만, 결국 인물의 심리와 태도, 배경 등의 적절성을 묻는 문제이다. 선택지로 제시된 각 장면을 꼼꼼히 읽고 내용의 흐름과 배경을 시나리오의 특성과 관련지어 이해하면 해결할 수 있다.

2 수필

글쓴이의 체험과 깨달음에 대한 이해

수필의 특성, 즉 글쓴이의 체험과 글쓴이가 그 경험을 통해 얻은 깨달음과 관련된 내용을 묻는 문제가 주로 출제되는데, 이와 관련된 중심 소재의 기능이나 글쓴이의 생각 등을 묻는 문제가 주로 출제된다.

(1) 문제 유형

- 다음은 윗글에 대한 학생의 감상문이다. ⓐ~ⓔ 중, 적절하지 않은 것은?
- 윗글의 내용을 고려할 때, ⓐ에 담긴 의미로 가장 적절한 것은?
- 〈보기〉를 참고할 때, 윗글에 대한 감상으로 가장 적절한 것은?

시험에서 수필은 다른 갈래와 엮어서 출제되는 경우가 많아. 이 경우 당황하지 말고 공통점에 집중하면 돼. 주로 서술상 특징이나 주제에 공통점이 있어.

➡ 위와 같이 글쓴이의 체험과 깨달음에 대해 관련 있는 내용이나 소재에 대한 이해가 적절한지 묻는 문제 유형이 주로 출제된다. 따라서 글쓴이의 체험과 깨달음의 내용을 정확히 파악하는 연습을 해 두는 것이 좋다.

(2) 대표 문제 엿보기

〈보기〉를 참고할 때, (다)에 대한 감상으로 가장 적절한 것은?

> (다)의 글쓴이는 자신의 일상생활의 체험을 바탕으로 자연물이 지닌 속성에서 발견한 정신적 가치를 드러내고 있다.

① '봄 병아리'와 다른 모습의 '서리병아리'를 통해, 어려운 상황을 견디는 인내심을 드러내고 있군.
② '푸른 하늘'을 선회하는 '솔개'를 통해, 진취적 기상을 드러내고 있군.
③ '매운바람'이 몰아칠 때 새끼를 거두어 안는 '어미 닭'을 통해, 약자의 허물을 감싸 주는 포용력을 드러내고 있군.

– 이하 하략 –

➡ 위 문제는 지문에 제시된 글쓴이의 가치관이나 깨달음과 관련된 소재의 의미가 적절한지 묻고 있다. 글쓴이의 체험, 가치관과 깨달음을 우선 정확히 파악하고, 이와 관련하여 소재를 연결 지어 이해하면 어렵지 않게 해결할 수 있다.

기출 연습하기 01

대장금 _ 김영현

1~5 다음 글을 읽고 물음에 답하시오.

문제 해결 포인트

❶ 각 장면의 상황 파악
❷ 인물 간의 갈등 파악
❸ 음식을 대하는 인물의 신념 파악

S# 49. 몽타주*

○ 산채 정식처럼 각종 산나물과 된장찌개를 정갈하게 무치고 끓이고 소박한 상을 정사에게 올리는 장금.
○ 사신, 먹으며 가운데 미간이 찡그려진다.
○ 보는 장금과 장번 내시, 오겸호, 불안하고,
○ 다음 날은 각종 해조류 반찬이 눈에 띄게 많은 밥상.
○ 보는 정사. 미역국에 고기 대신 생선이 들어가 있다.
○ 먹고는 역시 가운데 미간이 찡그려지는 정사.
○ 보는 장금과 장번 내시, 오겸호, 불안.
○ 흰 생선 살을 잘 발라내고 있는 장금.
○ 생선 살을 넣은 두부로 두부전골을 끓이는 장금.
○ 두부전골을 중심으로 올려지는 상.
○ 먹어 보고는 역시 미간이 심하게 찡그려지는 사신 정사.
○ 말린 나물과 버섯들을 걷어 가는 장금.
○ 대나무 밥을 하는 장금.
○ 사신에게 올려지는 상. 보면 물김치와 톳나물, 버섯나물과 산나물 그리고 대나무 밥이 올려져 있고.
○ 먹고는 미간을 찡그리는 사신의 모습.
○ 보는 장금의 모습.

S# 55. 태평관 연회장

들어오는 장금, 보면, 화려하게 차려진 음식상이 있다. 이때, 오겸호와 장번 내시가 사신을 모시고 나오고, 상을 보는 정사, 놀라는데, 그를 바라보는 최 상궁과 금영의 표정에 자신감이 넘친다. 한 편에는 불안한 표정으로 서 있는 장금.

오겸호: 그동안 (장금을 보며) 궁녀의 불경한 짓거리로 본의 아니게 무례를 저질렀습니다.

정사: …….

오겸호: 하여 오늘부터는 만한전석을 올릴 것입니다!

정사: 만한전석을? (장금을 본다.)

오겸호: 오늘은 저 불경한 것의 처결이 있는 날이니 원하시는 대로 벌을 내리고 마음껏 드십시오!

장금: …….

금영: (장금을 보는데)

정사, 역시 장금을 본다. 그러고는 자신의 앞에 놓인 음식을 보고, 다시 한번 장금을 보고는 수저를 들어 음식을 먹기 시작한다. 보는 최 상궁과 금영, 희색이 가득하고, 정사는 계속 먹어 보는데, 미간이 찌푸려지지 않는다. 오겸호 정사의 미간을 보고는 입가에 미소를 띠며 최 상궁을 보면 최 상궁 목례를 하고, 불안한 장금, 계속 먹는 사신 정사. 최 상궁과 장번 내시의 표정, 이제는 끝이라는 듯 바라보는 금영의 표정. 절망에 휩싸이는 장금의 표정.

S# 56. 태평관 연회장 안

모두가 지켜보는 가운데 음식을 먹던 정사, 수저를 놓는다. 모두들 정사를 바라보는데,

오겸호: 대인! 대인을 능멸한 나인이옵니다.

정사: …….

오겸호: 어찌 하올까요?

정사: 앞으로 산해진미는 이것으로 끝이오!

모두: ……?

정사: (장금에게) 이 정도 먹은 것은 용서해 주겠느냐?

장금: …….

정사: 오늘의 만한전석은 참으로 훌륭하였소.

오겸호: 예, 앞으로 연회는 이틀 동안 계속될 것이옵니다.

정사: 정성은 고마우나, 사양해야 할 듯하오.

오겸호: 대인, 그게 무슨 말씀이온지, 그동안, 저 나인의 방자한 행동으로 입에 맞지 않는 음식을 드시느라 고생하셨던 것을 송구하게 생각하여 준비한 음식입니다. 어찌하여 마다시는지요.

정사: (웃으며) 저 방자한 나인 때문이오.

오겸호: 무슨 말씀이신지?

정사: 그동안 나는 맛있고 기름진 음식만을 탐해 왔소. 하여, 지병인 소갈을 얻었음에도, 사람이란 참으로 약한 존재인지라, 알면서도 그런 음식을 끊을 수가 없었소이다.

모두: …….

정사: (장금에게) 나는 조선의 사람도 아니며, 오래 있을 사람도 아니다. 대충 내가 원하는 음식을 해 주어 보내면 될 것을, 어찌하여 고집을 피웠느냐?

장금: …….

장번 내시: 어서 아뢰어라.

장금: 저는 다만 마마님의 뜻을 따랐을 뿐이옵니다.

정사: 그 뜻이 무엇이냐?

장금: 그 어떠한 경우에도, 먹는 사람에게 해가 되는 것을, 올려서는 안 된다는 것입니

만한전석 vs 장금의 음식상

- **만한전석** 100가지 이상의 요리를 사흘에 걸쳐 먹는 청나라 황실 음식을 가리키는 것으로, 화려하고 기름진 음식을 뜻함. 정사의 건강보다는 화려하고 자극적인 맛을 강조한 상
- **장금의 음식상** 화려하지 않고 소박하지만 자극적이지 않고 재료 본연의 맛을 살린 음식상. 정사의 건강을 생각한 음식상

다. 그것이 음식을 하는 자의 도리라 하셨습니다.

정사: 그로 인해 자신에게 크나큰 위험이 닥쳐도 말이냐?

장금: 이미, 한 상궁 마마님께서 끌려가시며 제게 몸소 보여 주시지 않으셨습니까?

정사: (웃으며) 참으로 고집불통인 스승과 제자로다.

모두: (보면)

정사: 그래, 하여, 알았다. 음식을 하는 자가 도리와 소신이 있듯이 음식을 먹는 자 또한 도리가 있어야 한다는 것을.

모두: …….

정사: 음식을 해 주는 자가 올곧은 마음으로 내 몸을 지켜 주려는데 정작 먹는 자인 내가 내 몸을 소홀히 하여, 나를 해치는 음식을 먹는다는 것이 말이 안 되지. 먹는 자에게도 도리가 있는 것이었어.

모두: …….

정사: 갖은 향신료에 절어 있던 차라 네가 올린 음식이 처음에는 풀 냄새만 나더니 먹으면 먹을수록, 그 재료 고유의 맛이 느껴지면서 참으로 맛있었다. 또 다른 맛의 공간이더구나. 비록 조선의 작은 땅덩어리에 사나, 네 배포와 심지는 대륙의 땅보다도 크구나.

장금: …….

정사: 가는 날까지 내 음식은 고집불통인 네 스승과 너에게 맡기겠노라!

❖ **몽타주**: 각각 촬영한 화면을 이어 붙여 다양한 효과를 연출하는 기법으로, 사건을 속도감 있게 보여 주는 효과를 나타내기도 함.

1step 작품 파악하기

1 **S# 49에서 장금은 정사의 (　　　　　　)을/를 지키기 위해 화려하고 기름진 음식보다는 나물 위주의 소박한 음식상을 차리고 있다.**

음식에 대한 신념은 이 작품의 주제이자 인물의 성격을 단적으로 보여 주는 것이니, 정확하게 파악해야해.

2 **윗글에서 말한 '음식을 하는 사람의 도리'와 '음식을 먹는 사람의 도리'가 무엇인지 각각 한 문장으로 쓰시오.**

3 **윗글을 통해 알 수 있는 내용으로 적절한 것은?** | 2019학년도 3월 고1 학력평가 |

① 한 상궁은 정사의 뜻을 알고 장금에게 음식을 준비하도록 했다.
② 장금과 금영은 정사가 먹을 음식을 기쁜 마음으로 함께 준비하였다.
③ 정사는 오겸호의 조언에 따라 장금이 만든 음식을 억지로 먹고 있었다.
④ 오겸호는 만한전석을 준비하라고 한 정사의 지시에 불만을 가지고 있었다.
⑤ 정사는 떠나는 날까지 음식을 준비하라고 할 만큼 장금에 대한 신뢰를 보였다.

2step 갈래의 특징 파악하기 | 2019학년도 3월 고1 학력평가 |

4 **S# 49를 제작하기 위한 회의 내용으로 적절하지 <u>않은</u> 것은?**

① 음식을 정성스럽게 만드는 장금의 솜씨를 강조할 필요가 있습니다. 음식을 만드는 손을 클로즈업하면 좋겠습니다.

② 이틀에 걸친 사건을 짧은 장면으로 이어 붙인 장면입니다. 사건이 속도감 있게 전달될 수 있도록 편집하면 좋겠습니다.

③ 불안해하는 오겸호를 담은 장면이 반복됩니다. 배우의 표정 연기를 통해 긴장감이 고조되도록 연출을 하면 좋겠습니다.

④ '음식 준비 – 사신의 시식 – 장금의 기대 – 사신의 평가'가 이어지고 있습니다. 이 순서대로 장면들을 편집하면 좋겠습니다.

⑤ 조선 시대를 배경으로 하고 있습니다. 사실성이 드러나도록 당시의 의복과 소품을 고증하여 준비하는 것이 좋겠습니다.

❖ **고증**: 예전에 있던 사물들의 시대, 가치, 내용 따위를 옛 문헌이나 물건에 기초하여 증거를 세워 이론적으로 밝힘.

3step 외적 준거로 작품 파악하기 | 2019학년도 3월 고1 학력평가 |

5 **〈보기〉를 통해 윗글을 감상한 내용으로 적절하지 <u>않은</u> 것은?**

| 보기 |

음식은 먹는 사람의 건강을 지키는 수단이자 맛에 대한 욕망을 충족하는 수단이기도 하다. 이 둘은 상충되기도 하지만 조화를 이루기도 한다. 「대장금」은 다양한 음식을 소재로 한 일련의 사건과 음식에 대한 소신을 지키는 장금의 모습에서 전통 음식 문화에 대한 자부심을 느끼게 한다.

❖ **상충**: 맞지 아니하고 서로 어긋남.

① 정사는 '소갈'에 걸리고도 맛있고 '기름진 음식'을 끊을 수 없었다는 점에서 맛에 대한 욕망을 제어하지 못하였음을 알 수 있군.

② 장금이 정사가 싫어하는 것을 알면서도 '생선'과 '산나물'을 이용하여 만든 음식을 올리는 것은 정사의 건강을 우선시했기 때문이군.

③ 정사는 장금이 만든 음식에서 '재료 고유의 맛'을 느끼며 건강을 지키는 것과 맛에 대한 욕망이 조화를 이룰 수 있음을 깨닫게 되는군.

④ 장금은 정사가 '만한전석'과 같이 건강을 해치는 음식을 선호하는 것을 보고 음식을 먹는 자의 도리를 지키지 않는다고 말하며 안타까워했군.

⑤ 장금이 위험을 무릅쓰고 먹는 사람의 건강에 도움이 되는 음식을 고집하는 것에서 '음식을 하는 자의 도리'를 지키고자 하는 소신을 확인할 수 있군.

대장금 _ 김영현

이 작품은

이 작품은 드라마 「대장금」의 대본으로, 조선 시대 최초의 여성 어의(임금의 주치의)였던 대장금의 일생을 상상력을 더해 그려 냈다. 음식과 의술에 대한 소신과 신념, 온갖 어려움을 헤쳐 나가며 스스로의 노력으로 최고의 자리에 오르는 주체적인 행동과 리더십 등 장금이 보여 준 인물형은 많은 사람들에게 공감을 얻어 방영 당시 큰 화제를 모았다. 또한 이 작품은 우리나라 전통 음식 문화의 가치를 잘 담아낸 작품으로 평가받는다.

갈래 시나리오(드라마 대본)

주제 음식을 대하는 도리와 신념
(어려움을 헤쳐 나가며 자신의 삶에 최선을 다하는 장금)

내용 구조도

S# 49
장금이 나물과 해조류를 싫어하는 정사에게 계속 비슷한 재료의 소박한 상을 올림.

S# 55
최 상궁과 금영이 정사에게 화려한 만한전석을 올림.

S# 56
정사는 음식에 대한 소신을 지닌 장금에게 신뢰를 보임.

S# 49. 몽타주
장면 번호

○ 「산채 정식처럼 각종 산나물과 된장찌개를 정갈하게 무치고 끓이고 소박한 상을 정사에게 올리는 장금.
사신 가운데 우두머리가 되는 사람

○ 사신, 먹으며 가운데 미간이 찡그려진다.
: 인물의 표정을 통해 그가 나물이나 해조류, 생선 같은 건강식을 싫어함을 드러냄.

○ 보는 장금과 장번 내시, 오겸호, 불안하고,

○ 다음 날은 각종 해조류 반찬이 눈에 띄게 많은 밥상.

○ 보는 정사. 미역국에 고기 대신 생선이 들어가 있다.

○ 먹고는 역시 가운데 미간이 찡그려지는 정사.

○ 보는 장금과 장번 내시, 오겸호, 불안.
오겸호의 불안해하는 모습을 반복적으로 제시하여 오겸호가 앞으로 장금의 음식 준비에 장애가 될 것을 암시함.

○ 흰 생선 살을 잘 발라내고 있는 장금.

○ 생선 살을 넣은 두부로 두부전골을 끓이는 장금.

○ 두부전골을 중심으로 올려지는 상.

○ 먹어 보고는 역시 미간이 심하게 찡그려지는 사신 정사.

○ 말린 나물과 버섯들을 걷어 가는 장금.

○ 대나무 밥을 하는 장금.

○ 사신에게 올려지는 상. 보면 물김치와 톳나물, 버섯나물과 산나물 그리고 대나무 밥이 올려져 있고,

○ 먹고는 미간을 찡그리는 사신의 모습.」
「 」: 장금의 음식 준비 과정과 사신의 시식이 반복적으로 제시됨.

○ 보는 장금의 모습.

> S# 49는 대사 없이 장금이 음식을 준비하는 과정과 사신의 시식을 반복적으로 보여 주고 있는데, 이 중 음식을 보여 주는 장면은 클로즈업 기법이 활용되면 좋겠지~

S# 55. 태평관 연회장

들어오는 장금, 보면, 화려하게 차려진 음식상이 있다. 이때, 오겸호와 장번 내시가 사신을 모시고 나오고, 상을 보는 정사, 놀라는데, 그를 바라보는 최 상궁과 금영의 표정에 자신감이 넘친다. 한 편에는 불안한 표정으로 서 있는 장금.
장금이 올렸던 소박한 상과 대비되는 화려한 음식상
사신이 당연히 화려한 음식상을 좋아할 것이라 생각하는 최 상궁, 금영의 자신감과 장금의 불안함이 대비됨.

오겸호: 그동안 (장금을 보며) 궁녀의 불경한 짓거리로 본의 아니게 무례를 저질렀습니다.
사신의 입맛에 맞지 않는 소박한 음식을 올린 일

정사: …….

오겸호: 하여 오늘부터는 만한전석을 올릴 것입니다!
문맥상 고급 요리, 기름진 요리, 화려한 요리를 뜻함. 장금이 올렸던 것과 대비되는 음식으로 건강에는 좋지 않은 요리.

정사: 만한전석을? (장금을 본다.)

오겸호: 오늘은 저 불경한 것의 처결이 있는 날이니 *원하시는 대로 벌을 내리고 마음껏 드십시오!

장금: ……. / 금영: (장금을 보는데)

정사, 역시 장금을 본다. 그러고는 자신의 앞에 놓인 음식을 보고, 다시 한 번 장금을 보고는 수저를 들어 음식을 먹기 시작한다. 보는 최 상궁과 금영, 희색이 가득하고, 정사는 계속

먹어 보는데, 미간이 찌푸려지지 않는다. 오겸호 정사의 미간을 보고는 입가에 미소를 띠며 최 상궁을 보면 최 상궁 목례를 하고, 불안한 장금, 계속 먹는 사신 정사. 최 상궁과 장번 내시의 표정, 이제는 끝이라는 듯 바라보는 금영의 표정. 절망에 휩싸이는 장금의 표정.

기름지고 고급스러운 음식이 입맛에 맞음을 드러냄.
장금이 올린 음식을 먹을 땐 사신 정사의 미간이 항상 찌푸려졌기 때문에
대조적인 표정. 클로즈업

S# 56. 태평관 연회장 안

모두가 지켜보는 가운데 음식을 먹던 정사, 수저를 놓는다. 모두들 정사를 바라보는데,

오겸호: 대인! 대인을 능멸❖한 나인이옵니다. / 정사: …….

오겸호: 어찌 하올까요? / 정사: 앞으로 산해진미는 이것으로 끝이오!

= 만한전석. 기름지고 고급스러운 화려한 음식

모두: ……? / 정사: (장금에게) *이 정도 먹은 것은 용서해 주겠느냐?

장금: ……. / 정사: 오늘의 만한전석은 참으로 훌륭하였소.

오겸호: 예, 앞으로 연회는 이틀 동안 계속될 것이옵니다.

정사: 정성은 고마우나, 사양해야 할 듯하오.

오겸호: 대인, 그게 무슨 말씀이온지, 그동안, 저 나인의 방자한 행동으로 입에 맞지 않는 음식을 드시느라 고생하셨던 것을 송구하게 생각하여 준비한 음식입니다. 어찌하여 마다시는지요.

장금 / 사신의 입맛에 맞지 않는 소박한 음식을 올린 일

정사: (웃으며) 저 방자한 나인 때문이오.

말과는 다르게 장금에게 호의적임이 드러남.

오겸호: 무슨 말씀이신지?

정사: 그동안 나는 맛있고 기름진 음식만을 탐해 왔소. 하여, 지병인 소갈❖을 얻었음에도, 사람이란 참으로 약한 존재인지라, 알면서도 그런 음식을 끊을 수가 없었소이다.

당뇨

모두: …….

정사: (장금에게) 나는 조선의 사람도 아니며, 오래 있을 사람도 아니다. *대충 내가 원하는 음식을 해 주어 보내면 될 것을, 어찌하여 고집을 피웠느냐?

장금: ……. / 장번 내시: 어서 아뢰어라.

장금: 저는 다만 마마님의 뜻을 따랐을 뿐이옵니다.

한 상궁

정사: 그 뜻이 무엇이냐?

장금: 그 어떠한 경우에도, 먹는 사람에게 해가 되는 것을, 올려서는 안 된다는 것입니다. 그것이 음식을 하는 자의 도리라 하셨습니다.

한 상궁과 장금의 음식에 대한 소신: 먹는 사람의 건강을 생각해서 음식을 만들어야 함.

정사: 그로 인해 자신에게 크나큰 위험이 닥쳐도 말이냐?

장금: 이미, 한 상궁 마마님께서 끌려가시며 제게 몸소 보여 주시지 않으셨습니까?

정사: (웃으며) 참으로 고집불통인 스승과 제자로다. / 모두: (보면)

정사: 그래, 하여, 알았다. 음식을 하는 자가 도리와 소신❖이 있듯이 음식을 먹는 자 또한 도리가 있어야 한다는 것을. / 모두: …….

정사: 음식을 해 주는 자가 올곧은 마음으로 내 몸을 지켜 주려는데 정작 먹는 자인 내

음식을 먹는 사람을 생각하는 장금의 소신을 인정하는 사신 정사

어휘 풀이

- ❖ **정갈하다**: 깨끗하고 깔끔하다.
- ❖ **태평관**: 조선 시대에, 중국 사신이 와서 머무르던 숙소.
- ❖ **본의**: 본디부터 변함없이 그대로 가지고 있는 마음.
- ❖ **만한전석**: 만주족의 요리와 한족의 요리를 두루 갖춘 음식. 100가지 이상의 요리를 사흘에 걸쳐 먹는 청나라 황실 음식.
- ❖ **처결**: 결정하여 조처함.
- ❖ **희색**: 기뻐하는 얼굴빛.
- ❖ **능멸**: 업신여기어 깔봄.
- ❖ **소갈**: 갈증으로 물을 많이 마시고 음식을 많이 먹으나 몸은 여위고 오줌의 양이 많아지는 병.
- ❖ **소신**: 굳게 믿고 있는 바. 또는 생각하는 바.
- ❖ **배포**: 머리를 써서 일을 조리 있게 계획함. 또는 그런 속마음.

구절 풀이

- * **원하시는 대로 ~ 마음껏 드십시오!**: 소박한 음식상을 올린 장금이 사신에게 무례를 저질렀다고 생각한 오겸호의 제안. 당시의 사대주의적 태도가 드러남.
- * **이 정도 ~ 용서해 주겠느냐?**: 장금이가 차리는 건강한 음식을 먹어야 하는데, 이 정도 기름진 음식을 먹은 것은 괜찮지 않겠냐고 동의를 구하는 사신. 장금이의 진심을 알았음을 암시함.
- * **대충 내가 ~ 고집을 피웠느냐?**: 정사의 입맛에 맞는 기름진 음식을 대접하지 않고 계속해서 소박한 음식을 올린 이유를 묻고 있음. 정사가 그 이유를 어느 정도 알고 있으면서 확인하기 위해 묻고 있음.

구절 풀이

* **먹는 자에게도 도리가 있는 것이었어.**: 음식을 해 주는 사람에게 도리가 있듯이 그것을 먹는 사람도 도리를 지켜야 함. 자신의 몸을 소홀히 하여 자신을 해치는 음식을 먹는 것을 자제해야 한다는 것을 뜻함.

가 내 몸을 소홀히 하여, 나를 해치는 음식을 먹는다는 것이 말이 안 되지. *먹는 자에게도 도리가 있는 것이었어. / 모두: …….

정사: 갖은 향신료에 절어 있던 차라 네가 올린 음식이 처음에는 풀 냄새만 나더니 먹으면 먹을수록, 그 재료 고유의 맛이 느껴지면서 참으로 맛있었다. 또 다른 맛의 공간이더구나. 비록 조선의 작은 땅덩어리에 사나, 네 배포와 심지는 대륙의 땅보다도 크구나.

건강을 지키는 것과 맛에 대한 욕망이 조화를 이룰 수 있음을 깨달음. ❖

장금: …….

정사: 가는 날까지 내 음식은 고집불통인 네 스승과 너에게 맡기겠노라!

장금에 대한 신뢰를 드러냄. 장금이 위기에서 벗어나게 됨.

전체 줄거리 엿보기

발단

폐비 윤씨에게 사약을 전달했던 의금부 관리였다가 연산군 즉위 후 사화를 피해 도망 다니던 서천수와 억울한 누명을 쓰고 궁에서 쫓겨난 수라간 궁녀 박 나인 사이에서 태어난 장금은 부모를 잃고, 어머니의 유언에 따라 수라간 생각시로 궁에 들어간다.

전개 본문 수록 부분

장금은 궁에서 어머니의 옛 친구이자 스승인 한 상궁을 만나 음식에 대한 소신을 배우고 실력을 쌓아 간다. 최 상궁과의 경합에서 이긴 한 상궁은 수라간 최고 상궁이 되지만, 최 상궁 일파의 음모로 제주도로 유배를 가게 되고 한 상궁은 유배지로 가던 중 죽음을 맞이한다.

절정

제주도에 귀양 간 장금은 그곳에서 의녀 장덕의 도움으로 의술을 배우며 한 상궁의 억울함을 풀어 주기로 결심한다. 제주도에서 공을 세운 장금은 의녀가 되어 다시 궁으로 돌아오지만 최 상궁과 금영의 견제로 궁 생활에 어려움을 겪는다.

하강

의술을 인정받은 장금이 왕의 병까지 고치게 되면서 왕(중종)의 신임을 얻는다. 왕은 장금이 말한 소원(어머니와 한 상궁의 신분 회복, 수라간 최고 상궁이 되는 것)을 들어준다. 장금은 과거의 사건에 얽힌 최 상궁 일파의 계략을 밝혀내고 최 상궁은 자결을 한다.

대단원

왕으로부터 대장금 칭호를 받고 왕의 주치의가 된 장금은 왕이 죽기 전 장금을 위한 배려 덕택으로 궁에서 나올 수 있게 된다. 장금은 제주도에 가서 오랫동안 사랑한 사이였던 민정호와 혼인하고 그곳에서 백성들에게 의술을 베풀며 살아간다.

독해 포인트

1. 인물

장금	음식에 대한 (❶)을 굽히지 않는 인물. 수라간 나인(궁녀)
사신 정사	청나라 사신으로 처음에는 장금의 소박한 음식상을 못마땅해했으나, 자신의 건강을 생각하여 음식상을 준비한 장금의 마음을 이해하고 (❷)으로 평가하는 인물
오겸호	장금이 사신을 위해 준비한 음식상이 사신의 심기를 건드릴까 봐 불안해하며 장금을 처벌하려고 함. 우의정으로 정권의 실세인 인물
최 상궁, 금영	장금과 (❸) 관계에 있는 수라간 최고 상궁과 수라간 나인. 오겸호와 이해관계를 같이함.

2. 사건과 갈등

갈등	장금 ↔ 오겸호 • 사신 정사의 음식상을 놓고 건강을 위해 나물 위주의 소박한 상을 차리는 장금과 기름지고 고급스러운 음식으로 대접하려는 오겸호 사이의 갈등 • 신분적으로 우위에 있는 오겸호가 음식상을 구실로 장금을 벌하려고 함. → 당시 사회가 (❹) 사회였음이 드러남.
사건	음식에 대한 신념을 가진 장금의 소박한 음식상에 대해 오겸호는 불안해하고 만한전석을 준비하지만 사신은 장금의 음식에 대한 신념을 이해하고 장금에 대한 신뢰를 드러냄.

3. 구성과 표현

구성	배경	• 공간적 – 궁, 태평관 연회장 • 시간적 – (❺)
	특징	• S# 49: 장금이 음식을 준비하는 장면과 정사가 음식을 먹는 장면을 교차 • S# 55: 태평관 연회장에서 최 상궁과 금영, 장금의 표정을 대조적으로 제시하여 긴장감을 고조 • S# 56: 대사를 통해 장금이 위기를 극복하는 과정을 보여 줌.
표현	지문	지문을 통해 사건을 (❻) 있게 전달하고 긴장감을 고조시킴.
	대사	말줄임표 사용을 통해 인물이 말한 의도에 대해 궁금증을 자아내게 함.

4. 갈래의 특성

(❼)	각각 촬영한 화면을 이어 붙여 다양한 효과를 연출하는 기법으로, S# 49의 장금이 음식을 준비하고 이에 대한 정사와 오겸호의 반응을 속도감 있게 보여 줌.
클로즈업	S# 49와 S# 55의 음식 재료, 음식을 준비하는 손과 화려한 음식상 등을 클로즈업으로 제시하여 핵심 장면을 강조하는 효과를 거둘 수 있음.

5. 주제

이 작품은 조선 시대 최초의 여성 어의였던 인물인 대장금의 일생을 다룬 드라마로, 본문에 제시된 부분은 장금이 음식을 대하는 (❽)와 신념을 담고 있다.

❶ 신념 ❷ 긍정적 ❸ 대립 ❹ 신분제 ❺ 조선 시대 ❻ 속도감 ❼ 몽타주 ❽ 도리

어휘력 체크

01 다음 밑줄 친 낱말의 쓰임이 적절하지 않은 것은?

① 본의 아니게 폐를 끼쳐 미안할 따름이다.
② 새로 생긴 식당의 음식이 정갈하고 맛이 있었다.
③ 그는 배포가 커서 다른 사람의 눈치를 많이 본다.
④ 나는 어떤 외압에도 굴하지 않고 소신을 지켜 나가겠다.
⑤ 기쁜 소식을 전해 듣고 모두들 얼굴에 희색을 감추지 못했다.

02 다음 빈칸에 공통으로 들어갈 낱말을 쓰시오.

> • 그가 한 행동은 인간으로서 ( )를 지키기 위한 것이었다.
> • 이젠 어쩔 ( ) 없이 포기해야겠다.

03 등장하는 배경이나 인물의 일부를 화면에 크게 나타내 강조하는 것을 가리키는 시나리오 용어는?

04 빈칸에 들어갈 적절한 속담을 쓰시오.

> 윗글의 정사는 자신의 건강을 위해 나물과 해산물 위주로 차린 음식상을 보고 기름진 음식을 좋아하는 자신의 입맛에 맞지 않아 미간을 찌푸린다. 이러한 정사에게 (ㅁㅇ ㅈㅇ ㅇㅇ ㅇ ㅇ ㅆㄷ)라는 속담을 인용해 충고를 해 줄 수 있다.

01 ③ **02** 도리 **03** 클로즈업 **04** 몸에 좋은 약은 입에 쓰다

기출 연습하기 02

불모지 _차범석

1~4 다음 글을 읽고 물음에 답하시오.

문제 해결 포인트

❶ 희곡의 특성 파악
❷ 인물 간에 갈등을 일으키는 원인 파악
❸ 소재의 상징적 의미 파악
❹ 사회 문화적 상황 파악

최 노인: (화단 쪽을 가리키며) 저기 심어 놓은 화초며 고추 모가 도무지 자라질 않는단 말이야! 아까도 들여다보니까 고추 모에서 꽃이 핀 지는 벌써 오래전인데 열매가 열리지 않잖아! 이상하다 하고 생각을 해 봤더니 저 멋없는 것이 좌우로 탁 들어 막아서 햇볕을 가렸으니 어디 자라날 재간이 있어야지! 이러다간 땅에서 풀도 안 나는 세상이 될 게다! 말세야 말세!

이때 경재 제복을 차려입고 책을 들고 나와서 신을 신다가 아버지의 이야기를 듣고는 깔깔대고 웃는다.

경재: 원 아버지두…… / 최 노인: 이눔아 뭐가 우스워?

경재: 지금 세상에 남의 집 고추밭을 넘어다보며 집을 짓는 사람이 어디 있어요?

최 노인: ⓐ옛날엔 그렇지 않았어!

경재: 옛날 일이 오늘에 와서 무슨 소용이 있어요? 오늘은 오늘이지. (웅변 연사의 흉을 내며) 역사는 강처럼 쉴 새 없이 흐르고 인생은 뜬구름처럼 변화무쌍하다는 이 엄연한 사실을, 이 역사적인 사실을 똑바로 볼 줄 아는 사람만이 자신의 운명을 개척할 수 있다는 사실을 최소한도로 아셔야 할 것입니다! 에헴!

(중략)

경수: 여보 영감님! 여긴 종로 한복판입니다. 게다가 가게와 살림집이 붙었는데 그래 겨우 이백오십만 환이라구요? ⓑ그런 당치도 않은 거짓말은 공동묘지에서나 하시오.

복덕방: 뭐 뭐요? 공동묘지에서라고? 예끼 버릇없는 놈 같으니라구!

경수: 아니 이 영감님이……

복덕방: 그래 이눔아 너는 애비도 에미도 없는 놈이기에 나이 먹은 늙은이더러 공동묘지에 가라구? 이 천하에.

최 노인: 여보 김 첨지. 젊은 애들이 말버릇이 나빠서 그런 걸 가지고 탓할 게 뭐요?

복덕방: 그래 내가 집 거간이나 놓고 다니니까 뭐 사고무친한 외도토린 줄 아느냐? 이눔아! 나도 장성 같은 아들에다 딸이 육 남매여!

경수: 아니 제가 뭐라고 했길래……

어머니: 넌 잠자코 있어! 용서하시우. 요즘 젊은 놈들이란 아무 생각 없이 말을 하니까요…… 게다가 술을 마셨다우.

복덕방: 음 이놈이 한낮부터 술 처먹고 어른에게 행패구나! 이눔아! 내가 그렇게 만만하니?

최 노인: 김 첨지! 글쎄 진정하시라니까…… 내가 대신 이렇게 사죄하겠소 원!

복덕방: 그러고 이백오십만 환이 터무니없는 값이라고? 이눔아 누군 돈이 바람 맞은 대

추알이라던? 응? 그것도 잘 생각해서야! 음! 이런 분한 일이 있나!

최 노인: 글쎄 참으시고 이리 앉으세요.

복덕방: 난 그만 가 보겠소이다. 이런 일도 기분 문제니까요! 다른 사람 골라서 공동묘지로 보내구려! 에잇.

최 노인: 아 김 첨지! 김 선생! (하며 뒤를 좇아 나간다.)

경수: 제길 무슨 놈의 영감이 저래?

어머니: 네가 잘못이지 뭐니……

경수: 집을 팔지 말라고 했는데……

이때 최 노인 쌔근거리면서 등장하자 이 말을 듣고는 성을 더 낸다.

최 노인: 이놈아! ⓒ누가 이 집을 판다고 했어? 응?

경수: 아니 그럼 이 집을 파시는 게 아니면 뭣 하러 복덕방은……

최 노인: 저런 쓸개 빠진 녀석 봤나! 아니 내가 뭣 때문에 이 집을 팔아? 응? 옳아 네놈 취직 자본을 대기 위해서? 응?

어머니: 아니 그럼 이백오십만 환이란 무슨 얘깁니까?

최 노인: 네 따위 놈을 위해서 하나 남은 집마저 팔아야만 속이 시원하겠니? 전세로 육개월만 내놓겠다는 거야!

경수: 예? 전세라구요?

(어머니와 경운은 서로 얼굴을 바라본다.)

최 노인: 왜 아주 안 파는 게 양에 안 차지? 이놈아! 이 애비가 집도 절도 없는 거지가 되어서 죽는 꼴이 그렇게도 보고프냐?

경수: (당황하며) 아버지 아니에요! 저는……

최 노인: 아니면 껍질이냐?

어머니: ⓓ여보 그럼 집을 전세로 줘서 뭣 하시게요?

최 노인: 글쎄 아까 어떤 친구 얘기가 요즘 그 실내에서 하는 그 뭐드라 '샤풀이뿔'이라든가……

경운: '샤뿔뽀오드❖' 말씀이에요?

최 노인: 그래 '샤뿔뽀오드' 말이다! 그건 차리는 데 돈도 안 들고 수입이 괜찮다고 하면서 4가에 적당한 집이 있다기에 그걸 해 볼까 하고 이 집을 보였지. 그래 얘기가 거이 익어 가는 판인데 글쎄 다 되어 간 음식에 코 빠치기로 저 녀석이……

어머니: 아니 그럼 전세로 이백오십만 환이란 말인가요?

최 노인: 그렇지! 저 가게만 해도 백만 환은 받을 수 있어!

어머니: 그런 걸 가지고 나는 괜히……

최 노인: 뭐가 괜히야?

갈등의 양상

- 기와집의 매매를 둘러싼 최 노인과 자식들 간의 갈등
- 시대의 변화에 적응하지 못하는 구세대와 변화를 수용하는 신세대 간의 가치관 대립으로 인해 일어난 갈등

경운: ⓔ아버지께서 이 집을 팔으실 줄만 알았어요.

최 노인: 흥! 너희들은 모두 한속이 되어서 어쩌든지 내 일을 안 되게 하고 이 집을 날려 버릴 궁리들만 하고 있구나! 이 천하에 못된 것들! (하며 불쑥 일어선다.)

어머니: 그럴 리가 있겠어요! 다만……

최 노인: 듣기 싫어! (화초밭으로 나오며) 이 집안에서는 되는 거라곤 하나도 없어! 흔한 햇볕도 안 드는 집이 뭣이 된단 말이야! 뭣이 돼! (하며 화초밭을 함부로 작신작신 짓밟고 뽑아 헤친다.)

어머니: (맨발로 뛰어내리며) 여보! 이게 무슨 짓이오! 그렇게 정성을 들여서 가꾼 것들을…… 원…… 당신도……

최 노인: 내가 정성을 안 들인 게 뭐가 있어…… 나는 모든 일에 정성을 들였지만 안 되지 않아! 하나도 씨도 말아!

❖ **샤뿔뽀오드(shuffleboard)**: 오락의 한 종류.

1step 작품 파악하기

낡은 기와집을 두고 최 노인과 자식들은 갈등을 일으키고 있어. 이러한 갈등의 바탕에 깔려 있는 것이 무엇인지 파악해 봐.

1 **최 노인과 자식들 간에 갈등을 일으키는 원인을 '기와집'과 '가치관'을 넣어 쓰시오.**

2 **자신의 노력이 결실을 맺지 못하여 허망해하는 중심인물의 감정이 드러나는 장소로, 윗글의 제목과도 관련이 깊은 소재를 찾아 쓰시오.**

2step 서술상의 특징 파악하기

| 2018학년도 9월 모의평가 |

3 **윗글에 대한 이해로 가장 적절한 것은?**

① 언어유희를 통해 인물 간의 긴장을 고조시키고 있다.
② 장면의 전환을 통해 각 인물의 내면이 부각되고 있다.
③ 인물들의 복장을 통해 인물들의 심리를 드러내고 있다.
④ 인물의 등퇴장을 통해 인물의 성격 변화를 드러내고 있다.
⑤ 실제 지명의 노출을 통해 극 중 상황에 사실감을 부여하고 있다.

• **언어유희** 말이나 글자를 소재로 하는 놀이. 말 잇기 놀이, 어려운 말 외우기, 새말 만들기 따위가 있음.

3step 외적 준거로 작품 파악하기

| 2018학년도 9월 모의평가 |

4 **〈보기〉와 ⓐ~ⓔ를 관련지어 윗글을 감상한 내용으로 적절하지 않은 것은?**

보기

'발견'이란 인물이 극의 전개 과정에서 사건의 숨겨진 측면을 알아차리는 계기를 드러내는 기법이다. '발견'의 대상은 중요한 의미를 지닌 물건이 될 수도 있고 몰랐던 사실이나 새로운 가치, 인물의 다른 면 등이 될 수도 있다. 이러한 '발견'을 통해 사건은 새로운 국면으로 바뀌기도 하고 인물들의 갈등 양상이 변모되기도 한다.

① '경재'는 ⓐ를 통해 '최 노인'이 예전과 달라진 현실을 부정적으로 인식한다는 것을 발견함으로써, '최 노인'에게 변화를 수용하는 태도가 필요함을 드러내는군.
② '복덕방'은 ⓑ를 통해 '경수'가 자신을 무시한다는 것을 발견함으로써, '최 노인'과의 흥정을 중지하게 되는군.
③ '경수'는 ⓒ를 통해 '최 노인'이 집을 팔 의도가 없다는 것을 발견함으로써, '최 노인'에 대한 오해가 풀리게 되는군.
④ '최 노인'은 ⓓ를 통해 자신의 계획을 '어머니'가 못마땅해한다는 것을 발견함으로써, 자신의 계획을 변경하게 되는군.
⑤ '최 노인'은 ⓔ를 통해 집 문제에 대한 자신의 의도를 '경운'이 잘 모르고 있었다는 것을 발견함으로써, 가족들에 대한 불만을 드러내는군.

불모지 _차범석

식물이 자라지 못하는 거칠고 메마른 땅

이 작품은

이 작품은 1950년대 전후의 어둡고 불안한 사회 상황을 한 가족의 모습을 통해 드러낸 희곡이다. 이 작품에서는 새로운 것을 지향하는 자식들과 옛것을 고집하는 최 노인 사이의 대립과 갈등을 최신식 건물과 낡은 한옥을 대조하여 보여 준다. 이 작품의 제목인 '불모지'는 급격한 근대화와 전통 간의 갈등으로 빚어진 우리 사회의 모순과 가족의 해체 및 세대 간의 불화 등을 의미한다고 할 수 있다.

갈래 희곡

주제 근대화 과정에서 겪는 가족의 해체와 세대 간의 갈등

내용 구조도

건물이 햇볕을 가려 화초가 자라지 않음.
최 노인과 경재가 시대의 변화에 대한 가치관 차이를 보임.

중략

경수가 복덕방 김 첨지에게 말실수를 함.
김 첨지가 분노하여 집에 대한 흥정을 취소하고 돌아감.

최 노인이 집을 전세로 내놓은 것을 알게 됨.
가족들이 뒤늦게 최 노인이 전세로 내놓은 의도를 알게 되고, 최 노인은 가족들에 대해 불만을 터뜨림.

최 노인: (화단 쪽을 가리키며) 저기 심어 놓은 화초며 고추 모가 도무지 자라질 않는단 말이야! 아까도 들여다보니까 고추 모에서 꽃이 핀 지는 벌써 오래전인데 열매가 열리지 않잖아! 이상하다 하고 생각을 해 봤더니 저 멋없는 것이 좌우로 탁 들어 막아서 햇볕을 가렸으니 어디 자라날 재간❖이 있어야지! 이러다간 땅에서 풀도 안 나는 세상이 될 게다! 말세❖야 말세!

고층 건물들이 햇볕을 가렸기 때문 / 고층 건물 / 불모지 / 근대화로 인한 변화에 대해 부정적인 시각을 보이는 최 노인

이때 경재 제복을 차려입고 책을 들고 나와서 신을 신다가 아버지의 이야기를 듣고는 깔깔대고 웃는다.

> 이 작품의 제목인 '불모지'의 사전적 의미는 식물이 자라지 못하는 거칠고 메마른 땅을 뜻해. 이 '불모지'의 상징적 의미가 무엇인지 파악하는 것이 무엇보다 중요해~

경재: 원 아버지두……

최 노인: 이눔아 뭐가 우스워?

경재: 지금 세상에 남의 집 고추밭을 넘어다보며 집을 짓는 사람이 어디 있어요?

최 노인: 옛날엔 그렇지 않았어!

예전과 달라진 현재의 모습을 부정적으로 인식함.

경재: *옛날 일이 오늘에 와서 무슨 소용이 있어요? 오늘은 오늘이지. 「(웅변 연사의 흉을 내며) 역사는 강처럼 쉴 새 없이 흐르고 인생은 뜬구름처럼 변화무쌍하다는 이 엄연한❖ 사실을, 이 역사적인 사실을 똑바로 볼 줄 아는 사람만이 자신의 운명을 개척할 수 있다는 사실을 최소한도로 아셔야 할 것입니다! 에헴!」

시대의 변화는 불가피하다는 것을 역사와 인생의 예를 들어 제시 → 직유법

「 」: 경재의 가치관과 성격이 드러남.

(중략)

서울 중심지에 위치한 것과 상점과 살림집이 함께 있다는 것을 가격 흥정 조건으로 내세움. 실제 지명을 제시해 사실감을 높임.

경수: 여보 영감님! 여긴 종로 한복판입니다. 게다가 가게와 살림집이 붙었는데 그래 겨우 이백오십만 환이라구요? 그런 당치도 않은 거짓말은 공동묘지에서나 하시오.

시대적 배경을 드러냄.

복덕방: 뭐 뭐요? 공동묘지에서라고? 예끼 버릇없는 놈 같으니라구!

경수: 아니 이 영감님이……

복덕방: 그래 이눔아 너는 애비도 에미도 없는 놈이기에 나이 먹은 늙은이더러 공동묘지에 가라구? 이 천하에.

분노를 불러일으킨 핵심 내용

최 노인: *여보 김 첨지❖. 젊은 애들이 말버릇이 나빠서 그런 걸 가지고 탓할 게 뭐요?

복덕방: 그래 내가 집 거간❖이나 놓고 다니니까 뭐 사고무친❖한 외도토리 줄 아느냐? 이눔아! 나도 장성❖ 같은 아들에다 딸이 육 남매여!

자신을 무시하지 말라며, 자신에게도 경수 같은 장성한 자식이 있음을 말함.

경수: 아니 제가 뭐라고 했길래……

어머니: 넌 잠자코 있어! 용서하시우. 요즘 젊은 놈들이란 아무 생각 없이 말을 하니까요…… 게다가 술을 마셨다우.

아들이 젊은 데다 술까지 마셔서 말실수를 했음을 들어 대신 사과를 하는 어머니

복덕방: 음 이놈이 한낮부터 술 처먹고 어른에게 행패구나! 이눔아! 내가 그렇게 만만하니?

최 노인: 김 첨지! 글쎄 진정하시라니까…… 내가 대신 이렇게 사죄하겠소 원!

복덕방: 그러고 이백오십만 환이 터무니없는 값이라고? 이눔아 *누군 돈이 바람 맞은 대추알이라던? 응? 그것도 잘 생각해서야! 음! 이런 분한 일이 있나!

최 노인: 글쎄 참으시고 이리 앉으세요.

복덕방: 난 그만 가 보겠소이다. 이런 일도 기분 문제니까요! 다른 사람 골라서 공동묘지로 보내구려! 에잇.

최 노인: 아 김 첨지! 김 선생! (하며 뒤를 좇아 나간다.)

상대방의 마음을 돌리기 위해 호칭을 '김 첨지'에서 '김 선생'으로 높여 부름.

경수: 제길 무슨 놈의 영감이 저래?

어머니: 네가 잘못이지 뭐니…… / 경수: 집을 팔지 말라고 했는데……

이때 최 노인 쌔근거리면서 등장하자 이 말을 듣고는 성을 더 낸다.

최 노인: 이눔아! 누가 이 집을 판다고 했어? 응?

최 노인은 집을 팔 의도가 없었음.

경수: 아니 그럼 이 집을 파시는 게 아니면 뭣 하러 복덕방은……

경수가 오해했음이 드러남.

최 노인: 저런 쓸개 빠진 녀석 봤나! 아니 내가 뭣 때문에 이 집을 팔아? 응? 옳아 네놈 취직 자본을 대기 위해서? 응?

어머니: 아니 그럼 이백오십만 환이란 무슨 얘깁니까?

최 노인: 네 따위 놈을 위해서 하나 남은 집마저 팔아야만 속이 시원하겠니? 전세로 육개월만 내놓겠다는 거야! / 경수: 예? 전세라구요?

(어머니와 경운은 서로 얼굴을 바라본다.)

최 노인: 왜 아주 안 파는 게 양에 안 차지? 이눔아! 이 애비가 집도 절도 없는 거지가 되어서 죽는 꼴이 그렇게도 보고프냐?

경수의 말에 대한 최 노인의 오해로 인해 둘 사이의 갈등이 심화됨.

경수: (당황하며) 아버지 아니에요! 저는……

최 노인: 아니면 껍질이냐? / 어머니: 여보 그럼 집을 전세로 줘서 뭣 하시게요?

최 노인: 글쎄 아까 어떤 친구 얘기가 요즘 그 실내에서 하는 그 뭐드라 '샤풀이뿔'이라든가…… / 경운: '샤뿔뽀오드' 말씀이에요?

오락의 한 종류

최 노인: 그래 '샤뿔뽀오드' 말이다! 그건 차리는 데 돈도 안 들고 수입이 괜찮다고 하면서 4가에 적당한 집이 있다기에 그걸 해 볼까 하고 이 집을 보였지. 그래 얘기가 거이 익어 가는 판인데 글쎄 다 되어 간 음식에 코 빠치기로 저 녀석이……

다 된 흥정을 망쳐 놓았음.

어머니: 아니 그럼 전세로 이백오십만 환이란 말인가요?

최 노인: 그렇지! 저 가게만 해도 백만 환은 받을 수 있어!

어머니: 그런 걸 가지고 나는 괜히…… / 최 노인: 뭐가 괜히야?

경운: 아버지께서 이 집을 팔으실 줄만 알았어요.

가족들이 최 노인의 의도를 모르고 있었음이 드러남.

최 노인: *흥! 너희들은 모두 한속이 되어서 어쩌든지 내 일을 안 되게 하고 이 집을 날려

한속: 한통속

어휘 풀이

- ❖ **재간**: 어떠한 수단이나 방도.
- ❖ **말세**: 정치, 도덕, 풍속 따위가 아주 쇠퇴하여 끝판이 다 된 세상.
- ❖ **엄연하다**: 어떠한 사실이나 현상이 부인할 수 없을 만큼 뚜렷하다.
- ❖ **첨지**: 나이 많은 남자를 낮잡아 이르는 말.
- ❖ **거간**: 사고파는 사람 사이에 들어 흥정을 붙임.
- ❖ **사고무친**: 의지할 만한 사람이 아무도 없음.
- ❖ **장성**: 자라서 어른이 됨.
- ❖ **쌔근거리다**: 고르지 아니하고 가쁘게 숨 쉬는 소리가 자꾸 나다. 또한 그런 소리를 자꾸 내다.
- ❖ **작신작신**: 자그시 힘을 주어 자꾸 누르는 모양.

구절 풀이

- * **옛날 일이 ~ 오늘은 오늘이지.**: 예전의 모습을 그리워하는 최 노인과 달리 현재적 삶을 중요하게 여기는 경재의 신세대적인 가치관이 드러남.
- * **여보 김 첨지, ~ 탓할 게 뭐요.**: 최 노인이 화가 난 복덕방 주인을 달래기 위해 요즘 젊은 애들의 말버릇이 나쁘다고 일반화함.
- * **누군 돈이 ~ 잘 생각해서야!**: 복덕방은 자신이 제시한 250만 환이 결코 가치 없는 가격이 아니라 잘 고려해서 흥정한 가격임을 주장함.
- * **흥! 너희들은 ~ 못된 것들!**: 최 노인이 자신의 의도를 모르고 집을 팔 궁리만 하는 가족들에 대한 불만과 섭섭함, 분노를 드러냄.

구절 풀이

* **이 집안에서는 ~ 뭣이 돼!**: 최 노인이 아무것도 제대로 되는 일이 없는 것에 대한 분노를 햇볕이 들지 않은 집 때문이라고 말하고 있음. 시대의 변화 속에서 고층 건물 사이에 있는 낡은 기와집처럼 자신이 초라하고 무기력해진 것에 대한 허망함이 드러남.

버릴 궁리들만 하고 있구나! 이 천하에 못된 것들! (하며 불쑥 일어선다.)

어머니: 그럴 리가 있겠어요! 다만……

최 노인: 듣기 싫어! (화초밭으로 나오며) *이 집안에서는 되는 거라곤 하나도 없어! 흔한 햇볕도 안 드는 집이 뭣이 된단 말이야! 뭣이 돼! (하며 화초밭을 함부로 작신작신❖ 짓밟고 뽑아 헤친다.)

햇볕이 들지 않아 자라지 않는 화초처럼 자신의 노력이 결실을 맺지 못하는 것에 대한 최 노인의 허망함이 드러나는 소재

어머니: (맨발로 뛰어내리며) 여보! 이게 무슨 짓이오! 그렇게 정성을 들여서 가꾼 것들을…… 원…… 당신도……

어머니의 다급함이 드러남. 동작 지시문

최 노인: 내가 정성을 안 들인 게 뭐가 있어…… 나는 모든 일에 정성을 들였지만 안 되지 않아! 하나도 씨도 말야!

최 노인의 무기력함. 작품의 제목인 '불모지'의 의미를 드러냄.

전체 줄거리 엿보기

발단

종로에서 오랫동안 전통 혼례용 혼구를 대여하는 최 노인의 사업이 신식 결혼이 유행하면서 장사가 잘되지 않는다. 가족들은 점점 고층 건물들에 둘러싸이게 된 낡은 한옥을 팔자고 권유하지만 최 노인은 집에 집착한다.

전개

군 제대 후 실업 상태인 큰아들 경수, 영화배우 지망생으로 화려한 삶을 꿈꾸는 큰딸 경애, 작은딸 경운, 막내아들 경재 등 가족들은 경제적 어려움을 호소하며 모두 은근히 최 노인을 원망하며 집을 팔자고 한다.

절정 본문 수록 부분

가족들의 성화와 경수의 방황에 최 노인은 집을 세놓기로 결심하는데, 집을 파는 것으로 오해한 경수가 이를 막으려 하고, 최 노인은 경수가 집을 팔지 않고 세놓는 것에 대해 불만을 가진 것으로 오해하여 둘 사이에 심한 갈등이 일어난다.

하강 · 대단원

모든 불화의 원인이 돈에 있다고 생각한 경수는 권총을 들고 보석상에 들어가 강도질을 하다가 체포되며, 배우 지망생인 경애는 심사 위원을 사칭한 사기꾼에게 사기를 당하자 충격을 받아 스스로 목숨을 끊는다.

독해 포인트

1. 인물

최 노인		자녀들 – 경수, 경애, 경운, 경재
• 시대의 변화 속에서 (❶)을 소중히 여기며 지키려는 구세대, 보수적 성격 • 성실하지만 시대의 변화에 적응하지 못해 점점 뒤처짐.	↔ 가치관 대립	• 시대의 변화 속에서 전통보다는 변화를 추구하는 (❷), 현실적 성격 • 경수, 경애: 변화에 적응하고자 하지만, 방향을 찾지 못하고 좌절하는 신세대 • 경운, 경재: 성실하고 긍정적인 신세대

2. 사건과 갈등

사건	사건 1	고층 건물에 가려 화초밭의 식물이 제대로 자라지 못하자, 시대의 변화에 (❸) 시각을 가진 최 노인과 변화를 수용해야 한다는 경재가 의견 차이를 보임.
	사건 2	흥정 가격에 대한 경수와 복덕방의 다툼으로 흥정이 취소되고, 최 노인은 경수가 집을 팔기를 원한다고 오해함.
갈등	기와집의 매매를 둘러싼 최 노인과 자식들 간의 갈등 • 시대의 변화에 적응하지 못하는 구세대와 변화를 수용하는 신세대 간의 (❹) 대립	

3. 구성과 표현

구성	배경	• 공간적 – 서울 종로 한복판 • 시간적 – 1950년대 전쟁 이후
	특징	• 배경과 인물을 대조적으로 설정, 근대화 과정에서 발생하는 갈등을 드러냄. • 대사와 동작 지시문 등을 효과적으로 활용하여 인물의 성격과 상황을 드러냄.
표현	상징적 표현	• (❺): 식물이 자라지 못하는 거칠고 메마른 땅이란 의미처럼 최 노인 가족들이 처한 상황이 마치 (❺)에 있는 것처럼 암울하다는 것을 상징적으로 보여 줌. • 화초밭: 고층 건물에 가려 햇볕이 들지 않아 자라지 않는 화초처럼 자신의 노력이 결실을 맺지 못하는 것에 대한 최 노인의 허망함을 드러냄.
	실제 지명	'종로 한복판', 종로 '4가' 등의 실제 지명을 드러내어 극 중 상황에 대한 (❻)을 높임.

4. 갈래의 특성

무대 설정	새로운 고층 건물과 낡은 (❼)을 대비하여 무대에 드러내, 전통과 현대의 충돌과 이로 인한 갈등을 효과적으로 보여 줌.
동작 지시문	동작 지시문을 통해 인물의 심리를 효과적으로 드러냄. → '화초밭을 함부로 작신작신 짓밟고 뽑아 헤친다.', '맨발로 뛰어내리며' 등

5. 주제

이 작품은 「불모지」라는 제목을 통해 1950년대 전쟁 후 근대화 과정에서 겪는 가족의 (❽)와 세대 간의 갈등을 담고 있는 희곡이다.

❶ 전통 ❷ 신세대 ❸ 부정적 ❹ 가치관 ❺ 불모지 ❻ 사실감 ❼ 기와집 ❽ 해체

어휘력 체크

01 '다 된 음식에 코 빠치기'라는 속담은 어떤 경우에 사용하는지 쓰시오.

02 다음 빈칸에 공통으로 들어갈 낱말을 쓰시오.

• 오래 전에 ( )로 버려진 땅을 개간하다.
• 그는 이번 올림픽에서 육상 ( )인 조국에 첫 메달을 안겼다.

03 다음 중 '사고무친'과 바꾸어 쓰기에 적절한 것은?

① 새옹지마(塞翁之馬)
② 전화위복(轉禍爲福)
③ 풍전등화(風前燈火)
④ 청출어람(靑出於藍)
⑤ 고독단신(孤獨單身)

04 빈칸에 들어갈 적절한 한자 성어를 쓰시오.

윗글에서는 빠르게 변화하는 시대 상황을 보여 주기 위해 고층 건물에 둘러싸인 기와집을 보여 준다. 이와 같은 상황은 세상일의 변천이 심함을 비유적으로 이르는 말로 동해에서 티끌이 날린다(바다가 육지가 된다)는 뜻의 (ㄷㅎㅇㅈ)으로 쓸 수 있다. 東海揚塵

01 일을 거의 이룰 때 뜻하지 아니한 장애로 실패를 할 경우 사용함. **02** 불모지 **03** ⑤ **04** 동해양진

기출 연습하기 03 가난한 날의 행복 _김소운

1~4 다음 글을 읽고 물음에 답하시오.

문제 해결 포인트
❶ 글쓴이의 경험 파악
❷ 인물의 상황 파악
❸ 글쓴이의 깨달음 파악

다음은 어느 중로(中老)의 여인에게서 들은 이야기다. 여인이 젊었을 때였다. 남편이 거듭 사업에 실패하자, 이들 내외는 갑자기 가난 속에 빠지고 말았다.

남편은 다시 일어나 사과 장사를 시작했다. 서울에서 사과를 싣고 춘천에 갖다 넘기면 다소의 이윤이 생겼다.

그런데 한 번은, 춘천으로 떠난 남편이 이틀이 되고 사흘이 되어도 돌아오지를 않았다. 제 날로 돌아오기는 어렵지만, 이틀째에는 틀림없이 돌아오는 남편이었다. 아내는 기다리다 못해 닷새째 되는 날 남편을 찾아 춘천으로 떠났다.

"춘천에만 닿으면 만나려니 했지요. 춘천을 손바닥만 하게 알았나 봐요. 정말 막막하더군요. 하는 수 없이 여관을 뒤졌지요. 여관이란 여관은 모조리 다 뒤졌지만, 그이는 없었어요. 하룻밤을 여관에서 뜬눈으로 새웠지요. 이튿날 아침, 문득 그이의 친한 친구 한 분이 도청에 계시다는 것이 생각나서, 그분을 찾아 나섰지요. 가는 길에 혹시나 하고 정거장에 들러 봤더니……."

매표구 앞에 늘어선 줄 속에 남편이 서 있었다. 아내는 너무 반갑고 원망스러워 말이 나오지 않았다.

트럭에다 사과를 싣고 춘천으로 떠난 남편은, 가는 길에 사람을 몇 태웠다고 했다. 그들이 사과 가마니를 깔고 앉는 바람에 사과가 상해서 제값을 받을 수 없었다. 남편은 도저히 손해를 보아서는 안 될 처지였기에 친구의 집에 기숙을 하면서, 시장 옆에 자리를 구해 사과 소매를 시작했다. 그래서, 어젯밤 늦게서야 겨우 다 팔 수 있었다는 것이다. 전보도 옳게 제구실을 하지 못하던 8·15 직후였으니…….

함께 춘천을 떠나 서울로 향하는 차 속에서 남편은 아내의 손을 꼭 쥐었다. 그때만 해도 세 시간 남아 걸리던 경춘선, 남편은 한 번도 그 손을 놓지 않았다. 아내는 한 손을 맡긴 채 너무도 행복해서 그저 황홀에 잠길 뿐이었다.

그 남편은 그러나 6·25 때 죽었다고 한다. 여인은 어린 자녀들을 이끌고 모진 세파(世波)와 싸우지 않으면 안 되었다.

"이제 아이들도 다 커서 대학엘 다니고 있으니, 그이에게 조금은 면목이 선 것도 같아요. 제가 지금까지 살아올 수 있었던 것은, 춘천서 서울까지 제 손을 놓지 않았던 그이의 손길, 그것 때문일지도 모르지요."

여인은 조용히 웃으면서 이렇게 말을 맺었다.

지난날의 가난은 잊지 않는 게 좋겠다. 더구나 그 속에 빛나던 사랑만은 잊지 말아야겠다. "행복은 반드시 부와 일치하진 않는다."라는 말은 결코 진부한 일 편의 경구(警句)만은 아니다.

1step 작품 파악하기

1 윗글에 드러난 ( ), ( )은/는 이 수필의 시간적 배경을 짐작하게 해 준다.

2 윗글의 경춘선이 의미하는 내용을 〈조건〉에 맞춰 한 문장으로 쓰시오.

| 조건 |
- '~ 공간이다.'로 문장을 끝맺을 것.
- 아내의 입장에서 의미하는 바를 쓸 것.

'경춘선'이 남편과 관련하여 아내에게 어떤 의미를 가지는 공간인지 파악해 보자.

2step 서술상의 특징 파악하기 | 2018학년도 6월 고1 학력평가 변형 |

3 윗글에 대한 설명으로 적절하지 않은 것은?

① 경구*를 활용하여 글을 효과적으로 마무리하고 있다.
② 대화를 활용하여 중심인물의 상황을 전달하고 있다.
③ 공간의 이동을 통해 대상에 대한 그리움을 드러내고 있다.
④ 영탄적 표현을 활용하여 인물의 간절한 소망을 드러내고 있다.
⑤ 구체적 일화를 활용하여 지향하는 삶의 태도를 드러내고 있다.

❖ **경구**: 진리나 삶에 대한 느낌이나 사상을 간결하고 날카롭게 표현한 말.

3step 〈보기〉를 바탕으로 작품 파악하기

4 〈보기〉를 참고하여 윗글을 이해한 내용으로 적절하지 않은 것은?

| 보기 |

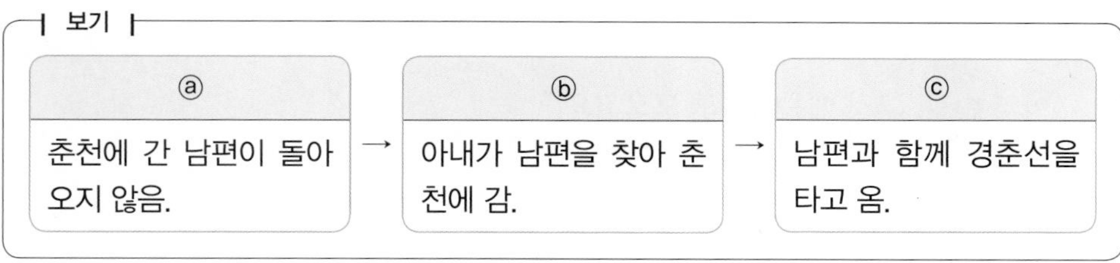

ⓐ
춘천에 간 남편이 돌아오지 않음.
→
ⓑ
아내가 남편을 찾아 춘천에 감.
→
ⓒ
남편과 함께 경춘선을 타고 옴.

① ⓐ에서 남편이 춘천에 간 것은 사과를 팔기 위해서이군.
② ⓐ에서 남편이 연락을 하지 못한 것은 당시 시대상과 관련이 있군.
③ ⓑ에서 아내는 남편이 있다는 정보를 듣고 정거장에 가는군.
④ ⓑ에서 아내는 남편과 만나면서 ⓒ를 통해 행복감을 느끼는군.
⑤ ⓒ에서 남편이 잡아 준 손은 후에 홀로 남겨진 아내를 버티게 하는 힘이 되는군.

가난한 날의 행복 _ 김소운

이 작품은

이 작품은 가난한 생활 속에서도 서로에 대한 사랑과 배려를 잃지 않았던 세 부부의 이야기를 담은 수필이다. 이 글은 그중 세 번째 이야기로 남편을 일찍 여의고 홀로 자녀를 키운 여인에게 큰 힘이 되어 준 남편의 사랑에 대한 추억을 담은 이야기이다. 물질적 풍요와 편리함을 추구하는 현대인들에게 진정한 행복의 가치가 무엇인가를 생각하게 하며 자신의 삶을 성찰할 수 있도록 일깨워 준다.

갈래 현대 수필

주제 가난 속에서도 피어나는 따뜻한 사랑과 행복

내용 구조도

여인의 남편이 춘천에 가서 돌아오지 않음.

여인이 춘천으로 남편을 찾아가 우연히 남편과 재회하게 됨.

남편과 함께 경춘선을 타고 오며 꼭 잡았던 손이 여인이 모진 세파를 버티는 힘이 됨.

어휘 풀이

❖ **중로**: 젊지도 아니하고 아주 늙지도 아니한 사람. 또는 조금 늙은 사람.

❖ **기숙**: 자기 집이 아닌 남의 집이나 학교 · 회사 따위에 딸린 숙사(宿舍)에서 기거함. 또는 그 집이나 숙사.

❖ **세파**: 모질고 거센 세상의 어려움.

❖ **진부하다**: 사상, 표현, 행동 따위가 낡아서 새롭지 못하다.

다음은 어느 중로(中老)의 여인에게서 들은 이야기다. 여인이 젊었을 때였다. 남편이 거듭 사업에 실패하자, 이들 내외는 갑자기 가난 속에 빠지고 말았다.

(이 글을 쓰게 된 동기 – 글쓴이의 직접 경험이 아닌 전해 들은 이야기임을 알 수 있음.)

남편은 다시 일어나 사과 장사를 시작했다. 서울에서 사과를 싣고 춘천에 갖다 넘기면 다소의 이윤이 생겼다.

그런데 한 번은, 춘천으로 떠난 남편이 이틀이 되고 사흘이 되어도 돌아오지를 않았다. 제 날로 돌아오기는 어렵지만, 이틀째에는 틀림없이 돌아오는 남편이었다. 아내는 기다리다 못해 닷새째 되는 날 남편을 찾아 춘천으로 떠났다.

(중심 사건)

"춘천에만 닿으면 만나려니 했지요. 춘천을 손바닥만 하게 알았나 봐요. 정말 막막하더군요. 하는 수 없이 여관을 뒤졌지요. 여관이란 여관은 모조리 다 뒤졌지만, 그이는 없었어요. 하룻밤을 여관에서 뜬눈으로 새웠지요. 이튿날 아침, 문득 그이의 친한 친구 한 분이 도청에 계시다는 것이 생각나서, 그분을 찾아 나섰지요. 가는 길에 혹시나 하고 정거장에 들러 봤더니……."

(아내가 춘천에 대한 정보 하나 없이 무작정 찾아 나섰음이 드러남. 세상을 잘 모르는 순박함.)
(남편을 찾지 못할까 하는 두려움과 남편에 대한 걱정이 드러남.)
(우연히 남편과 재회함.)

매표구 앞에 늘어선 줄 속에 남편이 서 있었다. 아내는 너무 반갑고 원망스러워 말이 나오지 않았다.

「트럭에다 사과를 싣고 춘천으로 떠난 남편은, 가는 길에 사람을 몇 태웠다고 했다. 그들이 사과 가마니를 깔고 앉는 바람에 사과가 상해서 제값을 받을 수 없었다. 남편은 도저히 손해를 보아서는 안 될 처지였기에 친구의 집에 기숙을 하면서, 시장 옆에 자리를 구해 사과 소매를 시작했다. 그래서, 어젯밤 늦게서야 겨우 다 팔 수 있었다는 것이다.」 전보도 옳게 제구실을 하지 못하던 8 · 15 직후였으니…….

(「 」: 남편이 집에 돌아오지 못한 사연: 선행을 베풀다가 본 손해를 메꾸기 위함.)
(시대적 배경 – 광복 직후의 혼란한 사회상)

함께 춘천을 떠나 서울로 향하는 차 속에서 남편은 아내의 손을 꼭 쥐었다. 그때만 해도 세 시간 남아 걸리던 경춘선, 남편은 한 번도 그 손을 놓지 않았다. 아내는 한 손을 맡긴 채 너무도 행복해서 그저 황홀에 잠길 뿐이었다.

(남편과의 행복했던 추억을 떠올리게 하는 공간)
(아내를 향한 미안함과 고마움, 사랑의 표현)

그 남편은 그러나 6 · 25 때 죽었다고 한다. 여인은 어린 자녀들을 이끌고 모진 세파(世波)와 싸우지 않으면 안 되었다.

"이제 아이들도 다 커서 대학엘 다니고 있으니, 그이에게 조금은 면목이 선 것도 같아요. 제가 지금까지 살아올 수 있었던 것은, 춘천서 서울까지 제 손을 놓지 않았던 그이의 손길, 그것 때문일지도 모르지요."

(여인이 세상의 어려움 속에 버티며 살아갈 힘이 되어 준 남편과의 소중한 추억)

여인은 조용히 웃으면서 이렇게 말을 맺었다.

지난날의 가난은 잊지 않는 게 좋겠다. 더구나 그 속에 빛나던 사랑만은 잊지 말아야겠다. "행복은 반드시 부와 일치하진 않는다."라는 말은 결코 진부한 일 편의 경구(警句)만은 아니다.

(글쓴이의 깨달음)

구절 풀이

＊ **결코 진부한 ~ 경구만은 아니다.**: "행복은 반드시 부와 일치하진 않는다."라는 말이 낡고 흔한 말이 아닌 꼭 잊지 말아야 할 말임을 강조하고 있음.

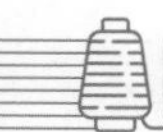

독해 포인트

1. 글쓴이의 경험과 깨달음

경험	• 중로의 여인에게서 (❶) 이야기를 서술함. → 춘천으로 장사를 간 남편이 돌아오지 않자, 남편을 찾아 나선 여인이 남편과 재회하고, 돌아오는 기차 안에서 아내의 손을 꼭 쥔 남편의 이야기
깨달음	행복이 부와 (❷)하는 것은 아니라는 깨달음 행복의 진정한 가치는 서로를 향한 따뜻한 사랑임.

2. 중심인물의 경험

춘천에 사과 장사를 갔던 여인의 남편이 사흘이 되어도 돌아오지 않음. ➡ 걱정이 된 여인이 남편을 찾아 춘천에 가, 우연히 정거장에서 남편과 재회를 함. ➡ 경춘선을 타고 오는 내내 남편이 여인에 대한 (❸)과 사랑으로 손을 잡아 줌.

3. 구성과 서술 방식

구성	배경	• **공간적** – 춘천, 경춘선 • **시간적** – (❹)
	특징	• 세 편의 일화가 옴니버스 형식으로 구성됨. 옴니버스: 하나의 주제를 중심으로 몇 개의 독립된 짧은 이야기를 주제나 인물로 연관성을 가지도록 하여, 한 편의 작품으로 만든 것 • 마지막에 주제를 직접적으로 드러냄.
서술 방식	대화 형식	대화를 활용하여 중심인물인 여인의 상황을 드러냄. → 여인이 과거 남편을 찾아 춘천에 갔던 이야기
	(❺) 제시	마지막에 (❺)를 제시하여 주제를 강조함. → "행복은 반드시 부와 일치하진 않는다."
	구체적 일화	여인의 구체적 일화를 통해 삶의 성찰을 제시함. → 행복의 진정한 가치

4. 주제와 효용

주제	가난 속에서도 피어나는 따뜻한 사랑과 행복
효용	독자들에게 행복의 진정한 가치에 대해 (❻)하게 함.

5. 핵심 소재

손길	남편이 춘천에서 서울까지 오는 동안 아내에 대한 미안함과 사랑의 표현으로 잡았던 것으로, 여인이 세상의 어려움 속에서도 버티며 살아갈 힘이 되어 준 남편과의 소중한 추억을 드러냄.
(❼)	남편과의 행복했던 추억을 떠올리게 하는 공간

❶ 전해 들은 ❷ 일치 ❸ 미안함(고마움) ❹ 8 · 15 광복 직후 ❺ 경구 ❻ 성찰 ❼ 경춘선

어휘력 체크

01 다음 밑줄 친 낱말의 사용이 적절하지 않은 것은?

① 진부한 표현은 더 이상 설득력이 없다.
② "너 자신을 알라"라는 경구는 명심할 만하다.
③ 약속을 지키지 못해 그를 대할 면목이 없다.
④ 그는 거처할 집을 구할 때까지 임시로 친구 집에 기숙하기로 했다.
⑤ 온갖 세파를 다 겪은 그의 얼굴은 그가 편안한 삶을 살았음을 보여 주었다.

02 다음 글에서 설명하고 있는 윗글의 구성 형식은?

> 이 형식은 하나의 주제를 중심으로 몇 개의 독립된 짧은 이야기를 주제나 인물로 연관성을 가지도록 하여, 한 편의 작품으로 만든 것을 뜻한다.

03 다음 빈칸에 들어갈 한자 성어를 쓰시오.

> 윗글의 여인은 6 · 25로 남편을 잃고 홀로 세파와 싸우며 어려움을 이겨 낸다. 이처럼 의지할 곳이 없는 외로운 홑몸을 (ㅎㅎㄷㅅ)이라 한다. *孑孑單身*

04 다음 빈칸에 들어갈 적절한 낱말을 쓰시오.

> 「명사」
> 전신을 이용한 통신이나 통보.
> 예 그는 춘천에서 서울로 ( )를 보냈다.

01 ⑤ 02 옴니버스 형식 03 혈혈단신
04 전보

꽃 출석부 1 _박완서

1~4 다음 글을 읽고 물음에 답하시오.

문제 해결 포인트
❶ 글쓴이의 태도와 정서 파악
❷ 표현상의 특징 파악
❸ '꽃 출석부'의 의미 파악

작년 가을에 이웃집에서 복수초를 나누어 받았다. 뿌리는 구근이 아니라 흑갈색 잔뿌리와 검은 흙이 한데 엉겨 있고, 키는 땅에 닿을 듯이 작은데 잎도 새의 깃털처럼 잘게 갈라져 있어서 전체적으로 볼륨이 느껴지지 않아 하찮은 잡초처럼 보였다. 그전에 나는 복수초라는 화초를 사진으로 본 적은 있지만 실물을 본 적은 없기 때문에 그게 과연 눈 속에서 핀다는 그 복수초인지 잘 믿기지 않았다. 생각해서 나누어 준 분 앞이라 당장 양지바른 곳에 심긴 했지만 곧 가을이 깊어지니 워낙 시원치 않아 보이던 이파리들은 자취도 없어지고 나 역시 그게 있던 자리조차 기억 못하게 되었다.

아마 3월이 되자마자였을 것이다. 샛노란 꽃이 두 송이 땅에 닿게 피어 있었다. 하도 키가 작아서 하마터면 밟을 뻔했다. 그러나 빛깔은 진한 황금색이어서 아직 아무것도 싹트지 않은 황량한 마당에 몹시 생뚱스러워 보였다. 그리고 곧 큰 눈이 왔다. 아무리 눈 속에도 피는 꽃이라고 알려져 있어도 그 작은 키로 견디기엔 너무 많은 눈이었다. 나는 눈으로는 눈의 무게를 이기지 못해 꺾인 듯이 축 처진 소나무 가지를 바라보면서 마음으로는 그 샛노란 꽃의 속절없음을 생각하고 있었다. 대문 밖의 눈은 쳐 주었지만 마당의 눈은 그대로 방치해 두었기 때문에 녹아 없어지는 데 며칠 걸렸다. 놀랍게도 제일 먼저 녹은 데가 복수초 언저리였다. ㉠<u>고 작은 풀꽃의 머리칼 같은 뿌리가 땅속 어드메서 따뜻한 지열을 길어 올렸기에 그 두터운 눈을 녹이고 더욱 샛노랗게 더욱 싱싱하게 해를 보고 있었다.</u> 온종일 그렇게 피어 있다가 해 질 무렵에는 타원형으로 오므라든다. 그러다가 아주 시들어 버릴 줄 알았는데 다음 날 해만 뜨면 다시 활짝 핀다. 그러나 마냥 그럴 수는 없는 일이다. 곧 안 깨어나고 져 버리는 날이 있겠기에 그게 피어 있는 동안만이라도 누구에겐가 보여 주고 자랑하고 싶어서 나는 집에 손님만 오면 그걸 구경시킨다. 그러나 내가 기대하는 것만치 신기해해 주는 이가 별로 없다. 어떤 친구는 마당에 피는 꽃이 백 가지도 넘는다고 해서 부러워했는데 이런 것까지 쳐서 백 가지냐고 기막힌 듯이 물었다. 듣고 보니 내가 그런 자랑을 한 적이 있는 것 같았다. 그러나 거짓말을 한 건 아니다. 그 친구는 아마 기화요초❖가 어우러진 광경을 상상했었나 보다. 내가 백 가지도 넘는다고 한 것은 복수초 다음으로 피어날 민들레나 제비꽃, 할미꽃까지 다 합친 수효다. 올해는 복수초가 1번이 되었지만 작년까지만 해도 산수유가 1번이었다. 곧 4월이 되면 목련, 매화, 살구, 자두, 앵두, 조팝나무 등이 다투어 꽃을 피우겠지만 그래도 조금씩 날짜를 달리해 순서대로 피면서 그 그늘에 제비꽃이나 민들레, 은방울꽃을 거느린다. 꽃이 제일 먼저 핀 것은 복수초지만 잎이 제일 먼저 흙을 뚫고 모습을 드러낸 것은 상사초고 그다음이 수선화다. 수선화는 벚꽃이 필 무렵에나 필 것 같고 상사초는 잎이 시들어 지상에서 사라지고 나서도 한참이나 더 있다가 꽃대를 밀어 올릴 것이다. 이렇게 그것들을 기다리고 마중하다 보니 내 머릿속에 ⓐ<u>출석부</u>가 생기게 되고, 출석부란 원래 이름과 함께 번호를 매기게 되어 있는지라 100번이 넘는다는 걸 알게 되었다. 이름을 모르면 100번이라는 숫자도 나오지 않았을 것이다. 그것들이 순서를 지키지 않고 멋대로 피고 지면 이름이 궁금하지 않았을지도 모른다.

내가 출석을 부르지 않아도 그것들은 올 것이다. 그대로 나는 그것들이 올해도 하나도 결석하지 않고 전원 출석하기를 바라기 때문에 그것들이 뿌리로, 씨로 잠든 땅을 함부로 밟지 못한다. 그것들이 왕성하게 자랄 여름에는 그것들이 목마를까 봐 마음 놓고 어디 여행도 못 할 것이다. 그것들은 출석할 때마다 내 가슴을 기쁨으로 뛰놀게 했다. 100식구는 대식구다. 나에게 그것들을 부양할 마당이 있다는 걸 생각만 해도 뿌듯한 행복감을 느낀다. 내가 이렇게 사치를 해도 되는 것일까. 괜히 송구스러울 때도 있다.

그것들은 내가 기다리지 않아도 올 것이다. 그래도 나는 기다린다. 기다리는 기쁨 때문에 기다린다.

❖ **기화요초**: 옥같이 고운 풀에 핀 구슬같이 아름다운 꽃.

1step 작품 파악하기

1 **윗글의 내용을 고려하여, ⓐ에 담긴 의미를 〈조건〉에 맞춰 한 문장으로 쓰시오.**

조건
- '질서', '기대감'의 낱말을 활용하여 쓸 것.
- 출석부의 속성을 바탕으로 쓸 것.

글쓴이가 어떤 감정으로 꽃이 피는 순서를 '꽃 출석부'라고 불렀는지 파악해 보자.

2 **'꽃'을 바라보는 글쓴이의 태도와 정서를 바탕으로 할 때, ㉠은 꽃에 대한 글쓴이의 ( )이/가 담겨 있는 표현으로 볼 수 있다.**

2step 서술상의 특징 파악하기 | 2020학년도 3월 고1 학력평가 변형 |

3 **윗글에 대한 설명으로 적절한 것은?**

① 색채어를 사용하여 대상을 감각적으로 묘사하고 있다.
② 설의적 표현을 통해 대상에 대한 그리움을 강조하고 있다.
③ 반어적 표현을 사용하여 심리 변화의 양상을 나타내고 있다.
④ 말을 건네는 방식을 통해 대상과의 유대감을 드러내고 있다.
⑤ 대조적 표현을 사용하여 인간의 삶과 자연을 비교하고 있다.

설의적 표현

분명한 답이 있는데도 묻는 형식으로 표현하는 방법. 설의법은 표현에 변화를 주어 보다 생동감 있게 표현하기 위한 표현 방법.

3step 외적 준거로 작품 파악하기 | 2020학년도 3월 고1 학력평가 변형 |

4 **〈보기〉를 바탕으로 윗글을 감상한 내용으로 적절하지 않은 것은?**

| 보기 |

윗글의 글쓴이는 관찰한 경험을 바탕으로 사물의 속성❖을 인식하고 있다. 사물의 속성을 인식하는 것은 사물의 모습에서 추상적인 의미를 발견해 내는 것이다. 그런데 관찰된 겉모습은 사물의 속성을 인식하는 데 도움이 되기도 하지만, 경우에 따라서는 방해가 되기도 한다.

❖ **속성**: 사물의 특징이나 성질.

① 글쓴이는 복수초의 강인한 속성을 인식하고 다른 사람들에게 자랑하고 싶어 하지만, 다른 사람들은 복수초의 속성에 관심이 없군.
② 글쓴이는 하찮은 잡초처럼 보이는 겉모습으로 인해 눈 속에서 피는 복수초의 강인함이라는 속성을 한동안 인식하지 못했던 것이군.
③ 글쓴이는 이전에 복수초의 실물을 본 경험을 통해 자신이 나누어 받은 복수초가 강인한 생명력의 속성을 지녔다고 확신하고 있군.
④ 글쓴이는 작은 키로는 견디기 어려운 두터운 눈을 녹이고 꽃을 피운 모습에서, 역경을 이겨 내는 생명력을 복수초의 속성으로 인식하고 있군.
⑤ 글쓴이는 복수초의 속성을 인식하기 전에 황량한 마당에 홀로 황금색 빛깔의 꽃을 피운 것을 보고 눈을 맞아 곧 속절없이 사라질 것이라 생각하고 있군.

작품 독해하기

꽃 출석부 1 _박완서

작년 가을에 이웃집에서 복수초를 나누어 받았다. 「뿌리는 구근이 아니라 흑갈색 잔뿌리와 검은 흙이 한데 엉겨 있고, 키는 땅에 닿을 듯이 작은데 잎도 새의 깃털처럼 잘게 갈라져 있어서 전체적으로 볼륨이 느껴지지 않아 하찮은 잡초처럼 보였다.」 그전에 나는 복수초라는 화초를 사진으로 본 적은 있지만 실물을 본 적은 없기 때문에 그게 과연 눈 속에서 핀다는 그 복수초인지 잘 믿기지 않았다. 생각해서 나누어 준 분 앞이라 당장 양지바른 곳에 심긴 했지만 곧 가을이 깊어지니 워낙 시원치 않아 보이던 이파리들은 자취도 없어지고 나 역시 그게 있던 자리조차 기억 못하게 되었다.

「 」: 복수초의 겉모습에 대한 글쓴이의 인상 → 하찮은 잡초처럼 보임.

복수초에 대해 특별한 느낌이 없어 복수초를 심고 그 자리를 잊어버림.

아마 3월이 되자마자였을 것이다. 샛노란 꽃이 두 송이 땅에 닿게 피어 있었다. 하도 키가 작아서 하마터면 밟을 뻔했다. 그러나 빛깔은 진한 황금색이어서 아직 아무것도 싹트지 않은 황량한 마당에 몹시 생뚱스러워 보였다. 그리고 곧 큰 눈이 왔다. 아무리 눈 속에도 피는 꽃이라고 알려져 있어도 그 작은 키로 견디기엔 너무 많은 눈이었다. 나는 눈으로는 눈의 무게를 이기지 못해 꺾인 듯이 축 처진 소나무 가지를 바라보면서 마음으로는 그 샛노란 꽃의 속절없음을 생각하고 있었다. 대문 밖의 눈은 쳐 주었지만 마당의 눈은 그대로 방치해 두었기 때문에 녹아 없어지는 데 며칠 걸렸다. 놀랍게도 제일 먼저 녹은 데가 복수초 언저리였다. 그 작은 풀꽃의 머리칼 같은 뿌리가 땅속 어드메서 따뜻한 지열을 길어 올렸기에 그 두터운 눈을 녹이고 더욱 샛노랗게 더욱 싱싱하게 해를 보고 있었다. 온종일 그렇게 피어 있다가 해 질 무렵에는 타원형으로 오므라든다. 그러다가 아주 시들어 버릴 줄 알았는데 다음 날 해만 뜨면 다시 활짝 핀다. 그러나 마냥 그럴 수는 없는 일이다. 곧 안 깨어나고 져 버리는 날이 있겠기에 그게 피어 있는 동안만이라도 누구에겐가 보여 주고 자랑하고 싶어서 나는 집에 손님만 오면 그걸 구경시킨다. 그러나 내가 기대하는 것만치 신기해해 주는 이가 별로 없다. 어떤 친구는 마당에 피는 꽃이 백 가지도 넘는다고 해서 부러워했는데 이런 것까지 쳐서 백 가지냐고 기막힌 듯이 물었다. 듣고 보니 내가 그런 자랑을 한 적이 있는 것 같았다. 그러나 거짓말을 한 건 아니다. 그 친구는 아마 기화요초가 어우러진 광경을 상상했었나 보다. 내가 백 가지도 넘는다고 한 것은 복수초 다음으로 피어날 민들레나 제비꽃, 할미꽃까지 다 합친 수효다. 올해는 복수초가 1번이 되었지만 작년까지만 해도 산수유가 1번이었다. 「곧 4월이 되면 목련, 매화, 살구, 자두, 앵두, 조팝나무 등이 다투어 꽃을 피우겠지만 그래도 조금씩 날짜를 달리해 순서대로 피면서 그 그늘에 제비꽃이나 민들레, 은방울꽃을 거느린다. 꽃이 제일 먼저 핀 것은 복수초지만 잎이 제일 먼저 흙을 뚫고 모습을 드러낸 것은 상사초고 그다음이 수선화다. 수선화는 벚꽃이 필 무렵에나 필 것 같고 상사초는 잎이 시들어 지상에서 사라지고 나서도 한참이나 더 있다가 꽃대를 밀어 올릴 것이다.」

시간의 경과: 늦가을 → 봄

▒: 색채 표현을 통해 대상을 감각적으로 묘사함.

복수초의 황금색 꽃이 황량한 주변과 어울리지 않게 도드라져서

큰 눈에 샛노란 꽃이 얼어 시들었을 것이라고 생각함.

복수초 둘레의 눈이 녹으면서 복수초가 더욱 싱싱한 모습을 나타냄. 복수초에 대한 글쓴이의 친근함이 드러남.

복수초를 꽃으로 보지 않는 친구의 시각이 드러남. 친구의 마음이 부러움에서 실망감으로 바뀜.

흔하게 볼 수 있는 소박한 꽃들. 열거법

다양한 봄꽃을 나열함. 열거법

「 」: 꽃들이 피는 시기와 특성에 대한 글쓴이의 세심한 관찰이 드러남.

이 작품은

이 작품은 글쓴이가 마당에 핀 꽃들을 관찰하며 느끼는 즐거움과 꽃에 대한 애정을 표현한 수필이다. 글쓴이는 특히 수많은 꽃들 중 작고 하찮아 보이지만 눈 속에서 샛노란 꽃을 피워 내는 복수초의 강한 생명력에 경탄하고 있다. 또한 글쓴이는 수많은 꽃들이 계절의 질서에 맞춰 차례대로 피는 모습을 보면서 꽃 출석부라 부르며 꽃에 대한 애정과 기대감을 드러내고 있다. 꽃 출석부를 만들어 화려하진 않아도 소박한 아름다움으로 계절의 순리를 따라 차례로 피어나는 꽃들을 소중히 여기고 정성을 다하는 글쓴이의 섬세한 감정이 잘 드러나고 있다.

갈래 현대 수필

주제 봄꽃에 대한 애정과 기대감

내용 구조도

눈 속에서 복수초가 꽃을 피워 냄.

복수초의 강인한 생명력에 감동을 느낌.

꽃 출석부를 부름.

꽃이 피는 순서대로 번호를 매겨서 꽃 출석부라 부름.

꽃들이 피기를 기다림.

꽃들이 피기를 기다리며 기쁨을 느낌.

어휘 풀이

❖ **구근**: 지하에 있는 식물체의 일부인 뿌리나 줄기 또는 잎 따위가 달걀 모양으로 비대하여 양분을 저장한 것.
❖ **황량하다**: 황폐하여 거칠고 쓸쓸하다.
❖ **생뚱스럽다**: 하는 행동이나 말이 상황에 맞지 아니하고 엉뚱한 데가 있다.
❖ **언저리**: 둘레의 가 부분.
❖ **어드메서**: 어디에서의 옛말.
❖ **기화요초**: 옥같이 고운 풀에 핀 구슬같이 아름다운 꽃.
❖ **왕성하다**: 한창 성하다.

이렇게 그것들을 기다리고 마중하다 보니 내 머릿속에 출석부가 생기게 되고, 출석부란 원래 이름과 함께 번호를 매기게 되어 있는지라 100번이 넘는다는 걸 알게 되었다. 이름을 모르면 100번이라는 숫자도 나오지 않았을 것이다. 그것들이 순서를 지키지 않고 멋대로 피고 지면 이름이 궁금하지 않았을지도 모른다.

(글쓴이의 마당에 차례대로 피는 꽃의 번호를 매겨서 출석부라 부르고 있음.)

내가 출석을 부르지 않아도 그것들은 올 것이다. 그대로 나는 그것들이 올해도 하나도 결석하지 않고 전원 출석하기를 바라기 때문에 그것들이 뿌리로, 씨로 잠든 땅을 함부로 밟지 못한다. *그것들이 왕성하게❖ 자랄 여름에는 그것들이 목마를까 봐 마음 놓고 어디 여행도 못 할 것이다. 그것들은 출석할 때마다 내 가슴을 기쁨으로 뛰놀게 했다. 100식구는 대식구다. 나에게 그것들을 부양할 마당이 있다는 걸 생각만 해도 뿌듯한 행복감을 느낀다. 내가 이렇게 사치를 해도 되는 것일까. 괜히 송구스러울 때도 있다.

(아직 피지 않은 꽃들을 위해 조심하는 글쓴이의 태도와 꽃에 대한 애정이 드러남.)
(꽃을 돌보아야 할 자식처럼 생각함.)

그것들은 내가 기다리지 않아도 올 것이다. 그래도 나는 기다린다. 기다리는 기쁨 때문에 기다린다.

(꽃들이 피기를 기다리는 기쁨)

구절 풀이

＊ **그게 피어 있는 ~ 그걸 구경시킨다.**: 복수초의 강인한 생명력에 감동을 받은 글쓴이가 복수초를 남들에게 보여 주고자 함.
＊ **그 친구는 ~ 상상했었나 보다.**: 글쓴이와는 달리 친구는 복수초같이 소박한 꽃이 아닌 화려한 아름다움을 자랑하는 꽃들이 가득한 광경을 상상함.
＊ **그것들이 왕성하게 ~ 못 할 것이다.**: 더운 여름 꽃들이 말라 시들까 봐 물을 주기 위해 마음 놓고 여행을 가지 못함. 꽃을 대하는 글쓴이의 정성이 드러남.

독해 포인트

1. 글쓴이의 경험과 깨달음

경험(관찰)	• 복수초를 처음 보았을 때는 (❶)이 하잘것없어 심은 곳조차 잊고 있다가 큰 눈이 내렸는데도 눈을 녹이고 더욱 싱싱하게 샛노란 꽃을 피우는 것을 관찰함. • 꽃들이 계절의 순리에 맞춰 차례대로 피어남.
깨달음	• 강인한 (❷)을 가진 복수초의 속성을 알게 됨. • 기다리던 꽃들이 피어날 때마다 기쁨과 행복감을 느끼게 됨.

2. 글쓴이의 정서와 태도 변화

복수초가 꽃을 피우기 전		복수초가 꽃을 피운 후		친구의 물음 이후
복수초의 볼품없는 겉모습을 보고 특별한 관심을 두지 않음.	➡	복수초의 강인한 생명력에 감탄을 하고 다른 사람에게도 보여 주고 싶어 함.	➡	수많은 꽃들이 계절의 질서에 따르며 차례대로 피는 것을 기다리며 기뻐함.

3. 구성과 서술 방식

구성	배경	• 공간적 – 글쓴이의 마당 • 시간적 – 늦가을, 봄(3월)
	특징	• 글쓴이가 (❸)을 바탕으로 사물의 속성을 인식하는 과정이 드러남. • 글쓴이의 세심한 관찰과 섬세한 감정이 드러남. • 복수초에서 시작하여 다른 꽃으로 일반화함.
서술 방식	(❹) 사용	(❹)를 나타내는 말을 활용하여 대상을 감각적으로 묘사함. → '흑갈색', '검은', '샛노란', '황금색'
	열거법	다양한 봄꽃들을 나열하여 꽃 출석부의 의미를 효과적으로 보여 줌. → '목련, 살구, 매화, 앵두, 조팝나무' 등
	(❺)	비유를 통해 대상의 모습을 생생하게 전달함. → '땅에 닿을 듯이', '새의 깃털처럼', '잡초처럼' 등
	현재형 시제	현재형 시제를 사용하여 생동감과 현장감을 드러냄. → '오므라든다', '구경시킨다', '거느린다', '기다린다' 등

4. 주제와 효용

주제	계절의 순리에 맞춰 차례대로 피어나는 꽃에 대한 애정과 (❻)
효용	독자들에게 복수초의 강인한 생명력과 꽃들이 피고 지는 자연의 순리를 생각해 보게 함.

5. 핵심 소재

복수초	하찮은 겉모습을 보이지만 눈(역경)을 헤치고 꽃을 피워 내는 강인한 생명력이란 속성을 가짐.
(❼)	글쓴이의 마당에 차례대로 피는 꽃의 번호를 매겨서 (❼)라 부름. 계절에 맞춰 차례대로 피고 지는 꽃들에 대한 글쓴이의 기대감과 애정이 담긴 표현

❶ 겉모습 ❷ 생명력 ❸ 관찰 ❹ 색채어 ❺ 직유법 ❻ 기대감 ❼ 출석부

어휘력 체크

01 다음 밑줄 친 낱말의 사용이 적절하지 않은 것은?

① 영호는 방학 때에도 늘 7시 언저리에 일어났다.
② 하루가 다 지나기도 전에 꽃이 오므라들었다.
③ 아직 날씨가 쌀쌀한데 반팔을 입은 그가 생뚱스러워 보였다.
④ 그들은 대열에서 처지지 않고 따라붙으려고 애를 썼다.
⑤ 여러 명의 소리가 어울어져 아름다운 하모니를 연출했다.

02 다음 밑줄 친 말의 반대말을 윗글에서 찾아 기본형으로 쓰시오.

> 나이가 든 호랑이는 기력이 쇠퇴하여 빨리 움직이지 못했다.

03 다음 빈칸에 들어갈 한자 성어를 쓰시오.

> 복수초는 키가 작아 글쓴이가 하마터면 밟을 뻔했을 정도로 작고 하찮은 잡초처럼 보이지만 눈 속에도 생명력을 잃지 않고 강인하게 꽃을 피운다. 이처럼 겉으로는 부드럽고 순하게 보이나 속은 곧고 굳셈을 뜻하는 한자 성어를 (ㅇㅇㄴㄱ)이라 한다. 外柔內剛

04 다음에서 빈칸에 들어갈 적절한 낱말을 쓰시오.

> 「명사」 내버려 둠.
> 예 쓰레기의 ( )로 온 동네가 지저분해졌다.
> 「비슷한말」 방관(傍觀), 좌시(坐視)

01 ⑤ 02 왕성하다 03 외유내강 04 방치

더 읽어 보기

무소유 _법정

바로 이 장면

나는 이때 온몸으로 그리고 마음속으로 절절히 느끼게 되었다. 집착이 괴로움인 것을. 그렇다, 나는 난초에게 너무 집념한 것이다. 이 집착에서 벗어나야겠다고 결심했다. 난을 가꾸면서는 산철에도 나그넷길을 떠나지 못한 채 꼼짝을 못했다. 밖에 볼일이 있어 잠시 방을 비울 때면 환기가 되도록 들창문을 조금 열어 놓아야 했고, 분을 내놓은 채 나가다가 뒤미처 생각하고는 되돌아와 들여놓고 나간 적도 한두 번이 아니었다. 그것은 정말 지독한 집착이었다.

며칠 후, 난초처럼 말이 없는 친구가 놀러 왔기에 선뜻 그의 품에 분을 안겨 주었다. 비로소 나는 얽매임에서 벗어난 것이다. 날아갈 듯 홀가분한 해방감. 3년 가까이 함께 지낸 '유정(有情)'을 떠나보냈는데도 서운하고 허전함보다 홀가분한 마음이 앞섰다. 이때부터 나는 하루 한 가지씩 버려야겠다고 스스로 다짐을 했다. 난을 통해 무소유의 의미 같은 걸 터득하게 됐다고나 할까.

(중략)

우리들의 소유 관념이 때로는 우리들의 눈을 멀게 한다. 그래서 자기의 분수까지도 돌볼 새 없이 들뜬다. 그러나 우리는 언젠가 한 번은 빈손으로 돌아갈 것이다. 내 이 육신마저 버리고 훌훌히 떠나갈 것이다. 하고많은 물량일지라도 우리를 어떻게 하지 못할 것이다.

크게 버리는 사람만이 크게 얻을 수 있다는 말이 있다. 물건으로 인해 마음이 상하고 있는 사람들에게는 한 번쯤 생각해 볼 말씀이다. 아무것도 갖지 않을 때 비로소 온 세상을 갖게 된다는 것은 무소유의 또 다른 의미이다.

▶ **이 작품은** 깊이 있는 주제를 담담한 어조로 전달하는 법정 스님이 자신의 체험을 바탕으로 '소유'의 본질에 대한 깨달음을 전한 수필이다. 글쓴이는 난초를 기르며 집착했던 경험을 통해 무소유의 의미를 깨달으며 소유에 대한 생각이 우리들의 눈을 멀게 한다는 깨달음을 전한다. 또한 크게 버리는 사람이 크게 얻을 것이라는 말을 인용하여 아무것도 갖지 않을 때 비로소 참된 자유와 행복을 누릴 수 있다고 강조한다.

▶ **주제** 진정한 자유와 무소유의 의미

▶ 「꽃 출석부 1」, 「가난한 날의 행복」과 더불어 진정한 행복의 가치에 대해 생각하며 읽어 보면 좋은 수필이다. 물질 만능주의 시대에 우리에게 필요한 행복의 가치가 무엇인지 성찰해 보게 하는 작품이다.

원고지 _이근삼

전체 줄거리

막이 열리면 장남, 장녀가 나와 가족을 소개한다. 교수는 원고지를 붙여 만든 양복을 입고 허리에 쇠사슬을 두르고 나와 기계적으로 반복되는 삶을 살아간다. 교수의 아내는 지친 남편에게 돈 문제로 남편을 추궁한다. 교수는 한때는 꿈과 이상에 대한 정열과 희망을 품었지만, 현실과 가장으로서의 의무감에 짓눌려 정신 착란 증세에 빠진다. 교수는 밤 8시 시계 소리를 듣고 아침인 줄 착각하고 출근하려고 하는 등 이성이 마비된 듯한 혼란스러운 모습을 보인다. 세속적이고 이기적인 장남과 장녀는 교수에게 용돈을 요구하고 감독관이 나타나 교수에게 번역을 독촉한다. 아내는 원고 한 장이 나올 때마다 돈으로 환산하는 등 교수의 노동의 결과인 원고지를 물질적 가치로만 인식한다. 교수는 희망과 이상을 상징하는 천사에게서 자신의 꿈을 찾으려 하나 바로 사라지고 감독관이 다시 번역 일을 독촉한다. 교수는 기계적으로 번역을 하고 감독관이 또다시 번역을 독촉한다.

▶ **이 작품은** 무의미하게 살아가는 현대인의 일상과 현대 사회의 부조리한 현실을 비판하고 풍자한 희곡이다. 등장인물들은 물질에 대한 욕망과 기계적으로 행동하는 모습만 드러낼 뿐 진정한 삶의 가치나 행복에 대해서 생각하지 않는 비인간적인 모습을 보여 준다. 또한 행동이나 무의미한 대사의 반복을 통해 일상적 삶의 무의미함과 조직 사회 속에서 소외된 인간을 보여 주고 있다.

▶ **주제** 현대인의 기계적인 삶에 대한 풍자

▶ 「불모지」와 더불어 현대 사회의 부정적 면을 생각하며 읽어 보면 좋은 희곡 작품이다. 물질 만능주의 사회에서 바람직한 인간의 삶이 무엇인지 성찰해 보게 하는 작품이다.

마무리 정리하기

극 문학의 개념과 출제 유형

희곡	개념: 무대 상연을 전제로 하는 연극의 대본
	특성 • 등장인물의 대사와 행동을 통해 인물의 심리가 제시되고 사건이 전개됨. • 제한된 공간, 시간에서 이루어지기 때문에 독자들의 암묵적 동의가 필요
	구성 요소 • 형식 – 대사, 해설, 지시문(지문) • 내용 – 인물, 사건, 배경
시나리오	개념: 영화나 드라마 촬영을 목적으로 창작된 대본
	특성 • 희곡에 비해 시간적 · 공간적 제약을 거의 받지 않음. • 인물의 대사를 통해 사건이 전달되며, 카메라의 시선에 의해 장면화됨. • 장면의 순서나 촬영과 관련된 특수한 용어를 사용함.
	구성 요소 • 형식 – 장면 번호, 해설, 대사, 지시문(지문) • 내용 – 인물, 사건, 배경
출제 유형	등장인물과 장면에 대해 적절하게 파악했는지 평가하는 유형
	갈래의 특징을 적절하게 이해했는지 평가하는 유형

미리 공부해야 할 개념

- 희곡과 시나리오의 차이점
- 대사의 종류
- 희곡과 시나리오의 구성 요소

더 알아 두기

- 희곡과 시나리오 용어
- 전통극인 탈춤의 개념과 특징

수필의 개념과 출제 유형

특성	수필은 형식이 자유로우며, 글쓴이의 개성이 잘 드러나는 글이다.
	글의 소재가 다양하고 광범위하며, 글쓴이의 인생관이나 가치관이 솔직하게 드러나는 자기 고백적인 글이다.
감상 방법	글쓴이의 체험과 깨달음 구분하기
	글쓴이의 개성 파악하기: 서술상의 특징이나 표현 방법을 통해 파악
	교훈 파악하기: 글쓴이의 깨달음이 독자에게 어떤 교훈과 깨달음을 주는지 파악
출제 유형	글쓴이의 체험 내용을 적절하게 파악했는지 평가하는 유형
	글쓴이의 깨달음을 적절하게 파악했는지 평가하는 유형
	다른 갈래와의 공통점을 적절하게 파악했는지 평가하는 유형

더 알아 두기

- 소설과 수필의 차이점
- 작품 속에 드러난 사회적 상황

01 대장금 _ 김영현

인물

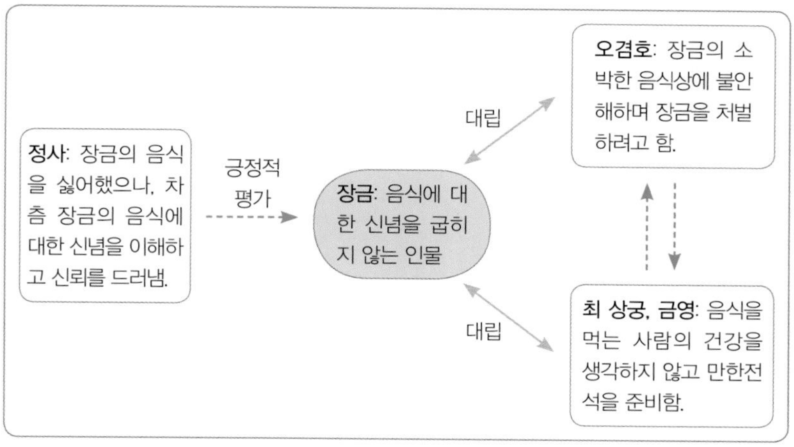

- **정사**: 장금의 음식을 싫어했으나, 차츰 장금의 음식에 대한 신념을 이해하고 신뢰를 드러냄. —(긍정적 평가)→ 장금
- **장금**: 음식에 대한 신념을 굽히지 않는 인물
- **오겸호**: 장금의 소박한 음식상에 불안해하며 장금을 처벌하려고 함. (장금과 대립)
- **최 상궁, 금영**: 음식을 먹는 사람의 건강을 생각하지 않고 만한전석을 준비함. (장금과 대립)

사건과 갈등

사건	갈등
장금의 소박한 음식상에 대해 불만인 오겸호는 만한전석을 준비하지만 정사는 장금의 음식에 대한 신념을 이해하고 장금에 대한 신뢰를 드러냄.	장금 ↔ 오겸호 • 정사의 건강을 위해 나물 위주의 소박한 상을 차리는 장금과 기름지고 고급스러운 음식으로 대접하려는 오겸호

구성

S# 49	S# 55	S# 56
장금이 음식을 준비하는 장면과 정사가 음식을 먹는 장면을 교차로 보여 줌.	태평관 연회장에서 최 상궁과 금영, 장금의 표정을 대조적으로 제시하여 긴장감을 고조함.	대사를 통해 장금이 위기를 극복하는 과정을 보여 줌.

표현

- 지문을 통해 사건을 속도감 있게 전달함.
- 말줄임표를 통해 인물이 말한 의도에 대해 궁금증을 자아내게 함.

갈래의 특성

S# 49를 몽타주 기법으로 촬영하여 장금이 음식을 준비하고 이에 대한 정사와 오겸호의 반응을 속도감 있게 보여 주는 효과를 나타냄.

주제

장금이 음식을 대하는 도리와 신념

꼭 알아 두기

- 각 장면의 중심 내용
- 등장인물의 성격과 신념

마무리 정리하기

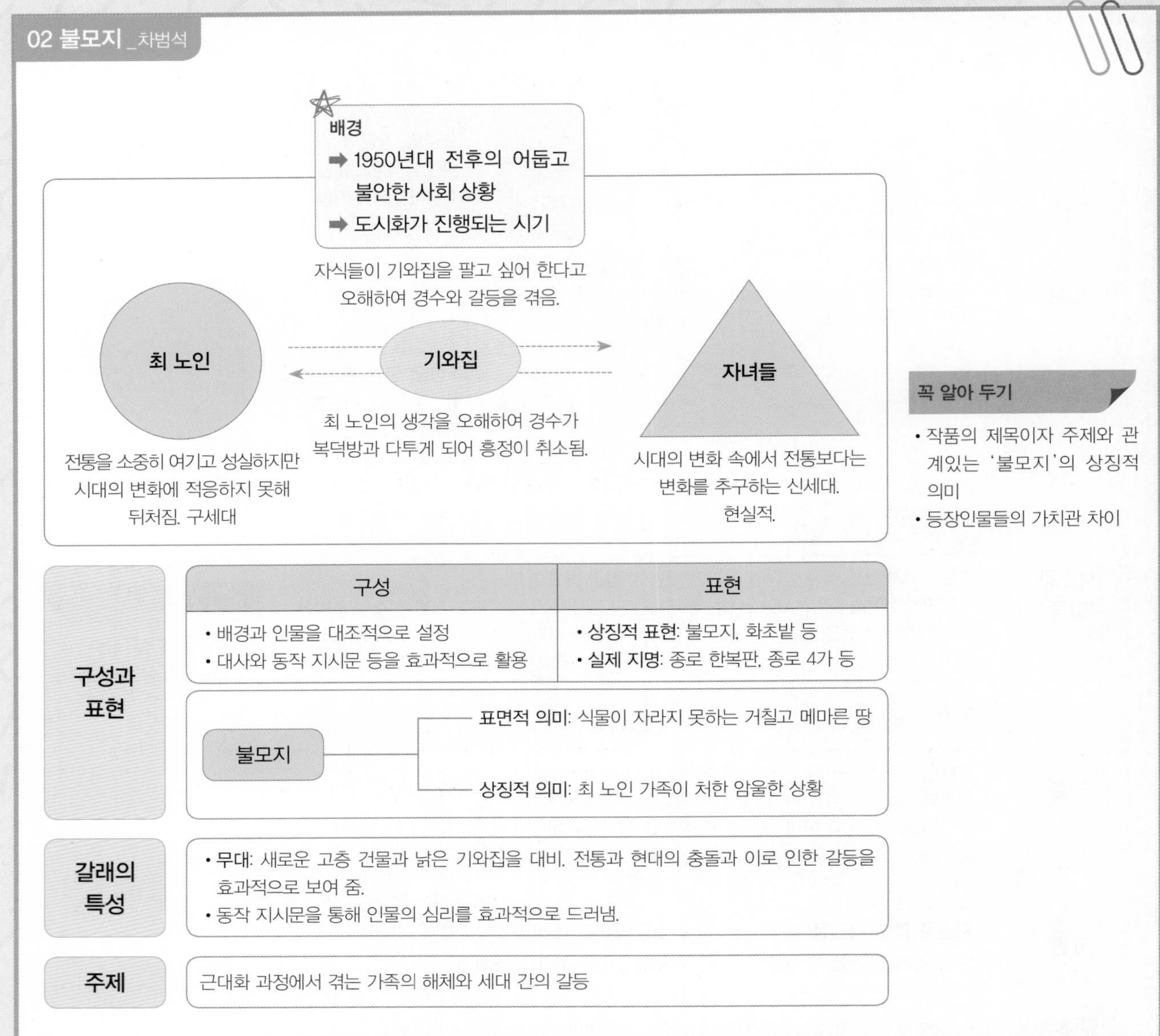

02 불모지 _차범석
배경
➡ 1950년대 전후의 어둡고 불안한 사회 상황
➡ 도시화가 진행되는 시기
자식들이 기와집을 팔고 싶어 한다고 오해하여 경수와 갈등을 겪음.
최 노인
기와집
자녀들
최 노인의 생각을 오해하여 경수가 복덕방과 다투게 되어 흥정이 취소됨.
전통을 소중히 여기고 성실하지만 시대의 변화에 적응하지 못해 뒤처짐. 구세대
시대의 변화 속에서 전통보다는 변화를 추구하는 신세대. 현실적.

구성과 표현

구성	표현
• 배경과 인물을 대조적으로 설정 • 대사와 동작 지시문 등을 효과적으로 활용	• **상징적 표현**: 불모지, 화초밭 등 • **실제 지명**: 종로 한복판, 종로 4가 등

불모지
- **표면적 의미**: 식물이 자라지 못하는 거칠고 메마른 땅
- **상징적 의미**: 최 노인 가족이 처한 암울한 상황

갈래의 특성

- **무대**: 새로운 고층 건물과 낡은 기와집을 대비. 전통과 현대의 충돌과 이로 인한 갈등을 효과적으로 보여 줌.
- 동작 지시문을 통해 인물의 심리를 효과적으로 드러냄.

주제

근대화 과정에서 겪는 가족의 해체와 세대 간의 갈등

꼭 알아 두기

- 작품의 제목이자 주제와 관계있는 '불모지'의 상징적 의미
- 등장인물들의 가치관 차이

03 가난한 날의 행복 _김소운

글쓴이의 경험과 깨달음

경험	깨달음
• 중로의 여인에게서 전해 들은 이야기 → 춘천으로 남편을 찾아 나선 여인이 남편과 재회하고, 함께 경춘선을 타고 오며 남편의 사랑에 행복함을 느낀 이야기	• 행복이 부와 일치하는 것은 아니라는 깨달음. • 행복의 진정한 가치는 서로를 향한 따뜻한 사랑임.

구성과 서술 방식

구성	서술 방식
• 세 편의 일화가 옴니버스 형식으로 구성됨. • 마지막에 주제를 직접적으로 드러냄.	• 대화를 활용하여 인물의 상황 제시 • 경구를 제시하여 주제를 강조 • 구체적 일화를 통해 삶에 대한 성찰 제시

주제와 효용

가난 속에서도 피어나는 따뜻한 사랑과 행복
→ 독자들에게 행복의 진정한 가치에 대해 성찰하게 함.

핵심 소재

- **손길**: 여인이 세상의 어려움 속에서도 버티며 살아갈 힘이 되어 준 남편과의 소중한 추억
- **경춘선**: 남편과의 행복했던 추억을 떠올리게 하는 공간

꼭 알아 두기

- 글쓴이의 경험과 깨달음의 내용
- 글쓴이가 전하는 진정한 행복의 가치
- '손길'과 '경춘선'의 의미

04 꽃 출석부 1 _박완서

글쓴이의 경험과 깨달음

경험	깨달음
• 복수초의 겉모습이 보잘것없어 잊고 있다가 큰 눈을 버티고 더욱 싱싱하게 샛노란 꽃을 피우는 것을 관찰함. • 꽃들이 계절의 순리에 맞춰 차례대로 피어남.	• 강인한 생명력을 가진 복수초의 속성을 알게 됨. • 기다리던 꽃들이 피어날 때마다 기쁨과 행복감을 느끼게 됨.

구성과 서술 방식

구성	서술 방식
• 글쓴이가 관찰을 바탕으로 사물의 속성을 인식하는 과정이 드러남. • 글쓴이의 세심한 관찰과 섬세한 감정이 드러남. • 복수초에서 시작하여 다른 꽃으로 일반화함.	• **색채어 사용**: 흑갈색, 검은, 샛노란, 황금색 • **열거법, 직유법** – 목련, 살구, 매화, 앵두, 조팝나무 등 – 땅에 닿을 듯이, 새의 깃털처럼 등 • **현재형 시제**: 오므라든다, 구경시킨다 등

주제와 효용

계절의 순리에 맞춰 차례대로 피어나는 꽃에 대한 애정과 기다림
→ 독자들에게 복수초의 강인한 생명력과 꽃들이 피고 지는 자연의 순리를 생각해 보게 함.

핵심 소재

- **복수초**: 하찮은 겉모습을 보이지만 눈(역경)을 헤치고 꽃을 피워 내는 강인한 생명력이란 속성을 가짐.
- **출석부**: 글쓴이의 마당에 차례대로 피는 꽃의 번호를 매겨서 출석부라 부름. 꽃들에 대한 글쓴이의 기대감과 애정이 담긴 표현

꼭 알아 두기

- 글쓴이의 경험(관찰)과 깨달음의 내용
- 복수초의 속성
- 꽃 출석부의 의미
- 꽃을 대하는 글쓴이의 태도

IV 실전 학습

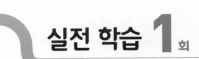

실전 학습 1회

01~04 **다음 글을 읽고 물음에 답하시오.**

가 ⓐ하늘은 날더러 **구름**이 되라 하고
땅은 날더러 **바람**이 되라 하네
청룡 흑룡 흩어져 비 개인 나루
잡초나 일깨우는 잔바람이 되라네
뱃길이라 서울 사흘 **목계 나루**에
아흐레 나흘 찾아 박가분 파는
가을볕도 서러운 방물장수 되라네
산은 날더러 **들꽃**이 되라 하고
강은 날더러 **잔돌**이 되라 하네
산서리 맵차거든 풀 속에 얼굴 묻고
물여울 모질거든 바위 뒤에 붙으라네
민물새우 끓어 넘는 **토방 툇마루**
석삼년에 한 이레쯤 천치로 변해
짐 부리고 앉아 쉬는 떠돌이가 되라네
하늘은 날더러 바람이 되라 하고
산은 날더러 잔돌이 되라 하네

– 신경림, 「목계 장터」

나 누가 ⓑ하늘을 보았다 하는가
누가 구름 한 송이 없이 맑은
하늘을 보았다 하는가.

네가 본 건, 먹구름
그걸 하늘로 알고
일생을 살아갔다.

네가 본 건, 지붕 덮은
쇠 항아리,
그걸 **하늘**로 알고
일생을 **살아갔다.**

닦아라, 사람들아
네 마음속 구름
찢어라, 사람들아,
네 머리 덮은 쇠 항아리.

아침저녁
네 마음속 구름을 닦고
티 없이 맑은 영원의 하늘
볼 수 있는 사람은
외경을
알리라

아침저녁
네 머리 위 쇠 항아릴 찢고
티 없이 맑은 구원의 하늘
마실 수 있는 사람은

연민을
알리라
차마 삼가서
발걸음도 조심
마음 아모리며❖.

서럽게
아 **엄숙한 세상**을
서럽게
눈물 흘려

살아가리라
누가 하늘을 보았다 하는가,
누가 구름 한 자락 없이 맑은
하늘을 보았다 하는가.

– 신동엽, 「누가 하늘을 보았다 하는가」

❖ **아모리다** : 졸아들거나 오므라지게 하다.

01 (가)와 (나)의 공통점으로 가장 적절한 것은?

① 음성 상징어를 활용하여 운율을 형성하고 있다.
② 단정적 어조를 통해 화자의 의지를 강조하고 있다.
③ 변형된 수미상관의 방식으로 시상을 전개하고 있다.
④ 공감각적 표현을 활용하여 생동감 있게 표현하고 있다.
⑤ 과거와 현재를 대비하여 화자의 정서 변화를 나타내고 있다.

02 (가)에 대한 설명으로 적절하지 <u>않은</u> 것은?

① '목계 나루'는 민중의 삶의 애환이 서린 공간이다.
② '구름'과 '바람'은 유랑의 이미지를 나타내는 시어들이다.
③ '들꽃'과 '잔돌'은 정착의 이미지를 나타내는 시어들이다.
④ '토방 툇마루'는 잊고 싶은 가난한 과거를 상징하는 장소이다.
⑤ '짐 부리고 앉아 쉬는'에서는 정착에 대한 화자의 소망을 알 수 있다.

03 〈보기〉를 바탕으로 (나)를 감상한 내용으로 적절하지 <u>않은</u> 것은?

| 보기 |
「누가 하늘을 보았다 하는가」는 자유와 평화가 억압된 역사적 현실을 바탕으로 창작되었다. 화자는 구속받고 억압당하는 상황에서 암울한 시간을 보내고 있는 민중의 아픈 현실을 드러내고 있다. 또한 민중이 억압받는 현실에 대하여 비판적인 태도를 지니고 고난을 극복하기 위해 노력할 것을 바라고 있다. 이러한 극복의 과정을 통해 미래에는 민중이 자유와 평화를 누리며 인간 본연의 삶을 누릴 수 있는 세상을 맞이할 수 있을 것이라는 전망을 제시하고 있다.

① '네가 본 건, 먹구름'에서는 자유와 평화가 억압된 역사적 현실 상황을 나타낸 것이군.
② '쇠항아리'를 '하늘'로 알고 '살아갔다'는 것은 민중의 암울했던 과거의 아픈 현실을 나타낸 것이군.
③ '닦아라, 사람들아'와 '찢어라, 사람들아'에서는 민중에게 억압받는 현실에 대하여 비판적인 태도를 지니기를 소망하고 있군.
④ '엄숙한 세상'은 구속받고 억압당하는 부정적인 상황을 극복한 뒤에 민중이 맞이하게 될 평화의 세상을 의미하는군.
⑤ '누가 하늘을 보았다 하는가'를 반복하여 그동안 민중이 살아온 세상이 인간 본연의 삶을 누릴 수 있는 곳이 아님을 강조하고 있군.

04 ⓐ와 ⓑ에 대한 설명으로 적절한 것은?

① ⓐ, ⓑ 모두 화자가 즐기는 자연에 해당한다.
② ⓐ, ⓑ 모두 화자에게 고통을 안겨 주는 대상이다.
③ ⓐ, ⓑ 모두 화자가 불가능하게 생각하는 대상이다.
④ ⓐ는 화자에게 위안을 주는 대상이고, ⓑ는 화자에게 슬픔을 주는 대상이다.
⑤ ⓐ는 화자에게 절대적인 대상이고, ⓑ는 화자가 긍정적으로 여기는 대상이다.

05~07 **다음 글을 읽고 물음에 답하시오.**

드팀전 장돌이를 시작한 지 이십 년이나 되어도 허 생원은 봉평 장을 빼논 적은 드물었다. 충주 제천 등의 이웃 군에도 가고, 멀리 영남 지방도 헤매기는 하였으나 강릉쯤에 물건 하러 가는 일 외에는 처음부터 끝까지 군내를 돌아다녔다. 닷새만큼씩의 장날엔 달보다도 확실하게 면에서 면으로 건너간다. 고향이 청주라고 자랑삼아 말하였으나 고향에 돌보러 간 일도 있는 것 같지는 않았다. 장에서 장으로 가는 길의 아름다운 강산이 그대로 그에게는 그리운 고향이었다. 반날 동안이나 뚜벅뚜벅 걷고 장터 있는 마을에 거지반 가까웠을 때 거친 나귀가 한바탕 우렁차게 울면 — 더구나 그것이 저녁녘이어서 등불들이 어둠 속에서 깜박거릴 무렵이면 늘 당하는 것이건만 허 생원은 변치 않고 언제든지 가슴이 뛰놀았다.

젊은 시절에는 알뜰하게 벌어 돈푼이나 모아 본 적도 있기는 있었으나, 읍내에 백중이 열린 해 호탕스럽게 놀고 투전을 하고 하여 사흘 동안에 다 털어 버렸다. 나귀까지 팔게 된 판이었으나 애끓는 정분에 그것만은 이를 물고 단념하였다. 결국 도로아미타불로 장돌림을 다시 시작할 수밖에는 없었다. 짐승을 데리고 읍내를 도망해 나왔을 때에는 너를 팔지 않기 다행이었다고 길가에서 울면서 짐승의 등을 어루만졌던 것이었다. 빚을 지기 시작하니 재산을 모을 염은 당초에 틀리고, 간신히 입에 풀칠을 하러 장에서 장으로 돌아다니게 되었다.

호탕스럽게 놀았다고는 하여도 계집 하나 후려 보지는 못하였다. 계집이란 쌀쌀하고 매정한 것이었다. 평생 인연이 없는 것이라고 신세가 서글펴졌다. 일신에 가까운 것이라고는 언제나 변함없는 한 필의 당나귀였다.

그렇다고는 하여도 꼭 한 번의 첫 일을 잊을 수는 없었다. 뒤에도 처음에도 없는 단 한 번의 괴이한 인연! 봉평에 다니기 시작한 젊은 시절의 일이었으나 그것을 생각할 적만은 그도 산 보람을 느꼈다.

달밤이었으나 어떻게 해서 그렇게 됐는지 지금 생각해도 도무지 알 수는 없었다. 허 생원은 오늘 밤도 또 그 이야기를 끄집어내려는 것이다. 조 선달은 친구가 된 이래 귀에 못이 박히도록 들어 왔다. 그렇다고 싫증을 낼 수도 없었으나 허 생원은 시침을 떼고 되풀이할 대로는 되풀이하고야 말았다.

"달밤에는 그런 이야기가 격에 맞거든."

[A] 조 선달 편을 바라는 보았으나 물론 미안해서가 아니라 달빛에 감동하여서였다. 이지러는 졌으나 **보름을 가제 지난 달은 부드러운 빛을 흐붓이 흘리고 있다.** 대화까지는 칠십 리의 밤길, 고개를 둘이나 넘고 개울을 하나 건너고 벌판과 산길을 걸어야 된다. 달은 지금 긴 산허리에 걸려 있다. **밤중을 지난 무렵인지 죽은 듯이 고요한** 속에서 **짐승 같은 달의 숨소리가 손에 잡힐 듯이 들리며**, 콩 포기와 옥수수 잎새가 한층 달에 푸르게 젖었다. 산허리는 온통 메밀밭이어서 **피기 시작한 꽃이 소금을 뿌린 듯이** 흐붓한 달빛에 숨이 막힐 지경이다. 붉은 대궁이 향기같이 애잔하고 **나귀들의 걸음**도 시원하다. 길이 좁은 까닭에 세 사람은 나귀를 타고 외줄로 늘어섰다. 방울 소리가 시원스럽게 딸랑딸랑 메밀밭께로 흘러간다. 앞장선 허 생원의 이야기 소리는 꽁무니에 선 동이에게는 확적히는 안 들렸으나, 그는 그대로 개운한 제멋에 적적하지는 않았다.

"장 선 꼭 이런 날 밤이었네. 객줏집 토방이란 무더워서 잠이 들어야지. 밤중은 돼서 혼자 일어나 개울가에 목욕하러 나갔지. 봉평은 지금이나 그제나 마찬가지지. 보이는 곳마다 메밀밭이어서 개울가가 어디 없이 하얀 꽃이야. 돌밭에 벗어도 좋을 것을, 달이 너무도 밝은 까닭에 옷을 벗으러 물방앗간으로 들어가지 않았나. 이상한 일도 많지. 거기서 난데없는 성 서방네 처녀와 마주쳤단 말이네. 봉평서야 제일가는 일색이었지."

"팔자에 있었나 부지."

아무렴 하고 응답하면서 말머리를 아끼는 듯이 한참이나 담배를 빨 뿐이었다.

구수한 자줏빛 연기가 밤기운 속에 흘러서는 녹았다.

"날 기다린 것은 아니었으나 그렇다고 달리 기다리는 놈팽이가 있는 것두 아니었네. 처녀는 울고 있단 말야. 짐작은 대고 있었으나 성 서방네는 한창 어려워서 들고 날 판인 때였지. 한집안 일이니 딸에겐들 걱정이 없을 리 있겠

나. 좋은 데만 있으면 시집도 보내련만 시집은 죽어도 싫다지……. 그러나 처녀란 울 때같이 정을 끄는 때가 있을까. 처음에는 놀라기도 한 눈치였으나 걱정 있을 때는 누그러지기도 쉬운 듯해서 이럭저럭 이야기가 되었네……. 생각하면 무섭고도 기막힌 밤이었어."

"제천인지로 줄행랑을 놓은 건 그다음 날이었나?"

"다음 장도막에는 벌써 온 집안이 사라진 뒤였네. 장판은 소문에 발끈 뒤집혀 고작해야 술집에 팔려 가기가 상수라고, 처녀의 뒷공론이 자자들 하단 말이야. 제천 장판을 몇 번이나 뒤졌겠나. 하나 처녀의 꼴은 꿩 궈 먹은 자리야. 첫날밤이 마지막 밤이었지. 그때부터 봉평이 마음에 든 것이 반평생을 두고 다니게 되었네. 평생인들 잊을 수 있겠나."

"수 좋았지. 그렇게 신통한 일이란 쉽지 않어. 항용 못난 것 얻어 새끼 낳고, 걱정 늘고 생각만 해두 진저리나지……. 그러나 늘그막바지까지 장돌뱅이로 지내기도 힘드는 노릇 아닌가? 난 가을까지만 하구 이 생애와두 하직하려네. 대화쯤에 조그만 전방이나 하나 벌이구 식구들을 부르겠어. 사시장철 뚜벅뚜벅 걷기란 여간이래야지."

"옛 처녀나 만나면 같이나 살까……. ㉠난 거꾸러질 때까지 이 길 걷고 저 달 볼 테야."

– 이효석, 「메밀꽃 필 무렵」

05 윗글의 서술상 특징으로 가장 적절한 것은?

① 작품 속의 서술자가 자신의 이야기를 전달하고 있다.
② 등장인물 간의 대립과 갈등을 통해 긴박감을 전달하고 있다.
③ 독백적인 어조를 통해 주인공의 심리 상태를 서술하고 있다.
④ 요약적 서술과 대화를 통해 과거의 사건과 현재를 연결하고 있다.
⑤ 다른 장소에서 동시에 벌어지는 두 가지의 사건들을 서술하고 있다.

06 〈보기〉를 바탕으로 [A]를 감상한 내용으로 적절하지 않은 것은?

보기

「메밀꽃 필 무렵」은 뛰어난 서정성으로 걸작으로 평가받고 있다. 이 작품은 참신한 비유를 활용하여 작품의 분위기를 효과적으로 묘사하고 있으며, 정적인 이미지와 동적인 이미지의 결합을 통해 의미를 전달하고 있으며, 다양한 색채 묘사를 통해 작품의 배경을 아름답게 표현하고 있다. 또한 객관적 정보를 제시하는 표현과 주관적 느낌을 전달하는 표현이 조화를 이루고 있으며, 긴 문장과 짧은 문장이 적절하게 배치되어 균형감을 잃지 않은 훌륭한 작품이다.

① 짧은 문장 중심으로 진행되는 대화와 긴 문장을 중심으로 서술되는 배경 묘사가 적절하게 배치되어 균형을 유지하고 있군.
② '메밀밭'의 하얀색, '콩 포기와 옥수수 잎새'의 푸른색, '붉은 대궁'의 붉은색 등의 다양한 색채 묘사를 통해 작품의 공간적 배경을 아름답게 표현하고 있군.
③ '짐승 같은 달의 숨소리가 손에 잡힐 듯이 들리며', '피기 시작한 꽃이 소금을 뿌린 듯이'와 같은 참신한 비유를 통해 달밤의 서정적인 분위기를 묘사하고 있군.
④ '보름을 가제 지난 달'이라는 객관적 정보를 제시하는 표현과 '부드러운 빛을 흐붓이 흘리고 있다'라는 주관적 느낌을 전달하는 표현이 조화를 이루어 서정성을 부각하고 있군.
⑤ '밤중을 지난 무렵인지 죽은 듯이 고요한'이라는 정적인 이미지와 '나귀들의 걸음'이라는 동적인 이미지의 결합을 통해 생동감 넘치는 장돌뱅이의 삶을 표현하고 있군.

07 ㉠에 나타난 허 생원의 심리 상태로 가장 적절한 것은?

① 다시는 봉평 장에 오지 않을 생각이다.
② 장돌뱅이를 하여 돈을 모아 정착하고 싶다.
③ 장돌뱅이의 삶을 계속하면서 살아갈 것이다.
④ 동이와 함께 성 서방네 처녀를 찾을 것이다.
⑤ 조 선달과 함께 장돌뱅이의 생활을 하고 싶다.

08~10 **다음 글을 읽고 물음에 답하시오.**

술을 다 마신 후 헤어질 때 여인이 ㉠<u>은그릇</u> 하나를 양생에게 주면서 말하였다.

"내일 저의 부모님께서 저를 위하여 보련사에서 음식을 베푸실 것이옵니다. 만약 당신이 저를 버리지 않으실 거라면 보련사 가는 길에서 기다리고 있다가 저와 함께 절로 가서 제 부모님을 뵙는 것이 어떠신지요?"

양생이 대답하였다.

"그러겠소."

이튿날 양생은 여인의 말대로 은그릇을 들고 보련사로 가는 길가에서 기다리고 있었다.

그런데 과연 어떤 귀족 집안에서 딸자식의 대상을 치르려고 수레와 말을 길게 늘여 세우고 보련사로 올라가는 것이었다. 그러다가 길가에서 한 서생이 은그릇을 들고 서 있는 것을 보고, 하인이 아뢰었다.

"아가씨의 무덤에 묻은 물건을 벌써 어떤 사람이 훔쳤습니다."

주인이 말하였다.

"그게 무슨 말이냐?"

하인이 대답하였다.

"이 서생이 들고 있는 은그릇 말씀입니다."

주인이 마침내 양생 앞에 말을 멈추고 어찌 된 것인지, 은그릇을 지니게 된 경위를 물었다. 양생은 전날 여인과 약속한 그대로 대답하였다. 여인의 부모가 놀랍고도 의아하게 여기다가 한참 후에 말하였다.

"나에게는 오직 딸아이 하나만이 있었는데 왜구가 침입하여 난리가 났을 때에 적에게 해를 입어 죽었다네. 미처 장례도 치르지 못하고 개령사 골짜기에 임시로 묻어 주었지. 이래저래 미루다가 오늘에 이르게 되었다네. 오늘이 벌써 대상날이라 재나 올려 저승길을 추도하려고 한다네. 자네는 약속대로 딸아이를 기다렸다가 함께 오게. 부디 놀라지 말게나."

그는 말을 마치고 먼저 보련사로 떠났다.

양생은 우두커니 서서 기다렸다. 약속한 시간이 되자 과연 어떤 여인이 계집종을 거느리고 나긋나긋한 자태로 걸어오는데 바로 그 여인이었다. 양생과 여인은 서로 기뻐하면서 손을 잡고 보련사로 향하였다.

여인은 절 문에 들어서자 부처님께 예를 올리더니 흰 휘장 안으로 들어갔다. 그러나 여인의 친척들과 절의 승려들은 모두 그것을 믿지 않았다. 오직 양생만이 혼자 볼 수 있을 뿐이었다.

여인이 양생에게 말하였다.

"함께 차와 음식이나 드시지요."

양생은 그 말을 여인의 부모에게 고하였다. 여인의 부모는 시험해 보고자 양생에게 함께 식사를 하라고 시켰다. 그랬더니 오직 수저를 놀리는 소리만 들렸는데 마치 산 사람이 식사하는 소리와 같았다.

그제야 여인의 부모가 놀라 탄식하면서 양생에게 휘장 곁에서 같이 잠자기를 권하였다. 한밤중에 말소리가 낭랑히 들렸는데 사람들이 자세히 엿들으려 하면 갑자기 그 말이 끊어졌다.

여인이 양생에게 말하였다.

"제가 법도를 어겼다는 것은 저 스스로 잘 알고 있어요. 어려서 『시경』과 『서경』을 읽었으므로 예의가 무언지 조금이나마 알지요. 『시경』의 「건상」이 얼마나 부끄럽고 「상서」가 얼마나 얼굴 붉힐 만한 것인지 모르는 것이 아닙니다. 그러나 오랫동안 쑥덤불 우거진 속에 거처하며 들판에 버려져 있다 보니 사랑하는 마음이 한번 일어나자 끝내 건잡을 수가 없었답니다.

지난번에 절에 가서 복을 빌고 부처님 앞에서 향을 사르며 일생 운수가 박복함을 혼자 탄식하다가 뜻밖에도 삼세의 인연을 만나게 되었지요. 그래서 머리에 가시나무 비녀를 꽂은 가난한 살림이라도 낭군의 아낙으로서 백 년 동안 높은 절개를 바치고, 술을 빚고 옷을 지으며 한평생 지어미로서의 도리를 닦으려 했던 것이랍니다. 하지만 한스럽게도 업보는 피할 수가 없어서 저승길로 떠나야만 하게 되었어요. 즐거움을 다 누리지도 못했는데 슬픈 이별이 갑작스레 닥쳐왔군요.

이제 제 발걸음에 병풍 안으로 들어가면 신녀 아향이 수레를 돌릴 것이고, 구름과 비는 양대에서 개고, 까치와 까마귀는 은하수에서 흩어질 거예요. 이제 한번 헤어지면 훗날 다시 만나기를 기약하기 어렵겠지요. 작별을 당하고 보니 정신이 아득하기만 해서 무어라 말씀드려야 할지 모르겠군요."

이윽고 여인의 영혼을 전송하자 울음소리가 그치지 않았다. 영혼이 문밖에 이르자 다만 은은하게 다음과 같은 소리만이 들려왔다.

– 김시습, 「만복사저포기」

08 윗글에 대한 설명으로 적절하지 <u>않은</u> 것은?

① 시간의 흐름에 따라 사건이 서술되고 있다.
② 하나의 이야기 속에 또 다른 이야기를 담고 있다.
③ 서술자는 현실계와 비현실계를 함께 서술하고 있다.
④ 여인의 말은 양생을 통해서 다른 등장인물에게 전달된다.
⑤ 양생 외의 등장인물은 여인의 존재를 소리로만 인지할 수 있다.

09 ㉠의 기능으로 가장 적절한 것은?

① 양생에게 닥칠 불행한 일을 예고한다.
② 양생에 대한 고마움의 마음을 의미한다.
③ 여인의 부모가 맞이할 죽음을 암시한다.
④ 양생과 여인이 서로 대립하는 이유가 된다.
⑤ 양생이 여인의 부모와 만나는 매개체가 된다.

10 〈보기〉를 참고하여 윗글을 감상한 내용으로 적절하지 <u>않은</u> 것은?

보기

「만복사저포기」는 불교적 윤회 사상을 바탕으로 창작된 전기적(傳奇的)인 성격의 한문 소설이다. 외롭게 살아가는 남자 주인공과 적극적인 성격의 여자 주인공을 내세워 운명론적 가치관, 애정 지상주의 등을 반영하고 있는 작품이다.

① 여인이 죽었다가 환생하는 과정은 불교적 윤회 사상이 반영된 것이다.
② 이승의 양생과 저승의 여인이 사랑을 나눈다는 설정은 생사를 초월한 애정 지상주의를 나타낸 것이다.
③ 죽은 여인이 환생하여 부모에게 양생과의 관계를 인정받는 것은 여인의 적극적인 성격을 나타내는 것이다.
④ 양생이라는 살아 있는 사람이 죽은 여인이 환생한 사람과 만난다는 설정은 작품의 전기적 성격을 드러내는 것이다.
⑤ 여인이 소박한 아내가 되어 백 년의 높은 절개를 바치려 했다는 내용은 주어진 운명은 거스를 수 없다는 운명론적 가치관을 반영한 것이다.

01~03 다음 글을 읽고 물음에 답하시오.

파란 녹이 낀 구리 거울 속에
내 얼굴이 남아 있는 것은
어느 왕조의 유물이기에
이다지도 욕될까.

나는 나의 참회의 글을 한 줄에 줄이자.
— 만 이십사 년 일 개월을
　무슨 기쁨을 바라 살아왔던가.

내일이나 모레나 그 어느 즐거운 날에
나는 또 한 줄의 참회록을 써야 한다.
— 그때 그 젊은 나이에
　왜 그런 부끄런 고백을 했던가.

밤이면 밤마다 나의 ㉠거울을
손바닥으로 발바닥으로 닦아 보자.

그러면 어느 운석 밑으로 홀로 걸어가는
슬픈 사람의 뒷모양이
거울 속에 나타나 온다.

– 윤동주, 「참회록」

01 윗글에 대한 설명으로 적절하지 않은 것은?

① 상징적인 소재를 사용하고 있다.
② 고백적인 어조를 사용하고 있다.
③ 1인칭 독백의 형식을 사용하고 있다.
④ 화자는 현실을 부정적으로 인식하고 있다.
⑤ 현실의 고통을 종교적으로 극복하고 있다.

02 윗글을 〈보기〉와 같이 나타낼 때 ㉮에 들어갈 내용으로 적절한 것은?

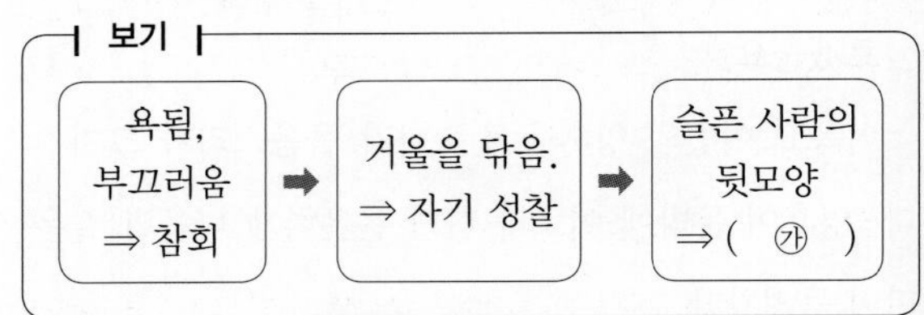

보기
욕됨,
부끄러움
⇒ 참회
거울을 닦음.
⇒ 자기 성찰
슬픈 사람의
뒷모양
⇒ (㉮)

① 미래에 이루어질 참회
② 현실 도피에 대한 소망
③ 비극적 삶에 대한 전망
④ 망국의 역사에 대한 인식
⑤ 현실에서의 자기 성찰 의지

03 다음 밑줄 친 시어 중 ㉠과 유사한 기능을 하는 것은?

① 별을 노래하는 마음으로 / 모든 죽어 가는 것을 사랑해야지. / 그리고 나한테 주어진 길을 / 걸어가야겠다. – 윤동주, 「서시」
② 쫓아오던 햇빛인데, / 지금 교회당 꼭대기 / 십자가에 걸리었습니다. / 첨탑(尖塔)이 저렇게도 높은데 / 어떻게 올라갈 수 있을까요. – 윤동주, 「십자가」
③ 어둠을 짖는 개는 / 나를 쫓는 것일 게다. / 가자 가자 / 쫓기우는 사람처럼 가자. / 백골 몰래 / 아름다운 또 다른 고향에 가자. – 윤동주, 「또 다른 고향」
④ 바닷가 햇빛 바른 바위 위에 / 습한 간(肝)을 펴서 말리우자. / 코카서스 산중에서 도망해 온 토끼처럼/둘러리를 빙빙 돌며 간(肝)을 지키자. – 윤동주, 「간」
⑤ 산모퉁이를 돌아 논가 외딴 우물을 홀로 찾아가선 / 가만히 들여다봅니다. / 우물 속에는 달이 밝고 구름이 흐르고 하늘이 펼치고 파아란 바람이 불고 가을이 있습니다. – 윤동주, 「자화상」

04~06 다음 글을 읽고 물음에 답하시오.

[앞부분의 줄거리] '나'의 문간방에 세 들어 사는 권 씨는 가난한 살림에도 틈만 나면 구두를 정성껏 닦는다. 어느 날 '나'는 아내의 수술비를 빌려 달라는 권 씨의 부탁을 거절했다가 곧바로 후회하고 병원으로 찾아가 수술비를 대신 내준다. 그리고 그날 밤 도둑이 든다.

한차례 길게 심호흡을 뿜은 다음 강도는 마침내 결심했다는 듯이 이부자리를 돌아 화장대 쪽으로 향했다. 얌전히 구두까지 벗고 양말 바람으로 들어온 강도의 발을 나는 그때 비로소 볼 수 있었다. 내가 그렇게 염려를 했는데도 강도는 와들와들 떨리는 다리를 옮기다가 그만 부주의하게 동준이의 발을 밟은 모양이다. 동준이가 갑자기 칭얼거리자 그는 질겁을 하고 엎드리더니 녀석의 어깨를 토닥거리는 것이었다. 녀석이 도로 잠들기를 기다려 그는 복면 위로 칙칙하게 땀이 밴 얼굴을 들고 일어나서 내 위치를 힐끔 확인한 다음 본격적인 작업에 들어갔다. 터지려는 웃음을 꾹 참은 채 강도의 애교스러운 행각을 시종 주목하고 있던 나는 살그머니 상체를 움직여 동준이를 잠재울 때 이부자리 위에 떨어뜨린 식칼을 집어 들었다.

"연장을 이렇게 함부로 굴리는 걸 보니 당신 경력이 얼마나 되는지 알 만합니다."

내가 내미는 칼을 보고 그는 기절할 만큼 놀랐다. 나는 사람 좋게 웃어 보이면서 칼을 받아 가라는 눈짓을 보냈다. 그는 겁에 질려 잠시 망설이다가 내 재촉을 받고 후다닥 달려들어 칼자루를 낚아채 가지고 다시 내 멱을 겨누었다. 그가 고의로 사람을 찌를 만한 위인이 못 되는 줄 일찍이 간파했기 때문에 나는 칼을 되돌려 준 걸 조금도 후회하지 않았다. 아니나 다를까, 그는 식칼을 옆구리 쪽 허리띠에 차더니만 몹시 자존심이 상한 표정이 되었다.

"도둑맞을 물건 하나 제대로 없는 주제에 이죽거리긴!"

"그래서 경험 많은 친구들은 우리 집을 거들떠도 안 보고 그냥 지나치죠."

"누군 뭐 들어오고 싶어서 들어왔나? 피치 못할 사정 땜에 어쩔 수 없이……."

나는 강도를 안심시켜 편안한 맘으로 돌아가게 만들 절호의 기회라고 판단했다.

"그 피치 못할 사정이란 게 대개 그렇습니다. 가령 식구 중에 누군가가 몹시 아프다든가 빚에 몰려서……."

그 순간 강도의 눈이 의심의 빛으로 가득 찼다. 분개한 나머지 이가 딱딱 마주칠 정도로 떨면서 그는 대청마루를 향해 나갔다. 내 옆을 지나쳐 갈 때 그의 몸에서는 역겨울 만큼 술 냄새가 확 풍겼다. 그가 허둥지둥 끌어안고 나가는 건 틀림없이 갈기갈기 찢어진 한 줌의 자존심일 것이었다. 애당초 의도했던 바와는 달리 내 방법이 결국 그를 편안케 하긴커녕 외려 더욱더 낭패케 만들었음을 깨닫고 나는 그의 등을 향해 말했다.

"어렵다고 꼭 외로우란 법은 없어요. 혹 누가 압니까, 당신도 모르는 사이에 당신을 아끼는 어떤 이웃이 당신의 어려움을 덜어 주었을지?"

"개수작 마! 그따위 이웃은 없다는 걸 난 똑똑히 봤어! 난 이제 아무도 안 믿어!"

그는 현관에 벗어 놓은 구두를 신고 있었다. 그 구두를 보기 위해 전등을 켜고 싶은 충동이 불현듯 일었으나 나는 꾹 눌러 참았다. 현관문을 열고 마당으로 내려선 다음 부주의하게도 그는 식칼을 들고 왔던 자기 본분을 망각하고 엉겁결에 문간방으로 들어가려 했다. 그의 실수를 지적하는 일은 훗날을 위해 나로서는 부득이한 조처였다.

"대문은 저쪽입니다."

문간방 부엌 앞에서 한동안 망연해 있다가 이윽고 그는 대문 쪽을 향해 느릿느릿 걷기 시작했다. 비틀비틀 걷기 시작했다. 대문에 다다르자 그는 상체를 뒤틀어 이쪽을 보았다.

"이래 봬도 나 대학까지 나온 사람이오."

누가 뭐라고 그랬나. 느닷없이 그는 자기 학력을 밝히더니만 대문을 열고는 보안등 하나 없는 칠흑의 어둠 저편으로 자진해서 삼켜져 버렸다.

나는 대문을 잠그지 않았다. 그냥 지쳐 놓기만 하고 들어오면서 문간방에 들러 권 씨가 아직도 귀가하지 않았음과 깜깜한 방 안에서 어미 아비 없이 오뉘만이 새우잠을 자고 있음을 아울러 확인하고 나왔다.

(중략)

그 다음 날, 그 다음다음 날도 권 씨는 귀가하지 않았다. 그가 행방불명이 된 것이 이제 분명해졌다. 그리고 본의는 그게 아니었다 해도 결과적으로 내 방법이 매우 졸렬했음도 이제 확연히 밝혀진 셈이었다. 복면 위로 드러난 두 눈을 보고 나는 그가 다름 아닌 권 씨임을 대뜸 알아차릴 수 있었다. 밝은 아침에 술이 깬 권 씨가 전처럼 나를 떳떳이 대할 수 있게 하자면 복면의 사내를 끝까지 강도로 대우하는 그 길뿐이라고 판단했었다. 그래서 아무 일도 없었던 듯이 병원에 찾아가서 죽지 않은 아내와 새로 얻은 세 번째 아이를 만날 수 있게 되기를 기대했던 것이다. 현관에서 그의 구두를 확인해 보지 않은 것이 뒤늦게 후회되었다. 문간방으로 들어가려는 그를 차갑게 일깨워 준 것이 영 마음에 걸렸다. 어떤 근거인지는 몰라도 구두의 손질의 정도에 따라 그의 운명을 예측할 수도 있지 않았을까 하는 생각이 드는 것이었다. 구두코가 유리알처럼 반짝반짝 닦여져 있는 한 자존심은 그 이상으로 광발이 올려져 있었을 것이며, 그러면 나는 안심해도 좋았던 것이다. 그때 그가 만약 마지막이란 걸 염두에 두고 있었다면 새끼들이 자는 방으로 들어가려는 길을 가로막는 그것이 그에게는 대체 무엇으로 느껴졌을 터인가.

아내가 병원을 다니러 가는 편에 아이들을 죄다 딸려 보낸 다음 나는 문간방을 샅샅이 뒤졌다. 방을 내준 후로 밝은 낮에 내부를 둘러보긴 처음인 셈이었다. 이사 올 때 본 그대로 세간이라곤 깔고 덮는 데 쓰이는 것과 쌀을 익혀서 담는 몇 점 도구들이 전부였다. 별다른 이상은 눈에 띄지 않았다. 구태여 꼭 단서가 될 만한 흔적을 찾자면 그것은 ㉠구두일 것이었다. 가장 값나가는 세간의 자격으로 장롱 따위가 자리잡고 있을 꼭 그런 자리에 아홉 켤레나 되는 구두들이 사열받는 병정들 모양으로 가지런히 놓여 있었다. 정갈하게 닦인 것이 여섯 켤레, 그리고 먼지를 덮어쓴 게 세 켤레였다. 모두 해서 열 켤레 가운데 마음에 드는 일곱 켤레를 골라 한꺼번에 손질을 해서 매일매일 갈아 신을 한 주일의 소용에 당해 온 모양이었다. 잘 닦인 일곱 중에서 비어 있는 하나를 생각하던 중 나는 한 켤레의 그 구두가 그렇게 쉽사리는 돌아오지 않으리란 걸 알딸딸하게 깨달았다.

권 씨의 행방불명을 알리지 않으면 안 될 때였다. 내 쪽에서 먼저 전화를 걸기는 그것이 처음이자 마지막이었다. 나는 되도록 침착해지려 노력하면서 내게, 이웃을 사랑하게 될 거라고 누차 장담한 바 있는 이 순경을 전화로 불렀다.

– 윤흥길, 「아홉 켤레의 구두로 남은 사내」

04 윗글의 서술상 특징으로 가장 적절한 것은?

① 하나의 이야기 안에 또 다른 이야기가 진행되고 있다.
② 전지적 서술자가 등장인물의 행동과 심리를 서술하고 있다.
③ 작품 속의 인물이 여러 인물들의 갈등 관계를 서술하고 있다.
④ 주인공의 회상을 통해 과거와 현재의 이야기가 연결되고 있다.
⑤ 작품 속 인물이 주인공의 말과 행동을 판단하여 서술하고 있다.

05 윗글의 내용과 일치하지 않는 것은?

① 강도는 도둑질에 익숙하지 않은 사람이다.
② '나'는 강도의 어수룩함에 친근감을 느끼기도 한다.
③ '나'는 강도가 권 씨라는 것을 처음부터 확신하고 있었다.
④ 강도는 자신이 도둑질하는 이유를 구체적으로 말하지 않았다.
⑤ '나'가 권 씨의 사정을 우회적으로 말한 의도는 권 씨를 안심시켜 돌아가게 하기 위한 것이다.

06 〈보기〉를 참고할 때, ㉠의 상징적 의미로 가장 적절한 것은?

> **보기**
>
> 주인공 '권 씨'는 대학까지 졸업한 선량한 소시민이었으나 시위 사건의 주동자로 몰려 경찰의 감시 대상이 되어 궁핍한 도시민으로 전락한다. 그는 가난한 생활 속에서도 늘 구두를 깨끗이 닦아 놓으며 존재감을 잃지 않으려고 노력한다.

① 지식인으로서의 자존심을 상징한다.
② 부유했던 과거의 생활에 대한 그리움이다.
③ 현재 자신의 삶에 대한 자긍심을 나타낸다.
④ 자신을 감시한 사람들에 대한 저항의 표시이다.
⑤ 현실의 고통에서 벗어나려는 도피 의식을 의미한다.

07~10 다음 글을 읽고 물음에 답하시오.

가 사람 사람들마다 이 말씀을 들으려무나.
이 말씀 아니면 사람이라도 사람이 아니니,
이 말씀 잊지 말고 배우고야 말 것이니라. 〈제1수〉

아버님 날 낳으시고 어머님 날 기르시니
부모님 아니시면 내 몸이 없었으리라.
이 덕을 갚으려 하니 하늘 끝이 없으리로다. 〈제2수〉

종과 주인의 구별을 누가 만드셨나?
벌과 개미가 이 뜻을 먼저 아나니,
한 마음에 두 뜻 없이 속이지나 맙시다. 〈제3수〉

지아비 밭 갈러 간 데 밥 광주리 이고 가서,
밥상을 들되 눈썹에 맞추는구나.
친하고도 고마우시니 손님이나 다르실까. 〈제4수〉

형님 잡수신 젖을 내 따라 먹습니다.
어허, 저 아우야 어머님 너 사랑이야.
형제가 화목치 않으면 개돼지라 하리라. 〈제5수〉

늙은이는 부모 같고 어른은 형님 같으니,
같은데 공경치 않으면 어디가 다를까.
나이가 많으시거든 절하고야 말 것이니라. 〈제6수〉

– 주세붕, 「오륜가」

나 내가 사는 연암협 산중에는 큰 개울이 집 앞에 있다. 해마다 여름철이 되어 소낙비가 한차례 지나가면 개울물이 갑자기 불어서 언제나 수레 소리, 말 달리는 소리, 대포 소리, 북소리를 듣게 되어 마침내는 아주 귀에 탈이 생길 지경이었다. 언젠가 문을 닫고 누워서 소리의 종류를 다른 사물에 비유하면서 들어 보았다.

우거진 소나무 숲에서 통소 소리가 나는 것 같은 물소리, 이는 청아한 마음으로 들은 것이요, 산이 짜개지고 절벽이 무너지는 것 같은 물소리, 이는 분발하는 마음으로 들은 것이다. 개구리 떼가 다투어 우는 것 같은 물소리, 이는 뽐내고 건방진 마음으로 들은 것이요, 만 개의 축이 번갈아 메아리치는 것 같은 물소리, 이는 분노한 마음으로 들은 것이요, 번개가 번쩍하고 천둥이 치는 것 같은 물소리, 이는 놀란 마음으로 들은 것이다. 찻물이 화력의 약하고 강함에 따라서 각기 보글보글 부글부글 끓는 것 같은 물소리, 이는 아취 있는 마음으로 들은 것이요, 거문고가 가락에 맞게 소리가 나는 것처럼 똥땅거리는 물소리, 이는 애잔한 마음으로 들은 것이요, 대들보와 시렁에 바람이 몰아치는 듯한 물소리, 이는 의심하는 마음으로 들은 것이요, 종이 창호에 문풍지가 떠는 듯 파르르 하는 물소리, 이는 수심에 차서 들은 때문이다. 이렇듯 모두 그 바른 소리를 듣지 못하는 까닭은 다만 자신의 마음속에 어떤 소리라고 이미 설정해 놓고서 귀가 그렇게 소리를 듣기 때문이다.

오늘 나는 한밤중에 한 가닥 강물을 이리저리 아홉 번이나 건넜다. (중략) 물을 건널 때 사람들은 모두 고개를 젖히고 하늘에 조용히 기도를 올리는가 생각했다. 하늘에 조용히 기도를 하여 경각에 달린 목숨을 비는 것이라고 여겼다. 일찍이 대낮에도 날마다 서너 차례나 강을 건넜는데, 수레와 말을 탄 사람이 물고기를 꿴 것처럼 한 줄로 늘어섰고, 내 눈앞에 있는 사람은 문득 모두 하늘을 쳐다보았다. 한참 뒤에야 알았지만 물 건너는 사람들이 넘실거리고 빙글빙글 빨리 돌아가는 강물을 보면, 마치 자기 몸은 물을 거슬러 올라가는 것 같고 눈은 강물과 함께 따라 내려가는 것만 같아서, 갑자기 현기증이 생기고 몸이 빙글 돌며 물에 곤두박질치게 된다는 것이다.

그들이 고개를 젖히고 우러러 하늘은 보는 까닭은 하늘에 기도를 하는 것이 아니라, 곧 물을 피하여 보지 않으려 함이다. 어느 겨를에 경각에 달린 생명을 위하여 기도를 드릴 경황인들 있을 것이랴. 이토록 위험하다 보니 물소리를 듣지 못하고, 모두들 말하기를 '요동의 벌판은 넓고 펀펀하기 때문에 물소리가 분노하여 소리를 내지 않는다'고 한다.

이는 물을 몰라서 하는 말이다. 요동 땅 강물이 일찍이 소리를 내지 않은 적이 없건만, 단지 밤에 건너지 않았기 때문이다. 낮에는 눈으로 물을 볼 수 있으므로 눈은 오직 위험한 데만 쏠려 바야흐로 벌벌 떨면서 눈으로 보는 것을 걱정하고 있는 판인데, 어찌 귀에 소리가 다시 들리겠는가?

오늘 나는 밤중에 물을 건너는지라 눈으로는 위험을 볼 수 없으니 그 위험은 오로지 듣는 데만 쏠려 귀가 바야흐로 무서워 부들부들 떨면서 그 걱정을 이기지 못하게 되었다.

나는 오늘에서야 ㉠도(道)라는 것이 무엇인지 깨달았도다. 마음에 잡된 생각을 끊은 사람, 곧 마음에 선입견을 가지지 않는 사람은 육신의 귀와 눈이 탈이 되지 않거니와, 귀와 눈을 믿는 사람일수록 보고 듣는 것을 더 상세하게 살피게 되어 그것이 결국 더욱 병폐를 만들어 낸다는 사실을.

지금 나의 마부인 창대가 말발굽에 발이 밟혀서 뒤에 따라오는 수레에 실렸다. 나는 하는 수 없이 말의 고삐를 늦추어 혼자 말을 타고 강물에 들어갔다. 무릎을 굽혀 발을 모으고 안장 위에 앉았으니, 한번만 까딱 곤두박질치면 그대로 강바닥이다. 강물을 땅으로 생각하고, 강물을 옷이라 생각하며, 강물을 내 몸이라 생각하고, 강물을 내 성품과 기질이라고 생각하며, 마음속으로 까짓것 한번 떨어지기를 각오했다. 그랬더니 내 귓속에는 강물 소리가 드디어 없어져 무릇 아홉 번이나 강물을 건너는데도 아무런 근심이 없었다. 마치 안방의 자리나 안석 위에서 앉고 눕고 일상생활을 하는 것 같았다.

옛날 우임금이 강물을 건너는데 타고 있던 배가 황룡의 등에 올라앉는 위험을 당했다. 그러나 죽고 사는 판가름이 이미 마음속에 먼저 분명해지니, 그의 앞에는 용인지 도마뱀인지 족히 문제가 되지 않았던 것이다. 정이천 선생이 부강을 건널 때도 또한 이와 같았을 뿐이다. 순임금이 큰 산기슭에 들어가서도 매운바람과 우레처럼 치는 비에도 길을 잃지 않았다. 이는 다른 이유가 없다. 그 상황에 자신을 맡겼기 때문이다.

소리와 빛깔이란 내 마음 밖에서 생기는 바깥 사물이다. 이 바깥 사물이 항상 사람의 귀와 눈에 탈을 만들어 사람으로 하여금 이렇게 올바르게 보고 듣지 못하게 만든다. 더구나 한세상 인생살이를 하면서 겪는 그 험하고 위태함은 강물보다 훨씬 심하여, 보고 듣는 것이 문득문득 병폐를 만듦에 있어서랴. 내가 장차 연암협 산골짝으로 돌아가 다시 앞 시냇물 소리를 들으면서 이를 검증해 보리라. 또한 제 귀와 눈의 총명함만을 믿는 사람에게 이것으로 경고하노라.

– 박지원, 「일야구도하기」

07 (가)와 (나)의 공통점으로 가장 적절한 것은?

① 시대 상황에 대한 부정적 인식을 바탕으로 하고 있다.
② 과거와 현재를 대조하여 대상의 변화 과정을 보여 주고 있다.
③ 공간의 이동에 따라 변하는 작가의 가치관을 표출하고 있다.
④ 자연물의 속성을 활용하여 작가의 주제 의식을 드러내고 있다.
⑤ 이상과 현실을 대비하여 작가가 지향하는 가치를 강조하고 있다.

08 ㉠에 담긴 의미와 가장 가까운 것은?

① 공직 생활을 하는 방법이 오직 세 가지가 있으니 청렴과 신중과 근면이다. 이 세 가지를 알아야 몸가짐을 바로 할 수 있다. – 『명심보감』
② 아무리 사소한 태도라도 평소에 무시해 버리면, 정말로 그 자세가 필요할 때는 엉뚱한 태도를 보이게 되는 것이다. 따라서 커피 한 잔을 마실 때에도 평소에 매너를 익히도록 해야 한다. – 체스터필드
③ 가장 이상적인 생활 태도는 물과 같은 것이다. 물은 만물에 혜택을 주면서 상대를 거역하지 않고, 사람이 싫어하는 낮은 곳으로 흘러간다. 물처럼 거스름이 없는 생활 태도를 가져야 실패를 면할 수 있다. – 노자
④ 나의 삶에서 무슨 일이 닥치느냐 하는 것은 10%일 뿐이고, 나머지 90%는 내가 거기에 어떻게 대응을 하느냐 하는 것임을 나는 확신한다. 우리가 어떠한 태도를 취하느냐 하는 것은 전적으로 우리 자신의 책임이다. – 찰스 스윈돌
⑤ 오만불손한 태도는 모두 다 객기이다. 이 객기를 항복받은 뒤라야 바른 기운이 펴질 것이다. 밉다거나 곱다고 여기는 감정도 이해를 따지는 지혜도 모두 다 망심(妄心, 허망한 마음)이다. 이 망심을 소멸시킨 뒤라야 진심이 나타날 것이니라. – 『채근담』

09 (가)에 대한 설명으로 가장 적절한 것은?

① 〈제1수〉부터 〈제6수〉까지의 내용이 연쇄를 통해 이어지고 있다.

② 〈제1수〉와 〈제6수〉가 대응되면서 수미상관의 구조를 이루고 있다.

③ 〈제1수〉부터 〈제6수〉까지 시간의 흐름에 따라 내용이 전개되고 있다.

④ 〈제1수〉가 〈제2수〉부터 〈제6수〉까지를 아우르는 서사의 성격을 가진다.

⑤ 〈제1수〉와 〈제2수〉, 〈제3수〉와 〈제4수〉, 〈제5수〉와 〈제6수〉가 각각 대비되고 있다.

10 〈보기〉는 어느 시장 선거 후보자들의 TV 토론의 일부이다. (나)의 글쓴이가 투표할 것으로 예상되는 사람은?

보기

- **사회자: 후보 여러분의 인생관을 짧게 말씀해 주십시오.**
- A: 인생은 마라톤과 같은 것입니다. 고통과 희생이 따르더라도 중도에 포기하지 않고 끊임없이 노력하는 자만이 승리할 수 있습니다.
- B: 이 세상 어느 누구도 혼자서는 살 수 없습니다. 인생은 더불어 사는 가운데 즐거움이 있으므로 타인을 존중하는 태도는 매우 중요합니다.
- C: 인생은 전적으로 자기 자신에게 달려 있습니다. 자기 자신이 어떻게 인식하느냐에 따라 세상은 도전의 대상이 되기도 하고 두려움의 대상이 되기도 합니다.
- D: 세상이 아무리 변해도 단순하고 명료한 진리는 변하지 않습니다. 인생에서도 가장 중요한 것은 진실과 순수입니다. 이것을 잃으면 모든 것을 잃게 됩니다.
- E: 자본주의 사회에서 뒤떨어지지 않고 살아가기 위해 가장 중요한 요소가 경제적 토대임을 부인할 수 없습니다. 우리 도시의 경쟁력도 이와 무관하지 않다고 봅니다.

① A ② B ③ C
④ D ⑤ E

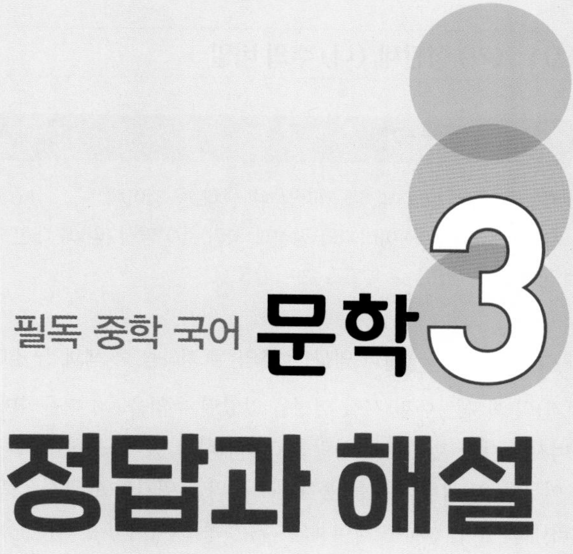

필독 중학 국어 문학 3

정답과 해설

정답과 해설

I 현대시 · 고전 시가

01 (가) 성탄제, (나) 수의 비밀

기출 연습하기 본문 14~17쪽

01 ㉮ 역설, ㉯ 추억, ㉰ 기다림, ㉱ 색채, ㉲ 경어체
02 예시 답안 ⓐ 아버지의 정성과 사랑, ⓑ '당신'(임)에 대한 정성과 사랑 **03** ③ **04** ③ **05** ④

01 답 ㉮ 역설, ㉯ 추억, ㉰ 기다림, ㉱ 색채, ㉲ 경어체

(가)의 화자는 어린 시절 열병을 앓았던 추억을(㉯) 떠올리며 아버지에 대한 헌신적인 사랑을 그리워하고 있다. 특히 '바알간', '어두운'의 색채 대비를 통해(㉱) 시의 분위기를 효과적으로 드러내고 있다. (나)는 경어체의 사용, 종결 어미의 반복(㉲)을 통해 '당신'에 대한 화자의 헌신적인 태도와 감정을 드러내고 있으며 '짓고 싶어서 다 짓지 않는 것입니다'라는 역설적 표현을(㉮) 통해 '당신'에 대한 사랑과 기다림을(㉰) 지속하려는 마음에서 일부러 옷 짓기를 완성하지 않고 있음을 강조하고 있다.

02 답 예시 답안 참조

ⓐ와 ⓑ는 모두 사랑과 정성을 상징하는 소재이다. ⓐ는 열병을 앓고 있는 화자를 위해 아버지가 눈 속을 헤치고 따 오신 것이며, ⓑ는 화자가 사랑하는 '당신'(임)을 기다리며 정성을 다해 짓는 것이다.

03 답 ③

'역설적 표현'은 앞뒤 모순된 표현을 통해 의미를 강조하는 표현법이다. (나)의 2연에서 화자는 '짓고 싶어서 다 짓지 않는 것입니다.'라는 역설적 표현을 사용하여 '당신'을 기다리고 만나고 싶어 하는 간절한 마음을 드러내고 있다. 그러나 (가)에는 역설적 표현이 사용되지 않았다.

오답 해설

① (가), (나) 모두 시의 첫 연과 마지막 연의 반복을 통해 운율을 형성하는 수미상관이 사용되지 않았으며, (나)에 의문형 표현도 나타나지 않는다.
② (나)에 '-습니다', '-입니다' 등의 경어체와 종결 표현을 반복적으로 사용하여 화자의 태도를 드러내고 있다. 또한 (가)에도 '계시었다, 돌아오시었다, 것이었다, 먹었다' 등에서 '-었다'의 종결 표현을 통해 화자의 회상을 효과적으로 드러내고 있다.
④ (가), (나) 모두 시각적 심상은 드러나지만 후각적 심상은 나타나지 않는다.
⑤ (가)에는 화자의 어린 시절에서 '아버지만큼 나이를 먹'은 현재까지의 시간 흐름이 나타나지만, 이를 통해 화자의 태도가 변화한 것을 보여 주는 것은 아니다. (나)는 시간의 흐름대로 전개되지 않았다.

04 답 ③

㉡은 아직 주머니에 넣을 만한 보물, 즉 '당신'과 어울리는 가치 있는 것이 없는 세상으로, '당신'과의 만남을 간절히 소망하지만 '당신'의 부재로 인해 그러한 소망을 이루지 못하고 있는 공간으로 볼 수 있다.

오답 해설

① ㉠은 열병을 앓고 있는 화자를 할머니가 애처롭게 지키고 계신 어둡고 우울한 공간이며, 아버지의 헌신적인 사랑을 확인할 수 있는 공간이지만 화자가 자아를 성찰하는 공간과는 관련이 없다.
② ㉠은 화자가 할머니와 아버지의 사랑을 느낄 수 있는 공간이므로 대상과의 관계가 단절되어 있는 것이 아니라 오히려 대상과의 관계가 단단하게 연결된 공간이다.
④ ㉡은 화자가 정성을 다해 지은 '당신'의 옷에 수를 놓으며 '당신'을 기다리는 화자의 일상적 삶이 이루어지는 공간이므로, 초월적인 공간이 아니다.
⑤ ㉠과 ㉡은 모두 화자가 추구하는 이상적 공간이 아닌 일상적 공간이다.

05 답 ④

〈보기〉를 참고하여 (가)를 감상한 내용으로 적절하지 않은 것은?

| 보기 |

「성탄제」에는 삼대로 이어지는 따뜻한 가족애가 (할머니, 아버지, '나') 다양한 소재를 통해 형상화되어 있는데, 이는 작가인 김종길 시인의 작품에 어린 시절, 어머니의 부재 속에서도 가족의 보호를 받으며 (외로이 늙으신 할머니가 ~ 지키고 계시었다.) 자란 성장 과정의 경험과 연관이 깊다. 「성탄제」에서 보여 주는 가족애는 개인의 경험을 넘어 현대인의 메마른 삶을 극복할 수 있는 인간애로 확장됨으로써 공감을 얻고 있다.

① '외로이 늙으신 할머니'가 어린 화자를 돌보고 있는 모습은 시인의 성장 배경과 관련이 있겠군.

어머니의 부재 속에서도 가족의 보호를 받음.

② '눈 속'을 헤치고 '약'을 구해 온 아버지의 사랑은 삭막한 현실을 극복할 수 있는 인간애로 확장될 수 있겠군.

③ '반가운 그 옛날의 것'은 화자에게 어린 시절을 떠올리게 하는 역할을 하겠군.

눈

❹ '서느런 옷자락'은 화자가 경험하는 현대인의 메마른 삶을 형상화한 것이겠군.

아버지의 헌신적 사랑 ×

⑤ '내 혈액 속에 녹아 흐르는' 산수유는 과거에서 현재까지 이어져 온 가족애를 의미한다고 볼 수 있겠군.

아버지의 헌신적 사랑이 이어짐.

'서느런 옷자락'은 병을 앓고 있는 어린 화자를 위해 아버지가 눈 속을 헤치면서 약(산수유 열매)을 구하여 돌아온 모습을 촉각적 심상으로 표현한 것으로 아버지의 헌신적인 사랑을 떠올리게 하는 소재이다. 따라서 현대인의 메마른 삶을 형상화한 것이라는 감상은 적절하지 않다.

오답 해설

① '외로이 늙으신 할머니'가 어린 화자를 애처로이 지키시는 모습에서 어머니가 계시지 않지만 다른 가족의 따뜻한 보살핌을 받고 있음을 알 수 있다. 이러한 모습은 〈보기〉에서 제시한 시인의 성장 배경을 반영한 것이라 할 수 있으므로 적절한 감상이다.

② '눈 속'을 헤치고 아버지가 구해 온 '약'은 아버지의 헌신적인 사랑을 의미한다. 이러한 아버지의 사랑은 〈보기〉에서 제시한 '현대인의 메마른 삶을 극복할 수 있는 인간애로 확장'될 수 있으므로 적절한 감상이다.

③ 옛것이라고는 찾아볼 수 없는 삭막한 현실에 내리는 '반가운 그 옛날의 것'은 '눈'을 의미한다. 눈은 화자에게 어린 시절 아버지가 눈 속을 헤치고 산수유 열매를 따 오신 날의 기억을 떠올리게 하므로 적절한 감상이다.

⑤ '내 혈액 속에 녹아 흐르는' 산수유 붉은 알알은 아버지의 헌신적 사랑이 그때의 아버지만큼 나이를 먹은 화자의 마음속에 이어져 오고 있음을 나타낸다. 이는 〈보기〉에서 설명한 삼대로 이어지는 따뜻한 가족애를 보여 주고 있으므로 적절한 감상이다.

02 (가) 추억에서, (나) 담양장

기출 연습하기

본문 22~23쪽

01 (가) 신새벽이나 밤빛에 보는 것을, (나) 새벽 서리 밟으며 **02** 예시 답안 상당히 시간이 흐르는 동안 화자가 내적 갈등을 겪었음을 부각하고 있다. **03** ① **04** ④

01 답 (가) 신새벽이나 밤빛에 보는 것을, (나) 새벽 서리 밟으며

(가)의 '엄매'와 (나)의 '어머니'는 생계유지를 위해 이른 새벽부터 밤까지 장터에서 고달픈 삶을 이어 간다. 이러한 삶은 특히 (가)의 '신새벽이나 밤빛에 보는 것을'과 (나)의 '새벽 서리 밟으며'와 같은 시간적 배경을 드러내는 시구를 통해 잘 드러난다.

02 답 예시 답안 참조

동생과 함께 어머니를 마중 나간 화자는 갑자기 해가 진 상황에서 배도 고프고 무서워져서 장터로 계속 갈지 집으로 돌아갈지 망설이고 있다. 이러한 상황을 '시간이 상당히 지나는 동안.'을 의미하는 부사어 '한참'을 사용하여 상당 시간 동안 화자가 내적 갈등을 겪었음을 부각하고 있다.

03 답 ①

(가), (나) 모두 동일한 어미의 반복으로 운율을 만들고 있다. (가)는 2연의 '손 안 닿는 한이던가', 3연의 '손 시리게 떨던가' 등에서 어미 '-ㄴ가'가 반복되고 있고, (나)는 1연의 '김삿갓은 죽고', '이 잡던 시절도 가고'와 2연의 '장에 가시고', '동생 손 잡고' 등에서 어미 '-고'가 반복되고 있다.

오답 해설

② (가)와 (나) 모두 모순된 표현을 통해 의미를 강조하는 역설법은 나타나 있지 않다.

③ 공감각적 심상은 '푸른 종소리'처럼 하나의 감각이 동시에 다른 영역의 감각을 불러일으킴으로써 일어나는 심상을 말한다. (가)와 (나) 모두 주로 시각적 심상을 활용하여 어머니의 고달픈 삶을 형상화하고 있을 뿐 공감각적 심상은 나타나 있지 않다.

④ 자조적인 어조는 '자기 자신을 비웃거나 비판하는 어조'를 말한다. (가), (나) 모두 고달픈 삶을 사는 어머니에 대한 화자의 연민과 안타까움을 드러낼 뿐 자조적인 어조는 사용하지 않았다.

⑤ (가)와 (나) 모두 첫 번째 연이나 행을 마지막 연이나 행에 다시 반복하는 수미상관은 나타나 있지 않다.

04

답 ④

〈보기〉의 수업 상황에서 선생님이 제시한 과제를 수행한 것으로 적절하지 않은 것은?

보기

선생님: 「추억에서」와 「담양장」은 '시 엮어 읽기'의 방법으로 감상하기에 좋은 작품입니다. 시 엮어 읽기란 시적 맥락을 고려하여 다른 시를 서로 비교하며
두 시의 주제의 공통점: 어머니의 고달픈 삶에 대한 연민
감상함으로써 작품 감상의 폭을 넓히는 방법입니다. 여러분, 이 두 작품의 시적 상황, 정서, 소재, 배경 등을 고려하면서 시 엮어 읽기를 해 볼까요?

① (가)의 '고기'와 (나)의 '대바구니'는 어머니가 가족들의
생계 수단
생계유지를 위하여 장터에서 팔아야 하는 소재라는 점에서 유사합니다.

② (가)의 '울 엄매야 울 엄매'와 (나)의 '허리 굽은 어머니'에는 고단한 삶을 살아온 어머니에 대한 연민의 정이 담겨 있다는 점에서 유사합니다.

③ (가)의 '골방'에 비해 (나)의 '신작로'는 어머니를 기다리
기다림 / 마중 나감
는 마음이 더 능동적인 행위로 나타나는 공간이라는 점에서 차이가 있습니다.

❹ (가)의 '신새벽'과 (나)의 '한밤중'은 어머니의 부재로 인해 어린 화자가 느끼는 불안감이 해소되는 시간적 배경이라는 점에서 유사합니다.
×

⑤ (가)의 '말없이 글썽이고 반짝이던 것인가'에서는 어머
화자의 어린 시절: 고달픈 삶에 어머니가 느꼈을 서글픔
니의 과거 삶을, (나)의 '아, 요즘도 장날이면'에서는 과
현재
거로부터 이어지는 어머니의 현재 삶을 떠올리고 있는 시적 상황이라는 점에서 차이가 있습니다.

(가)의 '신새벽'은 '날이 새기 시작하는 새벽'으로, 이 시어는 장사를 위해 이른 새벽 장에 가시는 어머니의 고달픔을 의미한다. 따라서 '신새벽'은 화자가 어머니에 대해 안타까운 마음을 느끼는 시간적 배경이라고 볼 수 있다. 또한 (나)의 '한밤중'은 화자가 동생과 함께 어머니를 마중 나갔다가 해가 저물고 캄캄해져 공포감과 불안감을 느끼는 시간적 배경이므로 어린 화자의 불안감이 해소되는 시간적 배경이라는 감상은 적절하지 않다.

오답 해설

① (가)의 '고기'는 어머니께서 생계를 위해 진주 장터 생어물전에서 파는 생선을 의미하고, (나)의 '대바구니' 또한 어머니께서 가족의 생계를 위해 담양장에서 파는 물건이므로 적절하다.

② (가)와 (나)의 화자는 모두 고달프게 살아온 어머니의 삶에 대해 연민의 정을 드러내고 있다. (가)의 화자는 가난에서 벗어나지 못하는 어머니의 삶을 '은전만큼 손 안 닿는 한'이라고 안타깝게 생각하며 '울 엄매야 울 엄매'에 담아 표현하고 있다. 또한 (나)의 화자도 고단한 삶을 살아온 어머니의 모습을 '허리 굽은 어머니'라고 표현하며 연민을 드러내고 있다.

③ (가)에서 '골방'은 화자의 오누이가 손 시리게 떨며 장에 가신 어머니가 돌아오기를 기다리고 있는 공간으로 능동적인 행위는 나타나지 않는다. 그러나 (나)의 '신작로'는 화자와 동생이 어머니를 마중 나갔던 길이라는 점에서 (가)의 '골방'보다 능동적인 행위가 나타나는 공간이다.

⑤ (가)의 '말없이 글썽이고 반짝이던 것인가'는 화자의 어린 시절 생계를 위해 고단한 삶을 살아야 했던 어머니의 서글픈 마음이 담긴 과거의 삶을 표현한 것이다. 이에 비해 (나)의 '아, 요즘도 장날이면'은 과거로부터 요즘까지도 여전히 담양장에서 대바구니를 팔고 있는 어머니의 현재의 삶을 떠올린 것이므로 적절한 감상이다.

03 (가) 장자를 빌려 –원통에서, (나) 누군가 나에게 물었다

기출 연습하기

본문 28~29쪽

01 (가) 대조, (나) 질문 **02** 예시 답안 시인이란 특별한 사람이 아닌 일상적인 시·공간에서 순하고 명랑하고 맘 좋고 인정 있는 성품을 바탕으로 힘겨운 삶에 슬기롭게 대처해 나가며 열심히 살아가는 우리 주변의 평범한 사람들이다. **03** ④ **04** ②

01

답 (가) 대조, (나) 질문

(가)는 화자가 설악산 대청봉에서 멀리 내려다보며 바라본 세상의 모습과 속초와 원통에서 직접 체험을 통해 가까이에서 세상을 바라본 모습을 대조하여 세상을 바라보는 관점에 대한 깨달음을 담고 있다. (나)는 시가 무엇이냐는 누군가의 물음(질문)에 대해 화자가 답을 못하고 하루 종일 서울 거리를 걸으며 답을 생각하다가 문득 남대문 시장에서 얻게 된 깨달음을 담고 있다.

02

답 예시 답안 참조

(나)의 화자는 하루 종일 서울 시내를 걷다가 남대문 시장에서 우리 주변의 평범한 사람들이 알파이고 고귀한 인류이고 시인이라는 깨달음을 얻는다. 즉 시인이란 특별한 사람이 아닌 일상적인 시·공간에서 순하고 명랑하고 맘 좋고 인정 있는 성품을 바탕으로 힘겨운 삶에 슬기롭게 대처해 나가며 열심히 살아가

는 우리 주변의 평범한 사람들을 가리킨다고 생각한 것이다.

03

답 ④

(가)에서 화자는 세상을 바라보는 관점에 대한 깨달음을 '너무 멀리서만 보고 있는 것은 아닐까', '너무 가까이서만 보고 있는 것은 아닐까'와 같은 유사한 시구를 반복하여 드러내고 있다. 또한 (나)는 '그런 사람들이'를 반복하여 진정한 시인의 의미에 대한 화자의 깨달음을 강조하고 있다.

오답 해설

① (가)에는 도치의 방식이 활용되지 않았고, (나)에서만 '누군가 나에게 물었다. 시가 뭐냐고'에서 도치의 방식이 활용되었다.

② (가)에서는 대청봉에서 바라보는 산, 언덕, 골짜기, 바다 등의 자연물을 활용하여 멀리서 세상을 바라본 화자의 관점을 드러내고 있으나 (나)에서는 자연물을 활용하지 않고 있다.

③ (가)와 (나) 모두 계절적 배경이 드러나는 표현은 드러나지 않는다.

⑤ (가)의 '보고 있는 것은 아닐까'에서 설의적 표현을 활용하여 화자의 깨달음을 강조하고 있다고 볼 수 있지만, (나)에서는 설의적 표현은 찾을 수 없다.

04

답 ②

〈보기〉를 참고하여 (가)를 감상한 내용으로 적절하지 않은 것은?

보기

이 시는 장자의 '추수편'에 실린 '대지관어원근(大知觀於遠近)'을 빌려 '큰 지혜는 멀리서도 볼 줄 알고, 가까이서도 볼 줄 아는 것'이라는 생각을 드러낸 작품이다. 특히 공간의 이동에 따른 관점의 변화를 그리며, 삶을 바라보는 태도에 대한 성찰을 드러내고 있다.

설악산 대청봉 → 속초, 원통

① '설악산 대청봉'에서 화자가 본 '산들'과 '마을들'은 '멀리'에서 본 세상의 모습이라 할 수 있겠군.

세상을 멀리 내려다볼 수 있는 높은 곳

❷ 화자는 '바다'를 내려다보며 '세상살이 속속들이' 알기 위해서는 '가까이'에서 보아야 함을 깨달았겠군.

×

③ '함경도 아주머니들', '마늘 장수' 등을 만난 것은 화자에게 '가까이'에서 세상을 보는 경험이 되었겠군.

화자가 경험을 통해 가까이에서 본 세상

④ '속초'와 '원통'에서 겪은 일들로 인해 삶을 바라보는 화자의 관점이 변화하였겠군.

⑤ 화자는 '멀리'와 '가까이'에서 본 세상의 모습을 비교하며 삶을 바라볼 때 두 관점이 모두 필요하다고 느꼈겠군.

세상에 대한 균형 잡힌 관점이 필요

화자는 설악산 대청봉 위에서 멀리 바다를 내려다보며 '세상살이 속속들이 다 알 것도 같다'라고 말하며 세상에 대해 자신감을 보이며 세상이 단순하다고 생각하고 있다. 따라서 바다를 내려다보며 '가까이'에서 보아야 할 필요성을 깨닫지 못하고 있으므로 적절하지 않다.

오답 해설

① (가)에서 설악산 대청봉은 화자가 세상을 멀리 내려다볼 수 있는 높은 곳을 가리킨다. 따라서 화자가 대청봉에서 바라본 산들과 골짜기의 마을들은 멀리서 본 세상의 모습이라 할 수 있다.

③ (가)에서 화자는 속초와 원통으로 공간을 이동하며 함경도 아주머니들, 마늘 장수 등을 만났는데, 이는 화자가 경험을 통해 가까이에서 본 세상의 모습이라고 할 수 있다.

④ 속초와 원통에서 화자는 직접 사람들의 삶을 가까이에서 경험한 후 '세상은 아무래도 산 위에서 보는 것과 같지만은 않다'라며 설악산 대청봉에서 세상이 단순하다고 생각했던 관점이 변화했음을 드러낸다. 따라서 속초와 원통에서 겪은 경험들이 삶에 대한 화자의 관점을 변화시켰다고 할 수 있다.

⑤ 〈보기〉에서 이 시는 '큰 지혜는 멀리서도 볼 줄 알고, 가까이서도 볼 줄 아는 것'이라는 생각을 드러낸 작품이라고 했다. 또한 화자는 마지막 부분에서 '지금 우리는 혹시 세상을' '너무 멀리서만 보고 있는 것은 아닐까 아니면 / 너무 가까이서만 보고 있는 것은 아닐까'라며 어느 한쪽에 치우친 삶의 관점에 대한 반성과 깨달음을 드러내고 있다. 따라서 화자는 삶을 바라볼 때 두 관점 모두 필요하다고 느꼈음을 알 수 있다.

04 (가) 어부사시사, (나) 초당춘수곡

기출 연습하기

본문 34~37쪽

01 ㉮ 연시조, ㉯ 시간(계절), ㉰ 공간 **02** 예시 답안 (가), (나)의 화자는 모두 자연의 아름다움을 예찬하며 자연 속에서 살아가는 삶에 대해 만족감을 드러내고 있다. **03** ③ **04** ③ **05** ④

01

답 ㉮ 연시조, ㉯ 시간(계절), ㉰ 공간

(가)는 어촌의 아름다움과 자연 속에서 한가롭게 살아가는 여유와 즐거움을 시간(계절)의 흐름(㉯)에 따라 노래한 연시조(㉮)이

다. (나)는 봄날에 느끼는 자연에 대한 흥취를 노래한 가사로 초당에서는 자신의 처지에 대한 한탄의 감정을 보이기도 하지만 공간을 이동하여 산수를 둘러보며 자연의 흥을 느끼고 자연 속에서 봄날 자연의 아름다움을 즐기는 삶에 만족감을 보여 주고 있다(㉰).

02

답 예시 답안 참조

(가)의 화자는 계절에 따라 변화하는 어촌의 아름다움을 예찬하며, 속세 밖에서 소박하게 살아가는 삶에 만족감을 드러내고 있다. 또한 (나)의 화자도 봄날 산수풍경의 아름다움을 마치 별천지라 예찬하고 자연과 더불어 사는 삶에 만족감을 드러내고 있다.

03

답 ③

(가)의 '굽이굽이 새롭구나', '진훤을 막는도다' 등에서 영탄적 어조로 자연에 대한 예찬과 한가로운 생활을 즐기는 화자의 만족감을 강조하고 있다. 또한 (나)에서도 '아아 내 일이야', '별천지가 여기로다' 등에서 영탄적 어조를 통해 봄날에 화자가 느끼는 흥을 부각하고 있다.

오답 해설

① (가)의 '물가의 외로운 솔 혼자 어이 씩씩한고'에서 소나무를 의인화했다고 볼 수 있고, 외로운 솔에 화자의 감정이 이입되었다고 볼 때 자주 변하는 세태를 비판한 것으로 볼 수도 있다. 그러나 (나)에서 의인화를 통해 세태를 비판한 표현은 드러나지 않는다. '수풀 아래 뻐꾹새는 계절을 먼저 알아 / 태평세월 들일에는 농부를 재촉한다'에서 뻐꾹새를 의인화하여 표현하고 있지만 이를 통해 계절적 배경을 드러낼 뿐 세태를 비판하고 있지 않다.

② (가)의 '삼공을 부러워하랴', '만사를 생각하랴', '뉘라서 그려 낸고', '어부 생애 아니러냐' 등에서 설의적 표현이 드러나지만, (나)에는 설의적 표현이 나타나지 않는다.

④ 촉각적 심상은 피부에 닿는 듯한 느낌을 주는 심상을 말하는데, (가), (나)에 이러한 촉각적 심상은 드러나지 않는다.

⑤ (가)의 화자는 자연을 지향하고 있고, (나)의 화자는 안개가 낀 아름다운 산의 풍경을 보고 '별천지'라는 이상 세계로 표현하고 있지만, (가), (나) 모두 역설적 표현을 통해 이상향에 대한 의지를 드러내고 있지 않다.

04

답 ③

(가)에서 '어옹'은 늙은 어부를 뜻하는데, 고기잡이로 생계를 이어 가는 평범한 어부가 아닌 어촌의 한가로움과 흥을 즐기는 화자를 가리키므로 화자의 처지에 공감한다고 할 수 있다. 그러나 (나)의 '농부'는 봄이 와서 들일을 서둘러서 해야 하는 평범한 시골 농부를 의미하므로 봄날의 자연의 흥취를 즐기는 화자의 처지에 공감하는 인물이라고 볼 수 없다.

오답 해설

① (가)의 '버들'과 (나)의 '뻐꾹새'는 모두 봄을 드러내는 소재이다.

② (가)의 화자는 어촌에서 느끼는 정서를 '사시 흥이 한가지', 즉 사계절의 흥이 좋은 것이 모두 같다며 어촌에서 느끼는 정서를 표현하고 있다. 또한 (나)의 화자는 '백화주 두세 잔에 산수에 정이 들어'를 통해 백화주를 마시며 봄날의 산수(자연)에 느끼는 화자의 정서를 드러내고 있다.

④ (가)의 화자는 〈추 1〉에서 사계절의 흥이 모두 좋지만 가을 강(추강)이 그중 으뜸이라는 생각을 드러낸다. 또한 (나)의 화자는 달구경을 하는 누각(월사)에서 '밝은 달'을 보는 것을 맑은 의미, 즉 자연이 주는 참된 의미라고 생각하고 있으므로 화자가 긍정적으로 인식하는 대상으로 볼 수 있다.

⑤ (가)의 〈하 1〉에서 '낚싯대 둘러메니 깊은 흥을 못 금하겠다'라고 한 것으로 보아, '낚싯대'는 화자에게 풍류를 즐기는 도구가 되는 소재임을 알 수 있다. 또한 (나)에서 화자는 가진 것이 초가집 몇 칸에 불과하지만 백화주를 마시며 봄날 자연의 흥을 느끼고 있다. 따라서 (가)의 '낚싯대'와 (나)의 '백화주'는 풍류를 즐기는 화자의 모습을 드러내는 소재로 볼 수 있다.

05

답 ④

〈보기〉를 참고하여 ㉠~㉤을 감상한 내용으로 적절하지 <u>않은</u> 것은?

보기

(가)에는 속세를 벗어나 자연의 아름다움을 즐기면서 유유자적한 삶을 살고자 하는 화자의 모습이 드러나 있다. 이 작품에서 자연은 화자가 지향하는 공간으로 인간 세상과 대립되는 공간을 의미한다. 화자는 인간 세상을 멀리하고 자연에 귀의하고자 하는 태도를 보이고 있다.

속세를 떠나 아무 속박 없이 조용하고 편안하게 삶

★

① ㉠은 속세의 사람들이 추구하는 가치에서 벗어난 화자의 모습을 드러낸다고 볼 수 있군.

삼공(정승)의 삶을 부러워하지 않음.

② ㉡은 화자가 자연의 아름다움에 감탄하며 이를 즐기고 있다고 볼 수 있군.

연강의 첩장을 그림에 비유

③ ㉢은 인간 세상과 대립되는 자연으로 화자가 지향하는

속세

공간으로 볼 수 있군.

❹ ㉣은 자연에 귀의하지 못한 사람으로 화자가 안타까워 하는 대상으로 볼 수 있군.
× 화자는 유유자적하며 자연을 즐기고 있음.

⑤ ㉤은 인간 세상을 멀리하고자 하는 화자의 태도를 드러낸다고 볼 수 있군.
파랑성, 진훤

자연에 귀의하지 못한 사람은 자연 속의 삶에 적응하지 못하는 사람이라고 할 수 있고, ㉣은 속세를 떠나 있는 화자를 가리키며 늘 푸른 소나무는 지조를 상징한다. 화자는 '혼자 어이 씩씩한고'를 통해 자신이 인간 세상을 멀리하고 자연 속에서 지조를 지키며 유유자적하게 살고 있음을 드러내고 있다. 따라서 ㉣을 자연에 귀의하지 못한 사람으로 볼 수 없다.

오답 해설

① '삼공'은 최고 벼슬인 '정승'을 뜻하는 말로 이를 부러워하지 않는다는 말은 속세 사람들이 추구하는 가치인 권력과 명예를 부러워하지 않는다는 것이다. 이러한 화자의 모습은 속세의 사람들이 추구하는 가치에서 벗어난 것이다.

② '연강 첩장은 뉘라서 그려 낸고'는 '안개 자욱한 강과 겹겹이 쌓인 봉우리는 누가 그려 낸 그림인가.'라는 의미이다. 이는 자연의 풍경이 마치 그림처럼 아름답다는 의미를 드러낸 것으로 자연의 아름다움을 즐기는 화자의 감탄을 드러낸 표현이다.

③ 〈보기〉에서 '자연은 화자가 지향하는 공간으로 인간 세상과 대립되는 공간'이라고 했고 ㉢은 속세(인간 세상)를 벗어난 곳, 즉 자연을 의미한다. 따라서 ㉢은 인간 세상과 대립되는 자연으로 화자가 지향하는 공간으로 볼 수 있다.

⑤ ㉤에서 화자는 물결 소리가 속세의 시끄러움을 막아 준다며 물결 소리(파랑성)를 싫어하지 말라고 표현하고 있다. 이를 통해 화자가 속세(인간 세상)를 부정적으로 보고 있음을 알 수 있으며, 인간 세상을 멀리하고자 하는 화자의 태도를 짐작할 수 있다.

05 (가) 태산이 높다하되~, (나) 사청사우, (다) 이옥설

기출 연습하기

본문 42~43쪽

01 ㉠ 경계, ㉡ 태산, ㉢ 경험 **02** 예시 답안 화자가 지향하는 쉽게 변하지 않는 의연한 삶을 사는 존재를 나타낸다. **03** ③ **04** ④

01

답 ㉠ 경계, ㉡ 태산, ㉢ 경험

(가)는 목표를 이루기 위해 노력하는 모습을 태산(㉡)에 오르는 것에 비유하여 아무리 힘들고 어려운 일이라도 실천과 노력을 계속하면 목표를 이룰 수 있다는 교훈을 전달하고 있다. (나)는 세상인심을 변덕스러운 날씨에 빗대어 변덕스러운 세상인심을 경계하고 있다(㉠). (다)는 행랑채를 수리한 경험에서(㉢) 잘못을 제때 고치지 않으면 더 많은 폐해로 이어진다는 깨달음을 얻고, 잘못을 바로 알고 고쳐 나가는 자세의 중요성을 강조하고 있다.

02

답 예시 답안 참조

(나)에서 '산'은 수시로 변하는 변덕스러운 비나 꽃, 구름과 달리 제자리에서 변함없이 의연하게 살아가는 존재를 의미한다.

03

답 ③

(가)는 목표를 세우고 그것을 이루기 위해 포기하지 말고 아무리 힘들고 어려운 일이라도 실천과 노력을 계속하는 자세가 중요하다는 것을 말하고 있다. (나)는 이해관계에 따라 달라지는 변덕스러운 세상인심을 비판하고 의연하게 살 것을 강조하고 있다. (다)는 잘못을 알면 반성하고 바로 고쳐 나가는 자세의 중요성을 말하고 있다. 따라서 세 작품은 모두 바른 삶의 자세에 대해 말하고 있음을 알 수 있다.

오답 해설

① (다)는 경험을 통해 자신이 성찰한 것을 드러내지만, (가)와 (나)는 자신의 가치관을 반성하고 이를 통해 얻은 깨달음을 말하고 있지 않다. (나), (다)는 세상 사람들에게 어떻게 살아가는 것이 올바른 것인가를 알려 주고 있다.

② (가), (나), (다)는 모두 현재 처한 상황을 극복하려는 노력을 다루고 있지는 않다.

④ (가), (나), (다)에는 이념과 현실 사이에서 갈등하는 모습이 드러나 있지 않다.

⑤ (가), (나), (다)는 모두 추구하는 이상 세계의 모습을 구체적으로 말하고 있지 않다.

04

답 ④

〈보기〉를 참고하여 (다)를 이해한 내용으로 가장 적절한 것은?

보기

설(說)은 일반적으로 두 단계의 구조로 나뉜다. 글쓴이의 개인적인 경험을 들려주는 ㉮ 전반부와 그로부
경험과 깨달음

터 얻은 결과를 독자에게 전하는 ㉯후반부로 구분된다. 글쓴이의 주관이 직접적으로 드러나고 경험담이 기반이 되기 때문에 수필과 비슷하다.

① ㉮는 문제에 대해 다양한 해결책을 제시하고 있다.
② ㉮와 ㉯는 서로 상반되는 견해를 제시하고 있다.
③ ㉮가 사건의 결과라면 ㉯는 그 원인에 해당한다.
❹ ㉯는 ㉮의 사실적 상황을 바탕으로 유추한 것이다.
⑤ ㉮는 ㉯에서 얻은 깨달음을 자신의 생활에 적용한 것이다.
㉮에서 얻은 깨달음을 자신의 생활에 적용

〈보기〉에서 설은 두 단계의 구조로 이루어져 있는데, 전반부에서는 개인적인 경험을, 후반부에서는 그로부터 얻은 결과를 독자에게 전한다고 했다. (다)에서 글쓴이는 퇴락한 행랑채를 수리하는 과정에서의 사실적 경험을 바탕으로 잘못된 것이 있다면 바로 고쳐야 더 큰 피해를 막을 수 있다는 깨달음을 얻는다. 그리고 이러한 깨달음을 사람과 정치 현실에 유추하여 확대 적용하고 있다. 유추는 같은 종류의 것 또는 비슷한 것에 기초하여 다른 사물을 미루어 추측하는 방법을 말한다.

오답 해설

① ㉮는 개인적인 경험을 서술하는 전반부이므로 다양한 해결책을 제시하고 있지 않다.
② ㉮와 ㉯는 상반되는 견해가 아니라 경험을 바탕으로 얻은 깨달음을 사람과 정치에 확대 적용한 것이다.
③ ㉯는 깨달음을 확대 적용한 것에 해당되므로 ㉮의 원인이 될 수 없다.
⑤ ㉯에서 얻은 깨달음을 ㉮에서 자신의 생활에 적용한 것은 아니다.

Ⅱ 현대 소설 · 고전 소설

01 복덕방

기출 연습하기

본문 58~61쪽

01 ㉮ 안 초시의 딸(안경화), ㉯ 배경, ㉰ 3인칭 전지적 시점
02 예시 답안 가족으로부터 소외되고 변화하는 세태에 적응하지 못하는 노인들의 삶의 모습을 상징하는 공간 **03** ② **04** ④
05 ①

01 답 ㉮ 안 초시의 딸(안경화), ㉯ 배경, ㉰ 3인칭 전지적 시점

이 작품은 1930년대 서울 외곽의 한 낡은 복덕방을 배경(㉯)으로, 근대화의 흐름에서 소외된 구세대를 상징하는 세 노인과 시대의 변화를 적극 수용하는 신세대인 안 초시의 딸(안경화)(㉮)과의 대립을 통해 소외된 세대의 궁핍과 좌절을 3인칭 전지적 시점(㉰)으로 그리고 있는 소설이다.

02 답 예시 답안 참조

세 노인이 무료하게 일상을 보내는 공간이면서 이 작품의 제목이기도 한 '복덕방'은 가족으로부터 소외되고 변화하는 세태에 적응하지 못하는 노인들의 삶의 모습을 상징하는 공간이라고 할 수 있다.

03 답 ②

[A]에서는 안 초시와 그의 딸인 안경화가 안경다리의 수리비를 놓고 갈등하는 모습이 주로 대화와 서술을 통해 드러나고 있으며, [B]에서는 1년 동안에 있었던 사건, 즉 안 초시가 딸을 설득해 투자한 사업이 모씨가 꾸민 연극이었고 결국 투자에 실패하였음을 요약적 서술로 보여 주고 있다.

오답 해설

① [A]에서는 외양 묘사가 아닌 대화와 서술을 통해 안 초시의 궁핍한 상황과 성격을 드러내고 있으며, [B]에서도 배경 묘사를 통해 인물의 처지를 드러내고 있지 않다.
③ 이 작품은 3인칭 전지적 시점으로 작품 밖의 서술자가 사건을 서술하고 있으므로 [A]에서 작품 속 서술자가 사건에 대해 평가하고 있지 않다. 또한 [B]에서는 사건을 요약적으로 서술하고 있을 뿐 전지적 서술자가 앞으로 전개될 사건에 대해 예측하고 있지 않다.
④ '순차적'은 시간의 흐름에 따라 진행되는 것이고, '역행'은 현재에서 과거로 사건이 진행되는 것과 같이 시간의 흐름과

반대로 전개되는 것을 말한다. [A]에서는 역행이 아닌 대화를 통해 순차적으로 사건이 진행되고 있다.

⑤ [A]에는 '마코', '전' 등 시대적 배경을 알 수 있는 소재가 사용되었지만 고향이나 시골의 정취가 담긴 향토적 소재는 드러나지 않는다.

04

답 ④

안 초시의 딸은 아버지의 설득과 권유로 축항 후보지에 투자하기로 결정하였지만 돈을 처리하는 일은 청년에게 맡기고 아버지는 관여하지 못하게 하였다. 이에 대해 안 초시가 노염을 참을 수가 없었다고 한 것으로 볼 때, 딸이 돈을 청년에게 맡긴 것은 아버지에 대한 배려가 아니라 아버지를 신뢰하지 않기 때문임을 알 수 있다.

오답 해설

① 안경다리를 고칠 돈이 없어 딸에게 부탁하는 안 초시와 필요한 금액의 절반만 주는 딸의 모습에서 형편이 어려운 안 초시를 인색하게 대하는 딸의 모습을 볼 수 있다.

② 안 초시는 형편에 맞는 저렴한 안경다리가 값비싼 자신의 안경테에 어울리지 않는다고 생각하며 종이 노끈인 채로 불편하게 쓰는 것을 선택한다. 이러한 내용에서 자존심과 허세를 내세우는 안 초시의 모습을 엿볼 수 있다.

③ 안 초시의 딸이 먼저 이야기를 다시 꺼내고, 시시콜콜히 묻는 모습은 아버지가 전해 준 이야기에 적극적인 관심을 드러내는 행동이라고 할 수 있다.

⑤ 안 초시는 생각지도 못한 투자 실패로 밥을 먹지 않아도 허기가 느껴지지 않을 정도로 경황이 없고 딸과 마주할 자신이 없어 밥을 먹으러 들어가지도 못하고 있다.

05

 ①

다음은 윗글이 창작될 당시 신문 기사의 일부이다. 이를 참고하여 윗글을 감상한 내용으로 적절하지 않은 것은?

○○ 일보

부동산 투기 열풍으로 전국은 지금…

일본의 축항 사업 발표 후, 전국이 부동산 투기 열풍으로 떠들썩하다. 한탕주의에 빠진 많은 사람들이 제2의 황금광 사업으로 불리는 항구 건설 사업에 몰려들고 있다. 1932년 8월, 중국 동북부와 연결되는 철도의 종착지이자 항구 예정지로 나진이 결정되자, 빠르게 정보를 입수한 브로커들로 나진은 북새통을 이루고 있다. 하지만 누구나 투자에 성공하는 것은 아니어서, 잘못된 소문으로 투자에 실패하여 전 재산을 잃은 사람들, 이로 인해 가족들에게 외면받는 사람들, 자신의 피해를 사기로 만회하려는 사람들까지 등장하여 사회적 혼란이 점점 커지고 있다. 이러한 모습은 물질 만능주의가 만연한 우리 사회의 어두운 단면을 보여 준다는 비판이 일고 있다.

(축항: 항구를 구축함. / 물질 만능주의: 돈을 최고의 가치로 여기는 사고방식이나 태도)

❶ 딸에게 '출자를 권유하는 수작'으로 보아 안 초시는 건설 사업이 확정된 부지에 빠르게 투자하였겠군.
(× → 부지가 확정된 것이 아님.: 모씨의 연극)

② 안 초시가 '50배 이상의 순이익이 날 것이라 장담 장담하'며 부추기는 모습에서 한탕주의에 빠져 있음을 알 수 있군.
(한탕주의: 한 번의 시도로 큰 재물을 얻으려는 태도)

③ 안 초시의 딸이 '연구소 집'을 담보로 '3천 원'을 마련한 것은 당시의 투기 열풍과 관련이 있겠군.
(담보: 맡아서 보증함.)

④ 모씨가 '축항 후보지'에 대해 '연극'을 꾸민 것은 자신의 피해를 사기로 만회하기 위한 것이었겠군.

⑤ 안 초시가 '친자 간의 의리도 배추 밑 도리듯' 한다고 '탄식'하는 모습에서 물질 만능주의의 어두운 모습을 엿볼 수 있군.
(투자 실패로 아버지인 자신에게 매정하게 구는 딸에 대한 원망)

안 초시가 딸에게 출자를 권유한 축항 부지는 건설 사업이 확정된 부지가 아니라 축항 후보지 중 하나이다. 또한 안 초시가 직접 투자한 것이 아니라 딸에게 권유한 것이므로 적절하지 않다.

오답 해설

② 안 초시가 투자를 통해 50배 이상의 순이익이 날 것이라고 부추기는 모습은 한 번에 큰 이익이 날 것이라 기대하는 한탕주의에 빠진 모습이라고 할 수 있다.

③ 안 초시의 딸은 연구소 집을 담보로 하여 당시 돈으로 큰돈인 3천 원을 빌려서 투자를 한다. 이러한 모습은 당시의 부동산 투기 열풍과 관련이 있다고 할 수 있다.

④ 축항 후보지에 땅을 샀던 모씨는 자신이 입을 피해를 만회하기 위해 연극, 즉 사기 행각을 벌여 안 초시와 같은 또 다른 피해자를 만들고 있다.

⑤ 투자 실패 후 안 초시는 가족인 딸에게 배추 밑이 잘리듯 외면받고 있다. 이러한 모습은 혈연관계보다 물질을 우선하는 것으로, 당시 사회에 만연했던 물질 만능주의의 어두운 모습을 보여 준다고 할 수 있다.

02 눈사람 속의 검은 항아리

기출 연습하기

본문 66~69쪽

01 ㉮ 역순행적, ㉯ '나'(자신), ㉰ 성장 **02** 예시 답안 이 세상이 '나'의 예상과는 달리 '나'와 상관없이 돌아간다는 사실을 깨닫고 혼돈과 불안을 느꼈기 때문이다. **03** ② **04** ②

01 답 ㉮ 역순행적, ㉯ '나'(자신), ㉰ 성장

이 글은 현재 어른이 된 서술자인 '나'(㉯)가 어린 시절을 보냈던 산동네를 갔다가 어릴 적 단지를 깨뜨리고 눈사람 속에 숨긴 다음 혼날 것이 두려워 가출을 했던 사건과, 이를 통해 한 단계 성장(㉰)하게 된 경험을 회상하고 있는 역순행적 구성(㉮)의 작품이다.

02 답 예시 답안 참조

'나'는 항아리를 깨뜨리고 깨진 단지를 눈사람 속에 임시로 감췄다가 혼날 것이 두려워 가출을 했다가 돌아온다. 하지만 자신의 예상과는 다르게 어머니와 주변 사람들이 아무 일도 없던 것처럼 대하자 당황하고 혼돈스러워 눈물을 흘린다. 즉 '나'와 상관없이 세상이 돌아간다는 사실을 깨닫고 느낀 혼돈과 불안을 해소하고자 눈물을 흘린 것이다.

03 답 ②

이 글은 작품 속 서술자인 '나'가 어린 시절 겪었던 사건과 깨달음을 회상하고 있는 1인칭 주인공 시점의 소설이다. '어찌 떨지 않을 수 있었을까.', '나는 가슴이 터질 듯 기뻐', '나는 무척 혼돈스러웠다.' 등에서 서술자인 '나'가 자신의 심리를 직접 서술하여 전달하고 있다.

오답 해설

① 인물 간의 대화 장면이 일부 있기는 하지만, 중심 사건이 서술자인 '나'의 심리 위주로 서술되고 있으므로 적절하지 않다.
③ 소설에서 내화(내부 이야기), 외화(외부 이야기)를 넘나드는 형식을 액자 소설 구성이라고 하는데, 액자 소설은 대부분 외화에서 1인칭 관찰자가 전해 듣거나 목격한 일이 내화에서 3인칭 시점으로 전개된다. 이 글은 주인공 '나'가 유년 시절을 보낸 산동네에 갔다가 자신의 어린 시절을 회상한 내용을 중심으로 전개되고 있을 뿐 액자 소설 구성을 취하고 있지 않다.
④ 주변 인물이 아닌, 주인공인 '나'를 서술자로 내세워 중심 사건과 그에 따른 심리 변화를 전달하고 있으므로 적절하지 않다.
⑤ 작품 밖에 서술자가 위치하여 인물의 심리를 직접 서술하는 것은 3인칭 전지적 시점이다. 이 글은 1인칭 주인공 시점이므로 적절하지 않다.

04 답 ②

<보기>를 참고하여 윗글을 이해할 때, 적절하지 않은 것은?

보기

성장 소설은 유년기에서 소년기를 거쳐 성인의 세계로 들어가는 한 인물이 겪는 내면적 갈등과 정신적 성장, 자신을 둘러싸고 있는 세계에 대한 각성과 성찰의 과정을 담고 있다. 성장 소설은 대개 성인의 입장에서 자신의 어린 시절의 체험을 재평가하고, 성찰 결과물을 고백 형식의 이야기로 드러낸다. 주인공은 지적, 도덕적, 정신적으로 아직 성숙하지 않은 상태의 인물(어린아이이거나 미성숙한 인물)인 경우가 많다. 소설 속 사건이 이루어지는 시간이 유년기임에 비해서 실제 창작은 성인의 시점에서 이루어지기 때문에 양자(성인과 유년 시절)가 구별되어 제시된다.

① '깨진 단지'는 '나'에게 성장의 계기가 되는 소재로 쓰였군.
❷ '눈사람' 속에 깨진 항아리를 숨기는 모습에서 내면적으로 갈등하는 '나'를 살펴볼 수 있겠군. (숨기는 방법을 찾고 가슴이 터질 듯이 기뻐함.) ×
③ '방학 숙제로 낼 일기'(서술자가 어린아이임을 드러냄.)에서 어린 시절의 경험을 그린 소설로 볼 수 있겠군.
④ '나를 둘러싼 세계'는 미성숙한 '나'가 각성하고 성찰하는 공간으로 볼 수 있겠군.
⑤ '그렇게 컸다'(성인이 된 시점에서 서술했음을 드러내는 구절)는 구절을 볼 때, 성인이 된 서술자가 어린 시절을 떠올리고 있음을 알 수 있겠군.

'나'는 눈사람 속에 깨진 항아리를 숨겨 놓는 방법을 생각하고 '가슴이 터질 듯 기뻐'하며 뿌듯해하고 있다. 따라서 깨진 항아리를 숨기는 모습에서 '나'의 내면적 갈등은 드러나지 않는다.

오답 해설

① '나'는 단지를 깨뜨리고 주문을 외우거나 혼날 것이 두려워 가출을 한다. 이러한 모습은 <보기>에서 설명한 정신적으로 아직 성숙하지 않은 상태의 인물임을 드러낸다. 그러나 '나'는 가출 후 돌아와 자신과 상관없이 세상이 돌아가는 모습을 보고 깨달음을 얻는다. 따라서 '깨진 단지'가 성장의 계기가 되는 소재로 쓰였음을 알 수 있다.

③ 〈보기〉에서 성장 소설은 '성인의 입장에서 자신의 어린 시절의 체험을 재평가'한다고 했으므로, '방학 숙제로 낼 일기'는 이 글이 어린 시절의 경험을 그린 소설임을 알게 해 준다.
④ 〈보기〉에서 성장 소설은 한 인물의 정신적 성장과 '자신을 둘러싸고 있는 세계에 대한 각성과 성찰의 과정을 담고 있다.'라고 했으므로, '나를 둘러싼 세계'는 아직 성숙하지 않은 '나'가 실제 세계에 대해 각성하고 성찰하는 공간으로 볼 수 있다.
⑤ 〈보기〉에서 성장 소설은 성인의 시점에서 창작된다고 했으므로, '그렇게 컸다'라는 구절은 성인이 된 '나'가 어린 시절을 떠올리고 있음을 드러내는 구절이라 할 수 있다.

03 봄·봄

기출 연습하기

본문 74~77쪽

01 ㉠ 소작농, ㉡ 혼인(혼례, 성례), ㉢ 사투리 **02** ②
03 예시 답안 장인이 마름이라는 지위를 이용하여 소작인들에게 횡포를 부렸기 때문이다. **04** ④

01 답 ㉠ 소작농, ㉡ 혼인(혼례, 성례), ㉢ 사투리

이 글은 데릴사위인 '나'의 혼인(㉡) 때문에 생겨난 장인과의 갈등을 비속어와, 사투리(㉢), 우스꽝스러운 인물의 행동을 통해 해학적으로 담아낸 소설이다. 어수룩하고 우직한 '나'와는 대조적으로 장인은 교활하고 마름의 지위를 이용해 소작농에게(㉠) 횡포를 부리는 부정적 인물이다.

02 답 ②

'나'가 현재 상황에서 과거 회상을 통해 '작년 이맘때' '나'가 트집을 잡아 일을 하지 않자, 장인이 장가를 들여 주겠다고 회유했던 사건을 보여 줌으로써 인물 간의 관계를 드러내고 있다.

오답 해설

① 현재 사건을 서술하다가 '작년 이맘때', '그 전날'의 사건을 회상하고 있으므로 동시에 일어나는 두 개의 사건을 나열하고 있지 않다.
③ 이 글에서는 한문 표현이 아니라 비속어나 사투리 등을 통해 인물의 성격을 드러내고 있다.
④ 등장인물이 관찰자의 입장에서 작품 속 세계를 객관적으로 묘사하는 것은 1인칭 관찰자 시점이다. 이 글은 작품 속의 주인공인 '나'가 직접 겪은 일과 심리를 서술한 1인칭 주인공 시점이므로 적절하지 않다.
⑤ 액자식 구성은 하나의 겉 이야기 속에 전해 들은 다른 이야기가 액자처럼 들어 있는 형식을 말한다. 이 글은 다른 사람의 체험을 듣고 전해 주는 것이 아니라 '나'가 자신의 체험을 직접 서술하고 있으므로 적절하지 않다.

03 답 예시 답안 참조

'인심을 정말 잃었다면 욕보다 읍의 배 참봉 댁 마름으로 더 잃었다.', '장인이 닭 마리나 좀 보내지 않는다든가 ~ 동리 사람들은 그 욕을 다 먹어 가면서도 그래도 굽신굽신하는 게 아닌가—'에서 드러나듯이 장인은 마름의 지위를 이용하여 가난한 소작인들에게 뇌물을 받거나 뇌물을 건네지 않으면 땅을 주지 않는 등 횡포를 부렸기 때문에 동리 사람들에게 인심을 잃게 되었다.

04 답 ④

〈보기〉를 참조할 때, ⓐ~ⓔ에 대한 감상으로 적절하지 않은 것은?

보기

「봄·봄」은 시·공간의 이동을 통해 사건들이 전개된다. 소설 속 사건이 일어나는 배경은 단순히 물리적 시·공간을 제시하는 데에서 그치는 것이 아니다. 인물을 둘러싼 구체적 환경은 인물의 성격을 드러내거나 태도에 변화를 줄 뿐만 아니라 사건의 분위기를 조성하기도 한다. 그리고 인물이 처한 사회적 환경을 환기하기도 하고 때로는 인물의 심리 상태에 영향을 미친다.

(배경의 기능 ①) (환기: 주의나 여론, 생각 따위를 불러일으킴.) (배경의 기능 ②)

① ⓐ: 대부분의 마름들이 장인과 같이 행동하였다면, '가을'에 많은 소작농들은 불안감에 시달렸겠군.
② ⓑ: '논'은 '장인'의 회유에 넘어간 '나'가 일꾼으로서의 면모를 발휘하는 장소로군.
③ ⓒ: '화전밭'에서 '나'는 생기 있는 봄의 분위기에 취해 정서적으로 반응하고 있군. (취해: 몸이 나른하고 가슴이 울렁거림.)
❹ ⓓ: '밭'에서 '나'는 '장인' 때문에 생긴 울화를 '소'와 '점순이'에게 한껏 터트리고 있군. (점순이에게 화풀이하고 있지 않음.)
⑤ ⓔ: '이날'은 '점순이'의 평소와 다른 말과 행동을 통해 '나'가 '점순이'의 본심을 알아채는 날이겠군.

밭에서 봄의 분위기에 취한 '나'는 온몸에 맥이 빠지고 괜히 짜

증이 나던 참에 점순이의 작은 키를 보고 생긴 울화를 소에게 풀지만 점순이에게는 터트리고 있지 않다.

오답 해설

① 장인은 마름의 지위를 이용해 뇌물을 요구하거나 뇌물을 주지 않으면 소작인에게 땅을 빼앗는 부정적 인물이다. 대부분의 마름들이 장인과 같이 소작농에게 횡포를 부리는 행동을 했다면 소작농들은 불안감에 시달렸을 것이다.

② '나'는 장가를 보내 주겠다는 장인의 달래는 말에 넘어가 다른 사람이 이틀 동안 할 일을 하루에 마치면서 일을 능숙하게 하는 일꾼으로서의 모습을 보여 준다.

③ 화전밭에서 '나'는 꽃내음과 샘물 소리, 맑은 하늘의 봄볕 등 생동하는 봄의 분위기에 취해 온몸이 나른해지고 가슴이 울렁거리는 것을 느낀다.

⑤ '이날' 점순이는 평소와 다르게 성례(혼례)에 대해 좀 더 적극적으로 아버지께 요구하라고 '나'를 부추기는 말을 한다. 이를 통해 '나'는 비로소 점순이도 자신과 혼례를 할 마음이 있음을 알게 돼 흐뭇해한다.

04 노새 두 마리

기출 연습하기

본문 82~85쪽

01 통행금지, 삼륜차 **02** 예시 답안 아버지, 가족을 위해 고단한 삶을 살지만 노새처럼 산업화와 도시화의 변화를 따라가지 못하는 인물이기 때문이다. **03** ④ **04** ① **05** ⑤

01

답 통행금지, 삼륜차

통행금지와 삼륜차는 이 글의 시대적 배경이 급격한 도시화와 산업화가 이루어지기 시작한 1970년대임을 드러내는 소재이다. 우리나라의 야간 통행금지는 1945년 시행되어서 1982년에 폐지되었다. 한편 바퀴가 세 개 달린 삼륜차는 주로 짐을 실어 나르는 용도로 이용되었으며, 1970년대 초에 많이 운행되었다.

02

답 예시 답안 참조

'또 한 마리의 노새'는 아버지를 의미한다. 아버지는 가족을 위해 노새처럼 열심히 일하면서 고단한 삶을 살지만, 도시화와 산업화가 진행되면서 삼륜차에 노새의 경쟁력이 밀리듯이 아버지도 급격하게 변화하는 시대의 흐름을 따라가지 못해 소외되고 고달프게 살아가고 있다.

03

답 ④

㉮의 '사건'은 아버지의 연탄 수레를 끌던 노새가 달아나 버린 일을 말하며, 이 사건으로 아버지는 당장 생계 수단이었던 연탄 배달을 할 수 없게 되면서 벌이를 나갈 수 없는 어려움에 처하게 된다.

오답 해설

① 아버지는 원래 마부였고, 말마차로 버티다가 '어떻게 마음먹었는지 노새로 바꾸'었다. 따라서 말마차에서 노새 마차로 바꾼 계기가 명확히 드러나지 않으며, 노새가 달아난 일로 아버지가 노새 대신 말마차를 선택한 것도 아니므로 적절하지 않다.

② '나'의 가족은 노새가 달아나기 전부터 이미 서울 변두리에 정착해서 살고 있으므로 적절하지 않다.

③ '나'와 '아버지'가 동네 아이들에게 놀림거리가 된 것은 연탄 배달을 하느라 연탄재를 뒤집어쓴 아버지의 새까만 모습 때문이지 노새가 달아난 것과는 관련이 없다.

⑤ 아버지가 삼륜차 대신 시대의 변화에 뒤떨어진 노새를 고집하는 이유를 동네 사람들은 물론 '나'도 잘 모르고 있으므로 이는 노새가 달아나 버리는 사건과는 관련이 없다.

04

답 ①

이 글은 '노새'라는 상징적 소재를 통해 도시화와 산업화의 변화에 적응하지 못해 소외되고 있는 도시 하층민인 아버지의 고달픈 삶을 드러내고 있다.

오답 해설

② 이 글에 현실의 부정적 현상이나 모순 따위를 빗대어 비웃는 풍자적 기법은 드러나지 않으며 어떤 인물의 외모나 성격 등을 우스꽝스럽게 묘사한 희화화도 나타나지 않는다.

③ 이 글은 작품 속 인물인 '나'가 서술자인 1인칭 주인공 시점으로 계속 서술되고 있다. 시점의 전환을 통해서 상황을 입체적으로 보여 주고 있지 않다.

④ 이 글에서 가족의 중요한 생계 수단인 노새가 달아나는 사건이 발생하고, 찾을 수 없다고 생각했던 노새가 다시 나타나는 것을 반전이라고 볼 수도 있다. 그러나 이를 통해 갈등이 해소될 여지는 보이지 않고 오히려 노새가 사람을 다치게 하고 가게의 물건을 부수는 등 사고를 쳐서 새로운 문제를 일으키고 있다.

⑤ 이 글은 어른이 된 현재의 '나'가 어린 시절을 회상한 글이 아니며, 외부 이야기에서 내부 이야기로 이동하는 액자식 구성도 나타나지 않는다.

05

 ⑤

[A]를 〈보기〉와 같이 바꾸어 썼을 때 나타나는 효과로 가장 적절한 것은?

보기
"까마귀 새끼." / 영길이가 놀렸다. 「"너네 아버지는 까마귀, 넌 까마귀 새끼." 까마귀와 연탄의 유사성 → 검정색 종달이가 거들었다. "신발도 깜장 구두, 연탄재 뒤집어쓴 껌정투성이." 아버지가 시장 경비원인 순철이도 한마디 했다. "그래, 나 까마귀 새끼다. 그러는 니들은 뭐가 달라서." 「 」: [A]의 상황을 대화 상황으로 바꿈. "너네 아버지는 콧물도 까맣더라." 귀달네 아버지는 포장마차에서 장사를 하는데, 귀달이도 나를 놀린다. 나도 뻥튀기 장수 아들 영길이와 번데기 장수 동생 종달이의 별명을 불렀다. "영길이는 뻥, 종달이는 뻔."」

① 외양을 묘사하여 인물의 성격을 드러내고 있다.

② 호흡이 긴 문장을 사용하여 인물의 심리를 드러내고 있다. (×: 대화 상황이라 호흡이 짧음.)

③ 인물의 성격 변화 과정을 제시하여 긴장감을 고조하고 있다. (×)

④ 새로운 인물을 등장시켜 인물 간의 대립 구도를 드러내고 있다. (×)

❺ 인물 간의 대화를 보여 주어 상황을 현장감 있게 제시하고 있다.

[A]는 이 글의 주인공인 '나'와 친구들이 서로 아버지의 직업을 바탕으로 '까마귀 새끼, 뻥, 뻔, 귀달이' 같은 별명을 붙이며 놀리는 상황을 요약적으로 보여 주고 있다. 이에 비해 〈보기〉는 '나'와 영길, 종달, 순철, 귀달이 간의 대화를 직접 보여 주어 [A]보다 상황을 생생하고 현장감 있게 표현하여 전달하고 있다.

오답 해설

① [A]의 '아버지는 노상 시커먼 몰골을 하고 다녔다.', '눈 하나만은 퀭하니 크게 빛났다.' 등에서 외양에 대한 묘사를 찾아볼 수 있지만, 〈보기〉에는 나타나지 않는다.

② 상황을 요약적으로 서술한 [A]를 인물의 대화 중심인 〈보기〉와 같이 바꾸어 쓰면서 오히려 문장의 호흡이 짧아지고 있으므로 적절하지 않다.

③ [A]와 〈보기〉 모두 등장인물인 '나'와 영길, 종달, 순철, 귀달 등의 성격 변화 과정을 제시하여 긴장감을 고조하고 있지 않다.

④ [A]에 등장하는 인물들이 그대로 〈보기〉에도 등장하고 있다. 새로운 인물이 등장하여 인물 간의 대립 구도를 드러내고 있지 않다.

05 토지

기출 연습하기

본문 92~95쪽

01 윤보, 홍 씨 **02** 예시 답안 홍 씨에게 자신을 조심하라고 경고하기 위해서이다. **03** ⑤ **04** ③

01

답 윤보, 홍 씨

서희는 조준구와 홍 씨로부터 최 참판 댁을 지키려는 강인한 의지를 가진 인물이고, 윤보는 친일 세력으로부터 조선을 지키고자 의병 활동을 하는 인물이다. 친일 세력을 등에 업은 조준구, 홍 씨, 이중적인 태도를 보이는 하인인 삼수는 탐욕스럽고 교활한 인물로 서희, 윤보와 대립 관계에 있다.

02

답 예시 답안 참조

윤보 일행의 습격을 서희가 시켰다고 생각한 홍 씨가 서희에게 횡포를 부리자, 서희는 홍 씨에게 자신의 영악함이 범보다 더 무섭다는 말을 통해 자신을 조심하라는 경고를 하고 있다.

03

답 ⑤

[A]에서는 자정을 넘긴 칠흑의 밤이라는 시간적 배경을 통해 윤보 일행이 최 참판 댁을 습격하기 위해 숨죽이며 은밀하게 움직이고 있는 장면의 분위기를 드러낸다. 그러나 [B]에서는 '별안간 방에서 뛰쳐나간다. 맨발로 연못을 향해 몸을 날린다.'에서 방에서 연못으로 공간적 배경이 변화했음이 드러나지만 이를 통해 서희의 심리 변화가 나타날 뿐 인물 간 대립의 원인이 드러나지는 않는다.

오답 해설

① [A]에서는 '덩어리 같은 침묵'이라는 비유적 표현을 활용하여 칠흑의 밤에 장정들이 은밀하게 모여드는 행동 양상을 드러내고 있으므로 적절하다.

② 음성 상징어는 소리, 모양이나 움직임을 흉내 내는 말인 의성어나 의태어를 가리킨다. [B]에서는 '와락와락', '고래고

래'라는 음성 상징어를 활용하여 홍 씨가 서희를 대하는 행동의 격렬함을 강조하고 있다.

③ [A]는 칠흑의 밤 긴장감이 도는 마을의 모습과 윤보 일행이 은밀히 모여드는 장면에 대한 관찰을 중심으로 서술되고 있다. 또한 [B]에서는 '그는 죽을 생각을 했던 것이다.'와 같이 인물의 내면에 대한 서술자의 직접적 서술이 나타나고 있으므로 적절하다.

④ [A]에서는 '넘었다', '모여들었다'와 같이 과거형으로 서술되다가 '짖는다', '난다', '않는다', '시작한다'와 같이 시제가 현재형으로 바뀌면서 장면에 긴장감을 더해 주고 있다. 또한 [B]에서는 '일으킨다', '묻어 나온다', '흔들어 댄다' 등의 현재형 진술을 활용하여 서희와 홍 씨와의 갈등을 더욱 생생하게 전달하고 있다.

04

답 ③

〈보기〉를 바탕으로 윗글을 감상한 내용으로 적절하지 않은 것은?

보기

「토지」는 개화기부터 해방 무렵까지 우리 민족의 수난과 저항의 역사를 다루고 있다. 근대 이전까지 비교적 안정적이었던 신분 질서와 사회적 관계는 이 시기를 거치며 큰 변화를 겪는데, 「토지」에서는 몰락한 양반층, 친일 세력, 저항 세력, 기회주의자 등 다양한 인물들이 때로 협력하고 때로 대립하면서 복잡한 관계망을 형성한다.

(전통적인 신분 제도의 변화, 몰락한 양반 / 친일 세력: 조준구 일파 / 기회주의자: 삼수)

① 최 참판가 습격을 준비하던 윤보가 삼수의 제안을 듣지 않은 것으로 하겠다는 내용으로 보아, 윤보는 삼수와의 협력 관계를 거부한 것이군.

② 타작마당에 모인 장정들이 횃불을 들고 윤보와 함께 움직이는 것으로 보아, 이들은 조준구로 대표되는 친일 세력과 대립하고 있군.
(홍 씨는 이들을 화적 놈이라 칭하여 적대적 태도를 보임.)

❸ 봉순이가 달려들어 서희 몸을 잡아당기는 것으로 보아, 이전까지 비교적 안정적이었던 신분 질서가 흔들리며 봉순이와 서희의 협력 관계가 약화되고 있군.
(홍 씨가 서희에게 달려드는 것을 막기 위한 행동임.)

④ 홍 씨의 모욕에 죽을 생각을 했던 서희가 홍 씨의 눈을 똑바로 주시한 것으로 보아, 홍 씨와 서희는 대립 관계를 이어 가겠군.

⑤ 윤보에게 조준구를 치라고 했던 삼수가 조준구의 목숨을 구해 줬다는 것으로 보아, 조준구와 삼수의 관계는 상황에 따라 변하는군.
(윤보에게 조준구를 치라고 한 후, 나중에는 오히려 조준구를 도움.)

봉순이가 달려들은 것은 홍 씨가 서희를 잡고 격렬하게 흔들어 대는 것을 막기 위함이지, 신분 질서가 흔들리며 서희와의 협력 관계가 약화되었기 때문이 아니다.

오답 해설

① 삼수는 윤보에게 '조가놈을 먼저 치'자고 제안하지만 윤보는 '내 안 들은 거로 해 둘 기니 어서 돌아가거라.'라며 삼수의 제안을 거절하고 있으므로, 윤보가 삼수와의 협력 관계를 거부한 것이라는 감상은 적절하다.

② 윤보는 의병 자금을 모을 목적으로 조준구가 있는 최 참판댁을 습격한다. 타작마당에 모인 장정들이 이러한 윤보와 함께 행동하는 것은 조준구로 대표되는 친일 세력과 대립하고 있다고 볼 수 있다.

④ 서희는 홍 씨의 모욕과 횡포에 연못을 향해 몸을 날리며 죽을 생각을 하지만, 홍 씨의 발악에 '내가 왜 죽지? 누구 좋아하라고 죽는단 말이냐?'라며 생각을 바꿔 홍 씨의 눈을 똑바로 주시하며 홍 씨에게 자신을 조심하라는 경고를 한다. 따라서 이후에도 서희와 홍 씨의 대립 관계가 계속될 것임을 짐작할 수 있다.

⑤ 삼수는 윤보에게 조준구를 먼저 치자고 제안하였지만, 정작 윤보 일행의 습격이 이루어지자 사당 마루 밑에 숨은 조준구를 돕는다. 이를 통해 조준구와 삼수의 관계는 상황에 따라 변한다는 것을 알 수 있으므로 적절한 감상이다.

06 최고운전

기출 연습하기

본문 102~105쪽

01 거울 **02** ① **03** 예시 답안 아침에 파경노가 ~ 머리를 조아리니, 한가로이 꽃밭에 ~ 아름답고 무성하였다., 쌍룡이 하늘에서 ~ 글씨를 쓰는데 **04** ④

01

답 거울

이 글에서 아이는 돌함 속의 물건에 대한 임금의 명을 듣고 거울 장수로 가장하여 나 승상 딸의 거울을 고의로 깨뜨린 뒤 이를 구실로 나 승상 댁의 노복이 되어 자신을 '파경노'라 불러 달라고 한다. '파경노'는 '거울을 깨뜨린 노복'이라는 뜻이다. 이후 비범한 능력을 인정받은 그는 나 승상 딸과 혼인하고, 중국 황제가 낸 문제를 알아맞히는 시를 지어 나라를 구한다. 이러한 사건의 흐름을 볼 때 아이가 거울을 깬 것은 나 승상 딸과의 혼인을 통해 나 승상 댁의 일원이 됨으로써 신분 상승을 이루고, 자신의 능력을 인정받으려는 의도에서 비롯된 것이라고 볼 수 있다. 따라서 '거울'은 아이가 나 승상 댁과 인연을 맺기 위해 이용한 소재라 할 수 있다.

02

답 ①

이 글의 '이때 아이도 왕이 내린 명령을 들었다.'를 통해, '아이'가 나 승상 댁의 노복으로 들어가기 전에 돌함 속 물건을 알아내어 시를 짓는 사람에게 관직과 땅을 주겠다고 한 왕의 명령을 이미 알고 있었음을 확인할 수 있다. 따라서 승상 댁의 노복이 된 이후에 돌함의 존재에 대해 알게 되었다는 내용은 적절하지 않다.

오답 해설

② 나 승상 부인이 승상에게 '파경노는 생김새가 기이하고 말다름도 또한 기이하니 필시 비범한 사람일 것입니다. 천한 일을 맡게 하지 마옵소서.'라는 말을 한 것으로 보아, 승상 부인은 파경노의 외모와 행동을 근거로 그가 비범한 인물임을 알아보았다고 할 수 있다.

③ 나 승상 부인은 파경노의 비범함에 대한 소문을 듣고 승상에게 천한 일을 맡기지 말라는 말을 하고 승상은 그 말에 따라 파경노에게 말을 먹이는 일 대신에 꽃밭을 가꾸는 일을 시켰으므로 적절하다.

④ [중략 부분의 줄거리]에서 파경노가 승상의 딸과 혼인하였음을 알 수 있으며 이후 '이때 파경노가 자기 이름을 지어 치원이라 하고 자를 고운이라 하더라.'를 통해 '파경노'가 자신의 이름을 스스로 '치원'이라 지었음을 확인할 수 있다.

⑤ '치원이 승상의 딸을 시켜 승상께 바치게 하니 승상이 믿지 않다가 딸의 꿈 이야기를 듣고서야 믿고'에서, 승상의 딸이 치원의 시에 대해 회의적인 태도를 보이는 승상에게 자신의 꿈 이야기를 들려주면서 승상을 설득했음을 알 수 있다.

03

답 예시 답안 참조

전기성은 고전 소설에서 주로 나타나는 특성으로 현실에서 일어날 수 없는 비현실적인 일들이 일어나는 특성을 의미한다. 대개 초월적인 힘을 가진 조력자와 도술이 등장하는 장면에 나타난다. 이 글에서는 최치원이 말을 기르는 장면, 꽃밭을 가꾸는 장면, 시를 짓는 장면 등에서 초월적인 힘을 가진 조력자가 등장하여 최치원을 적극적으로 도와주어 그의 비범함을 부각하고 있다.

04

답 ④

〈보기〉를 바탕으로 ㉠~㉤을 이해한 내용으로 적절하지 않은 것은?

보기

「최고운전」은 '시 짓기'를 통해 주인공과 국가가 당면한 문제 상황이 해결되는 구조로 서사가 전개되고 있다. 이 작품은 뛰어난 능력을 가지고 있으나 신분적 한계로 인해 자신의 능력을 제대로 펼치지 못했던 실존 인물 최치원의 삶을 바탕으로 창작되었다. 최치원의 삶이 주인공에 투영되어 형상화되는 과정에서 그의 비범함이 극적으로 부각되며, 이는 주로 '시 짓기'를 통해 발휘된다.

(작품의 중요한 서사 구조)
(뛰어난 능력을 가지고 있으나 신분적 한계에 부딪히는 상황)

① ㉠에서 '시 짓기'는 중국 황제가 신라를 문제 상황에 빠뜨리기 위해 내세운 불합리한 요구로군.
(신라를 침공할 구실을 만들기 위해 돌함의 물건을 맞추라는 불합리한 요구를 함.)

② ㉡에서 '시 짓기'는 국가적 문제를 해결할 수 있는 인재가 없는 신라의 상황을 보여 주는군.
(아무도 알아내지 못함.)

③ ㉢에서 '시 짓기'는 초월적 요소와 결합하여 인물의 비범함을 드러내는군.

❹ ㉣에서 '시 짓기'는 신분적 한계로 인한 울분을 직접적으로 토로하는 수단이로군. ×

⑤ ㉤에서 '시 짓기'는 개인의 능력을 드러냄과 동시에 국가의 위기를 해결하는 방법이 되는군.

[중략 부분의 줄거리]에서 최치원은 시를 짓는 조건으로 나 승상의 딸과 혼인하게 된 것을 알 수 있다. 이에 승상의 딸이 시 짓기를 재촉하자 ㉣의 '용과 뱀이 놀라 꿈틀거리는 듯하더라.'에서 드러나듯이 비범한 글쓰기 능력을 발휘하여 시를 지었음을 알 수 있다. 그리고 이러한 '시 짓기'를 통해 최치원이 중국의 황제가 요구한 부당한 문제를 해결하고 있음을 알 수 있다. 따라서 '시 짓기'는 문제를 해결하고 최치원의 비범한 능력을 인정받게 하는 것이지, 신분적 한계로 인한 울분을 직접적으로 토로하는 수단은 아니다.

오답 해설

① ㉠에서 중국 황제는 돌함 속에 있는 물건을 알아내어 그와 관련한 '시 짓기'를 요구하면서, 알아내지 못할 경우 '너희 나라를 도살하여 없애 버리겠다.'라고 위협하고 있다. 이는 비범한 능력이 없으면 알아내기 어려운 것으로, 신라를 문제 상황에 빠뜨리는 불합리한 요구이다.

② ㉡의 '아무도 그 속 물건을 알아내지 못하여 온 조정이 들끓더라.'에서 중국 황제가 제시한 과제를 아무도 해결하지 못해 신라 조정이 혼란에 빠졌음을 알 수 있다. 이는 신라에 마땅한 인재가 없음을 보여 주는 것이므로, ㉡에서 '시 짓기'는 국가적 문제를 해결할 인재가 없는 신라의 상황을 드러낸 것으로 볼 수 있다는 이해는 적절하다.

③ ㉢은 최치원이 시를 읊으면 천상계의 초월적 존재인 '청의동자'가 나타나 최치원 대신에 말을 돌보고 있음을 보여 준다. 따라서 ㉢에서의 '시 짓기'는 초월적 존재인 청의동자의 등장과 결합하여 최치원의 비범한 능력을 부각한다고 할 수 있다.

⑤ 승상은 어떻게 시를 지었느냐는 왕의 물음에 대해 ㉤과 같이 자신의 사위가 쓴 것이라 말하고 있고 신라의 왕은 최치원이 지은 시를 황제에게 바치고 있다. 이러한 과정은 최치원이 승상과 왕에게 '시 짓기' 능력을 인정받았음을 드러내며, 다른 한편으로 최치원의 '시 짓기'가 중국 황제가 낸 곤란한 문제를 해결하는 데 큰 역할을 했음을 보여 주는 것이라 할 수 있다. 따라서 최치원의 '시 짓기'는 개인의 능력을 드러냄과 동시에 국가의 위기를 해결하는 방법이 되었다고 할 수 있다.

07 사씨남정기

기출 연습하기 본문 110~113쪽

01 ㉠ 사 씨가 꿈속에서 왕비와 부인을 만남. ㉡ 꿈속 노파가 병을 놓은 곳에서 솟아난 샘물을 먹고 병이 낫게 됨. **02** 비현실 세계, 현실 세계 **03** ③ **04** ⑤

01 답 예시 답안 참조

사 씨는 꿈속에서 왕비로부터 자신의 미래에 대한 이야기를 듣고 부녀자의 덕을 실천한 것으로 칭송받는 부인들을 만난 후 깨어나 현실 세계로 돌아온다(㉠). 그 후 유모, 시비와 함께 황릉묘의 사당에 가 분향을 하고 앞길이 막막하여 어쩔 줄 몰라 하고 있을 때 조력자인 여승을 만나게 된다. 한편, 유연수는 동청의 모함으로 유배를 가서 온갖 고초를 겪으며, 사 씨를 의심했던 행동을 뉘우치지만 병에 걸려 위독해진다. 이때 꿈속에 노파가 나타나 병을 주고 가고 꿈에서 깨어난 유 한림은 꿈속 노파가 병을 놓은 곳에서 나오는 샘물을 먹고 병이 낫게 된다(㉡).

02 답 비현실 세계, 현실 세계

꿈속 세계에서 왕비와 부인들을 만나 대화를 나누고 하직한 사 씨는 '주렴을 내리는 소리'에 꿈에서 깨어나게 된다. 따라서 ⓐ는 사 씨가 비현실 세계에서 현실 세계로 돌아오게 하는 소재라고 할 수 있다.

03 답 ③

사 씨의 꿈속에서 왕비는 사 씨가 남해 도인(관음보살)과 인연이 있으므로 잠깐 의탁하게 될 것이라고 말해 의탁할 곳이 없어 어려움에 처해 있는 사 씨의 문제가 해결될 것임을 암시한다. 한편 유연수도 유배지에서 병세가 심해져 죽을 지경에 이르나 꿈속에서 노파가 병을 주고 간 자리에서 나오는 샘물을 먹고 병이 낫게 되므로 꿈속에서 나타난 초월적 존재가 유연수의 문제 해결을 암시했다고 할 수 있다.

오답 해설

① (중략) 이후에 유연수가 유배지에 도착하고 고초를 겪게 되는 내용이 요약적으로 제시되고 있기는 하지만 이를 통해 유연수가 살아온 과정을 보여 주고 있지는 않다. 또한 (중략) 이전의 사 씨에 관한 사건은 주로 대화를 통해 전개되고 있을 뿐 요약적으로 서술되고 있지는 않다.

② 이 글에 등장하는 인물들은 서로 대립하고 있지 않으므로, 대립하고 있는 인물들을 한 공간에 등장시켜 긴장감을 높이고 있다는 것은 적절하지 않다.

④ 이 글에서는 역사적 인물인 아황과 여영, 위국 부인 장강, 한나라의 반첩여가 사 씨의 꿈속에 등장하지만, 역사적 사건에 대한 평가를 드러내고 있지는 않다.

⑤ 이 글에서 인물의 외적인 모습을 세밀하게 묘사하여 드러낸 부분은 찾을 수 없다. 또한 여승이 꿈속의 관음보살의 말을 전하면서 사 씨를 '어진 여자'라고 한 것과, 유연수가 고생을 하면서 '예전의 총명함'이 돌아왔다고 하는 부분에서 인물의 됨됨이가 드러나기는 하지만 외양 묘사를 통해 제시한 것은 아니다.

04 답 ⑤

〈보기〉를 참고하여 윗글을 감상한 내용으로 적절하지 않은 것은?

보기

18세기의 선비인 이양오는 「사씨남정기」를 읽고 「사씨남정기후서」를 썼다. 그는 이 소설이 착한 사람은 복을 받고 악한 사람은 벌을 받는다는 '복선화음'의 (복선화음, 권선징악) 이치를 담고 있다고 평가한다. 다만 과오가 있는 사람이라도 잘못을 깨닫고 착한 데로 나아가는 과정에서 (개과천선의 과정)

재앙이 상서로움으로 바뀌는 경우에도 주목한다. 한편
복되고 길한 일이 일어날 조짐.
꿈속에서 벌어지는 일이나 기이한 만남이 나타나는 등 허구적인 이야기라도 사람의 일에 연관된다면 이를 두고 괴이하거나 맹랑한 것이라고 치부할 수만은 없다고
괴이하거나 맹랑한 것으로만 생각할 수 없음.
평한다. 그러면서 "말이 교화에 관련되면 괴이해도 해
가르치고 이끌어서 좋은 방향으로 나아가게 함.
롭지 않고 일이 사람을 감동시키면 괴이하고 헛되어도 기뻐할 만하네."라는 김시습의 시 구절을 인용하였다.

① 유 한림이 유배지에서 얻은 질병이 '단 이슬'과 같은 물로써 치료된다는 설정에서, 유 한림의 재앙이 상서로움
노파를 만나 병이 나음.
으로 전환되는 양상을 엿볼 수 있겠군. ○

② 유 한림이 유배지에서 고초를 겪는 가운데 '예전의 총명함'을 회복하는 장면에서, 과오가 있는 사람이라도 잘못을 깨닫고 착한 데로 나아가는 과정을 엿볼 수 있겠군. ○
사 씨를 의심한 것을 뉘우침.

③ 사 씨의 꿈에서 예견된 인도자와의 인연이 '여승'의 꿈에서 계시된 바와 조응하여 '여승' 일행이 사 씨를 찾은
관음보살이 여승에게 사 씨를 부탁함.
장면에서, 기이한 만남이 이루어지는 양상을 엿볼 수 있겠군. ○

④ 학사정이 생기게 된 유래가 신이하지만 사람들에게 받아들여져 '지금까지 전해진다'고 한 점에서, 허구적인 이야기일지라도 사람의 일에 연관되므로 괴이한 것만으로는 볼 수 없겠군. ○

❺ 유 한림에게 갖은 고초를 줄 만큼 '인심이 사나웠'던 행주 사람들이 샘에 얽힌 이야기를 듣고 복선화음의 이치를 깨달은 데서, 그 이야기를 맹랑한 것으로 치부해서는
복선화음의 이치를 깨달은 것이 아니라 행주 사람들이 직접 보고 효과를 얻었기 때문
곤란하다는 점을 알 수 있겠군.

'그것을 본 사람들이 모두 신기하게 여겼다. 이후로도 그 샘은 마르지 않아 마을 사람들이 나누어 마셨다. 이로 인해 물로 인한 병이 없어지자 사람들이 그 샘을 학사정이라고 하였는데 지금까지 전해진다.'에서 알 수 있듯이 행주 사람들이 복선화음의 이치를 깨달은 것이 아니라 유 한림이 샘물을 먹고 병이 낫는 신기한 사건을 보고 그들도 물을 마셔 물로 인해 병이 낫는 효과를 보게 된 것이다. 따라서 허구적인 이야기가 복선화음의 이치에 대한 깨달음 때문이 아니라 사람의 일에 연관되기 때문에 맹랑한 것이라고 치부할 수만은 없다고 할 수 있다.

오답 해설

① 유 한림은 유배지에서 자신의 잘못을 뉘우치며 탄식하다 병이 들지만 꿈속의 노파가 병을 두었던 자리에서 솟아난 샘물을 먹고 씻은 듯이 낫는다. 이는 재앙이 복되고 길한 일이 일어날 조짐인 상서로움으로 전환되는 양상이라고 할 수 있다.

② 유 한림은 유배지에서 고초를 겪다가 예전의 총명함이 돌아와 사 씨를 의심한 자신의 잘못을 뉘우친다. 이는 〈보기〉에서 설명한 '과오가 있는 사람이라도 잘못을 깨닫고 착한 데로 나아가는 과정'이라고 할 수 있다.

③ 사 씨의 꿈속에 나타난 왕비는 사 씨가 남해 도인에게 의탁할 것이라 말하는데, 여승 또한 꿈속에 나타난 관음보살에게 사 씨를 구하라는 전달을 받는다. 이는 〈보기〉에서 말한 '기이한 만남'이라고 할 수 있다.

④ 학사정이 생기게 된 유래가 지금까지 전해진다는 것은 그 이야기가 비록 허구적인 이야기지만 〈보기〉에서 설명한 것과 같이 사람의 일에 연관되기 때문에 괴이하다고 치부할 수만은 없다고 볼 수 있으므로 적절하다.

08 배비장전

기출 연습하기

본문 118~121쪽

01 ④ **02** 진퇴양난 **03** 예시 답안 서술자가 직접 개입하여 인물의 행동에 대해 평가하는 편집자적 논평이 드러난다. **04** ⑤

01 답 ④

㉣은 배비장이 애랑의 집 담 구멍을 겨우 통과하고 나서 실제로는 매우 아프지만 그렇지 않게 보이려고 방자에게 아프다는 말 대신에 자신의 상황을 둘러대며 허세를 부리는 말이다. 따라서 ㉣에 방자에 대한 배비장의 노골적인 불만이 드러났다고 볼 수는 없다.

오답 해설

① ㉠에서 배비장은 애랑에게 잘 보이려고 의관을 차려입고 애랑을 만났을 때 할 행동을 연습하면서 군대 예절을 보여 주면 애랑의 환심을 살 것이라고 생각하고 있다. 따라서 ㉠에서 애랑의 환심을 사기 위해 노력하는 배비장의 모습을 엿볼 수 있다.

② 배비장은 빈방에서 애랑의 환심을 사기 위해 미리 연습하다가 갑자기 문을 열고 들어온 방자를 보고 놀라서 ㉡과 같이 땀이 다 난다고 말한다. 따라서 ㉡에는 방자에게 자신의 행동이 들켰을까 봐 당황하는 배비장의 태도가 나타난다.

③ ㉢은 자신의 복색이 개처럼 보여 범이 개로 알고 달려들지 모르니 군기총이라도 하나 가지고 가자는 배비장의 말에 무섭거든 가지 말라고 방자가 대꾸하자 방자를 업고라도 가겠다며 배비장이 방자를 달래는 말이다. 이를 통해 애랑을 만

나고 싶어 하는 배비장의 간절한 마음을 엿볼 수 있다.

⑤ ⓜ은 애랑이 미리 만나기로 한 배비장이 왔음에도 불구하고, 개가죽 두루마기와 노평거지 차림인 배비장의 모습을 조롱하기 위해 그를 모르는 사람처럼 대하며 한 말이다. 따라서 ⓜ에는 배비장의 정체를 알면서도 모른 체하는 애랑의 태도가 나타난다.

02

답 진퇴양난

애랑의 집에 찾아간 배비장은 다른 사람에게 들킬까 봐 담 구멍으로 몰래 들어가려다 ⓐ와 같이 배가 걸려 들어가지도 나가지도 못하는 난처한 상황에 처하게 된다. 이러한 상황을 잘 드러내는 한자 성어는 '이러지도 저러지도 못하는 난처한 처지에 놓여 있음.'을 나타내는 '진퇴양난(進退兩難)'이다. 이와 비슷한 의미의 다른 한자 성어로 '진퇴유곡(進退維谷)', '사면초가(四面楚歌)'가 있다.

03

답 예시 답안 참조

〈보기〉의 밑줄 친 부분은 배비장의 행동에 대한 서술자의 평가가 직접 드러나 있는 부분이다. 즉 애랑의 회답에 기뻐하는 배비장의 모습에 대해 '낭자 회답이 반갑도다'라고 직접 서술자의 생각을 밝히고, 의관을 차려입은 배비장의 모습에 대해서는 '제법 그럴싸하'다고 평가하고 있다. 이와 같이 고전 소설에는 서술자가 직접 개입하여 인물에 대해 평가하는 편집자적 논평이 나타나는 특징이 있다.

04

답 ⑤

〈보기〉를 바탕으로 윗글을 감상할 때, 적절하지 않은 것은?

> **보기**
>
> 「배비장전」은 판소리계 소설로, 판소리 창자의 말투가 고스란히 드러나 있고 리듬감이 있는 율문체(일정한 운율을 가진 문체)를 통해 당대 서민들의 삶과 정서를 드러내고 있다. 또한 다른 사람의 책략(어떤 일을 꾸미고 이루어 나가는 교묘한 방법.)에 의해 주인공이 금욕적 다짐(여성을 멀리하겠다는 다짐.)을 훼손당해 웃음거리가 되는 남성 훼절형 모티프를 바탕으로 하는 서사 구조를 보여 준다. 이를 통해 지배 계층의 허세에 대한 풍자와 조롱을 드러내고 신분 질서가 무너져 가는 당대 시대상 등을 반영하고 있다.

① '가만가만 자취 없이 들어가서 이리 기웃 저리 기웃'(4·4조가 드러남.)에서 글자 수를 규칙적으로 반복하여 인물의 행동을 리듬감 있게 묘사하는 율문체를 확인할 수 있겠군.

② '저 여인 거동 보소'(판소리를 하는 창자의 목소리)라는 표현에서 청중을 향한 판소리 창자의 목소리가 직접 드러나는 판소리계 소설로서의 특징을 확인할 수 있겠군.

③ 배비장이 방자에 의해 '구록피 두루마기에 노평거지'까지 쓰면서 훼절한 상황(방자에 의해 우스꽝스러운 복장을 하게 된 상황)에서 서민 계층에 의해 조롱당하는 지배 계층의 모습을 엿볼 수 있겠군.

④ 담 구멍에 걸려 있는 상황에서도 '죽어도 문자는 쓰'는 배비장의 모습('포복불입하니 출분이기사로다.'라는 문자 사용)을 통해 지배 계층의 허세에 대한 풍자를 엿볼 수 있겠군.

❺ 배비장이 애랑을 만나자마자 '배 걸덕쇠요.'라고 격식을 차리며 말하는 데서(격식을 차린 것이 아니라 스스로를 낮춘 것임.) 신분 질서가 무너져 가는 당대의 시대적 현실을 확인할 수 있겠군.

배비장은 다른 사람들에게 들킬까 봐 담 구멍을 겨우 통과하여 애랑의 집에 들어가 문구멍으로 애랑을 바라보다가 애랑이 배비장인 줄 알면서도 미친개가 잘못 들어왔다며 모른 체하자 자신을 '배 걸덕쇠'라고 소개하고 있다. 배비장이 이처럼 애랑에게 자신을 '배 걸덕쇠'라고 소개한 것은 자신을 스스로 낮추어 표현한 것이지 격식을 차려 말하고 있는 것이 아니다. 또한 '배 걸덕쇠'라고 말하는 것은 신분 질서가 붕괴되는 당대의 현실을 반영하는 것과는 관련이 없다.

오답 해설

① 〈보기〉에서 「배비장전」에 리듬감 있는 율문체가 사용되고 있다고 했다. 그리고 '가만가만∨자취 없이∨들어가서∨이리 기웃∨저리 기웃'을 보면, 글자 수가 4글자씩 규칙적으로 반복되고 있으므로, 〈보기〉를 고려해 살펴보면 이 부분은 리듬감 있는 율문체의 문체적 특징을 잘 보여 준다고 할 수 있다.

② 〈보기〉에서 「배비장전」이 판소리계 소설로, 판소리 창자의 말투가 고스란히 드러나 있다고 했고 '저 여인 거동 보소'는 판소리 창자가 공연할 때 청중들에게 흔하게 사용하는 말투임을 알 수 있다. 따라서 '저 여인 거동 보소'는 이 글이 판소리계 소설임을 잘 보여 주는 특징으로 볼 수 있다.

③ 이 글에서 지배 계층인 배비장은 애랑을 만나고 싶은 마음에 방자가 시키는 대로 '구록피 두루마기에 노평거지' 차림의 우스꽝스러운 모습을 한다. 이러한 배비장의 모습은 〈보기〉에서 설명한 지배 계층의 허세에 대한 조롱을 드러낸 것이라 할 수 있다.

④ 배비장은 애랑을 만나고 싶은 마음에 자신을 조롱하기 위한 방자의 제안을 수용하여 담 구멍으로 몰래 들어가려다 걸려 오도 가도 못하는 상황에서도 '포복불입하니 출분이기사로다.'라는 한문 문자를 사용하여 양반의 허세를 드러내고 있

다. 이러한 모습은 〈보기〉에서 설명한 지배 계층의 허세에 대한 풍자의 모습을 보여 주는 것이라 할 수 있다.

09 민옹전

기출 연습하기

본문 126~129쪽

01 풍자, 비판 **02** ③ **03** 예시 답안 '나' 자신, 스스로 경계하지 않으면 자신의 행동이 위험이 될 수 있고 그릇된 삶을 살 수 있기 때문이다. **04** ① **05** ③

01

답 풍자, 비판

이 글에서 민옹은 장황하게 말하며 이리저리 둘러대지만 어느 것 하나 들어맞지 않는 것이 없고 그 속에 풍자를 담고 있다고 했다. 또한 민옹은 조정 관료들의 횡포를 황충에 빗대어 비판하고 있다. 따라서 이 작품은 민옹에 대한 예찬을 통해 당대 사회를 풍자하며 비판적 관점을 드러내고 있다고 할 수 있다.

02

답 ③

민옹이 '자신에 대해서는 추어올리고 칭찬하는 반면, 곁에 있는 사람에 대해서는 조롱하고 업신여기곤' 한다는 것에서 민옹이 평소 자신의 능력을 알고 있었음이 드러난다. ㉯는 '나'가 장난삼아 민옹을 조롱하는 말로, 민옹은 이 말의 의미를 바로 알아차리고 재치 있게 풀어 칭찬으로 바꿔서 해석한다. 이로 보아 ㉯는 민옹이 자신의 능력을 깨닫게 되는 계기가 아니라 오히려 민옹의 능력을 다시 한번 확인하는 계기가 된다고 할 수 있다.

오답 해설

① ㉮는 손님이 민옹에게 물은 말로, 물어볼 수 있는 말을 다 물어보고 더 이상 따질 수 없게 되자 분이 나서 한 말이다. 따라서 손님이 감정이 고조된 상태에서 한 질문이라고 할 수 있다.

② 민옹은 ㉮의 물음에 대해 '용', '범', '도끼', '활' 등의 비유적 표현을 사용하여 답변하고 있다.

④ 민옹은 '나'가 제시한 ㉯의 은어(한자의 자획을 풀어 문제를 내는 파자)의 뜻을 알아차리고, 재해석하여 풀이하고 있다. 이는 한자에 대한 지식이 바탕이 되어야 할 수 있는 것이므로 적절하다.

⑤ 민옹은 자신을 '발음이 불분명한 늙은 개'라고 조롱한 ㉯의 은어를 풀어서 자신을 용과 같은 존재라고 칭송한 말이라고 재치 있게 재해석하고 있다.

03

답 예시 답안 참조

민옹은 두려운 것을 보았느냐는 손님의 물음에 대해 두려워할 것은 '나 자신'이라고 말한다. 그 이유로 스스로 경계하지 않으면 위험한 사람이 되거나 짐승 같은 야만인의 삶을 살 수 있다고 말하면서 '나' 자신을 경계할 것을 강조하고 있다.

04

답 ①

이 글은 '두려운 것'과 관련한 이야기, 탐욕스러운 양반들을 황충에 빗대어 비판한 이야기, '나'의 은어를 재치 있게 풀어낸 이야기 등 민옹과 관련한 다양한 일화를 나열해서 보여 주고 있다. 이를 통해 당대의 현실에 대한 비판 의식을 풍자로 녹여내는 이야기꾼으로서의 민옹의 면모를 잘 드러내고 있다.

오답 해설

② 이 글에서는 주로 대화나 행동을 통해 인물의 심리나 태도를 짐작할 수 있다. 내적 독백은 나타나지 않는다.

③ '두려운 것'에 대한 민옹의 답변에서 인물의 특성을 요약적으로 설명한 부분이 드러나기는 하지만 이를 통해 인물의 성격 변화를 서술하고 있지는 않다.

④ 전기적 요소는 기이하고 비현실적인 요소를 말한다. 이 글에 전기적 요소는 나타나지 않으며 공간적 배경도 현실에 있는 장소로 비현실성을 보여 주지 않는다.

⑤ 여러 가지 일화가 나열되어 장면이 바뀐다고 볼 수 있지만 한 인물이 자신의 마음에서 스스로 일으키는 심리적 갈등인 내적 갈등은 이 글에 드러나지 않는다.

05

답 ③

〈보기〉를 읽고 [A]와 [B]를 감상한 내용으로 적절하지 않은 것은?

| 보기 |

「민옹전」을 비롯한 박지원 소설의 중요한 특징 중 하나로 우의(寓意)의 사용을 들 수 있다. 우의는 작가의 생각을 구체적 대상에 빗대어 간접적으로 제시하는 표현 방식으로, 그의 소설에서 사회 문제에 대한 비판 의식을 보여 주는 데 효과적으로 사용된다.

'우의'를 사용한 목적

① [A]의 '황충'은 작가의 생각을 빗대어 드러내기 위해 제시된 구체적 대상으로 볼 수 있어. ○

② [A]의 '황충'과 [B]의 '황충'은 모두 인간에게 피해를 주는 존재로 표현되고 있어.

❸ [B]에서 설명된 '황충'의 특징은 [A]의 '그 사람'이 '황충'에 대해 보여 주는 태도를 비판하는 근거가 되고 있어.
[A]의 '그 사람'은 황충의 피해를 전달할 뿐 태도를 드러내고 있지 않음.

④ [A]와 [B]에 나타난 '황충'의 특징으로 보아 [B]의 '황충'은 백성을 수탈하는 존재를 빗댄 것으로 이해할 수 있어.

⑤ [B]의 '황충'을 잡으려고 했다는 민옹의 말에서 당대의 사회 문제에 대한 비판 의식을 엿볼 수 있어.
○ 당대의 사회 문제: 양반 관료들의 백성 수탈

[A]의 '그 사람'은 자신이 들은 객관적인 사실, 즉 황해도에 황충이 들끓어 관에서 백성들을 동원해 잡느라 야단이라는 내용을 전달해 주는 사람으로, 황충에 대한 자신의 생각이나 태도를 드러내고 있지 않다. 따라서 [B]에서 설명된 '황충'의 특징은 [A]의 '그 사람'과는 관계가 없다.

오답 해설

① [A]에서 황충은 벌레의 한 종류로 벼농사에 피해를 줘 백성들을 괴롭히는 구체적인 대상이다. 작가는 수탈을 일삼는 양반 관료들과 황충 모두 백성들에게 해를 끼치는 존재라는 공통점에 착안하여 양반 관료들을 비판하기 위해 황충에 빗대어 표현하고 있다.

② [A]의 황해도에 들끓는 황충은 벼농사에 피해를 줘 백성들을 괴롭히는 존재이고, [B]의 황충은 종루 앞길을 가득 메운 양반 관료들을 빗댄 것으로, 황해도의 황충보다 백성들에게 훨씬 더 큰 해를 끼치는 존재이다. 따라서 [A]와 [B]의 황충은 모두 인간에게 피해를 주는 존재라고 할 수 있다.

④ [A]의 황충은 벼농사에 피해를 주고, [B]의 황충은 곡식이란 곡식은 죄다 해치운다고 했다. 〈보기〉의 '우의는 작가의 생각을 구체적 대상에 빗대어 간접적으로 제시하는 표현 방식'이라는 설명을 적용해 보면, [B]의 황충은 백성을 수탈하는 존재를 빗댄 것이라고 할 수 있다.

⑤ [B]에서 민옹은 큰 바가지가 없어서 아쉽게 종루 앞의 황충을 잡지 못했다고 했다. 황충을 백성을 수탈하는 양반 관료들을 빗댄 것으로 이해할 때, 민옹이 이와 같은 말을 한 것은 당대의 부정한 사회 현실에 대한 비판 의식을 드러낸 것으로 볼 수 있다.

Ⅲ 극 문학 · 수필

01 대장금

기출 연습하기

본문 146~149쪽

01 건강 **02** 예시 답안 음식을 하는 사람은 어떤 경우에도 먹는 사람에게 해가 되는 음식을 먹게 해서는 안 된다. 음식을 먹는 사람은 자신의 몸을 소홀히 하여 자신을 해치는 음식을 먹는 것은 자제해야 한다. **03** ⑤ **04** ④ **05** ④

01 답 건강

S# 49에서 장금은 정사에게 기름진 육류가 들어간 음식 대신 나물과 해산물 위주의 소박한 음식상을 올리는데, 이는 지병인 소갈(당뇨)을 앓고 있는 정사의 건강을 위해 장금이 의도적으로 준비한 것이다.

02 답 예시 답안 참조

S# 56에서 장금은 자신이 원하는 음식 대신 왜 건강식을 고집했느냐는 정사의 물음에 한 상궁이 전해 준 음식을 하는 사람의 도리에 대해 말한다. 즉 어떤 경우에도 먹는 사람에게 해가 되는 음식을 먹게 해서는 안 되는 것이 음식을 하는 사람의 도리라고 말하고 있다. 이에 대해 정사는 음식을 하는 자가 도리와 소신이 있듯이 음식을 먹는 자 또한 도리가 있어야 한다며 음식을 먹는 사람은 자신의 몸을 소홀히 하여 자신을 해치는 음식을 먹는 것은 자제해야 함을 말하고 있다.

03 답 ⑤

S# 56에서 장금의 음식에 대한 신념에 정사는 칭찬을 아끼지 않으며 마지막 대사에서 '가는 날까지 내 음식은 고집불통인 네 스승과 너에게 맡기겠노라!'라고 말하고 있다. 따라서 정사는 떠나는 날까지 장금에게 자신이 먹을 음식을 준비하라고 할 만큼 장금에 대한 강한 신뢰를 보이고 있다고 할 수 있다.

오답 해설

① 장금은 맛있고 기름진 음식을 좋아하는 정사의 뜻과는 관계없이 정사의 건강을 위해 소박한 음식상을 올린 것이므로 정사의 뜻을 알고 음식을 준비한 것이 아니다. 또한 이 글을 통해서 한 상궁이 장금에게 음식을 준비하라고 한 것은 알 수 없으므로 적절하지 않다.

② S# 49에서는 장금이 혼자 정사의 소박한 음식상을 준비하였고, S# 55에서는 화려한 음식상을 올린 뒤 정사의 미간이 찌푸려지지 않는 것을 보고 최 상궁과 금영이 희색이 가득해지는 것으로 보아 최 상궁과 금영이 함께 준비했음을 짐작할 수 있으며, 장금과 금영이 대립 관계에 있음을 알 수 있다. 따라서 장금과 금영이 함께 정사가 먹을 음식을 기쁜 마음으로 함께 준비했다는 것은 적절하지 않다.

③ S# 55에서 오겸호는 정사의 입맛에 맞지 않는 건강식 위주의 소박한 음식상을 올리는 장금을 '불경한 것'이라고 하며 정사에게 벌을 요청하고 있으므로 적절하지 않다.

④ S# 55에서 오겸호가 앞으로 만한전석을 올릴 것이라는 말에 정사가 "만한전석을? (장금을 본다.)"라고 반응한 것으로 보아 정사는 오겸호에게 만한전석을 올리라는 지시를 하지 않았으며, 만한전석은 오겸호가 최 상궁과 금영에게 준비하라고 지시한 것임을 짐작할 수 있다.

04

답 ④

S# 49는 '장금이 음식을 준비하는 장면 – 사신이 시식하는 장면 – 시식을 하는 사신의 반응(표정) 장면'이 순서에 따라 반복되고 있다. 따라서 '사신의 시식' 이후에 '장금의 기대'와 '사신의 평가'로 장면이 이어지는 것은 적절하지 않다.

오답 해설

① 클로즈업은 등장하는 배경이나 인물의 일부를 화면에 크게 나타내어 강조하는 촬영 기법이다. 음식을 만드는 손을 클로즈업해서 보여 주면 정성을 다해 음식을 준비하는 장금의 솜씨를 효과적으로 보여 줄 수 있으므로 적절하다.

② '다음 날'이라는 말을 통해 장금의 음식상에 관련된 이틀간의 사건을 짧은 장면, 장면을 이어 붙여 전달하고 있다는 것을 알 수 있으므로 적절하다.

③ 소박한 음식상에 정사가 미간을 찌푸리자 '오겸호, 불안하고', '오겸호, 불안'과 같이 불안해하는 오겸호가 담긴 장면이 반복되고 있으므로 배우의 표정 연기를 통해 장금을 둘러싼 위기감이 고조되도록 연출하는 것은 적절하다.

⑤ 이 글의 시대적 배경은 S# 56에 정사의 '나는 조선의 사람도 아니며'에 직접적으로 조선 시대임이 드러난다. 따라서 사실성이 드러나도록 당시의 의복과 소품을 옛 문헌이나 자료를 통해 당시의 시대를 반영하도록 준비하는 것은 적절하다.

05

답 ④

〈보기〉를 통해 윗글을 감상한 내용으로 적절하지 않은 것은?

> **보기**
>
> 음식은 먹는 사람의 건강을 지키는 수단이자 맛에 대한 욕망을 충족하는 수단이기도 하다. 이 둘은 상충되기도 하지만 조화를 이루기도 한다. 「대장금」은 다양한 음식을 소재로 한 일련의 사건과 음식에 대한 소신을 지키는 장금의 모습에서 전통 음식 문화에 대한 자부심을 느끼게 한다.
>
> (이 둘은: 건강을 지키는 수단, 맛에 대한 욕망을 충족하는 수단)

① 정사는 '소갈'에 걸리고도 맛있고 '기름진 음식'을 끊을 수 없었다는 점에서 맛에 대한 욕망을 제어하지 못하였음을 알 수 있군.
(S# 56: 맛있고 기름진 음식만을 ~ 끊을 수가 없었소이다.)

② 장금이 정사가 싫어하는 것을 알면서도 '생선'과 '산나물'을 이용하여 만든 음식을 올리는 것은 정사의 건강을 우선시했기 때문이군. ○

③ 정사는 장금이 만든 음식에서 '재료 고유의 맛'을 느끼며 건강을 지키는 것과 맛에 대한 욕망이 조화를 이룰 수 있음을 깨닫게 되는군.
(S# 56: 먹으면 먹을수록 ~ 또 다른 맛의 공간이더구나.)

❹ 장금은 정사가 '만한전석'과 같이 건강을 해치는 음식을 선호하는 것을 보고 음식을 먹는 자의 도리를 지키지 않는다고 말하며 안타까워했군. ×

⑤ 장금이 위험을 무릅쓰고 먹는 사람의 건강에 도움이 되는 음식을 고집하는 것에서 '음식을 하는 자의 도리'를 지키고자 하는 소신을 확인할 수 있군. ○

S# 56에서 정사는 '앞으로 산해진미는 이것으로 끝이오!'라고 말하며, 음식을 해 주는 사람이 올곧은 마음으로 자신의 몸을 지켜 주려는데 정작 자신의 몸을 소홀히 하여, 자신을 해치는 음식을 먹는다는 것이 말이 안 된다며 음식을 먹는 사람의 도리를 말하고 있다. 따라서 장금이 정사에게 음식을 먹는 자의 도리를 지키지 않았다고 말하는 장면이나, 이를 안타까워한다는 감상은 적절하지 않다.

오답 해설

① S# 56에서 정사는 그동안 맛있고 기름진 음식을 탐해 왔고, 소갈을 얻었음에도 그런 음식을 끊을 수 없다고 말하고 있으므로 그동안 맛에 대한 욕망을 제어하지 못하였음을 알 수 있다.

② S# 49에서 장금은 자신이 올린 건강식이 입에 맞지 않아 불

편한 표정을 짓는 정사를 보면서도 생선과 산나물 등의 음식을 계속 고집한다. 그리고 S# 56에서 정사의 질문에 어떠한 경우에도 먹는 사람에게 해가 되는 것을 올려서는 안 되는 것이 음식을 하는 사람의 도리라고 답한다. 따라서 장금은 정사의 건강을 우선시했기 때문에 생선과 산나물을 이용한 음식을 만들었다고 할 수 있다.

③ S# 56에서 정사는 장금의 음식에서 처음에는 입에 맞지 않았으나 먹으면 먹을수록 재료 고유의 맛이 느껴져서 맛있었고, 또 다른 맛의 공간이 느껴졌다고 말하고 있다. 그러므로 정사는 장금이 만든 음식에서 건강과 맛에 대한 욕망이 조화를 이룰 수 있음을 깨달았다고 할 수 있다.

⑤ S# 56에서 장금은 자신에게 크나큰 위험이 닥쳐도 음식을 하는 자의 도리를 지킬 것이냐는 정사의 물음에 한 상궁이 자신에게 이미 몸소 보여 주었다고 답한다. 이는 자신도 그렇게 하겠다는 뜻임을 짐작할 수 있게 한다. 따라서 음식을 하는 사람의 도리를 지키고자 하는 장금의 소신을 확인할 수 있다는 감상은 적절하다.

02 불모지

기출 연습하기

본문 154~157쪽

01 예시 답안 고층 건물에 둘러싸인 낡은 기와집의 매매를 놓고 구세대인 최 노인과 신세대인 자식들이 가치관 차이를 보이기 때문이다. **02** 화초밭 **03** ⑤ **04** ④

01 답 예시 답안 참조

이 글에서 최 노인과 자식들은 각각 구세대와 신세대를 상징한다. 구세대인 최 노인은 시대의 변화 속에서 전통을 소중히 여기려는 태도를 가지고 있으나 시대의 변화에 적응하지 못해 점점 뒤처지고 있다. 한편 자식들은 시대의 변화 속에서 전통보다는 변화를 추구하는 신세대로 현실적 태도를 가지고 있다. 최 노인과 자식들은 고층 건물에 둘러싸인 낡은 기와집의 처리를 놓고 가치관의 차이를 보이며 갈등을 겪고 있다.

02 답 화초밭

최 노인은 정성스럽게 화초밭을 가꾸지만 고층 건물이 햇볕을 가려 화초밭의 화초나, 고추 모가 열매를 맺지 않고 제대로 자라지 않는다. 이를 보고 최 노인은 땅에서 풀도 안 나는 세상, 즉 불모지가 될 것이라고 한탄한다. 이후 최 노인은 전세로 집을 내놓으려는 계획이었지만 가족들이 이에 대해 오해하여 상황이 틀어지자 아무것도 되는 일이 없는 상황에 대해 애꿎은 화초밭에 화풀이를 하며 화초밭을 짓밟고 뽑아 헤친다. 따라서 화초밭은 중심인물인 최 노인이 자신의 노력이 결실을 맺지 못하자, 이를 허망해하는 감정을 드러내는 장소로 볼 수 있다.

03 답 ⑤

이 글은 전쟁 이후 1950년대 근대화 도시화가 진행되면서 하루가 다르게 빌딩 숲으로 변해 가는 서울 한복판의 고층 건물에 둘러싸인 낡은 기와집을 배경으로 일어나는 신구 세대의 가치관 대립과 가족 해체의 문제를 보여 주고 있다. 이를 효과적으로 드러내기 위해 〈중략〉 이후 경수의 '여긴 종로 한복판입니다.'와 같이 '종로 한복판'이라는 서울 중심의 실제 지명을 직접적으로 드러냄으로써 극 중 상황에 생생한 사실감을 주고 있다.

오답 해설

① 언어유희는 말이나 문자를 소재로 하는 놀이를 의미한다. 주로 동음이의어(소리는 같지만 뜻이 다른 낱말)를 이용한 말장난이나 말 잇기 놀이 등이 여기에 해당된다. 이 글에서는 이러한 언어유희의 표현 방법을 통해 인물 간의 긴장을 고조시키고 있지 않다.

② 이 글에서는 최 노인의 낡은 기와집을 배경으로 집을 둘러싼 가족들 간의 갈등을 다루고 있고, 그 갈등의 모습을 통해 인물의 내면을 드러내고 있다. 한 장면에서 다음 장면으로 넘어가는 방법인 장면 전환을 통해 인물의 내면을 부각하고 있지는 않다.

③ 앞부분에 경재가 제복을 차려입고 등장하는 장면이 있으나 이는 경재의 신분이 학생임을 드러내기 위한 것이지 이를 통해 경재의 심리를 드러내기 위한 것은 아니다. 다른 인물들의 복장은 제시되지 않았다.

④ 경재의 등장, 복덕방의 퇴장, 최 노인의 등장 등이 이 글에 나타나기는 하지만, 이를 통해 인물의 성격 변화를 드러내지 않는다. 등장인물의 성격이 변화하는 모습은 이 글에서는 나타나지 않는다.

04 답 ④

〈보기〉와 ⓐ~ⓔ를 관련지어 윗글을 감상한 내용으로 적절하지 않은 것은?

| 보기 |

'발견'이란 인물이 극의 전개 과정에서 사건의 숨겨진 측면을 알아차리는 계기를 드러내는 기법이다. '발견'의 대상은 중요한 의미를 지닌 물건이 될 수도 있

고 몰랐던 사실이나 새로운 가치, 인물의 다른 면 등이 될 수도 있다. 이러한 '발견'을 통해 사건은 새로운 국면으로 바뀌기도 하고 인물들의 갈등 양상이 변모되기도 한다.

발견의 대상

어떤 일이 벌어진 장면이나 형편

① '경재'는 ⓐ를 통해 '최 노인'이 예전과 달라진 현실을 부정적으로 인식한다는 것을 발견함으로써, '최 노인'에게 변화를 수용하는 태도가 필요함을 드러내는군.

역사는 강처럼 ~ 아셔야 할 것입니다!

② '복덕방'은 ⓑ를 통해 '경수'가 자신을 무시한다는 것을 발견함으로써, '최 노인'과의 흥정을 중지하게 되는군.

난 그만 가 보겠소이다. ~ 공동묘지로 보내구려!

③ '경수'는 ⓒ를 통해 '최 노인'이 집을 팔 의도가 없다는 것을 발견함으로써, '최 노인'에 대한 오해가 풀리게 되는군.

❹ '최 노인'은 ⓓ를 통해 자신의 계획을 '어머니'가 못마땅해한다는 것을 발견함으로써, 자신의 계획을 변경하게 되는군.

최 노인의 의도를 몰라 의도를 물어본 것임.

×

⑤ '최 노인'은 ⓔ를 통해 집 문제에 대한 자신의 의도를 '경운'이 잘 모르고 있었다는 것을 발견함으로써, 가족들에 대한 불만을 드러내는군.

흥! 너희들은 ~ 이 천하에 못된 것들!

ⓓ에서 어머니가 최 노인에게 '전세로 줘서 뭣 하시게요?'라고 물어본 것은 최 노인의 계획이 못마땅해서가 아니라 최 노인이 전세를 놓으려는 계획과 의도를 알지 못했기 때문이다. 또한 최 노인은 자신의 계획을 변경하고 있지 않으므로 적절하지 않다.

오답 해설

① 화초밭에 고추 모가 고층 건물에 가려 자라지 않는 것에 대해 '말세'라고 이야기하는 최 노인의 말에 경제가 요즘 세상에 남의 집 고추밭까지 생각하며 집을 짓는 사람이 어디 있냐고 하자 최 노인은 '옛날엔 그렇지 않았어!'라고 말한다. 이 말에는 예전과 달라진 현실에 대한 최 노인의 부정적 인식이 담겨 있다. 이에 대해 경재는 역사는 강처럼 쉴 새 없이 흐르고 인생은 뜬구름처럼 변화무쌍하니, 역사적 사실을 똑바로 볼 줄 아는 사람만이 운명을 개척할 수 있다며 최 노인에게 변화를 수용하는 태도가 필요함을 전달하고 있다.

② 경수는 복덕방이 제시한 가격이 전세 가격이 아닌 매매 가격으로 오해하고 ⓑ와 같은 말실수를 한다. 이에 대해 복덕방은 자신을 무시한다고 생각하며 '예끼 버릇없는 놈 같으니라구!'라고 화를 내고, 기분이 상해 다른 사람을 알아보라며 흥정을 중지하고 가 버리므로 적절한 감상이다.

③ 경수는 최 노인이 집을 팔려고 하는 것으로 알아 복덕방과 가격을 놓고 심한 언쟁을 벌였는데, 최 노인의 ⓒ와 같은 말을 듣고 자신이 잘못 생각했다는 것을 뒤늦게 알게 된다. 또한 이를 통해 집에 대한 최 노인의 계획에 대한 오해가 풀리게 되므로 적절한 감상이다.

⑤ 경운은 ⓔ를 통해 자신도 다른 가족과 마찬가지로 집에 대한 최 노인의 계획과 의도를 잘 모르고 있었음을 드러낸다. 이에 대해 최 노인은 '흥! 너희들은 모두 한속이 되어서 어쩌든지 내 일을 안 되게 하고 이 집을 날려 버릴 궁리들만 하고 있구나! 이 천하에 못된 것들!'이라며 화를 낸다. 이는 자신이 계획이 있음에도 가족들이 그것을 알지 못하고 모두 집을 팔려고만 한다고 생각하여 불만을 드러낸 말이므로 적절한 감상이다.

03 가난한 날의 행복

기출 연습하기

본문 162~163쪽

01 8·15 직후, 6·25 때 **02** 예시 답안 남편의 사랑을 떠올리게 하는 과거의 추억이 깃든 공간이다. **03** ④ **04** ③

01

답 8·15 직후, 6·25 때

이 글은 가난한 생활 속에서도 서로에 대한 사랑과 따뜻한 배려를 잃지 않은 어느 부부의 이야기를 담은 수필이다. 글쓴이는 한 중로의 여인에게서 그녀가 젊었을 때 겪었던 일을 전해 듣고 서술하고 있는데, 그녀의 이야기는 8·15 직후의 혼란스러운 시대 상황 속에서 춘천과 경춘선을 배경으로 전개되고 있다. 또한 그녀의 남편은 6·25 때 세상을 떠나 홀로 어린 자녀를 이끌고 모진 세파와 싸웠다고 했다. 따라서 '8·15 직후', '6·25 때'는 이 글의 시간적 배경을 드러내는 말이라고 할 수 있다.

02

답 예시 답안 참조

이 글에서 아내는 8·15 직후의 혼란스러운 시대 상황 속에서 춘천으로 사과를 팔러 간 남편이 돌아오지 않자, 직접 남편을 찾아 춘천으로 간다. 여기저기 찾아 나서지만 찾지 못해 막막해하다가 우연히 춘천역에서 남편과 재회한 후 남편과 함께 경춘선을 타고 온다. 경춘선을 타고 오는 내내 남편은 아내에 대한 미안함과 고마움, 사랑의 표시로 아내의 손을 놓지 않는데, 그때 잡은 남편의 손길에 대한 기억 때문에 남편이 죽은 뒤에도 그녀는 홀로 모진 세파와 싸우며 자녀들을 키우며 버틸 수 있었다고 한다. 따라서 경춘선은 아내에게 남편의 사랑을 떠올리게 하는 과거의 추억이 깃든 공간이다.

03

답 ④

영탄적 표현은 감탄사나 감탄형 어미를 통해 인물의 감정을 드러내는 표현을 말한다. 이 글에서 여인이 춘천에서 남편을 찾아 헤매며 남편에 대한 걱정으로 낯선 여관방에서 하룻밤을 꼬박 세웠다는 것에서 남편에 대한 여인의 걱정과 남편을 만나고 싶어 하는 간절한 소망을 짐작할 수 있지만 이를 영탄적 표현으로 드러내고 있지 않다. 여인은 담담하게 자신이 젊은 시절 겪었던 일화를 이야기하고 있으므로 적절하지 않다.

오답 해설

① 경구는 진리나 삶에 대한 느낌이나 사상을 간결하고 날카롭게 표현한 말로, 이 글의 마지막 부분에 '행복은 반드시 부와 일치하진 않는다.'라는 경구를 인용하여 가난한 생활 속에서도 그 속에서 빛나던 서로에 대한 사랑과 따뜻한 배려를 잃지 말자는 깨달음을 전하면서 효과적으로 마무리하고 있으므로 적절하다.

② 이 글에서 여인은 글쓴이에게 대화의 방식을 통해 무작정 남편을 찾으러 갔다가 춘천에서 느꼈던 막막한 상황에 대해 '춘천에만 닿으면~하룻밤을 여관에서 뜬눈으로 새웠지요.'라고 말한 뒤, 남편을 우연히 만나게 된 상황을 덧붙이고 있다. 또한 남편을 여의고 아이들을 홀로 키울 수 있었던 힘이 경춘선에서 자신의 손을 놓지 않았던 남편의 손길에 대한 기억 때문임을 말하고 있으므로, 대화를 통해 중심인물의 상황을 전달하고 있다고 할 수 있다.

③ 여인은 남편을 찾아 서울에서 춘천으로, 춘천의 여관에서 춘천 역 정거장으로 공간을 이동하면서 남편에 대한 그리움을 드러내고 있으므로 적절하다.

⑤ 이 글은 글쓴이가 들은 어느 중로의 여인이 젊은 시절 겪었던 구체적인 일화를 전달하며, 글의 마지막에 경구를 인용하여 글쓴이의 생각을 드러내고 있다. 즉 글쓴이는 한 여인이 남편을 찾아 춘천에 갔다가 우연히 정거장에서 재회하고 함께 경춘선을 타고 돌아오며 느꼈던 남편의 사랑을 전달하면서 가난한 생활 속에서도 서로에 대한 사랑과 따뜻한 배려를 잃지 말자는 삶의 태도를 드러내고 있다. 따라서 이 글은 구체적 일화를 활용하여 지향하는 삶의 태도를 드러내고 있다고 할 수 있다.

04

답 ③

〈보기〉를 참고하여 [A]를 이해한 내용으로 적절하지 않은 것은?

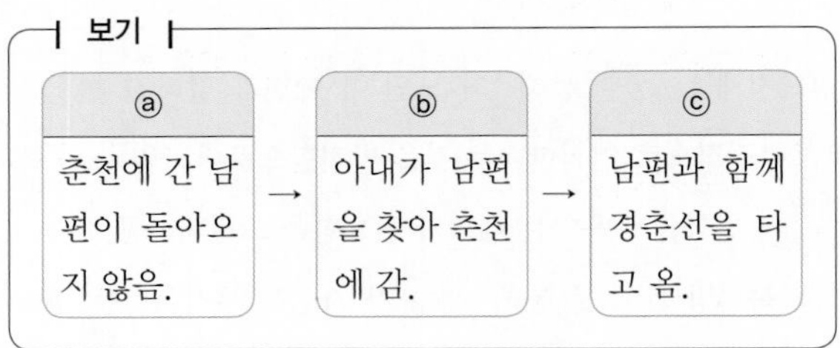

보기
ⓐ
춘천에 간 남편이 돌아오지 않음.
ⓑ
아내가 남편을 찾아 춘천에 감.
ⓒ
남편과 함께 경춘선을 타고 옴.

① ⓐ에서 남편이 춘천에 간 것은 사과를 팔기 위해서이군.
서울에서 사과를 싣고 춘천에 갖다 넘기면 이윤이 더 생겼기 때문

② ⓐ에서 남편이 연락을 하지 못한 것은 당시 시대상과 관련이 있군.
전보도 옳게 제구실을 하지 못하던 8·15 직후 상황

❸ ⓑ에서 아내는 남편이 있다는 정보를 듣고 정거장에 가는군. ×
혹시나 해서 정거장에 들러 봄.

④ ⓑ에서 아내는 남편과 만나면서 ⓒ를 통해 행복감을 느끼는군.
경춘선을 함께 타고 오면서 행복함을 느낌.

⑤ ⓒ에서 남편이 잡아 준 손은 후에 홀로 남겨진 아내를 버티게 하는 힘이 되는군.

아내는 사과를 팔러 춘천에 간 남편이 사흘이 되어도 돌아오지 않자 직접 남편을 찾아 춘천에 간다. 무작정 춘천에 온 아내는 여기저기 남편을 찾아 헤매지만 찾지 못하고 뜬눈으로 지새다가 남편의 지인이 도청에 있다는 사실을 생각해 내고 도청에 가다 혹시나 하는 마음에 들른 정거장에서 남편과 재회한다. 따라서 ⓑ에서 남편이 있다는 정보를 듣고 정거장에 간 것은 아니다.

오답 해설

① 이 글의 처음에서 여인의 남편은 거듭 사업에 실패하고 사과 장사를 시작했는데, 서울에서 사과를 싣고 춘천에 갖다 넘기면 이윤이 더 생긴다고 했다. 따라서 ⓐ에서 남편은 춘천에 사과를 팔러 갔음을 알 수 있다.

② ⓐ에서 남편은 다른 사람들에게 호의를 베풀었다가 사과가 상해 제값을 받을 수 없게 되자 손해를 줄여 보려고 직접 소매 장사를 해서 제때에 집에 돌아가지 못했다. 이러한 사정에 대해 아내에게 연락을 하지 못한 것은 당시가 8·15 광복 직후여서 사회가 혼란스러웠던 데다 통신의 발달이 미흡한 상황이어서 전화는커녕 전보도 제구실을 하지 못하던 시대였기 때문이다.

④ 아내는 남편의 지인을 만나기 위해 도청에 가다가 혹시나 하고 들른 정거장에서 남편과 재회하고 함께 경춘선을 타고 온다. 경춘선을 타고 오면서 남편은 아내에 대한 미안함과, 고

마음, 사랑의 표시로 서울에 도착할 때까지 아내의 손을 놓지 않고, 아내는 남편의 사랑에 행복해하므로 적절하다.

⑤ 여인의 남편은 6·25 때 세상을 떠나고 홀로 남은 여인이 어린 자녀들을 키우며 모진 세파와 싸웠다고 했다. 여인의 '제가 지금까지 살아올 수 있었던 것은, 춘천서 서울까지 제 손을 놓지 않았던 그이의 손길, 그것 때문일지도 모르지요.'에서 경춘선에서 남편이 잡아 주었던 손길, 즉 남편의 사랑에 대한 기억이 여인을 버티게 하는 힘이 되었다는 것을 알 수 있다.

04 꽃 출석부 1

기출 연습하기

본문 166~168쪽

01 예시 답안 자연의 질서에 따라 차례대로 피고 지는 꽃들에 대한 글쓴이의 애정과 기대감이 담겨 있다. **02** 친근감(애정) **03** ① **04** ③

01

답 예시 답안 참조

이 글에서 글쓴이는 가장 먼저 꽃을 피운 복수초를 시작으로 민들레, 제비꽃, 할미꽃 등 마당에서 자연의 질서에 따라 차례대로 피는 꽃들의 이름에 번호를 매기며 이를 출석부라고 이름 붙이고 있으며, 그 출석부의 100번이 넘는 번호가 매겨졌다고 했다. 이러한 출석부라는 말에는 자연의 질서에 따라 계절에 맞춰 피어나는 꽃들에 대한 글쓴이의 애정과 기다림, 기대감이 담겨 있다고 말할 수 있다.

02

답 친근감(애정)

글쓴이는 큰 눈이 왔지만 얼어 죽지 않고 오히려 눈 쌓인 땅을 녹이고 더욱 샛노랗고 싱싱하게 해를 보고 피어 있는 복수초를 보면서 강인한 생명력에 기특해하고 있다. 특히 '고 작은 풀꽃'이라고 표현하며 글쓴이가 복수초에게 느끼는 친근감을 드러내고 있다.

03

답 ①

이 글에서는 복수초의 초라한 첫인상을 '흑갈색 잔뿌리', '검은 흙' 등의 어두운 색채를 통해 감각적으로 드러내고, 눈 속에서 피어난 복수초의 강인한 아름다움을 '샛노란 꽃', '진한 황금색', '더욱 샛노랗게' 등 밝은 색채를 통해 감각적으로 표현하고 있다. 따라서 색채어를 사용하여 대상을 감각적으로 묘사하고 있음을 알 수 있다.

오답 해설

② 이 글의 '그것들은 내가 기다리지 않아도 올 것이다. 그래도 나는 기다린다. 기다리는 기쁨 때문에 기다린다.'에서 계절의 변화에 맞춰 피어나는 꽃들에 대한 글쓴이의 기대감과 그로 인한 행복감과 기쁨은 드러나지만 꽃에 대한 그리움은 나타나지 않는다. 또한 의문의 형식을 사용하여 나타내고자 하는 생각을 강조하여 표현하는 방법인 설의적 표현은 이 글에서 찾을 수 없다.

③ 반어적 표현은 본래의 뜻과는 반대되는 말을 하여 의미를 강조하는 표현을 말한다. 이 글에서는 민들레, 제비꽃, 할미꽃 등 꽃들을 나열하여 제시한 열거법과 '깃털처럼', '머리칼 같은' 등에서 직유법을 찾아볼 수 있으나 반어적 표현은 나타나지 않는다. 또한 처음에 복수초를 받았을 때 하찮게 생각했으나, 눈 속에 피어난 노란 꽃을 보고 감탄하는 모습에서 글쓴이의 심리 변화가 드러난다고 볼 수 있으나 이 과정에서 반어적 표현은 사용되지 않았다.

④ '나는 그것들이 올해도 하나도 결석하지 않고 전원 출석하기를 바라기 때문에 그것들이 뿌리로, 씨로 잠든 땅을 함부로 밟지 못한다. 그것들이 왕성하게 자랄 여름에는 그것들이 목마를까 봐 마음 놓고 어디 여행도 못 할 것이다.'에서 꽃들에 대한 글쓴이의 애정과 유대감을 찾아볼 수 있지만, 꽃에 말을 건네는 방식을 찾아볼 수 없다.

⑤ 이 글에서는 대조적 표현을 사용하여 자연의 질서를 따르는 꽃들의 모습과 인간의 삶을 비교하여 드러내고 있지 않다. 글쓴이는 인간의 삶과 자연을 대립적으로 생각하지 않고 자연의 변화에 따라 꽃이 피어나는 모습에 행복감을 느끼고 있다.

04

답 ③

〈보기〉를 바탕으로 윗글을 감상한 내용으로 적절하지 않은 것은?

| 보기 |

윗글의 글쓴이는 관찰한 경험을 바탕으로 사물의 속성을 인식하고 있다. 사물의 속성을 인식하는 것은 사물의 모습에서 추상적인 의미를 발견해 내는 것이다. 그런데 관찰된 겉모습은 사물의 속성을 인식하는 데 도움이 되기도 하지만, 경우에 따라서는 방해가 되기도 한다.

복수초가 눈 속에서 꽃을 피운 것

복수초의 강인한 생명력

복수초를 처음 보고 하찮게 생각한 것

① 글쓴이는 복수초의 강인한 속성을 인식하고 다른 사람들에게 자랑하고 싶어 하지만, 다른 사람들은 복수초의 속성에 관심이 없군.

내가 기대하는 것만치 신기해해 주는 이가 별로 없음.

② 글쓴이는 하찮은 잡초처럼 보이는 겉모습으로 인해 눈 속에서 피는 복수초의 강인함이라는 속성을 한동안 인식하지 못했던 것이군.

복수초를 심고 심은 자리를 잊고 있었음.

❸ 글쓴이는 이전에 복수초의 실물을 본 경험을 통해 자신이 나누어 받은 복수초가 강인한 생명력의 속성을 지녔다고 확신하고 있군. × ×

④ 글쓴이는 작은 키로는 견디기 어려운 두터운 눈을 녹이고 꽃을 피운 모습에서, 역경을 이겨 내는 생명력을 복수초의 속성으로 인식하고 있군. ○

⑤ 글쓴이는 복수초의 속성을 인식하기 전에 황량한 마당에 홀로 황금색 빛깔의 꽃을 피운 것을 보고 눈을 맞아 곧 속절없이 사라질 것이라 생각하고 있군.

마음으로는 그 샛노란 꽃의 속절없음을 생각하고 있었음.

글쓴이는 이웃에게서 복수초를 나누어 받고, '복수초라는 화초를 사진으로 본 적은 있지만 실물을 본 적은 없기 때문에 그게 과연 눈 속에서 핀다는 그 복수초인지 잘 믿기지 않았다.'라고 말하고 있다. 따라서 이전에 복수초의 실물을 본 경험이 없으며, 자신이 받은 복수초가 눈 속에서 꽃을 피울지 의문을 가지고 있으므로 적절한 감상이 아니다.

오답 해설

① 글쓴이는 큰 눈이 왔지만 눈을 녹이고 더욱 생생하게 샛노란 꽃을 피운 복수초의 강인한 생명력에 감동을 받아 자랑하고 싶어서 손님에게 구경시킨다. 글쓴이는 손님도 자신과 같은 감동을 느낄 것이라고 기대하지만 '내가 기대하는 것만치 신기해해 주는 이가 별로 없다.'로 보아 다른 사람들은 복수초의 속성에 별다른 관심을 보이지 않았음을 짐작할 수 있다.

② 글쓴이는 처음에 복수초를 받고 하찮은 잡초처럼 보여 양지바른 곳에 심긴 했지만 그 자리조차 기억하지 못하고 있다가 큰 눈에도 굴하지 않고 피어난 복수초의 꽃을 보고 비로소 그 강인한 속성을 인식하게 된다. 이로 보아 글쓴이는 복수초의 하찮은 겉모습으로 인해 한동안 복수초의 속성을 인식하지 못하고 있었음을 알 수 있다.

④ 글쓴이는 복수초가 샛노란 꽃을 피웠지만 하마터면 밟을 뻔할 정도로 키가 작고 큰 눈마저 와서 아무리 눈 속에도 피는 꽃이라도 그 작은 키로 견디기 어려울 것이라 여기며 샛노란 꽃이 속절없다고 생각한다. 하지만 눈을 이겨 내고 더욱 생생한 노란 꽃을 피워 낸 복수초의 모습에서 역경을 이겨 낸 강인한 생명력을 복수초의 속성으로 인식하고 있음을 알 수 있다.

⑤ 글쓴이는 복수초의 속성을 인식하기 전에는 복수초의 노란 꽃을 보고 아무것도 싹트지 않은 황량한 마당에 몹시 생뚱스러워 보였다고 했다. 또한 이 꽃이 큰 눈을 버티지 못할 것이므로 속절없다고 생각했으므로 적절한 감상이다.

Ⅳ 실전 학습

1회

본문 180~185쪽

01 ③	02 ④	03 ④	04 ⑤	05 ④
06 ⑤	07 ③	08 ②	09 ⑤	10 ⑤

01~04

가 신경림, 「목계 장터」

▶ **이 작품은** 떠돌이 장사꾼들의 삶의 공간인 목계 장터를 중심으로 민중의 슬픔과 기쁨을 표현한 작품이다. 화자는 자신에게 '목계 장터'에 '짐 부리고 앉아 쉬는 떠돌이', 즉 '방물장수'가 되어 그 모든 변화와 그 모든 삶의 슬픔과 기쁨을 보고 듣는 존재가 되라고 하는 운명의 소리를 듣고 있는 것이다. 이 시는 근대화로 인해 몰락해 가는 공동체에서 떨어져 나온 민중의 슬픔과 기쁨을 목계 장터를 배경으로 효과적으로 표현하고 있다.

▶ **주제** 떠돌이 민중의 삶의 슬픔과 기쁨

▶ **구성**
- 1~7행: 떠돌이 유랑의 삶
- 8~11행: 정착에 대한 소망
- 12~16행: 유랑과 정착 사이에서의 갈등

▶ **특징**
- 수미상관의 기법을 사용함.
- 4음보의 민요적 율격을 사용함.

나 신동엽, 「누가 하늘을 보았다 하는가」

▶ **이 작품은** 자유와 평화가 억압된 시대의 민중의 삶을 그리고 있다. 민중의 암울하고 부정적인 현실을 직시하고, 이를 극복함으로써 희망적인 미래를 맞이하기를 염원하는 작품이다. 이 작품에서 '하늘'은 자유와 평화를 누리며 인간 본연의 삶을 누릴 수 있는 세상을 의미한다. 화자는 진정한 '하늘'을 보기 위해서 현실을 똑바로 보고 인간다운 삶을 찾아 노력해야 한다고 표현하고 있다. 명령형 표현과 수미상관의 기법을 통해 화자의 단호한 의지를 드러내고 있는 작품이다.

▶ **주제** 부정적인 현실에 대한 비판과 자유롭고 평화로운 미래에 대한 염원

▶ **구성**
- 1~3연: 자유와 평화가 억압된 부정적인 삶
- 4~6연: 부정적인 현실의 극복을 위한 노력에 대한 촉구
- 7~8연: 부정적 상황 속에 괴로움을 참으며 세월을 보내는 현실
- 9연: 밝은 미래에 대한 염원

▶ **특징**
- 수미상관의 기법을 사용함.
- 단정적 어조로 강한 의지를 보여 줌.

자연, 절대적 대상
가 「ⓐ하늘은∨날더러∨구름이∨되라 하고∨
땅은 날더러 바람이 되라 하네」
「 」: '~은 날더러 ~이 되라 하고(하네)'의 반복, 4음보
청룡 흑룡 흩어져 비 개인 나루
비구름이 흩어진
잡초나 일깨우는 잔바람이 되라네
민중
뱃길이라 서울 사흘 목계 나루에
충북 청주 남한강에 있는 나루터
아흐레 나흘 찾아 박가분 파는
가루분. 옛날 여인들이 쓰던 화장품
가을볕도 서러운 방물장수 되라네
떠돌이의 삶을 표현
「산은 날더러 들꽃이 되라 하고
강은 날더러 잔돌이 되라 하네」
「 」: 1~2행과 대구
산서리 맵차거든 풀 속에 얼굴 묻고
(음영): 가혹한 시대 현실과 고단한 민중의 삶. 촉각적 심상
물여울 모질거든 바위 뒤에 붙으라네
민물새우∨끓어 넘는∨토방 툇마루
3음보로 바뀜. → 토속적 이미지, 넉넉한 인심
석삼년에 한 이레쯤 천치로 변해
세 번 거듭되는 삼 년 곧 아홉 해라는 뜻으로, 여러 해나 오랜 시일을 이름.
세속적인 삶에서 벗어난 순진무구한 삶
짐 부리고 앉아 쉬는 떠돌이가 되라네
방물장수로 방랑하는 삶
「하늘은 날더러 바람이 되라 하고
산은 날더러 잔돌이 되라 하네」
「 」: 1~2행과 수미상관, 방랑과 정착 사이의 갈등

○: 방랑의 이미지, 떠도는 삶
△: 정착의 이미지, 민중의 삶을 상징적으로 드러냄.

나 누가 ⓑ하늘을 보았다 하는가
자유와 평화를 누리며 인간 본연의 삶을 살 수 있는 세상
누가 구름 한 송이 없이 맑은
자유와 평화를 누리며 사는 삶을 방해하는 요인
하늘을 보았다 하는가.
설의법을 통해 자유와 평화를 누리며 살지 못하는 민중의 현실을 드러냄.

네가 본 건, 먹구름
암담하고 부정적인 현실, 하늘과 대비됨.
그걸 하늘로 알고

일생을 살아갔다.

「네가 본 건, 지붕 덮은
「 」: 억눌려 살았던 역사적 상황을 표현
쇠 항아리,」
구속과 억압의 상황
그걸 하늘로 알고

일생을 살아갔다.

「닦아라, 사람들아
「 」: 명령법, 암울한 과거의 삶에서 벗어나기 위한 노력을 촉구
네 마음속 구름」

「찢어라, 사람들아,
「 」: 명령법, 억압에 저항할 것에 대한 행동 촉구
네 머리 덮은 쇠 항아리.」

「아침저녁
「 」: 암울한 과거의 삶에서 벗어나기 위한 노력
네 마음속 구름을 닦고」

티 없이 맑은 영원의 하늘
화자가 바라는 자유와 평화를 누리는 세상
볼 수 있는 사람은

외경을
공경하면서 두려워함.
알리라

아침저녁

네 머리 위 쇠 항아릴 찢고
억압된 현실에서 벗어나기 위한 저항
티 없이 맑은 구원의 하늘
억압과 구속이 있는 부정적 현실에서 벗어난 세계
마실 수 있는 사람은

연민을
불쌍하고 가련하게 여김. 민중에게 느끼는 안타까움
알리라

차마 삼가서

발걸음도 조심

마음 아모리며❖.

서럽게

아 엄숙한 세상을
반어법. 억압 속에서 참고 견디며 살아갈 수밖에 없었던 세상
서럽게

눈물 흘려

살아가리라

「누가 하늘을 보았다 하는가,
아직 자유와 평화의 세상이 오지 않았음을 설의법을 통해 표현
누가 구름 한 자락 없이 맑은
「 」: 1연의 내용 반복 → 수미상관(변형)
하늘을 보았다 하는가.」

❖ **아모리다** : 졸아들거나 오므라지게 하다.

01

답 ③

수미상관은 첫 번째 연이나 행을 마지막 연이나 행에 다시 반복하는 것을 말한다. (가)와 (나)는 변형된 수미상관의 방식으로 시상을 전개하고 있다. (가)는 앞부분의 '하늘은 날더러 구름이 되라 하고 / 땅은 날더러 바람이 되라 하네'를 변형하여 마지막 부분에서 '하늘은 날더러 바람이 되라 하고 / 산은 날더러 잔돌이 되라 하네'로 끝을 맺고 있다. 그리고 (나)는 1연에서 '누가 하늘을 보았다 하는가 / 누가 구름 한 송이 없이 맑은 / 하늘을 보았다 하는가'를 변형하여 9연에서 '살아가리라'를 추가하고 '누가 구름 한 송이 없이 맑은'을 '누가 구름 한 자락 없이 맑은'으로 변형하여 시상을 마무리하는 방식으로 구성되어 있다.

오답 해설

① (가), (나) 모두 의성어나 의태어를 활용하여 운율을 형성하고 있지 않다. (가)는 '-네'의 종결 어미의 반복, (나)는 '누가 하늘을 보았다 하는가', '살아갔다', '알리라', '서럽게'

등의 시어의 반복을 통해 운율을 형성하고 있다.

② 단정적 어조를 통해 화자의 의지를 강조한 것은 (나)에만 해당한다. (나)는 직설적 표현과 명령형 문장을 통해 단정적 어조로 화자의 의지를 드러내고 있다.

④ (가), (나)에서 하나의 감각이 다른 영역의 감각을 일으키는 표현인 공감각적 표현은 드러나지 않는다. (가)에는 시각적, 촉각적 심상이 드러나며, (나)에는 주로 시각적 심상을 통한 표현이 드러난다.

⑤ (나)에서 과거의 고단한 삶에서 벗어나기 위한 노력을 촉구하고 있지만 과거와 현재를 대비하여 화자의 정서를 드러내고 있지는 않다.

02

답 ④

'토방 툇마루'는 앞의 '민물새우 끓어 넘는'과 연결되어 토속적이고 넉넉한 인정이 있는 어린 시절의 시골의 모습을 드러낸다. 따라서 잊고 싶은 가난한 과거를 상징하는 것이 아닌 화자가 긍정적으로 기억하고 있는 장소라고 할 수 있다.

오답 해설

① '목계 나루'는 방물장수가 유랑의 삶을 이어 가기 위해 거치는 곳으로 '목계 장터'와 같은 의미로 민중의 삶의 기쁨과 슬픔이 서린 공간이다.

② '구름'과 '바람'은 떠돌이 삶과 관련한 유랑의 이미지를 나타내는 시어들이다.

③ '들꽃'과 '잔돌'은 유랑하는 화자에게 정착의 이미지를 나타내는 시어들이다.

⑤ '짐 부리고 앉아 쉬는'이라는 구절은 유랑의 삶을 사는 화자에게 정착에 대한 소망을 드러낸 부분이다.

03

답 ④

〈보기〉를 바탕으로 (나)를 감상한 내용으로 적절하지 않은 것은?

| 보기 |

「누가 하늘을 보았다 하는가」는 자유와 평화가 억압된 역사적 현실을 바탕으로 창작되었다. (1960년대의 시대 상황) 화자는 구속받고 억압당하는 상황에서 암울한 시간을 보내고 있는 민중의 아픈 현실을 드러내고 있다. 또한 민중이 억압된 현실에 대하여 비판적인 태도를 지니고 고난을 극복하기 위해 노력할 것을 바라고 있다. (4~6연) 이러한 극복의 과정을 통해 미래에는 민중이 자유와 평화를 누리며 (9연) 인간 본연의 삶을 누릴 수 있는 세상을 맞이할 수 있을 것이라는 전망을 제시하고 있다.

① '네가 본 건, 먹구름'에서는 자유와 평화가 억압된 역사적 현실 상황을 나타낸 것이군. (암담하고 부정적인 현실. 하늘과 대비됨.)

② '닦아라, 사람들아'와 '찢어라, 사람들아'에서는 민중에게 억압된 현실에 대하여 비판적인 태도를 지니기를 소망하고 있군. (명령법. 민중의 행동 촉구)

③ '쇠 항아리'를 '하늘'로 알고 '살아갔다'는 것은 민중의 암울했던 과거의 아픈 현실을 나타낸 것이군. (억압, 구속)

❹ '엄숙한 세상'은 구속받고 억압당하는 부정적인 상황을 극복한 뒤에 민중이 맞이하게 될 평화의 세상을 의미하는군. (반어법, 참고 견디며 살아야 하는 부정적 세상)

⑤ '누가 하늘을 보았다 하는가'를 반복하여 그동안 민중이 살아온 세상이 인간 본연의 삶을 누릴 수 있는 곳이 아님을 강조하고 있군. (설의법, 아직 자유와 평화의 세상이 오지 않는 세상)

'엄숙한 세상'은 민중이 참고 견디며 살아와야 했던 억압적인 현실을 반어적으로 나타낸 것으로, 현재의 삶에 대한 비판 의식을 담고 있는 표현이다. 엄숙한 세상을 '서럽게 / 눈물 흘려' 살아간다는 표현에서 평화의 세상이 아니라 오히려 부정적인 상황을 살아가는 현실의 슬픔을 드러내고 있으므로 엄숙한 세상은 부정적 세상이라는 것을 알 수 있다.

오답 해설

① '먹구름'은 '하늘'을 가리는 억압된 역사적 현실 상황을 나타낸다.

② '쇠 항아리'는 현실의 구속과 억압을 상징한다. 이것을 '하늘'로 알고 '살아갔다'는 것은 과거의 민중이 암울하게 살아왔음을 의미한다.

③ 화자는 '닦아라, 사람들아'와 '찢어라, 사람들아'에서 청자인 민중에게 억압받는 현실을 벗어나기 위한 노력, 즉 비판적인 태도를 지니기를 촉구하고 있다.

⑤ '누가 하늘을 보았다 하는가'를 반복하는 것은 그동안 하늘을 보지 못했다는 것으로 지금까지 민중은 인간다운 삶을 누리지 못했음을 의미한다.

04

답 ⑤

ⓐ는 화자에게 절대적인 대상이다. 절대적인 대상인 하늘이 화자에게 떠돌이의 삶을 살라고 한다는 의미이다. 그리고 ⓑ는 화자가 간절하게 기다리는 대상으로 억압이 사라진 평화롭고 자

유로운 세상을 의미하므로 긍정적인 대상이라고 할 수 있다.

오답 해설

① ⓐ, ⓑ 모두 화자가 즐기는 자연과는 거리가 멀다.

② ⓐ는 절대적인 대상이고 ⓑ는 기다리는 대상이므로 둘 다 화자에게 고통을 안겨 주는 것은 아니다.

③ ⓐ는 가능과 불가능을 초월한 대상이고, ⓑ는 화자가 기다리는 대상으로 민중의 저항을 통해 얻을 수 있는 가능성이 있는 대상이다.

④ ⓐ가 화자에게 위안을 주는 대상일 수는 있지만 ⓑ는 화자에게 슬픔을 주는 대상이 아니다. 오히려 기쁨을 주는 대상이라고 할 수 있다.

05~07

이효석, 「메밀꽃 필 무렵」

▶ **이 작품은** 장돌뱅이의 삶과 기쁨, 슬픔 및 인간이 지닌 근원적인 애정을 다루고 있다. 이 작품은 토속적인 어휘 구사와 서정적이고도 낭만적인 묘사로 한국 단편 소설의 걸작으로 평가되고 있다. 메밀꽃이 흐드러지게 핀 달밤의 산길을 배경으로 아버지와 아들 상봉의 모티프를 한 폭의 수채화처럼 구현해 낸 수준 높은 작품이다. 이 작품의 중심 구조는 허 생원과 동이 사이의 갈등과 해소에 있다. 작가는 치밀하게 계산된 과거와 현재의 사건을 구조적으로 배치하고 적절한 공간적 배경과 향토적 어휘를 구사하면서 둘 사이의 갈등을 해소하고 있는 것이다.

▶ **주제** 떠돌이 삶의 애환과 육친의 정

▶ **전체 줄거리**
왼손잡이인 장돌뱅이 허 생원은 어느 여름날 봉평 장에서 장사를 마치고 주막에서 술을 마시다가 젊은 장돌뱅이 동이가 주막의 주모 충줏집과 농탕치는 것을 보고는 화가 치밀어 동이를 때린다. 그러나 동이는 허 생원의 나귀가 줄을 끊으려 하자 이 일을 허 생원에게 알리러 달려온다. 허 생원과 조 선달, 동이는 대화 장을 향해 함께 산길을 걷는다. 밤길을 걸으며 허 생원은 젊은 시절 단 한 번 인연을 맺은 성 서방네 처녀 이야기를 한다. 개울을 건너다 물에 빠진 허 생원을 동이가 업고 개울을 건너면서 허 생원은 동이에게 육친의 정을 느낀다. 허 생원은 동이에게 동이 엄마가 산다는 제천에 가 보고 싶다며 동이에게 동행을 제안한다. 이때 허 생원은 동이의 채찍이 왼손에 있는 것을 보고 눈앞이 흐려진다.

▶ **특징**
- 서정적이고 시적인 문체를 구사하여 배경을 묘사함.
- 암시와 여운을 남기는 결말로 작품의 끝을 맺음.

드팀전 장돌이를 시작한 지 이십 년이나 되어도 허 생원은 봉평 장을 빼논 적은 드물었다. 충주 제천 등의 이웃 군에도 가고, 멀리 영남 지방도 헤매기는 하였으나 강릉쯤에 물건 하러 가는 일 외에는 처음부터 끝까지 군내를 돌아다녔다. 닷새만큼씩의 장날엔 달보다도 확실하게 면에서 면으로 건너간다. 고향이 청주라고 자랑삼아 말하였으나 고향에 돌보러 간 일도 있는 것 같지는 않았다. 장에서 장으로 가는 길의 아름다운 강산이 그대로 그에게는 그리운 고향이었다. 반날 동안이나 뚜벅뚜벅 걷고 장터 있는 마을에 거지반 가까웠을 때 거친 나귀가 한바탕 우렁차게 울면 — 더구나 그것이 저녁녘이어서 등불들이 어둠 속에서 깜박거릴 무렵이면 늘 당하는 것이건만 허 생원은 변치 않고 언제든지 가슴이 뛰놀았다.

(드팀전: 예전에, 베, 무명, 비단 따위의 천을 팔던 가게. / 봉평 장을 빼논 적은 드물었다: 봉평에서 성 서방네 처녀와의 인연을 맺은 것에 대한 추억 때문에 / 닷새만큼씩의 장날: 오일장 / 장에서 장으로 가는 길의 아름다운 강산이 그대로 그에게는 그리운 고향이었다: 장돌뱅이 삶의 태도가 드러남. / 나귀: 허 생원이 정서적으로 동질감을 느끼는 대상. 평생을 함께한 동반자 / 등불들이 어둠 속에서 깜박거릴 무렵: 시각적 표현 / 허 생원은 변치 않고 언제든지 가슴이 뛰놀았다: 봉평에서의 추억을 허 생원이 특별하게 여기고 있음이 드러남.)

젊은 시절에는 알뜰하게 벌어 돈푼이나 모아 본 적도 있기는 있었으나, 읍내에 백중이 열린 해 호탕스럽게 놀고 투전을 하고 하여 사흘 동안에 다 털어 버렸다. 「나귀까지 팔게 된 판이었으나 애끓는 정분에 그것만은 이를 물고 단념하였다. 결국 도로아미타불로 장돌림을 다시 시작할 수밖에는 없었다. 짐승을 데리고 읍내를 도망해 나왔을 때에는 너를 팔지 않기 다행이었다고 길가에서 울면서 짐승의 등을 어루만졌던 것이었다. 빚을 지기 시작하니 재산을 모을 염은 당초에 틀리고, 간신히 입에 풀칠을 하러 장에서 장으로 돌아다니게 되었다.」

(읍내에 백중이 열린 해 호탕스럽게 놀고 투전을 하고 하여 사흘 동안에 다 털어 버렸다: 허 생원이 젊은 시절 방탕하게 살았음이 드러남. / 「 」: 허 생원이 다시 장돌뱅이의 삶을 살게 된 사연 / 너를 팔지 않기 다행이었다고 길가에서 울면서 짐승의 등을 어루만졌던 것이었다: 허 생원이 나귀를 특별하게 대하고 있음.)

호탕스럽게 놀았다고는 하여도 계집 하나 후려 보지는 못하였다. 계집이란 쌀쌀하고 매정한 것이었다. 평생 인연이 없는 것이라고 신세가 서글퍼졌다. 일신에 가까운 것이라고는 언제나 변함없는 한 필의 당나귀였다.

(일신에 가까운 것이라고는 언제나 변함없는 한 필의 당나귀였다: 나귀와 허 생원의 관계가 드러남.)

그렇다고는 하여도 꼭 한 번의 첫 일을 잊을 수는 없었다. 뒤에도 처음에도 없는 단 한 번의 괴이한 인연! 봉평에 다니기 시작한 젊은 시절의 일이었으나 그것을 생각할 적만은 그도 산 보람을 느꼈다.

(그것을 생각할 적만은 그도 산 보람을 느꼈다: 성 서방네 처녀와의 인연이 허 생원의 삶에서 매우 중요한 일이었음.)

달밤이었으나 어떻게 해서 그렇게 됐는지 지금 생각해도 도무지 알 수는 없었다. 허 생원은 오늘 밤도 또 그 이야기를 끄집어내려는 것이다. 조 선달은 친구가 된 이래 귀에 못이 박히도록 들어 왔다. 그렇다고 싫증을 낼 수도 없었으나 허 생원은 시침을 떼고 되풀이할 대로는 되풀이하고야 말았다.

(조 선달은 친구가 된 이래 귀에 못이 박히도록 들어 왔다: 허 생원이 달밤에는 으레 이 이야기를 했음을 알 수 있음.)

"달밤에는 그런 이야기가 격에 맞거든."

(달밤: 시간적 배경, 과거 회상의 매개체)

조 선달 편을 바라는 보았으나 물론 미안해서가 아니라 달빛에 감동하여서였다. 「이지러는 졌으나 보름을 가제 지

(가제: 갓 / 「 」: 아름다운 달의 모습을 서정적으로 묘사. 허 생원에게 추억을 떠올리게 함.)

[A] 난 달은 부드러운 빛을 흐뭇이 흘리고 있다. 대화까지는 칠
「 」: 메밀꽃이 핀 달밤의 산길을 감각적으로 묘사. 서정적이고 낭만적인 분위기
십 리의 밤길, 고개를 둘이나 넘고 개울을 하나 건너고 벌판과 산길을 걸어야 된다. 달은 지금 긴 산허리에 걸려 있다. 밤중을 지난 무렵인지 죽은 듯이 고요한 속에서 짐승 같은 달의 숨소리가 손에 잡힐 듯이 들리며, 콩 포기와 옥
밤의 고요함과 달을 감각적으로 묘사. 청각적 심상, 활유법
수수 잎새가 한층 달에 푸르게 젖었다. 산허리는 온통 메밀밭이어서 피기 시작한 꽃이 소금을 뿌린 듯이 흐뭇한 달빛
시각적 심상
에 숨이 막힐 지경이다. 붉은 대궁이 향기같이 애잔하고 나
시각적 심상, 후각적 심상
귀들의 걸음도 시원하다.」 길이 좁은 까닭에 세 사람은 나귀를 타고 외줄로 늘어섰다. 방울 소리가 시원스럽게 딸랑딸
동이에게 허 생원의 이야기가 들리지 않게 하기 위한 설정
랑 메밀밭께로 흘러간다. 앞장선 허 생원의 이야기 소리는 꽁무니에 선 동이에게는 확적히는 안 들렸으나, 그는 그대
확실히는
로 개운한 제멋에 적적하지는 않았다.

"장 선 꼭 이런 날 밤이었네. 객줏집 토방이란 무더워서 잠이
낭만적인 달밤
들어야지. 밤중은 돼서 혼자 일어나 개울가에 목욕하러 나갔지. 봉평은 지금이나 그제나 마찬가지지. 보이는 곳마다 메밀
낭만적인 분위기. 과거와 현재가 이어짐.
밭이어서 개울가가 어디 없이 하얀 꽃이야. 돌밭에 벗어도 좋을 것을, 달이 너무도 밝은 까닭에 옷을 벗으러 물방앗간으로
사건이 필연적인 이유로 전개되었음을 보여 줌.
들어가지 않았나. 이상한 일도 많지. 거기서 난데없는 성 서방네 처녀와 마주쳤단 말이네. 봉평서야 제일가는 일색이었
뛰어난 미인
지."

"팔자에 있었나 부지."
여러 번 들어 알고 있으면서 장단을 맞춰 주는 조 선달
아무렴 하고 응답하면서 말머리를 아끼는 듯이 한참이나 담배를 빨 뿐이었다.

구수한 자줏빛 연기가 밤기운 속에 흘러서는 녹았다.
공감각적 심상 → 시각의 후각화
"날 기다린 것은 아니었으나 그렇다고 달리 기다리는 놈팽이가 있는 것두 아니었네. 처녀는 울고 있단 말야. 짐작은 대고 있었으나 성 서방네는 한창 어려워서 들고 날 판인 때였지.
고향을 떠날 상황인 만큼 어려운 처지
한집안 일이니 딸에겐들 걱정이 없을 리 있겠나. 좋은 데만 있으면 시집도 보내련만 시집은 죽어도 싫다지……. 그러나 처녀란 울 때같이 정을 끄는 때가 있을까. 처음에는 놀라기도 한 눈치였으나 걱정 있을 때는 누그러지기도 쉬운 듯해서 이럭저럭 이야기가 되었네……. 생각하면 무섭고도 기막힌 밤
아름다운 추억과 성 서방네 처녀에 대한 죄책감이 복합적으로 작용한 감정
이었어."

"제천인지로 줄행랑을 놓은 건 그다음 날이었나?"
여러 번 들어 다음 이어질 내용을 환히 알고 있음.
"다음 장도막에는 벌써 온 집안이 사라진 뒤였네. 장판은 소문에 발끈 뒤집혀 고작해야 술집에 팔려 가기가 상수라고, 처녀의 뒷공론이 자자들 하단 말이야. 제천 장판을 몇 번이나 뒤졌겠나. 하나 처녀의 꼴은 꿩 궈 먹은 자리야. 첫날밤이 마
어떠한 일의 흔적이 전혀 없음을 비유적으로 이르는 말
지막 밤이었지. 그때부터 봉평이 마음에 든 것이 반평생을 두
허 생원이 하룻밤의 인연을 평생 간직하고 살았음을 드러냄.
고 다니게 되었네. 평생인들 잊을 수 있겠나."

"수 좋았지. 그렇게 신통한 일이란 쉽지 않어. 항용 못난 것 얻어 새끼 낳고, 걱정 늘고 생각만 해두 진저리나지……. 그러나 늘그막바지까지 장돌뱅이로 지내기도 힘드는 노릇 아닌가? 난 가을까지만 하구 이 생애와두 하직하려네. 대화쯤에
장돌뱅이의 삶을 정리하고 정착하려는 조 선달의 계획
조그만 전방이나 하나 벌이구 식구들을 부르겠어. 사시장철 뚜벅뚜벅 걷기란 여간이래야지."
장돌뱅이의 삶이 힘에 부침.
"옛 처녀나 만나면 같이나 살까……. ㉠난 거꾸러질 때까지 이 길 걷고 저 달 볼 테야."
장돌뱅이의 삶을 운명으로 받아들이는 허 생원의 태도

05 답 ④

이 글에서 허 생원의 과거 삶을 이야기하는 부분은 요약적으로 서술하고 있다. 그리고 현재 밤길을 세 사람이 걸어가는 장면에서는 과거의 사건과 현재를 연결하면서 대화를 이어 가고 있다.

오답 해설

① 작품 속의 서술자가 자신의 이야기를 전달하는 것은 1인칭 주인공 시점이다. 이 작품은 서술자가 작품 밖에 있는 3인칭 전지적 시점이다.

② 제시된 부분에는 등장인물 간의 대립과 갈등은 나타나지 않는다.

③ 제시된 부분에는 화자가 자신의 이야기를 혼잣말하는 듯이 진술하는 것을 이르는 말인 독백적인 어조는 나타나지 않는다.

⑤ 과거의 봉평과 현재의 밤길이 다른 장소인 것은 맞지만 두 가지 사건이 동시에 벌어진 것은 아니다. 봉평은 과거에 사건이 일어난 장소이고, 밤길은 현재의 사건이 일어나는 장소이다.

06 답 ⑤

〈보기〉를 바탕으로 [A]를 감상한 내용으로 적절하지 않은 것은?

보기

「메밀꽃 필 무렵」은 뛰어난 서정성으로 걸작으로 평가받고 있다. 이 작품은 참신한 비유를 활용하여 작품
달을 살아 숨 쉬는 것으로 표현

의 분위기를 효과적으로 묘사하고 있으며, 정적인 이미지와 동적인 이미지의 결합을 통해 의미를 전달하고 있으며, 다양한 색채 묘사를 통해 작품의 배경을 아름답게 표현하고 있다. (메밀꽃의 흰색, 옥수수 잎새의 푸른색, 붉은 대궁) 또한 객관적 정보를 제시하는 표현과 주관적 느낌을 전달하는 표현이 조화를 이루고 있으며, 긴 문장과 짧은 문장이 적절하게 배치되어 균형감을 잃지 않은 훌륭한 작품이다. (배경 묘사 / 대화)

① 짧은 문장 중심으로 진행되는 대화와 긴 문장을 중심으로 서술되는 배경 묘사가 적절하게 배치되어 균형을 유지하고 있군. ○

② '메밀밭'의 하얀색, '콩 포기와 옥수수 잎새'의 푸른색, '붉은 대궁'의 붉은색 등의 다양한 색채 묘사를 통해 작품의 공간적 배경을 아름답게 표현하고 있군. ○

③ '짐승 같은 달의 숨소리가 손에 잡힐 듯이 들리며', '피기 시작한 꽃이 소금을 뿌린 듯이'와 같은 참신한 비유를 통해 달밤의 서정적인 분위기를 묘사하고 있군. ○

④ '보름을 가제 지난 달'이라는 객관적 정보를 제시하는 표현과 '부드러운 빛을 흐리고 있다'라는 주관적 느낌을 전달하는 표현이 조화를 이루어 서정성을 부각하고 있군. ○

❺ '밤중을 지난 무렵인지 죽은 듯이 고요한'이라는 정적인 이미지와 '나귀들의 걸음'이라는 동적인 이미지의 결합을 통해 생동감 넘치는 장돌뱅이의 삶을 표현하고 있군. ×
(달밤에 길을 걷는 등장인물의 모습을 표현)

'밤중을 지난 무렵인지 죽은 듯이 고요한'이 정적인 이미지를 나타내고, '나귀들의 걸음'이 동적인 이미지를 나타내는 것은 적절한 감상이다. 하지만 이것들의 결합은 장돌뱅이의 생동감 넘치는 삶을 묘사한 것이 아니라 아름다운 달밤에 길을 걷는 세 사람의 모습을 서정적으로 표현하는 것이다.

오답 해설

① '장 선 꼭 이런 날 밤이었네.', '팔자에 있었나 부지.' 등과 같이 대화는 짧은 문장 중심으로 서술되고, 배경 묘사는 긴 문장 중심으로 서술되어 있다. 두 가지 형태의 문장이 적절하게 배치되어 균형을 유지하고 있다.

② '메밀밭'의 하얀색, '콩 포기와 옥수수 잎새'의 푸른색, '붉은 대궁'의 붉은색 등의 다양한 색채 묘사를 통해 작품의 공간적 배경인 밤길을 아름답게 표현하고 있다.

③ '짐승 같은 달의 숨소리가 손에 잡힐 듯이 들리며', '피기 시작한 꽃이 소금을 뿌린 듯이'에서 직유법을 사용해 밤의 고요함과 메밀꽃이 핀 모습을 감각적으로 묘사하여 달밤의 서정적인 분위기를 효과적으로 그려 내고 있다.

④ '보름을 가제 지난 달'이라는 객관적 정보를 전달하는 표현이다. '부드러운 빛을 흐붓이 흘리고 있다'라는 것은 달빛에 대한 서술자의 주관적 느낌을 전달하는 표현이다. 이 표현들이 조화를 이루어 이 작품의 서정성을 부각하고 있다.

07

답 ③

조 선달의 '난 가을까지만 하구 이 생애와두 하직하려네. 대화쯤에 조그만 전방이나 하나 벌이구 식구들을 부르겠어.'라는 말에서 그가 정착을 희망한다는 것을 알 수 있지만 허 생원은 성 서방네 처녀와 만나는 것이 어렵다는 것을 알고 앞으로도 장돌뱅이 생활을 계속하겠다고 말하고 있으므로 장돌뱅이의 삶을 계속하면서 살아갈 것임을 짐작할 수 있다.

오답 해설

① 허 생원의 '봉평이 마음에 든 것이 반평생을 두고 다니게 되었네. 평생인들 잊을 수 있겠나.'를 통해 허 생원이 성 서방네 처녀를 만날 때까지 봉평 장에 계속 올 것임을 알 수 있다.

② 장돌뱅이를 하여 돈을 모아 정착하려는 계획은 조 선달의 계획이다. 허 생원은 정착하지 않고 장돌뱅이 생활을 계속하겠다는 것이다.

④ 동이와 함께 성 서방네 처녀를 찾겠다는 의미가 아니라 장돌뱅이 생활을 계속하겠다는 것이다. 또한 제시된 부분에서는 아직 동이와 허 생원의 관계를 짐작할 수 있는 내용이 드러나 있지 않다.

⑤ 조 선달은 장돌뱅이의 삶이 힘에 부쳐 정착을 희망하고 있다.

08~10

김시습, 「만복사저포기」

▶ **이 작품은** 김시습의 한문 소설집 『금오신화』에 실려 전하는 다섯 편 중의 하나로 전기 소설(傳奇小說)이다. 이 작품에서 양생은 한 여인을 만나 사랑을 나누지만 나중에 이승의 사람이 아닌 것을 알고 슬픔에 빠져 방황하다가 그 여인을 잊지 못하여 장가도 들지 않고 지리산에 들어가서 약초를 캐면서 평생을 마치는 내용으로 되어 있다.

▶ **주제** 생사를 초월한 남녀의 사랑

▶ **전체 줄거리**
전라도 남원에 사는 양생은 어려서 부모를 여의고 나이가 차도록 장가를 들지 못하고 살고 있었다. 만복사에는 매년 삼월 이십사일 청춘 남녀들이 소원을 비는 풍습이 있었는데, 양생도 저포를 가지고 가서 소원을 빌었다. 부처님과 내기를 하여 만약 자신이 이긴다면 좋은 배필을 점지해 달라고 했는데 양생이 이긴다. 불좌 뒤에 숨어 동정을 살피고 있는데 아리따운 여인이 들어와 불전에 축원문을 올린다. 양생은 자신과 같이 여인도 배필을 원하고 있음을 알고, 두 사람은 인연을 맺는다. 여인은 양생을 자신의 개령동 집으로 데리고 간다. 양생은 그녀와 즐거운 마음으로 지냈는데, 3일째 되는 날 여인은 양생에게 헤어질 때가 되었다고 말한다. 헤어질 때 그녀는 은그릇을 주며 내일 보련사에서 자신의 부모를 만나라고 말한다. 다음 날 양생은 보련사 가는 길에서 여인의 부모와 만나게 된다. 은그릇을 얻게 된 과정을 말한 양생은 그녀가 왜구의 난 때 이미 죽었다는 것을 전해 듣는다. 보련사에 도착한 양생은 음식을 먹는 혼백의 수저 소리로써 여인의 존재를 그녀의 부모에게 확인시켜 준다. 부모는 양생을 사위로 인정해 준다. 여인과 헤어진 양생은 그녀의 부모로부터 물려받은 돈으로 개령동에 가서 여인의 무덤에서 정식 장례를 올리고 자신은 다시 장가를 들지 않고 지리산에 들어가 약초를 캐고 살았다.

▶ **특징**

- 비현실적이고 신비로운 내용을 담고 있음.
- 한문 문어체로 사물을 미화시켜 표현함.

술을 다 마신 후 헤어질 때 여인이 ㉠은그릇 하나를 양생에게 주면서 말하였다.

여인의 무덤에 묻힌 것으로 양생과 여인의 부모를 만날 수 있게 하는 매개체

"내일 저의 부모님께서 저를 위하여 보련사에서 음식을 베푸실 것이옵니다. 만약 당신이 저를 버리지 않으실 거라면 보련사 가는 길에서 기다리고 있다가 저와 함께 절로 가서 제 부모님을 뵙는 것이 어떠신지요?"

여인의 기일. 절에서 제사를 지냄. / 새로운 사건이 생겨날 것을 암시 – 여인의 부모와 양생의 만남

양생이 대답하였다. / "그러겠소."

이튿날 양생은 여인의 말대로 은그릇을 들고 보련사로 가는 길가에서 기다리고 있었다.

그런데 과연 어떤 귀족 집안에서 딸자식의 대상을 치르려고 수레와 말을 길게 늘여 세우고 보련사로 올라가는 것이었다. 그러다가 길가에서 한 서생이 은그릇을 들고 서 있는 것을 보고, 하인이 아뢰었다.

여인의 신분을 짐작하게 함. / 사람이 죽은 지 두 돌 만에 지내는 제사 / 양생

"아가씨의 무덤에 묻은 물건을 벌써 어떤 사람이 훔쳤습니다."

양생을 은그릇을 훔친 도둑으로 생각함.

주인이 말하였다. / "그게 무슨 말이냐?"

하인이 대답하였다. / "이 서생이 들고 있는 은그릇 말씀입니다."

주인이 마침내 양생 앞에 말을 멈추고 어찌 된 것인지, 은그릇을 지니게 된 경위를 물었다. 양생은 전날 여인과 약속한 그대로 대답하였다. 여인의 부모가 놀랍고도 의아하게 여기다가 한참 후에 말하였다.

은그릇을 들고 길가에서 기다리다가 여인의 부모에게 인사를 드리기로 함.

"나에게는 오직 딸아이 하나만이 있었는데 왜구가 침입하여 난리가 났을 때에 적에게 해를 입어 죽었다네. 미처 장례도 치르지 못하고 개령사 골짜기에 임시로 묻어 주었지. 이래저래 미루다가 오늘에 이르게 되었다네. 오늘이 벌써 대상날이라 재나 올려 저승길을 추도하려고 한다네. 자네는 약속대로 딸아이를 기다렸다가 함께 오게. 부디 놀라지 말게나."

여인은 이미 현실 세계에서 죽은 사람임이 드러남.

여인은 이미 죽은 사람으로 이 세상 사람이 아니기 때문에

그는 말을 마치고 먼저 보련사로 떠났다.

양생은 우두커니 서서 기다렸다. 약속한 시간이 되자 과연 어떤 여인이 계집종을 거느리고 나긋나긋한 자태로 걸어오는데 바로 그 여인이었다. 양생과 여인은 서로 기뻐하면서 손을 잡고 보련사로 향하였다.

여인과 양생이 재회의 기쁨을 나눔. 생사를 초월한 사랑

여인은 절 문에 들어서자 부처님께 예를 올리더니 흰 휘장 안으로 들어갔다. 그러나 여인의 친척들과 절의 승려들은 모두 그것을 믿지 않았다. 오직 양생만이 혼자 볼 수 있을 뿐이었다.

여인이 귀신이어서 다른 사람의 눈에는 보이지 않고 사랑하는 사이인 양생의 눈에만 보임.

여인이 양생에게 말하였다.

"함께 차와 음식이나 드시지요."

양생은 그 말을 여인의 부모에게 고하였다. 여인의 부모는 시험해 보고자 양생에게 함께 식사를 하라고 시켰다. 그랬더니 오직 수저를 놀리는 소리만 들렸는데 마치 산 사람이 식사하는 소리와 같았다.

여인의 말을 양생만 알아들을 수 있기 때문에 / 양생의 말이 사실인지 확인하기 위해 / 전기적 요소 / 여인의 영혼이 와 있다는 증거 / 다른 사람들이 양생의 말을 믿게 되는 계기

그제야 여인의 부모가 놀라 탄식하면서 양생에게 휘장 곁에서 같이 잠자기를 권하였다. 한밤중에 말소리가 낭랑히 들렸는데 사람들이 자세히 엿들으려 하면 갑자기 그 말이 끊어졌다.

전기적 요소

여인이 양생에게 말하였다.

"제가 법도를 어겼다는 것은 저 스스로 잘 알고 있어요. 어려서 『시경』과 『서경』을 읽었으므로 예의가 무언지 조금이나마 알지요. 『시경』의 「건상」이 얼마나 부끄럽고 「상서」가 얼마나 얼굴 붉힐 만한 것인지 모르는 것이 아닙니다. 그러나 오랫동안 쑥덤불 우거진 속에 거처하며 들판에 버려져 있다 보니 사랑하는 마음이 한번 일어나자 끝내 걷잡을 수가 없었답니다.

죽은 영혼이(귀신이) 살아 있는 사람과 인연을 맺은 것 / 여인이 자신이 법도와 도리를 알고 있음을 강조함. / 여인이 제대로 장례를 치르지 못하고 방치되어 있음을 드러냄.

지난번에 절에 가서 복을 빌고 부처님 앞에서 향을 사르며 일생 운수가 박복함을 혼자 탄식하다가 뜻밖에도 삼세의 인연을 만나게 되었지요. 그래서 머리에 가시나무 비녀를 꽂은 가난한 살림이라도 낭군의 아낙으로서 백 년 동안 높은 절개를 바치고, 술을 빚고 옷을 지으며 한평생 지어미로서의 도리를 닦으려 했던 것이랍니다. 하지만 한스럽게도 업보는 피할 수가 없어서 저승길로 떠나야만 하게 되었어요. 즐거움을 다 누리지도 못했는데 슬픈 이별이 갑작스레 닥쳐왔군요.

꽃다운 나이에 죽임을 당하고 장례도 치르지 못하고 들판에 방치됨. / 양생, 윤회 사상 / 평범한 여인의 삶, 양생과 백년해로 하고 싶은 여인의 소망 / 여인이 더 이상 살아 있는 사람과 인연을 지속할 수 없는 상황

이제 제 발걸음에 병풍 안으로 들어가면 신녀 아향이 수레를 돌릴 것이고, 구름과 비는 양대에서 개고, 까치와 까마귀는 은하수에서 흩어질 거예요. 이제 한번 헤어지면 훗날 다시

이승의 세계를 떠나 저승의 세계로 감.

만나기를 기약하기 어렵겠지요. 작별을 당하고 보니 정신이 아득하기만 해서 무어라 말씀드려야 할지 모르겠군요."
이별을 앞둔 여인의 슬픔과 안타까움

이윽고 여인의 영혼을 전송하자 울음소리가 그치지 않았다. 영혼이 문밖에 이르자 다만 은은하게 다음과 같은 소리만이 들려왔다.

08

답 ②

이 글이 인간과 귀신의 사랑 이야기를 다루고 있기는 하나, 어느 한 이야기가 다른 한 이야기 안에 포함되는 액자식 구성으로 이루어진 것은 아니므로 적절하지 않다.

오답 해설

① 양생이 여인과 만나고 여인의 부탁대로 양생이 여인의 부모를 만나 인정받고 양생과 여인이 이별하는 과정이 시간의 순서에 따라 서술되고 있다. 중간에 여인의 죽게 된 과거 사건이 드러나긴 하나 이는 회상의 방식으로 인물의 말과 행동을 통해 서술되고 있으므로 사건의 전개는 시간의 흐름을 따르고 있다고 할 수 있다.

③ 서술자는 양생과 부모가 있는 현실계와 여인이 있는 비현실계를 함께 서술하고 있다.

④ 죽은 여인을 보고 대화를 나눌 수 있는 사람은 여인과 인연을 맺은 양생뿐이다. 다른 사람들은 '함께 차와 음식이나 드시지요.'라는 여인의 말을 양생을 통해 전달받고 있다.

⑤ 여인의 부모는 양생의 말이 사실인지 확인해 보기 위해 양생에게 여인과 함께 식사를 하라고 시켰더니 '오직 수저를 놀리는 소리만 들렸는데 마치 산 사람이 식사하는 소리와 같았다.'라고 했다. 이로 보아 양생만 여인을 볼 수 있고 다른 등장인물은 여인의 존재를 소리로만 인지할 수 있음을 알 수 있다.

09

답 ⑤

'은그릇'은 여인의 무덤에 묻혀 있던 것으로 이것을 양생에게 준 것은 은그릇을 통해 양생이 여인의 부모와 만날 수 있도록 하기 위함이다. 그리고 뒤에 이어지는 내용으로 보아도 은그릇을 내어 준 것은, 하인의 눈에 띄도록 하여 여인의 말을 부모에게 전할 수 있게 하기 위한 것이고 그 이야기가 실제로 여인 자신에 관계된 것임을 뒷받침하기 위한 것이다. 즉 ㉠은 양생이 여인의 부모와 만나는 매개체의 기능을 하는 것이다.

오답 해설

① '은그릇'은 양생에게 닥칠 좋은 일을 예고한다.

② 양생에 대한 고마움의 마음이 아니라 양생과 여인의 부모를 만나게 하는 매개체 역할을 하고 있다.

③ 여인의 부모가 맞이할 죽음을 암시하지 않는다. 이 글에서 '은그릇'은 긍정적인 기능을 하고 있다.

④ 양생과 여인은 서로 대립하지 않는다. 여인이 환생해서 다시 만나게 된다.

10

 ⑤

〈보기〉를 참고하여 윗글을 감상한 내용으로 적절하지 않은 것은?

보기

「만복사저포기」는 불교적 윤회 사상을 바탕으로 창작된 전기적(傳奇的)인 성격의 한문 소설이다. 외롭게 살아가는 남자 주인공과 적극적인 성격의 여자 주인공을 내세워 운명론적 가치관, 애정 지상주의 등을 반영하고 있는 작품이다.
(환생 / 비현실적인 요소를 다룬 것 / 생사를 초월한 사랑)

① 여인이 죽었다가 다시 환생하는 과정은 불교적 윤회 사상이 반영된 것이다. ○

② 이승의 양생과 저승의 여인이 사랑을 나눈다는 설정은 생사를 초월한 애정 지상주의를 나타낸 것이다. ○

③ 죽은 여인이 환생하여 부모에게 양생과의 관계를 인정받는 것은 여인의 적극적인 성격을 나타내는 것이다. ○

④ 양생이라는 살아 있는 사람이 죽은 여인이 환생한 사람과 만난다는 설정은 작품의 전기적 성격을 드러내는 것이다. ○

❺ 여인이 소박한 아내가 되어 백 년의 높은 절개를 바치려 했다는 내용은 주어진 운명은 거스를 수 없다는 운명론적 가치관을 반영한 것이다. ×
(평범한 여인으로 살고 싶어 하는 여인의 소망을 드러낸 부분)

양생과 여인은 다른 세계에서 살고 있으므로 여인은 양생과 이별할 수밖에 없는 상황에 처해 있다. 여인이 소박한 아내가 되어 백 년의 높은 절개를 바치려 했다는 내용은 이승에서 평범하게 행복을 누리며 살고자 한 여인의 소망을 드러낸 것으로, 운명은 거스를 수 없다는 가치관을 반영한 것이 아니다.

오답 해설

① 이 작품에는 불교적 윤회 사상이 반영되어 있는데, 여인이 죽었다가 다시 환생하는 과정에서 확인할 수 있다.

② 이 작품의 중심 내용은 생사를 초월한 애정 지상주의이다. 이는 이승의 양생과 저승의 여인이 사랑을 나눈다는 설정을

통해 알 수 있다.

③ 죽임을 당한 여인이 귀신으로 환생하여 부모에게 양생과의 관계를 인정받는 내용에서 여인의 적극적인 성격을 확인할 수 있다.

④ 양생이라는 살아 있는 사람이 죽은 여인이 환생한 사람과 만난다는 설정에서 작품의 전기적 성격을 확인할 수 있다.

2회

본문 186~192쪽

01 ⑤	02 ③	03 ⑤	04 ⑤	05 ③
06 ①	07 ④	08 ④	09 ④	10 ③

01~03

윤동주, 「참회록」

▶ **이 작품은** 나라를 잃은 화자가 나라를 빼앗긴 슬픔과 무기력을 고백하고 현재의 상황에 대한 자기 성찰과 미래에 대한 의지를 드러내고 있는 시이다. 이 작품은 현재의 시점에서 과거의 삶에 대한 참회와 미래의 시점에서 현재의 참회를 다시 참회하는 복합적인 시간 구성을 보이고 있다. 이 시에서 '거울'은 사물의 모습을 있는 그대로 비추어 주는 것으로, 반성적 자기 성찰의 매개체를 의미한다. 현재와 미래에 대한 투철한 역사 인식을 바탕으로 한 자아 성찰의 매개체이다.

▶ **주제** 자기 성찰을 통한 순결한 삶의 추구

▶ **구성**
- 1연: 과거 망국의 역사에 대한 참회
- 2연: 현재 자신의 삶에 대한 참회
- 3연: 현재의 참회에 대한 미래의 참회
- 4연: 암울한 시대 현실과 자기 성찰
- 5연: 숙명적인 고난의 길

▶ **특징**
- 시간의 흐름에 따라 시상을 전개함.
- 시어의 상징성을 바탕으로 정서를 드러냄.
- 자기 고백적 어조로 자아 성찰적 태도를 드러냄.

패망한 조선 왕조의 유물, 자아 성찰의 도구

파란 녹이 낀 구리 거울 속에

쇠락한 역사(패망한 나라), 과거

내 얼굴이 남아 있는 것은

어느 왕조의 유물이기에

자아를 역사와 연결하여 표현

이다지도 욕될까.

무기력한 자신에 대한 굴욕감, 망국의 역사에 대한 부정적 인식

화자의 정서: 부끄러움

나는 나의 참회의 글을 한 줄에 줄이자.

자기의 잘못에 대하여 깨닫고 깊이 뉘우침. 반성(현재)

— 만 이십사 년 일 개월을

'나'가 살아온 삶

무슨 기쁨을 바라 살아왔던가.

내일이나 모레나 그 어느 즐거운 날에

다가올 밝은 미래(조국의 광복)

나는 또 한 줄의 참회록을 써야 한다.

—『그때 그 젊은 나이에

『 』: 미래의 시점에서 현재 참회한 것에 대해 다시 참회를 함.

왜 그런 부끄런 고백을 했던가.』

2연의 참회가 역사적 현실에 적극적으로 대응하지 못한 잘못된 참회임을 깨달음.

밤이면 밤마다 나의 ㉠거울을

암울한 시대 상황, 일제 강점기

손바닥으로 발바닥으로 닦아 보자.

철저한 자기 성찰

그러면 어느 운석 밑으로 홀로 걸어가는

생명이 소멸된 별, 죽음, 고난을 상징

슬픈 사람의 뒷모양이

미래의 화자의 비극적인 모습(자기희생)

거울 속에 나타나 온다.

01

답 ⑤

이 시는 역사에 대한 부끄러운 인식과 자기 성찰을 노래하고 있다. 자기 성찰을 통해 자신의 삶과 자신이 겪어야 할 고난의 길을 인식하는 과정이 드러나 있을 뿐 현실의 고통을 종교적으로 극복하고 있는 내용은 드러나 있지 않다.

오답 해설

① '구리 거울, 즐거운 날, 밤' 등의 상징적인 소재를 사용하여 시대 상황과 주제를 드러내고 있다.

② 화자는 '이다지도 욕될까.' '무슨 기쁨을 바라 살아왔던가' 등에서 자신의 잘못을 고백하는 어조를 사용하고 있다.

③ 이 시는 '나는 나의 참회의 글을 한 줄에 줄이자.', '나는 또 한 줄의 참회록을 써야 한다.'와 같이 '나'가 1인칭 독백의 형식으로 시상을 전개하고 있다.

④ '파란 녹이 낀', '욕될까', '참회의 글' 등의 표현에서 화자가 현실을 부정적으로 인식하고 있음을 알 수 있다.

02

답 ③

윗글을 〈보기〉와 같이 나타낼 때 ㉮에 들어갈 내용으로 적절한 것은?

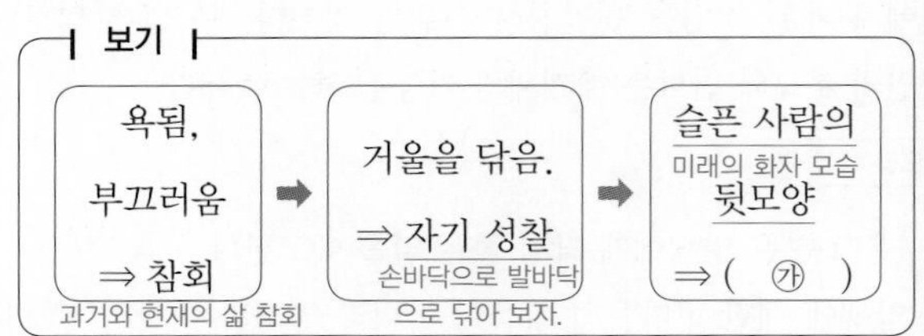

보기
욕됨,
부끄러움
⇒ 참회
과거와 현재의 삶 참회
거울을 닦음.
⇒ 자기 성찰
손바닥으로 발바닥으로 닦아 보자.
슬픈 사람의
미래의 화자 모습
뒷모양
⇒ (㉮)

① 미래에 이루어질 참회
3연
② 현실 도피에 대한 소망
×
❸ 비극적 삶에 대한 전망
④ 망국의 역사에 대한 인식
1연
⑤ 현실에서의 자기 성찰 의지
4연

5연에서 화자는 운석 밑으로 홀로 걸어가는 슬픈 사람의 뒷모양을 본다. 이 모습은 다름 아닌 자기 자신의 미래의 모습이다. 운석은 이미 소멸된 별이므로 죽음을 상징한다고 볼 수 있다. 따라서 거울 속에 나타난 '슬픈 사람의 뒷모양'은 화자의 비극적 삶에 대한 전망을 의미한다고 이해할 수 있다.

오답 해설

① 미래에 이루어질 참회는 3연에서 이루어졌다.
② 현실 도피에 대한 소망은 이 시의 화자의 태도와는 거리가 멀다. 화자는 미래를 위해 자기희생의 의지를 드러내고 있다.
④ 1연에 망국의 역사에 대한 부정적 인식이 나타나 있다.
⑤ 현실에서의 자기 성찰 의지는 4연의 '손바닥으로 발바닥으로 닦아 보자.'에 드러나 있다.

03

답 ⑤

이 시에서 '거울'은 화자의 모습을 있는 그대로 비추어 주는 것으로, 반성적 자기 성찰의 매개체를 의미한다. ㉠과 같이 자아 성찰의 매개체 기능을 하는 것은 ⑤의 '우물'이다. ⑤의 화자는 '우물' 속을 들여다보며 자아 성찰을 하고 있다.

오답 해설

① '별'은 화자가 추구하는 희망이나 이상적 삶의 세계, 양심을 의미한다.
② 이 시는 자기희생의 숭고한 의지를 십자가로 형상화하여 보여 주고 있다. '십자가'는 화자가 지향하는 숭고한 가치를 의미한다.
③ '백골'은 당대의 현실에 저항하지 않고 안주하고자 하는 부정적이고 부끄러운 자아를 가리킨다.
④ 이 시의 '간'은 프로메테우스 신화와 토끼의 간 설화와 연결되어 생명과도 같은 매우 소중하고 중요한 것을 의미한다. 즉 '간'은 화자가 절대로 포기할 수 없는 신념이나 가치를 의미하는 것으로 화자의 존엄성과 양심을 가리킨다.

04~06

윤흥길, 「아홉 켤레의 구두로 남은 사내」

▶ **이 작품은** 1970년대 산업화의 흐름에서 소외된 사람들의 삶과 현실의 부조리를 '나'의 시선을 통해 보여 주는 소설이다. 1970년대의 급격한 사회 변화는 수많은 문제들을 야기했는데, 주인공인 권 씨는 이러한 급격한 사회 변화의 희생자라 할 수 있다. 권 씨는 내 집 마련의 꿈을 안고 철거민의 입주권을 사지만, 당국의 불합리한 조치에 좌절을 겪고, 이에 항의하는 시위에 휘말려 전과자가 된다. 그가 늘 반짝거리게 닦고 다니는 구두는 그의 마지막 자존심을 상징하는데, 강도 사건 이후 권 씨는 사라지고, 아홉 켤레의 구두만 남게 된다.

▶ **주제** 산업화 과정에서 소외된 계층의 어려운 삶

▶ **전체 줄거리**
주인공 권 씨는 '나'의 집 문간방에 세를 얻어 들어온다. 권 씨는 생활 능력이 부족한 전과자이면서도 구두에 대한 정성이 지극하다. 권 씨는 '나'에게 아내의 수술비를 빌리려 하지만 '나'는 그의 부탁을 거절한다. 곧바로 후회한 '나'는 병원에 찾아가 권 씨 모르게 권 씨 아내의 병원비를 내준다. 그날 밤 권 씨가 '나'의 집에 강도로 침입했다가 자존심만 상한 채 나간다. 그 후 권 씨는 아홉 켤레의 구두만 남기고 행방불명된다.

▶ **특징**
- 등장인물인 서술자가 주인공을 관찰하고 판단함.
- 상징적인 소재를 통해 인물의 내면을 드러내고 있음.

[앞부분의 줄거리] '나'의 문간방에 세 들어 사는 권 씨는 가난한 살림에도 틈만 나면 구두를 정성껏 닦는다. 어느 날 '나'는 아내의 수술비를 빌려 달라는 권 씨의 부탁을 거절했다가 곧바로 후회하고 병원으로 찾아가 수술비를 대신 내준다. 그리고 그날 밤 도둑이 든다.
권 씨의 자존심을 상징함.
'나'의 인간적인 면모
권 씨

한차례 길게 심호흡을 뽑은 다음 강도는 마침내 결심했다는 듯이 이부자리를 돌아 화장대 쪽으로 향했다. 얌전히 구두까지 벗고 양말 바람으로 들어온 강도의 발을 나는 그때 비로소 볼 수 있었다. 내가 그렇게 염려를 했는데도 강도는 와들와들 떨리는 다리를 옮기다가 그만 부주의하게 동준이의 발을 밟은 모양이다. 동준이가 갑자기 칭얼거리자 그는 질겁을 하고 엎드리더니 녀석의 어깨를 토닥거리는 것이었다. 녀석이 도로 잠들기를 기다려 그는 복면 위로 칙칙하게 땀이 밴 얼굴을 들고 일어나서 내 위치를 힐끔 확인한 다음 본격적인 작업에 들어갔다. 터지려는 웃음을 꾹 참은 채 강도의 애교스러운 행각을 시종 주목하고 있던 나는 살그머니 상체를 움직여 동준이를 잠재울 때 이부자리 위에 떨어뜨린 식칼을 집어 들었다.
어수룩하고 어설픈 강도의 행동
강도 흉내를 내는 권 씨가 긴장하고 있음이 드러남.
아이의 칭얼거림에 당황하여 자신이 강도로 들어왔음을 잊고 아이를 달램.
어수룩한 강도의 행동에 웃음이 나오려는 것을 참음.
어떤 목적으로 여기저기 돌아다님.

"연장을 이렇게 함부로 굴리는 걸 보니 당신 경력이 얼마나 되는지 알 만합니다."

도구. 강도로 '나'의 집에 들어온 권 씨가 들고 있던 칼을 가리킴.

내가 내미는 칼을 보고 그는 기절할 만큼 놀랐다. 나는 사람 좋게 웃어 보이면서 칼을 받아 가라는 눈짓을 보냈다. 그는 겁에 질려 잠시 망설이다가 내 재촉을 받고 후다닥 달려들어 칼자루를 낚아채 가지고 다시 내 멱을 겨누었다. 그가 고의로 사람을 찌를 만한 위인이 못 되는 줄 일찍이 간파했기 때문에 나는 칼을 되돌려 준 걸 조금도 후회하지 않았다. 아니나 다를까, 그는 식칼을 옆구리 쪽 허리띠에 차더니만 몹시 자존심이 상한 표정이 되었다.

강도의 어수룩함을 보고 그가 나쁜 일을 저지를 사람이 아니라고 생각했기 때문에

자신의 어수룩함을 '나'에게 간파당했기 때문에

"도둑맞을 물건 하나 제대로 없는 주제에 이죽거리긴!"

'나'의 말에 자존심이 상한 권 씨가 '나'를 비웃기 위해 한 말

"그래서 경험 많은 친구들은 우리 집을 거들떠도 안 보고 그냥 지나치죠."

"누군 뭐 들어오고 싶어서 들어왔나? 피치 못할 사정 땜에 어쩔 수 없이……."

아내의 수술비를 마련하지 못한 처지. 권 씨는 '나'가 수술비를 내준 사실을 아직 모르고 있음.

나는 강도를 안심시켜 편안한 맘으로 돌아가게 만들 절호의 기회라고 판단했다.

무엇을 하기에 기회나 시기 따위가 더할 수 없이 좋음.

"그 피치 못할 사정이란 게 대개 그렇습니다. 가령 식구 중에 누군가가 몹시 아프다든가 빚에 몰려서……."

그 순간 강도의 눈이 의심의 빛으로 가득 찼다. 분개한 나머지 이가 딱딱 마주칠 정도로 떨면서 그는 대청마루를 향해 나갔다. 내 옆을 지나쳐 갈 때 그의 몸에서는 역겨울 만큼 술 냄새가 확 풍겼다. 그가 허둥지둥 끌어안고 나가는 건 틀림없이 갈기갈기 찢어진 한 줌의 자존심일 것이었다. 애당초 의도했던 바와는 달리 내 방법이 결국 그를 편안케 하긴커녕 외려 더욱더 낭패케 만들었음을 깨닫고 나는 그의 등을 향해 말했다.

'나'의 말에 자신의 정체가 탄로 났음을 알아차린 권 씨

권 씨가 술기운을 빌려 강도짓을 하려고 했음이 드러남.

계획한 일이 실패로 돌아가거나 기대에 어긋나 매우 딱하게 됨.

"어렵다고 꼭 외로우란 법은 없어요. 혹 누가 압니까, 당신도 모르는 사이에 당신을 아끼는 어떤 이웃이 당신의 어려움을 덜어 주었을지?"

자신이 권 씨 아내의 수술비를 내준 것을 우회적으로 말함.

"개수작 마! 그따위 이웃은 없다는 걸 난 똑똑히 봤어! 난 이제 아무도 안 믿어!"

이웃에 대한 권 씨의 불신, 현실에 대한 좌절감이 드러남.

그는 현관에 벗어 놓은 구두를 신고 있었다. 그 구두를 보기 위해 전등을 켜고 싶은 충동이 불현듯 일었으나 나는 꾹 눌러 참았다. 현관문을 열고 마당으로 내려선 다음 부주의하게도 그는 식칼을 들고 왔던 자기 본분을 망각하고 엉겁결에 문간방으로 들어가려 했다. 그의 실수를 지적하는 일은 훗날을 위해 나로서는 부득이한 조처였다.

구두를 통해 강도가 권 씨임을 확실하게 확인하고 싶은 충동

자신의 행동을 잊고 습관적으로 문간방에 들어가려 한 권 씨

"대문은 저쪽입니다."

권 씨의 자존심을 지켜 주기 위해 한 말이었지만 오히려 권 씨를 자극함.

문간방 부엌 앞에서 한동안 망연해 있다가 이윽고 그는 대문 쪽을 향해 느릿느릿 걷기 시작했다. 비틀비틀 걷기 시작했다. 대문에 다다르자 그는 상체를 뒤틀어 이쪽을 보았다.

권 씨가 받은 충격이 행동으로 드러남.

"이래 봬도 나 대학까지 나온 사람이오."

마지막 자존심을 지키고 싶은 권 씨의 심리가 드러남.

누가 뭐라고 그랬나. 느닷없이 그는 자기 학력을 밝히더니만 대문을 열고는 보안등 하나 없는 칠흑의 어둠 저편으로 자진해서 삼켜져 버렸다.

권 씨가 사라진 것을 피동의 표현을 통해 강조

나는 대문을 잠그지 않았다. 그냥 지쳐 놓기만 하고 들어오면서 문간방에 들러 권 씨가 아직도 귀가하지 않았음과 깜깜한 방 안에서 어미 아비 없이 오뉘만이 새우잠을 자고 있음을 아울러 확인하고 나왔다.

권 씨의 귀가를 위해

(중략)

그 다음 날, 그 다음다음 날도 권 씨는 귀가하지 않았다. 그가 행방불명이 된 것이 이제 분명해졌다. 그리고 본의는 그게 아니었다 해도 결과적으로 내 방법이 매우 졸렬했음도 이제 확연히 밝혀진 셈이었다. 복면 위로 드러난 두 눈을 보고 나는 그가 다름 아닌 권 씨임을 대뜸 알아차릴 수 있었다. 밝은 아침에 술이 깬 권 씨가 전처럼 나를 떳떳이 대할 수 있게 하자면 복면의 사내를 끝까지 강도로 대우하는 그 길뿐이라고 판단했었다. 그래서 아무 일도 없었던 듯이 병원에 찾아가서 죽지 않은 아내와 새로 얻은 세 번째 아이를 만날 수 있게 되기를 기대했던 것이다. 현관에서 그의 구두를 확인해 보지 않은 것이 뒤늦게 후회되었다. 문간방으로 들어가려는 그를 차갑게 일깨워 준 것이 영 마음에 걸렸다. 어떤 근거인지는 몰라도 구두의 손질의 정도에 따라 그의 운명을 예측할 수도 있지 않았을까 하는 생각이 드는 것이었다. 구두코가 유리알처럼 반짝반짝 닦여져 있는 한 자존심은 그 이상으로 광발이 올려져 있었을 것이며, 그러면 나는 안심해도 좋았던 것이다. 그때 그가 만약 마지막이란 걸 염두에 두고 있었다면 새끼들이 자는 방으로 들어가려는 길을 가로막는 그것이 그에게는 대체 무엇으로 느껴졌을 터인가.

옹졸하고 천하여 서투름.

권 씨를 배려한 '나'의 의도

구두를 통해 권 씨의 심리 상태를 짐작할 수 있기 때문에

권 씨가 구두 손질에 최선을 다함.

권 씨의 자존심과 구두와의 관계를 짐작할 수 있음.

권 씨의 자존심을 상하게 한 자신의 행동에 대한 '나'의 자책감이 드러남.

아내가 병원을 다니러 가는 편에 아이들을 죄다 딸려 보낸 다음 나는 문간방을 샅샅이 뒤졌다. 방을 내준 후로 밝은 낮에 내부를 둘러보긴 처음인 셈이었다. 이사 올 때 본 그대로 세간이라곤 깔고 덮는 데 쓰이는 것과 쌀을 익혀서 담는 몇 점 도구들이 전부였다. 별다른 이상은 눈에 띄지 않았다. 구태여 꼭 단서가 될 만한 흔적을 찾자면 그것은 ㉠구두일 것이었다. 가장 값나가는 세간의 자격으로 장롱 따위가 자리 잡고 있을 꼭 그런 자리에 아홉 켤레나 되는 구두들이 사열받는 병정들 모양으로

가난한 세간살이

구두를 대하는 권 씨의 정성과 마음을 짐작할 수 있음.

가지런히 놓여 있었다. 정갈하게 닦인 것이 여섯 켤레, 그리고 먼지를 덮어쓴 게 세 켤레였다. 모두 해서 열 켤레 가운데 마음에 드는 일곱 켤레를 골라 한꺼번에 손질을 해서 매일매일 갈아 신을 한 주일의 소용에 당해 온 모양이었다. 잘 닦인 일곱 중에서 비어 있는 하나를 생각하던 중 나는 한 켤레의 그 구두가 그렇게 쉽사리는 돌아오지 않으리란 걸 알딸딸하게 깨달았다.

권 씨의 자존심이 쉽게 회복되지 않을 것임을 깨달음.

권 씨의 행방불명을 알리지 않으면 안 될 때였다. 내 쪽에서 먼저 전화를 걸기는 그것이 처음이자 마지막이었다. 나는 되도록 침착해지려 노력하면서 내게 이웃을 사랑하게 될 거라고 누차 장담한 바 있는 이 순경을 전화로 불렀다.

04 답 ⑤

이 글은 서술자인 '나'가 주인공인 '권 씨'의 말과 행동을 판단하고 분석하여 독자에게 전달하는 방식으로 구성되어 있다. '나'는 집에 들어온 도둑이 '권 씨'임을 알고 그의 말과 행동을 자신의 생각을 바탕으로 분석하고 판단하여 서술하고 있다.

오답 해설

① 하나의 이야기 안에서 또 다른 이야기가 진행되는 것은 액자식 서술 방식인데 이 글은 해당되지 않는다.
② 이 글의 서술자는 전지적 서술자가 아니라 작품 속의 등장인물인 '나'이다.
③ '권 씨'가 '나'와 갈등을 겪는 부분이 일부 있지만, 여러 인물들의 갈등 관계는 나타나지 않는다.
④ 주인공(권 씨)의 회상이 등장하지 않으므로, 회상을 통해 과거와 현재가 연결되고 있다는 것은 적절하지 않다.

05 답 ③

'나'는 자신의 집에 들어온 강도가 도둑질에 익숙하지 않고 어수룩하며 마음이 약한 사람이라고 판단하고, 지켜보다 그 사람이 '권 씨'라는 것을 짐작한다. 그리고 그가 현관문을 열고 마당으로 내려선 다음 대문으로 향하지 않고 문간방으로 들어가려 했을 때 그기 권 씨임을 확신하게 된다. 그러므로 ③은 적절하지 않다.

오답 해설

① '얌전히 구두까지 벗고 양말 바람으로 들어온 강도의 발을 나는 그때 비로소 볼 수 있었다.'라는 부분이나 식칼을 떨어뜨린 부분 등에서 확인할 수 있다.
② '터지려는 웃음을 꾹 참은 채 강도의 애교스러운 행각을 시종 주목하고 있던 나'라는 부분에서 강도의 어리숙함에 친근감을 느끼는 '나'를 확인할 수 있다.
④ 강도는 '피치 못할 사정'이라고만 언급하고 도둑질하는 이유를 구체적으로 밝히지 않았다.
⑤ '애당초 의도했던 바와는 달리 내 방법이 결국 그를 편안케 하긴커녕 외려 더욱더 낭패케 만들었음을 깨닫고 나는 그의 등을 향해 말했다.'라는 부분을 통해 '나'의 처음의 의도는 강도를 안심시켜 편하게 돌아가게 하는 것이었음을 알 수 있다.

06  ①

〈보기〉를 참고할 때, ㉠의 상징적 의미로 가장 적절한 것은?

| 보기 |

주인공 '권 씨'는 대학까지 졸업한 선량한 소시민이었으나 시위 사건의 주동자로 몰려 경찰의 감시 대상이 되어 궁핍한 도시민으로 전락한다. 그는 가난한 생활 속에서도 늘 구두를 깨끗이 닦아 놓으며 존재감을 잃지 않으려고 노력한다.

권 씨의 암울한 상황

❶ 지식인으로서의 자존심을 상징한다.
② 부유했던 과거의 생활에 대한 그리움이다. ×
③ 현재 자신의 삶에 대한 자긍심을 나타낸다. ×
현재 삶에 대한 좌절감
④ 자신을 감시한 사람들에 대한 저항의 표시이다. ×
확인할 수 없음.
⑤ 현실의 고통에서 벗어나려는 도피 의식을 의미한다.
×

'권 씨'에게 구두는 자존심의 상징이다. 현재 권 씨는 궁핍한 상태로 아내의 수술비조차 마련하지 못하여 도둑질을 하지만 구두는 언제나 깨끗하게 닦아 둔다고 했다. 그리고 〈보기〉의 내용을 통해 권 씨가 대학을 졸업한 지식인이라는 것을 알 수 있다. 즉 지식인인 '권 씨'는 현실은 비록 가난하지만 마음은 결코 가난하지 않다는 자존심을 '구두'를 통해 드러내고 있는 것이다. 이는 '구두코가 유리알처럼 반짝반짝 닦여져 있는 한 자존심은 그 이상으로 광발이 올려져 있었을 것이며'라는 부분에서도 확인할 수 있다.

오답 해설

② 과거의 부유했던 생활에 대한 그리움이 아니라 현재의 가난을 받아들이지 않으려는 자존심이다.
③ '권 씨'는 현재의 삶에 만족하지 않고 오히려 좌절감을 느끼고 있다.
④ 감시한 사람들에 대한 저항의 표시는 이 글의 내용만으로는 확인하기 어렵다.

⑤ '권 씨'는 강도 사건 이후 자존심이 상해 스스로 도피를 하지만 구두가 도피 의식을 드러내는 것은 아니다. 구두는 겉으로는 가난하지만 마음속으로는 가난을 거부하는 자존심을 상징한다.

07~10

가 주세붕, 「오륜가」

▶ **이 작품은** 당시 백성들에게 유교적 윤리를 가르치고 이상적인 인간관을 깨우치기 위해 창작된 노래로 교훈적이고 도덕적인 내용이 담겨 있다. 이 작품은 백성의 실생활을 파악한 다음 이 노래를 지어 사람의 큰 윤리를 밝히고자 하는 의도에서 비롯된 것으로 삼강오륜의 내용을 바탕으로 백성들이 일상에서 지켜야 할 일들을 노래로 표현하고 있다. 〈제1수〉에서는 삼강오륜의 실현을 강조하고 있고, 나머지 수에서는 삼강오륜의 항목을 하나씩 전달하는 병렬식 구성을 취하고 있다.

▶ **주제** 삼강오륜의 교훈 강조

▶ **구성**
- 〈제1수〉: 사람다워지기 위해 삼강오륜을 배워야 함.
- 〈제2수〉: 끝이 없는 부모님의 은혜
- 〈제3수〉: 임금에 대한 변함없는 충성
- 〈제4수〉: 남편에 대한 공경
- 〈제5수〉: 형제간의 우애
- 〈제6수〉: 웃어른에 대한 공경

▶ **특징**
- 교훈적인 내용을 전달하고 있음.
- 비유적인 시어를 사용하여 시상을 전개함.

나 박지원, 「일야구도하기」

▶ **이 작품은** 박지원이 청나라에 다녀온 경험을 쓴 『열하일기(熱河日記)』에 실려 있는 글로, 시냇물 소리를 통해 '귀와 눈'과 같은 감각 기관과 마음이 어떤 관계인지를 사유한 수필이다. 글쓴이는 전반부에서는 하룻밤 사이에 강을 아홉 번이나 건넜던 경험을 소개하고 있다. 이어서 후반부에서는 사물에 대한 정확한 인식에 도달하기 위해서는 눈과 귀를 통해 지각된 외물(外物)에 영향을 받지 말아야 하며, 사물을 이성적으로 바라볼 필요가 있다는 교훈적 깨달음을 전하고 있다.

▶ **주제** 바깥의 사물에 현혹되지 않는 삶의 자세

▶ **구성**
- 처음: 마음속 뜻에 따라 물소리가 달라짐.
- 중간: 귀와 눈으로 사물을 인식하는 것의 위험함에 대한 깨달음
- 끝: 세상 사람들에게 주는 경계

▶ **특징**
- 글쓴이의 경험에서 깨달은 삶의 이치를 전달함.
- 다양한 사례를 제시하여 내용을 전개함.

가 사람 사람들마다 이 말씀을 들으려무나.
(삼강오륜)
이 말씀 아니면 사람이라도 사람이 아니니,
이 말씀 잊지 말고 배우고야 말 것이니라. 〈제1수〉
창작 의도: 유교적 윤리 실천 강조, 교훈적

아버님 날 낳으시고 어머님 날 기르시니
(대구법)
부모님 아니시면 내 몸이 없었으리라.
이 덕을 갚으려 하니 하늘 끝이 없으리로다. 〈제2수〉
부모님의 은혜가 끝이 없을 정도로 큼. → 부자유친(父子有親)

종과 주인과의 구별을 누가 만드셨나?
하인과 상전의 구별을(신하와 임금의 관계를)
벌과 개미가 이 뜻을 먼저 아나니,
벌과 개미 같은 미물도 이 뜻을 안다. → 종과 주인의 관계를 따라야 한다는 의미
한 마음에 두 뜻 없이 속이지나 맙시다. 〈제3수〉
신하는 임금에 대한 신의를 지켜야 함. → 군신유의(君臣有義)

지아비 밭 갈러 간 데 밥 광주리 이고 가서,
(남편)
밥상을 들되 눈썹에 맞추는구나.
친하고도 고마우시니 손님이나 다르실까. 〈제4수〉
부부유별(夫婦有別)

형님 잡수신 젖을 내 따라 먹습니다.
아우의 말. 형님과 한 어머니의 젖을 먹고 자랐다는 의미
어허, 저 아우야 어머님 너 사랑이야.
(형님의 말)
형제가 화목치 않으면 개돼지라 하리라. 〈제5수〉
형제간의 우애를 강조 → 형제우애(兄弟友愛)

늙은이는 부모 같고 어른은 형님 같으니,
(대구법)
같은데 공경치 않으면 어디가 다를까.
(짐승과 다를 바 없다.)
나이가 많으시거든 절하고야 말 것이니라. 〈제6수〉
웃어른에 대한 공경 강조 → 장유유서(長幼有序)

나 내가 사는 연암협 산중에는 큰 개울이 집 앞에 있다. 해마다 여름철이 되어 소낙비가 한차례 지나가면 개울물이 갑자기 불어서 언제나 수레 소리, 말 달리는 소리, 대포 소리, 북소리를 (불어난 개울물 소리를 다양한 소리로 표현. 열거법) 듣게 되어 마침내는 아주 귀에 탈이 생길 지경이었다. (소리가 무척 큼. 글쓴이의 경험) 언젠가 문을 닫고 누워서 소리의 종류를 다른 사물에 비유하면서 들어 (생각의 전환) 보았다.

「우거진 소나무 숲에서 퉁소 소리가 나는 것 같은 물소리, 이 (「 」: 계곡물 소리를 다른 소리에 견주어 봄. → 마음가짐에 따라 소리가 다르게 들림.) 는 청아한 마음으로 들은 것이요, 산이 짜개지고 절벽이 무너지 (열거법, 직유법. 글쓴이의 관찰력이 돋보임.) 는 것 같은 물소리, 이는 분발하는 마음으로 들은 것이다. 개구리 떼가 다투어 우는 것 같은 물소리, 이는 뽐내고 건방진 마음

으로 들은 것이요, 만 개의 축이 번갈아 메아리치는 것 같은 물소리, 이는 분노한 마음으로 들은 것이요, 번개가 번쩍하고 천둥이 치는 것 같은 물소리, 이는 놀란 마음으로 들은 것이다. 찻물이 화력의 약하고 강함에 따라서 각기 보글보글 부글부글 끓는 것 같은 물소리, 이는 아취 있는 마음으로 들은 것이요, 거문고가 가락에 맞게 소리가 나는 것처럼 똥땅거리는 물소리, 이는 애잔한 마음으로 들은 것이요, 대들보와 시렁에 바람이 몰아치는 듯한 물소리, 이는 의심하는 마음으로 들은 것이요, 종이 창호에 문풍지가 떠는 듯 파르르 하는 물소리, 이는 수심에 차서 들은 때문이다.』 이렇듯 모두 그 바른 소리를 듣지 못하는 까닭은 다만 자신의 마음속에 어떤 소리라고 이미 설정해 놓고서 귀가 그렇게 소리를 듣기 때문이다.

(아취: 고아한 정취. 또는 그런 취미.) (애잔한 마음과 거문고 소리의 유사성) (수심: 매우 근심함. 또는 그런 마음.)

오늘 나는 한밤중에 한 가닥 강물을 이리저리 아홉 번이나 건넜다. (중략) 물을 건널 때 사람들은 모두 고개를 젖히고 하늘에 조용히 기도를 올리는가 생각했다. 하늘에 조용히 기도를 하여 경각에 달린 목숨을 비는 것이라고 여겼다. 일찍이 대낮에도 날마다 서너 차례나 강을 건넜는데, 수레와 말을 탄 사람이 물고기를 꿴 것처럼 한 줄로 늘어섰고, 내 눈앞에 있는 사람은 문득 모두 하늘을 쳐다보았다. 한참 뒤에야 알았지만 물 건너는 사람들이 넘실거리고 빙글빙글 빨리 돌아가는 강물을 보면, 마치 자기 몸은 물을 거슬러 올라가는 것 같고 눈은 강물과 함께 따라 내려가는 것만 같아서, 갑자기 현기증이 생기고 몸이 빙글 돌며 물에 곤두박질치게 된다는 것이다.

(한밤중에: 시간적 배경) (이 글의 제목 '일야구도하기'와 관련) (강물이 두려워서 사람들이 물을 보지 않는 행위) (글쓴이의 추측) (경각: 눈 깜빡할 사이. 또는 아주 짧은 시간.) (물을 보았을 때 사람들이 느끼는 감각과 공포)

그들이 고개를 젖히고 우러러 하늘은 보는 까닭은 하늘에 기도를 하는 것이 아니라, 곧 물을 피하여 보지 않으려 함이다. 어느 겨를에 경각에 달린 생명을 위하여 기도를 드릴 경황인들 있을 것이랴. 이토록 위험하다 보니 물소리를 듣지 못하고, 모두들 말하기를 '요동의 벌판은 넓고 편편하기 때문에 물소리가 분노하여 소리를 내지 않는다.'고 한다.

(물을 아예 외면함.) (눈앞의 위험에 신경 쓰느라 강물 소리를 듣지 못함.) (사람들의 잘못된 생각(사물의 본질을 잘못 판단함.))

이는 물을 몰라서 하는 말이다. 요동 땅 강물이 일찍이 소리를 내지 않은 적이 없건만, 단지 밤에 건너지 않았기 때문이다. 낮에는 눈으로 물을 볼 수 있으므로 눈은 오직 위험한 데만 쏠려 바야흐로 벌벌 떨면서 눈으로 보는 것을 걱정하고 있는 판인데, 어찌 귀에 소리가 다시 들리겠는가?

(설의법. 낮에는 보이는 것에 현혹되어 소리를 듣지 못함.)

오늘 나는 밤중에 물을 건너는지라 눈으로는 위험을 볼 수 없으니 그 위험은 오로지 듣는 데만 쏠려 귀가 바야흐로 무서워 부들부들 떨면서 그 걱정을 이기지 못하게 되었다.

(눈으로 보지 못하고 소리로만 위험을 느껴 두려움.)

나는 오늘에서야 ㉠도(道)라는 것이 무엇인지 깨달았도다. 『마음에 잡된 생각을 끊은 사람, 곧 마음에 선입견을 가지지 않는 사람은 육신의 귀와 눈이 탈이 되지 않거니와, 귀와 눈을 믿는 사람일수록 보고 듣는 것을 더 상세하게 살피게 되어 그것이 결국 더욱 병폐를 만들어 낸다는 사실을.』

(글쓴이의 깨달음이 직접적으로 드러남.) (『 』: 깨달음의 내용 → 외적 감각에 현혹되지 말아야 한다.) (외적 감각에 현혹된 사람)

지금 나의 마부인 창대가 말발굽에 발이 밟혀서 뒤에 따라오는 수레에 실렸다. 나는 하는 수 없이 말의 고삐를 늦추어 혼자 말을 타고 강물에 들어갔다. 무릎을 굽혀 발을 모으고 안장 위에 앉았으니, 한번만 까딱 곤두박질치면 그대로 강바닥이다. 강물을 땅으로 생각하고, 강물을 옷이라 생각하며, 강물을 내 몸이라 생각하고, 강물을 내 성품과 기질이라고 생각하며, 마음속으로 까짓것 한번 떨어지기를 각오했다. 그랬더니 내 귓속에는 강물 소리가 드디어 없어져 무릇 아홉 번이나 강물을 건너는데도 아무런 근심이 없었다. 마치 안방의 자리나 안석 위에서 앉고 눕고 일상생활을 하는 것 같았다.

(매우 위태로운 상황) (마음을 다스리며 외적 감각에 현혹되지 않고 강을 건너는 글쓴이) (강물 소리가 사라짐.) (두려운 마음이 사라짐.) (물살이 센 강을 건너는 것이 마치 평지처럼 편안하게 느껴짐.)

『옛날 우임금이 강물을 건너는데 타고 있던 배가 황룡의 등에 올라앉는 위험을 당했다. 그러나 죽고 사는 판가름이 이미 마음속에 먼저 분명해지니, 그의 앞에는 용인지 도마뱀인지 족히 문제가 되지 않았던 것이다. 정이천 선생이 부강을 건널 때도 또한 이와 같았을 뿐이다. 순임금이 큰 산기슭에 들어가서도 매운 바람과 우레처럼 치는 비에도 길을 잃지 않았다.』 이는 다른 이유가 없다. 그 상황에 자신을 맡겼기 때문이다.

(『 』: 고사 속 인물의 경험을 인용하여 자신의 깨달음을 뒷받침함.)

소리와 빛깔이란 내 마음 밖에서 생기는 바깥 사물이다. 이 바깥 사물이 항상 사람의 귀와 눈에 탈을 만들어 사람으로 하여금 이렇게 올바르게 보고 듣지 못하게 만든다. 더구나 한세상 인생살이를 하면서 겪는 그 험하고 위태함은 강물보다 훨씬 심하여, 보고 듣는 것이 문득문득 병폐를 만듦에 있어서랴. 내가 장차 연암협 산골짜기로 돌아가 다시 앞 시냇물 소리를 들으면서 이를 검증해 보리라. 또한 제 귀와 눈의 총명함만을 믿는 사람에게 이것으로 경고하노라.

(외부 감각에 의존하면 올바른 판단을 하지 못하게 됨.) (강물을 건너는 경험을 통해 얻은 깨달음을 인간의 삶으로 확장시킴.) (글쓴이가 이 글을 쓴 의도 → 외적 감각에 의존하는 사람들에 대한 경고)

07 답 ④

(가)는 〈제3수〉에서 자연물인 '벌'과 '개미'가 각각 여왕벌과 여왕개미에게 충성을 다하는 속성을 활용하여 시상을 전개하고 있다. (나)에서는 물의 속성을 활용하여 내용을 전개하고 있다. 따라서 (가)와 (나)는 모두 자연물의 속성을 활용하여 작가의 주제 의식을 드러내고 있다고 할 수 있다.

오답 해설

① (가)와 (나) 모두에 해당하지 않는다. (가)는 백성을 교화하려는 의도로 쓴 것이지 시대 상황에 대한 부정적 인식을 바탕으로 한 것은 아니다.
② 해당하는 작품이 없다. (가)와 (나)는 모두 과거와 현재를 대조하고 있지 않다.
③ (나)에만 해당한다. (가)에서는 공간의 이동이 나타나지 않고, (나)에서는 강을 건너는 과정에서 공간의 이동이 나타나고 그에 따른 작가의 의식을 표출하고 있다.
⑤ (나)에만 해당한다. (가)에서 작가가 지향하는 가치(삼강오륜)를 강조하기는 했지만 이상과 현실을 대비하지는 않았다. (나)에서 작가는 현실에서 강을 건넌 이야기를 하면서 외물에 현혹되지 않는 삶의 가치를 강조하고 있다.

08

답 ④

글쓴이는 자신이 강을 건넌 체험과 평소의 관찰을 통해 깊은 인생의 진리를 깨닫고 있다. 눈과 귀를 통해 얻은 것은 현상적인 것이며, 중요한 것은 자신의 마음가짐에 따라 정해진다는 것이다. 즉 사람이 살아가면서 어떻게 세상을 인식하느냐가 가장 중요하다는 것이다. 이 깨달음과 의미가 통하는 명언은 ④이다.

오답 해설

① 공직자의 올바른 자세에 대한 말로 청렴, 신중, 근면을 강조하고 있다.
② 세심한 평소의 생활 태도를 말하고 있다.
③ 원만한 성품과 유연한 생활 태도를 말하고 있다.
⑤ 교만하고 방자한 태도를 경계하는 말이다.

09

답 ④

(가)에서 〈제1수〉는 서사에 해당되는 것으로, 〈제2수〉부터 〈제6수〉까지를 아우르며 오륜을 배워야 하는 이유를 밝히고 있다. 그리고 〈제2수〉부터 〈제6수〉까지는 병렬적으로 구성되어 있다.

오답 해설

① 〈제2수〉부터 〈제6수〉까지 각각 병렬적으로 구성되어 있지만 내용이 계속 연결되는 연쇄는 나타나지 않는다.
② (가)에서 〈제1수〉의 내용이 〈제6수〉에서 반복되는 수미상관의 구조는 나타나지 않는다.
③ 〈제1수〉부터 〈제6수〉까지 각 수가 하나의 독립된 내용으로 구성되어 있으며 시간의 흐름과는 무관하다.
⑤ 〈제1수〉부터 〈제6수〉까지 각각 병렬적으로 구성되어 있지만 두 수씩 대비되고 있지 않다.

10

답 ③

〈보기〉는 어느 시장 선거 후보자들의 TV 토론의 일부이다. (나)의 글쓴이가 투표할 것으로 예상되는 사람은?

보기

○ 사회자: 후보 여러분의 인생관을 짧게 말씀해 주십시오.
○ A: 인생은 마라톤과 같은 것입니다. 고통과 희생이 따르더라도 중도에 포기하지 않고 끊임없이 노력하는 자만이 승리할 수 있습니다. (노력의 중요성)
○ B: 이 세상 어느 누구도 혼자서는 살 수 없습니다. 인생은 더불어 사는 가운데 즐거움이 있으므로 타인을 존중하는 태도는 매우 중요합니다. (타인과의 관계)
○ C: 인생은 전적으로 자기 자신에게 달려 있습니다. 자기 자신이 어떻게 인식하느냐에 따라 세상은 도전의 대상이 되기도 하고 두려움의 대상이 되기도 합니다. (사물을 인식하는 태도의 중요성)
○ D: 세상이 아무리 변해도 단순하고 명료한 진리는 변하지 않습니다. 인생에서도 가장 중요한 것은 진실과 순수입니다. (진실과 순수의 중요성) 이것을 잃으면 모든 것을 잃게 됩니다.
○ E: 자본주의 사회에서 뒤떨어지지 않고 살아가기 위해 가장 중요한 요소가 경제적 토대임을 부인할 수 없습니다. (경제적 기반의 중요성) 우리 도시의 경쟁력도 이와 무관하지 않다고 봅니다.

① A ② B ❸ C
④ D ⑤ E

물소리를 듣고 판단하는 과정에서 글쓴이는 '자신의 마음속에 어떤 소리라고 이미 설정해 놓고서 귀가 그렇게 소리를 듣기 때문이다.'라고 했다. 즉 자신이 어떤 마음으로 사물이나 사태를 판단하느냐가 매우 중요하다는 것이다. 이에 부합하는 후보의 인생관은 자기 자신이 어떻게 인식하느냐에 따라 세상이 도전의 대상이 되기도 하고 두려움의 대상이 되기도 한다고 밝힌 C이다.

오답 해설

① A는 끊임없는 노력을 중시하고 있다.
② B는 타인을 존중하는 자세를 중요하게 말하고 있다.
④ D는 경건하고 순수한 삶의 자세를 강조하고 있다.
⑤ E는 경제적 기반을 마련하는 것이 중요하다고 말하고 있다.